清代佛教与政治文化

Buddhism and Political Culture in the Qing Dynasty

周齐 著

人民出版社

责任编辑：郭彦辰　方国根

图书在版编目(CIP)数据

清代佛教与政治文化/周齐 著. -北京：人民出版社,2015.10
(国家社科基金后期资助项目)
ISBN 978 - 7 - 01 - 015441 - 1

Ⅰ.①清…　Ⅱ.①周…　Ⅲ.①佛教-关系-政治文化-研究-中国-清代
　Ⅳ.①B948②D691

中国版本图书馆 CIP 数据核字(2015)第 252969 号

清代佛教与政治文化
QINGDAI FOJIAO YU ZHENGZHI WENHUA

周　齐　著

人民出版社 出版发行
(100706　北京市东城区隆福寺街 99 号)

北京龙之冉印务有限公司印刷　新华书店经销

2015 年 10 月第 1 版　2015 年 10 月北京第 1 次印刷
开本：710 毫米×1000 毫米 1/16　印张：17.25
字数：300 千字

ISBN 978 - 7 - 01 - 015441 - 1　定价：43.00 元

邮购地址 100706　北京市东城区隆福寺街 99 号
人民东方图书销售中心　电话 (010)65250042　65289539

国家社科基金后期资助项目
出版说明

后期资助项目是国家社科基金项目主要类别之一，旨在鼓励广大人文社会科学工作者潜心治学，扎实研究，多出优秀成果，进一步发挥国家社科基金在繁荣发展哲学社会科学中的示范引导作用。后期资助项目主要资助已基本完成且尚未出版的人文社会科学基础研究的优秀学术成果，以资助学术专著为主，也资助少量学术价值较高的资料汇编和学术含量较高的工具书。为扩大后期资助项目的学术影响，促进成果转化，全国哲学社会科学规划办公室按照"统一设计、统一标识、统一版式、形成系列"的总体要求，组织出版国家社科基金后期资助项目成果。

全国哲学社会科学规划办公室

2014 年 7 月

目　录

上　编
清朝早期的佛教政策倾向与
清代佛教的政治文化容纳力

下　编
清代政治文化调试整合与清代佛教的
政治文化生存条件及发展空间

绪　　论

本书名之为《清代佛教与政治文化》，即表明这不是一本关于清代佛教断代史的书，而是选择了政治文化的视角，在清代政治文化背景下审视清代佛教，或由清代佛教的角度看清代政治文化，从而对清代佛教与政治文化关系中的一些问题进行的选择性研究。而且，在相关问题的时间线索上，本书也主要着眼于清人关前后和清前期的顺、康、雍、乾时期。这也是由于清代的政治文化调试，及其对于佛教的态度和政策定式，乃至佛教自身的发展倾向等，皆基本确定于清前期，这个阶段的相关问题更具模式性及典型性意义。

因而，此《清代佛教与政治文化》一书，即是在这样的研究视角及历史阶段限定下，对佛教发展与社会发展中政治文化因素之间的一些关联问题进行的系列问题研究。虽然，这样的研究不甚着重考虑成书的体系完整性，但是，却比较注重相关问题的历史和逻辑线索的关联性及延展性。故而，本书虽是系列问题研究，但也是有一定程度系统性的综合研究。

一

本书之所以选择政治文化①作为研究视角，是因为政治文化是一个社会中积淀深厚和影响深远、同时也是随着时代变迁而不断变迁并继续积淀、既恒定又动态的一系列影响社会发展的因素，诸如政治意识和态度、信仰倾向和价值认同等。尤其在中国传统帝王社会，长期沿袭着一脉相承的政治文化传统，尤其表现在王权至上的政治意识、纲常伦理价值观及小农经济的

---

① 政治文化研究在政治学中也是较新的一门研究领域，20世纪50年代初形态。1956年，美国政治学家阿尔蒙德（Gabriel A.Almond）在《政治季刊》的《比较政治体系》一文中认为，研究证明，每一政治体系都根植于一定的意义或目的，而讨论这类问题则必然与政治态度、政治价值、意识形态、民族特征等概念有关，同时还要涉及文化积淀、民族心理等方面，但这些说法在概念或逻辑上却过于含混和弥散。既然"每一个政治体系都根植于对政治行为的一类特定导向中"，那么不妨"将之称为'政治文化'"。自此，"政治文化"（Political Culture）作为政治学研究上的一种规范和概念首被提出。虽然，定义一直纷纭，但相关研究也一直有所推进。参见黄秀端：《政治文化：过去、现在与未来》，载于（台湾）《东吴政治学报》1997年第8期，第47—85页。

封闭保守倾向等方面。佛教自传入中国至清代,千百年来即是伴随中国业已形成的政治文化传统而发展的,同时,在历史发展进程中,佛教自身也影响着这个传统,乃至成为这个传统的一部分。因而,探讨佛教与传统社会的关系问题,政治文化这个视角是一个既可以具体深入又可以综合考察的视角。

历史走到中国古代社会晚期,清王朝承接的是中国传统社会积淀最为深厚和成熟的政治文化传统基础;而具体到清代佛教,虽然其时的佛教早已是流行范围最为广泛和程度最为深入的宗教,但其发展也一如其时社会之发展,既承接着此前悠久的历史传承,同时也继续着诸多历史痼疾和要面对的时代新问题。尤以明清交替及清朝入主大统带来的社会政治文化环境的巨大变迁之影响为突出,无论是统治者的佛教政策,还是思想文化界关联到佛教的反思,以及佛教发展的倾向等等,也大都纠结于清前期的政治文化调试与整合之中。

选择佛教与政治文化关系的研究视角,就是试图在佛教与社会各种错综复杂的关系上寻求一种线索相互关联又相对清楚、同时又不失动态平衡和变化考量轨迹的研究途径,以求比较丰满地研究清代佛教以及佛教与社会主要因素间的关系。在这样的视角下,虽然会涉及中国政治发展史的相关问题,但更主要的则是侧重于佛教与政治文化中最为深沉和不易变异的思想及社会意识形态的关系的研究,因而,本书主要是运用历史和思想发展史的阐述方式和对佛教与政治文化关系重点分析的方法,对清代佛教中一些与社会主要因素的交织性问题,在兼顾时间线索的同时,进行论题式的系列研究。①

本书与之前的拙作《明代佛教与政治文化》的相关研究采取的是同样的研究视角,一些问题也即是明代以来相关问题的延展性研究。因此,在此课题中,并未因为朝代变迁的年代时限而切断问题的连贯性,其中一些问题和相关阐述涉及的时间段,实际上即不免由明季而贯穿至清初,跟着问题的延展性而一起论述,实际上也是尝试着将明清以来佛教与政治文化的一些问题做个相对具有连贯性的阐述。同时,本书也是对本人以往在这种视角及方式下进行的相关研究所做的了结。

不过,无论如何,通过问题的时空延展性和历史连续性的研究,来探究佛教发展与中国传统政治文化间的相互影响,对于中国佛教研究,也应是一

---

① 在此需要再次特别说明,政治文化不是政治与文化简单相加,而且,本书亦非清代政治文化的系统阐述,只是相关视角下,清代佛教与政治文化某些因素间的一些问题研究。

种有新意地看问题的尝试。

因而,在此,或许还是有必要由《清代佛教与政治文化》一样的研究视角,对涉及的相关问题的历史背景及线索做个大致的回顾研究和铺垫阐述,再结合本书后文所阐述的清代佛教与政治文化的相关问题,来提供一种虽然有限,但也可大致比较及大略概观的粗疏平面,看看在中国最后一个王朝的政治文化环境下,佛教与政治文化关系问题上反映了怎样的历史连贯性和时代新特点。

二

由政治文化的角度看,佛教自两汉之际传入中国,在传统中国社会的发展及其历史角色,是与占主导地位的政治文化倾向密切相关的。在中国的所谓政治文化传统中,长期以来是以君权王道的政治意识和儒家思想作意识形态资源为主导的。王权至上、宗法伦理及小农经济等社会发展要素至关重要地影响着佛教的生存抉择和发展趋势。除少数局部政权有特别崇尚佛教的时期外,佛教在中国没有作为所谓国教的历史。即使魏晋之后佛教逐渐成为中国传统文化的重要构成部分,但也还是始终处于王权和儒家的绝对权威之下的次要地位,而且,其社会角色与作用也始终是在业已整合形成的政治伦理价值观下寻求出路以及被评价的。因而,为了对于本书所探讨诸多问题的阐述在理解上有历史线索的丰富感和背景的厚重感,在绪论有限的篇幅内,现通过历史上佛教与传统政治文化关系的一些典型观点和事例,来为本书所述问题做个历史线索和背景的回溯。

在此,不妨先检视一下佛教在中国发展早期,尤其是魏晋时期涉及佛教与传统政治文化关系的调试过程中,相关的佛教认识及佛教的社会历史角色定位问题的一些个案以及有关讨论。因为,那个时期正是佛教在中国发展的关键时期,传入中国尚立足未稳的佛教触及不少与中国社会政治文化传统密切交涉的问题。其中,就包括如何对待王权及政治、如何处理世出世的伦理关系、如何定位社会角色乃至如何确立社会地位,等等问题。这些问题不仅与政治文化传统深刻纠缠着,而且,对于这些问题的讨论和处理得如何,很大程度地决定着佛教的生存状况,尤其是佛教能否深入地在中国传播以及发展的空间和走向。历史地看,在一脉相承的传统政治文化中,那时对于诸如此类问题的处理,对于佛教在中国的发展也确实产生了一定的模式效应。

首先,在传统政治文化环境中,佛教与王权的关系,是佛教传播发展中必须要面对和明确的态度及原则。中国古代王权社会在很多决定社会发展性质的要素方面,都有一以贯之的基本特质,因而,这使得我们在审视佛教历史角色定位问题时,有了确定基本考察方位和范围的原则,即于佛教在中国发展的早期,佛教所面对的相关问题以及问题的解决和突破之道,便可能大致框定了一种基本模式或者说是给出了经典范式。

比如,中国佛教史上著名高僧道安(312 或 314—385) 和慧远(334—416) 所处的东晋时期,就是佛教早期发展中的一个非常关键的时期。而这些高僧在当时关于佛教与政治文化关系的认识、相应的作为和对于实际遭际的处理,也成为中国佛教发展史上极具典型意义和具有榜样性的事例。而那个时期的相关问题之所以值得审视,恰是由于是在政治文化的角度看佛教的发展问题,从而使相关问题突显了出来。由于在佛教传入中国并因此而有出家僧人这种形式之前,中国并未有一种制度化的以脱离世俗乃至以出离王权控制为取向的宗教徒的形式。因而,在"普天之下莫非王土,率土之滨莫非王臣"的政治意识形态和理念之下,这种出离世俗社会的程度,乃至出世到"方外"的界线等,不惟成为问题,而且,还可有很大发挥空间去追问这种取向及形式是否还隐含着对王权的怀疑态度乃至否定意味的政治态度及意识,等等。

道安时期的佛教传播所遇到的最为艰难的困境,是西晋之后南北各方形成的多个王权势力为争夺天下而造成战争频仍的社会动荡环境,以及政治权力作为绝对权威而随时可能施加于佛教生存可能性的危害或者致命打击。在那种形势下,佛门中人并没有选择自身亦成为政治力量的政教倾向。作为佛门砥柱的道安,得出的是"不依国主则法事难立"①的教训,退守于被动和不冲突于政治力量的角色和地位上,从而在战乱夹缝中为尚处于早期发展期的佛教寻得了生存空间,并于艰难环境中积极于佛教的自身建设,传译佛经和建立规范、培养和锻炼僧才、扩大佛教传播范围,等等。这固然与佛教的出世取向有关,但或许也可解释为这是基于中国传统政治文化背景下的必然选择。

慧远是道安的卓越门徒,在道安不得不分张徒众后,慧远到庐山建立了道场。其间,慧远参与的关于沙门是否礼敬王者的争论、关于出家是否违背孝道的争论、佛教的社会角色定位问题的讨论等,就发生在佛教与政治当权者之间,是佛教与中国传统政治文化关系的比较深入的探讨,自然也是关

---

① (梁) 慧皎:《高僧传》卷五,"释道安",《大正新修大藏经》第 50 册,日本大正一切经刊行会(下略),第 352 页。

系到佛教发展走向的具有深远意义的一些事件。

在中国佛教发展史上，佛教中人的角色和地位与王权政治力量的作用关系一直是个很微妙的敏感问题。虽然遵循佛教的教义，出家即是"方外之宾"，但是，佛教要在中国的政治文化环境中发展，实际是处于"不依国主则法事难立"的社会现实之中。"方外之宾"的角色是有限度的、相对的，所谓的"方外"关系也是动态的，虽然控制的主动权更多地掌握在政权一边，但同时，也与佛教自身的发展及境遇状况大有关系。东晋时的权力把持者桓玄（369—404）等统治者与慧远法师及其追随者之间关于沙门是否应该礼敬王者的冲突及论辩，就是很典型的事例。这也是佛教在中国发展的前期，关于世俗统治者与舍离世俗的佛教出家人之间关系地位的一次影响深远的调整，和一次难得的以对话形式达成的共识。

在这场具体落实沙门是否要敬王者的争论中，主张沙门应礼敬王者的一方是政权中一些排斥佛教的官员等，他们以儒家礼法名教为统治秩序之根基为立论之出发点，遂坚持以维护礼法名教之权威性和一贯性为目的；对此持否定观点的自然是佛教高僧及其拥护者，其中也不乏当朝权贵，他们则努力地坚持佛教基本的出世立场，以维护佛教的宗教特性。

认为沙门应礼敬王者的主张，以桓玄一方的观点最为直白。其理论支点出自《老子》，取其中"道大、天大、地大、王亦大。域中有四大，而王居其中焉"的理论为依据的，桓玄认为，帝王之所以是四大之一，"皆在于资生通运……将以天地之大德曰生，通生理物，存乎王者，故尊其神器。……沙门之所以生生资存，亦日用欲理命，岂有受其德而遗其礼，沾其惠而废其敬哉？"① 这就是说，王为四大之一，皆因普天之下的资生通运都仰赖王者，因此，沙门岂能受德沾惠而不向王者行礼敬呢？

《弘明集》收录了论辩双方的文论，也包括桓玄与慧远据此问题的往复辩论。慧远先是依照佛教经义明确佛教出家、在家两大部众的行为规范有其不同的意义。在家弟子遵循世俗的规范礼君尊亲，讲忠孝重情义；而脱尘出家的僧人，即已处于"方外"，是以牺牲世俗荣华"绝迹"尘俗、弃离产生烦恼的世俗生活的方式来实现解脱和超越的目标。所以，出家人"求宗不由顺化，故不重运通之资；息患不由存身，故不贵厚生之益。此理之与世乖、道之与俗反者也。是故……隐居以求其志，变俗以达其道。变俗服章不得与世典同礼，隐居则宜高尚其迹。……故能拯溺俗于沈流，拔幽根于重劫，远

---

① （东晋）桓玄：《桓玄与八座书论道人敬事》，《弘明集》卷一二，《大正新修大藏经》第52册，第80页。

通三乘之津，广开人天之路。是故，内乖天属之重而不违其孝，外阙奉主之恭而不失其敬。……一夫全德，则道洽六亲，泽流天下，虽不处王侯之位，固已协契皇极，大庇生民矣。如此，岂坐受其德，虚沾其惠，与夫尸禄之贤同其素餐者在？"①

　　依此解释，出家是通过自我牺牲来开辟天人之路以助益溺于"重劫""沈流"中众生的解脱，并不冲突于王道之治，虽是不同向度但却是立足于"协契皇极，大庇生民"的宗教目的及社会作用上的，而且，既不违孝道，又福泽济世，如此等等。慧远的回应和对于佛教的维护，既未违背佛教立场，同时又跳出了与世情相抵触的伦理矛盾。虽然不免调和色彩，但慧远这样的高僧显然洞晓佛教生存现实及发展之道，即所谓"适道固自教源，济俗亦为要务。"②慧远还特作《沙门不敬王者论》③，充分地阐述了这类道理。而这种护教进路和方式也为后世多所效仿。只是后世大多不能效仿的是慧远"迹不入俗"足不逾虎溪④而标榜并落实的相对独立性。

　　其次，是佛教与孝道的矛盾问题。在传统伦理意识下，佛教的出世向度尤其是僧人出家的修行形式也是佛教与政治文化传统相抵触的一个现实矛盾。中国传统伦理意识建立在家族血缘谱系上的以"孝亲"为家庭伦理，到国家政治谱系的"忠君"为目的的政治伦理的关系链上，即所谓"孝始于事亲，中于事君，终于立身"。⑤但是佛教的基本向度却是出世的，因而与传统伦理所规范的指向是逆向的，并因此而为世人尤其为儒家辟佛引为批判的靶子，同时也是佛教的所谓中国化发展中面对的传统伦理意识方面的理论和历史的困境。

　　这个问题在佛教发展早期即凸显出来，庐山慧远也曾直面地遇到这种尖锐问题的考验，不过，慧远给出了一种经典的解决范例。在这个问题上先行发难的同样还是当时权倾一时的大将军桓玄，并且，当权者们其时已有沙汰佛教之意，而以慧远为领袖的庐山僧团又恰恰是其权力范围内的主要佛教势力。桓玄援引《孝经》"身体发肤受之父母，何以毁伤"⑥之句当头诘

① （东晋）慧远：《答桓太尉书》，《弘明集》卷一二，《大正新修大藏经》第52册，第84页。
② （宋）何尚：《答宋文帝赞扬佛教事》，《弘明集》卷一一，《大正新修大藏经》第52册，第69页。
③ （东晋）慧远：《沙门不敬王者论》，《弘明集》卷五，《大正新修大藏经》第52册，第29—32页。
④ （梁）慧皎：《高僧传》卷六，"释慧远"，《大正新修大藏经》第50册，第361页。虎溪乃东林寺边小溪。
⑤ 《孝经》卷一，《开宗明义》，《御纂孝经集注》，文渊阁《四库全书》，迪志文化出版有限公司2005年7月电子版（下略），经部，孝经类。
⑥ 《孝经》卷一，《开宗明义》，《御纂孝经集注》，文渊阁《四库全书》经部，孝经类。

难慧远，以指责佛教僧人出家乃违背人伦孝道。在当时已酝酿沙汰佛教的情势背景下，此诘难实际大有借此挑衅佛门引起事端的意味。慧远同样引《孝经》来回应桓玄，但取意"立身行道"乃"孝之终也"①，成功地回敬了发问。这看起来似乎是一种概念上的智慧周旋，但也实际道出了佛教在解决与传统伦理逆向的困境中寻求在伦理链条上自身角色定位的一种尝试性突破，即，在立身行道的所谓大孝和终极关怀方面是佛教的优势，也是佛教在社会伦理方面能够有立身之处的重要所在。

而慧远及其僧团也恰恰是能以自身的"高尚其迹"而超然世表，赢得了"唯庐山道德所居"②的赞誉，使"立身行道"的角色资格获得了社会上一定程度的认可。同时，慧远在其庐山僧团及信众中特别地提倡了净土信仰，虽然这是佛教的基本法门之一，但那时对此法门的特别提倡，至少有一个意义是将佛教的终极关怀真切地落实在现实人生之生死大事的关怀上，而这种倾向则引导了佛教在"慎终追远"意义上与传统孝道的人生关怀及其教化意义取得一致性。进一步说，就是既在立身的大孝方面，也在孝亲的家庭伦理线索上实现了佛教在中国伦理层面的着陆。而具体到庐山僧团的生存发展，也使得当时的排佛权势无以对其施压，在社会动荡局面里保全了这个佛教中心，一定程度地维护了佛教的整体利益和地位。

再者，佛教作为"方外之宾"的处世角色问题，实际也是佛教与世俗社会间难以划清边界而颇为纠结的方面。沙门礼敬王者与否的争论、出家有违孝道的诘难，以及相关政教关系恶化的情况，除了前面所说的有由于出离向度造成的相关政治意识和政治地位结构所决定的深刻原因，实际的现实触因，其实就是标榜为"方外之宾"的僧众如何相处于世俗的问题。

具体地，则是由佛门僧众自身素质及形象和经济原因而引发了冲突。当时的佛教在得到发展的同时也伴生了凌夷腐败的现象，而且，由于僧尼享受免除税赋等特权，寺院经济膨胀，佛教既成为社会财富分配不合理问题的一个焦点，也成为有损社会风化的一个焦点。即如桓玄对于佛教的指责："佛所贵无为……绝欲。而比者凌迟遂失斯道。京师竞其奢淫。荣观纷于朝市。"已是"尘滓佛教"，"实污风轨"。③而且"天府以之倾匮"，"避役钟于百里，捕逃盈于寺庙。乃至……邑聚游食之群，境积不羁之众，其所以伤治害政"④，这些不仅是拿来沙汰沙门的口实，也应是当时佛教的一类现实

① 《孝经》卷一，《开宗明义》，《御纂孝经集注》，文渊阁《四库全书》经部，孝经类。
② （东晋）桓玄：《与僚属沙汰僧众教》，《弘明集》卷一二，《大正新修大藏经》第 52 册，第 85 页。
③ （东晋）桓玄：《与僚属沙汰僧众教》，《弘明集》卷一二，《大正新修大藏经》第 52 册，第 85 页。
④ （东晋）桓玄：《与僚属沙汰僧众教》，《弘明集》卷一二，《大正新修大藏经》第 52 册，第 85 页。

状况。

站在佛教立场的名士权贵则由另外的角度看待佛教,从而得出了不同的结论。比如《弘明集》中支持佛教的观点就认为,自汉以来佛教繁盛不衰,并没有对于王纲社稷造成威胁。而且每每在社会动荡的时候,佛教还为政治失意者提供了后退的出路,实际是起了缓解社会压力的作用,所以才会受到朝野和社会多方面的护持。这实际上也是对佛教之"协契皇极,大庇生民"社会角色和作用的认同。

而事实上,桓玄在其篡位后也发生了认识转变,放弃了要让沙门礼敬王者的主张,并认为"佛法宏诞,所不能了"①,而且也承认以儒家"笃至之情"的标准要求佛教也是"苟所不了"②之事,故特出《许沙门不致礼诏》。其诏告曰:"诸人勿复使礼也。"③可见这个问题在不同角度以及不同立场上可以有多种可能的处理方式和途径。

由这场争论的结果看,佛教保全了形式上不礼拜皇帝的立场,并申明佛教有"协契皇极"的社会作用,但本质上也是得认同王权权威地位并依其左右,而且佛教"济俗"的终究"要务",也基本是要体现"内乖天属之重而不违其孝,外阙奉主之恭而不失其敬"④,才能确保这种即使被动的地位。

佛教传入中国时面对的是政治文化整合业已成熟的社会环境,以上的例子也可以说明,在传统社会的政治文化基本格局中,佛教是通过调试适应的进路而生存发展的,加之其教义本即主张出世,决定了佛教终究可以以不同于世俗向度的另一种力度成为传统社会及思想文化结构中的一种重要的平衡力和构成方面。并且在传统宗教意识中,以"遁世以求其志,变俗以达其道"⑤的修行方式,提供了一种"远通三乘之津,广开天人之路"⑥的天人关系范式,或也可算是对中国已有天人理论的一种充实。而以所谓"道洽六亲,泽流天下,虽不处王侯之位,亦已协契皇极,在宥生民"⑦的社会作用,落实了佛教的社会角色定位,并缓冲了佛教教义与传统政治文化间构成的所谓世出世的张力和动态平衡结构。

---

① (东晋)桓玄:《许沙门不致礼诏》,《弘明集》卷一二,《大正新修大藏经》第 52 册,第 84 页。
② (东晋)桓玄:《许沙门不致礼诏》,《弘明集》卷一二,《大正新修大藏经》第 52 册,第 84 页。
③ (东晋)桓玄:《许沙门不致礼诏》,《弘明集》卷一二,《大正新修大藏经》第 52 册,第 84 页。
④ (东晋)慧远:《答桓太尉书》,《弘明集》卷一二,《大正新修大藏经》第 52 册,第 83 页。
⑤ (东晋)慧远:《沙门不敬王者论》,《弘明集》卷五,《大正新修大藏经》第 52 册,第 30 页。
⑥ (东晋)慧远:《沙门不敬王者论》,《弘明集》卷五,《大正新修大藏经》第 52 册,第 36 页。
⑦ (东晋)慧远:《答桓太尉书》,《弘明集》卷一二,《大正新修大藏经》第 52 册,第 83 页。

三

若将前文诸事例的问题点罗列归纳,即可见,"方外之宾"、"立身行道"、"高尚其迹"、"道德所居"、"协契皇极"、"大庇生民"……这些关键词,即是道安、慧远时期的佛教与世俗政治势力和传统观念相互调试后,得出的佛教与政治文化传统关系的处置模式及佛教社会角色地位的定位概括。

历史地看,经过南北朝时期一系列儒释道以及相关政治权力阶层的介入的论辩,佛教的出世取向所带来的一些与传统入世政治文化取向的异趣之处多所弥补。至少,佛教与王权的关系已基本明确。但是,作为外来宗教,佛教落地生根的持续发展以及与传统儒家理论的矛盾及竞争的继续,使得相关问题还是不断地因为不同的目的而作为说事儿的话头一再被拎出来议论。

相应地,佛教也不断提出各种护教解释以及调和分歧的主张。尤其是每当政权势力又有沙汰佛教的意向甚至行动之际,也是外来之释与本土之儒、道关系紧张的时期。特别在儒释关系方面,也往往是处于弱势的佛教主动调和于儒家。如,北周武帝(543—578)酝酿沙汰佛教时期,曾于天和四年(569)三月间"勅召有德众僧、名儒、道士、文武百官,二千余人升正殿。帝御坐,量述三教优劣废立"①。其时有安法师就提出"释教为内,儒教为外。道无别教,宗结儒流"②。试图联儒抗道。强调"周孔即佛,佛即周孔,盖外内名之耳"③。这种在功能角色分配上讲释内儒外、佛孔无二来与儒家协调,是魏晋以来佛教常常采取的一种调和手法和倾向。

宋代也是佛教为自己辩护解释比较多的又一个时期。不过,与魏晋南北朝时期的境遇不同,佛教在宋代尤其是北宋前期的境遇,则是与中晚唐以来儒家的理论危机意识抬头有直接关系。自唐代被誉为"文起八代之衰"的韩愈著作《原道》等,号召抵御佛教,甚至要"人其人,火其书,庐其居,明先王之道"④,辟佛便愈发成为儒家标榜立场的一种态度。宋代提倡文治政策,儒家更趋强势,但同时,佛教也还有争取名分地位的能力,并且,其时也还有可以进行争辩的社会政治文化环境等因素。尤其,在儒家特别强调排

---

① (唐)道宣:《集古今佛道论衡》卷乙,《周高祖武皇帝将灭佛法有安法师上论事》,《大正新修大藏经》第 52 册,第 372 页。

② (唐)道宣:《集古今佛道论衡》卷乙,《周高祖武皇帝将灭佛法有安法师上论事》,《大正新修大藏经》第 52 册,第 372 页。

③ (东晋)孙绰:《喻道论》,《弘明集》卷三,《大正新修大藏经》第 52 册,第 17 页。

④ (唐)韩愈:《原道》,《五百家注昌黎文集》卷一一,文渊阁《四库全书》集部,别集类。

佛且辟佛议论比较多的北宋时期，同时也是不断有高僧回应质疑并发表出高论的时期，他们一再申明佛教不违于大道以及有相应的社会作用。如，天台宗的孤山智圆（976—1022），就有争辩说："儒者，饰身之教，故谓之外典也；释者，修心之教，故谓之内典也。……国不治，家不宁，身不安，释氏之教何由而行哉！故，吾修身以儒，治心以释。"①

其时佛教表现出的是积极弥合与儒家理论差异的反应，这应该也是与北宋时期的政治文化背景直接有关。宋王朝的统治者一反北周的排佛政策而支持佛教，佛教得以快速发展，以致"僧道日益多而不定数"②，"僧冗"，被认为是宋代社会的"三冗"③之一，因而，也更有口实使其日益受到儒家的反对。在众多排佛论中，欧阳修（1007—1072）的文论及其影响则尤其大。如其在所著《本论》中就疾呼道："佛法为中国患千余岁，世之卓然不惑，而有力者莫不欲去之。已尝去矣而复大集，攻之暂破而愈坚，扑之未灭而愈炽，遂至于无可奈何！是果不可去邪？盖亦未知其方也。"④于是欧阳修号召儒家，"莫若修其本以胜之"⑤。在重文教的宋代，儒家思想学说空前得势，因此，可以说，佛教及其学说继唐代兴盛之后，至此则受到了严峻的挑战。

其时护教理论上卓有见解者，则有禅宗云门宗高僧明教契嵩（1007—1072），其著作了《辅教编》等护法文论，试图诠释并弥补与儒家的义理差异，回应儒家士大夫对于佛教的批辟风潮。契嵩不仅作"万言书上仁宗皇帝"⑥，申述儒释在政治功用上虽表现不同，实则殊途同归，即所谓"儒者儒之，佛者佛之，各以其法赞陛下之化治"⑦，还继续了北齐时颜之推（531—约590后）以来的调和儒释的方式，颜之推曾将佛教的不杀、不盗、不邪淫、不妄语、不饮酒的"五戒"比附为儒家的仁、义、礼、智、信的"五常"，并主张"内外两教本为一体"⑧，契嵩则发挥此类调和儒释的诠释路数，大讲"五戒

① （宋）智圆：《中庸子传》，《闲居编》卷一九，《卍续藏经》第56册，日本京都藏经书院（下略），第894页。

② （元）脱脱等：《宋史》卷二八四，列传第四十三，"宋祁"，中华书局1985年版，第9594页。

③ 所谓三冗：有定官无限员，军不任战而耗衣食，僧道无定数。见脱脱等：《宋史》卷二八四，列传第四十三，"宋祁"，中华书局1985年版，第9594页。

④ （宋）欧阳修：《本论》中，《文忠集》卷一七，文渊阁《四库全书》集部，别集类。

⑤ （宋）欧阳修：《本论》中，《文忠集》卷一七，文渊阁《四库全书》集部，别集类。

⑥ （宋）契嵩：《万言书上仁宗皇帝》，《镡津集》卷八，《大正新修大藏经》第52册，第687页。

⑦ （宋）契嵩：《万言书上仁宗皇帝》，《镡津集》卷八，《大正新修大藏经》第52册，第687页。

⑧ （北齐或隋）颜之推《归心篇》有言："内典初门设五种之禁，与外书仁义五常符同。仁者，不杀之禁也；义者，不盗之禁也；礼者，不邪之禁也；智者，不酒之禁也；信者，不妄之禁也。"《广弘明集》卷三，《大正新修大藏经》第52册，第107页。

十善,通儒之五常","欲解当世儒者之訾佛"①。还特作了《孝论》,集中论辩佛说并不违伦理孝道的逻辑原理,如其解释说:"孝名为戒,盖以孝而为戒之端也。子与戒而欲亡孝,非戒也。夫孝也者,大戒之所先也。"② 以"孝为戒端"的诠释,弥合了与传统孝道的理论间隙。对于儒、释社会角色的不同定位问题,也一再给出调和性质的回应。如其有曰:"儒者,圣人之治世者也。佛者,圣人之治出世者也。"③ "治世者,非儒不可也;治出世,非佛亦不可也。"④

契嵩的诠释更具理论性,对于诸儒的辟佛论有一定的回应力度,从而有助于缓解宋代的儒释紧张,也为后世多所接受和仿效。如元代禅宗曹洞宗的万松行秀,就继续了这种主张,将儒释的社会角色和作用概括得更加简明直白,如其教谕其要入仕的弟子耶律楚才时,即拿"以儒治国,以佛治心"⑤ 为训。宗门领袖如此鲜明切要的提倡,也使得这样的认识得到更广泛的认同。

宋元以降,将佛教与传统政治文化的关系进一步综合条理并确实落实在政策之中,还要推明太祖朱元璋。明太祖在相关儒释关系及佛教社会作用及定位的问题上是做过历史反思的,且采取了政治实用的功能化取舍。其非常推崇唐代柳宗元(773—819)所认为的佛教"阴翊王度"⑥ 的作用,清楚地指出"如来之教……务化愚顽,阴理王度,又非帝者证果之场"⑦ 的道理。故而将佛教诠释在以真乘之教辅助王道的作用和角色上,制定了对待佛教的既限制又利用的政策原则和一系列可具体实行的措施。并在这种政治实用原则下,一方面限制佛教,将佛教功能化地区分为禅、讲、教,强调佛教要区别于世俗;一方面,则利用佛教"治心"的作用,宣扬因果轮回说,以针对愚夫愚妇或强暴凶顽者,以达到治心缮性的作用;同时又将理论色彩浓厚的佛教经典和理论,推荐给讲求存心见性的儒家读书人,以便使之修养心性,在追求佛教的学问中也可领悟如何"操存制伏"的治心之理。

不仅如此,明太祖在这个意向上还不断发挥,生动地运用"阴""阳"来解释儒释关系及其相应的社会角色和作用。其将儒家说教比之为"阳教",

---

① (宋)契嵩:《辅教编》下,《广原教》,《镡津集》卷二,《大正新修大藏经》第52册,第654页。
② (宋)契嵩:《辅教编》下,《孝论》,《镡津集》卷三,《大正新修大藏经》第52册,第660页。
③ (宋)契嵩:《辅教编》上,《原教》,《镡津集》卷一,《大正新修大藏经》第52册,第648页。
④ (宋)契嵩:《辅教编》上,《寂子解》,《镡津集》卷八,《大正新修大藏经》第52册,第686页。
⑤ (元)耶律楚材:《寄万松老人书》,《湛然居士集》卷一三,文渊阁《四库全书》集部,别集类。
⑥ (唐)柳宗元:《赐谥大鉴禅师碑》,《大正新修大藏经》第48册,第363页。
⑦ (明)朱元璋:《游新庵记》,《全明文》第1册,上海古籍出版社1992年版,第180页。

释道之教称之为"阴教"。并具体解释说:"佛之道云'阴'者何? 举以鬼神,云以宿世,以及将来,其应莫知,所以'阴'之谓也,虚之谓也。其圣贤之道为'阳'教,以目前之事,亦及将来,其应甚速,稽之有不旋踵而验,所以'阳'之谓也,实之谓也。"① 佛教所谓的恐惧人心以及调理心性的不同层次的治心作用,都被明太祖清楚地、分门别类地利用于治国御民。

大概正是明太祖时期将传统政治文化背景下儒释关系及佛教角色等问题解释得比较透彻而且很实用地利用了,此后的明朝各代乃至清朝的帝王,即使有不同的宗教倾向,也没再因为佛教而在这些儒释关系及社会角色作用等问题上掀起讨论或者特别论说。不过,历史地看,经过北宋时期的讨论后,儒释格局问题的讨论实际上就已经终结了,明太祖等则是将已成定论的认识进行了更贴切的阐述并切实发扬了而已。

四

虽然,佛教发展与中国传统政治文化关系中的一些需要协调的问题,随着佛教的传播发展而不断地得到一定程度的诠释性处理,但每个时代又各自有要面对的具体问题。进入清朝,尤其清前期,佛教主要面对的是由于清朝统治者入主大统以及相应的政治文化调试所带来的相关问题。

概观之,明清时期的佛教早已是中国社会中流传最广且深入的一种宗教。过去在主流意识形态话语下的一些问题,诸如佛教与王权的关系问题,违背孝道的问题、或者不时地被扯进夷夏之辨话题下而遭辟佛的问题,已然不再是焦点问题。比如,明初的佛教政策就更多地表现在政治功利目的地摆置三教关系,以及将佛教更服帖地服从于世俗政治秩序的方面。而中晚明时期思想界的心学发展趋势,也使得佛教里的相关资源为儒家所青睐,儒释之间空前密切。尤其,由于晚明时期天主教的再次传入、传播,使得佛教得以与儒家成为并肩与天主教论辩来对外讨伐天主教的同道。诸如此类的因素,使得佛教似乎也终于实实在在地成为了中国传统宗教,同时,也越来越消解于世俗意趣及同构于传统政治文化。

晚明以来的思想界及宗教格局发生的变化,虽然并不是促使佛教彻底转变身份的全部原因,但还是使得佛教在传统政治文化话语中被论及、被关注的焦点随之而发生了些微变化。例如,自怀文化优越感的大明王朝被清朝取代后,所谓夷夏之辨的族类问题即成为清朝政治文化的敏感问题,在相

---

① (明)朱元璋:《宦释论》,《全明文》第1册,上海古籍出版社1992年版,第153—154页。

关明亡的反思中,佛教虽然也有被牵扯在夷夏之辨的话题中,不过并没有像以往那样在这类问题上被持续纠缠,而佛教倍受指责的则主要还是在于助长空谈心性之风而误国的方面。对于汉地佛教,在清朝统治者看来也主要是传统汉文化的部分,这样的认识在对待汉地佛教的态度及政策上甚至也是有所体现的。这都是晚明至清前期佛教与政治文化关系中发生的一些微妙变化。

这类变化应该说是逐渐落实甚至可能是未被明显地意识到的,不过,造成的影响却是自然而然的或者说是比较深入的。在清朝统治者入主大统并努力地继承中华传统的同时,也延承着相应的政治文化传统及其基础环境。因而,在清前期的政治文化环境中,清代佛教与政治文化间的关系问题,一定程度上也体现在中华传统的延承及协调的进程中。本书所探讨的问题,就是在清代政治文化的调试及整合背景下凸显出来的一些既有历史延承性又有时代独特性的问题。同时,这类问题的探讨,实际也由一个角度展示了清朝与传统王统、道统等所谓中国传统核心要素的关系。虽然本课题无意专门回应自 20 世纪 90 年代以来的国际新清史研究的一些问题,也无意装点任何主义的意识形态主张,但是,通过清代佛教与中国传统政治文化的关系的问题探讨,或则间接地触及了新清史研究关注的清代与中国传统关系的相关问题。

在佛教历史背景方面,在清朝崛起及发展的过程中,即便对于尚在关外的满清,佛教也不是新鲜事物,尤其对于成为清代势力主体的建州满人,实际面对的是元明以来发展成熟的佛教局面,并且由于地缘原因,藏传佛教和汉地佛教都有机缘接触。而在政治文化背景方面,虽然是探讨佛教与清代政治文化的关系问题,但清初的政治文化发展实则在很多方面亦步亦趋地学习乃至因循着明代的模式,同样的君主王权至上,同样地标榜崇儒重道,但不同处也很多,其中,清代统治者达到了成为中华皇帝目标的同时,一直都有着强烈的族类意识,这体现在政治意识及相应的各种政策中。因而,在清朝统治者既认同了中华统序,又要注入满清意志的政治文化调试过程中,如何对待这样的佛教格局和相关的佛教认识,佛教又如何存在及发展,就是清朝入关前后佛教与政治文化关系中比较有看点的一系列问题。

在尊崇佛教的前提下,清前期朝廷的佛教政策对待藏传佛教和汉地佛教还是有所不同的。其中,突出地表现为在政治上特别倚重藏传佛教。入关前是借助藏传佛教建立和维系与众蒙古的政治联盟来对付汉人的大明政权,入关后则进而以藏传佛教继续安顿众蒙古从而维护和扩大统治疆域。这样的政治地位也决定了藏传佛教及其领袖更加受到统治者及朝廷的重视。而之所以清廷选择以藏传佛教作为满蒙藏的维系纽带,历史地看,除了是基于元、明以来藏传佛教传播中蒙、藏之间形成的宗教政治联盟及晚明以来藏传佛教中黄教流行的地缘关系,此外,则主要是基于藏传佛教政教关系密切、寺院文化主导而形成了较大的政治文化容纳力,能够将社会主要因素和各种地方势力挽笼其中。因而,在清代的崛起过程中,积极地选择和利用了藏传佛教的这种政治文化容纳力,并将相关政策原则和实际措施延续到了入关之后。而且,随着清代政权的强大和巩固,对于藏传佛教政治文化容纳力的选择侧重也在不断调试,相互构建的宗教政治谱系也从"金刚大士"达赖喇嘛与"曼珠师利大皇帝"的互尊,发展为清代皇帝被尊为"成佛大皇帝"的地位改变,而且,政权与教权之间的佛教化的宗教政治谱系发生变化的实际效应,最终在于乾隆晚期以平乱为由进兵西藏,并以皇帝制定的"金瓶掣签"制勘定活佛转世,实现了政权对于教权的绝对威势的辖制,藏传佛教无条件地成为清廷安顿藏区以及众蒙古的政治助手。

而汉地佛教更主要地是呈现为中华传统文化的同构部分。顺治皇帝倾向于禅宗的事例,就极具典型性地能够说明这一点。因为,在顺治皇帝的宗教选择平台上,不仅有汉地佛教,有在宫廷中颇具政治影响力的藏传佛教,还有天主教。由于作为耶稣会士的传教士汤若望,与顺治皇帝及清廷重要人物间有亲密友谊,天主教寄希望于清朝入关后第一任皇帝会成为将基督教国教化的罗马帝国的君士坦丁大帝,但是,在很短的时间里顺治皇帝即倒向了禅宗,而这样的变化看似迅速实则又是早就注定的——作为入主中华大统的顺治皇帝,通过汉地佛教高僧所具有的传统文化修养而获得了文化意趣及宗教趋向的归属感和认同感。

而汉地佛教的政治文化容纳力在明清交替的特殊时期也得到体现,尤其是不愿臣服于满清的一些人士逃入佛门而形成的逃禅现象,不仅再次体现了佛教"大庇生民"的社会角色及作用,也说明了汉地佛教特别标榜超越世俗而出世的所谓"方外之宾"的特点,实际上是在社会关系紧张状况下提供了一种缓冲地带和缓解社会矛盾激化的出路;同时对于铁血的清代政权而言,也提供了一条放下屠刀的条件和边界。虽然,逃禅及逃禅之可能,是清初佛教与政治文化关系中的特别事例,但也是颇能反映佛教政治文化容纳力的一种具有普遍意义的典型事例。

因而,在本书的第一部分的四个章节中,即侧重由清朝早期的佛教政策倾向看清代佛教的政治文化容纳力的主题。通过对清朝入关前的佛教基础背景的梳理,以及对于入关后清廷佛教政策的延续以及微调,特别是通过顺治皇帝的宗教选择及清初士人逃禅现象的具体个案阐述及分析,既对佛教在清代的社会角色作用及其存在发展境遇有所说明,同时,还由清初佛教认识及相应政策等方面,从一个角度呈现了清代对于中国传统政治文化认同及其续接的意义,也是间接地说明,清代之所以是明朝之后的又一个中国传统王朝,对于中国传统政治文化的认同及延续,应该是非常重要的原因和证明。

当然,清朝也有其发展变化所营造出的具体时代的社会政治文化环境,清前期的顺、康、雍、乾四朝,在使清朝日益成熟地成为中华帝国的进程中,也各有发展特点,反映到对待佛教的态度和相关政策方面,同样是各有突出问题,佛教的境遇及发展状态也有相应的不同反映。因而,本书第二部分的四个章节,着重在清代政治文化的调试整合与清代佛教政治文化谱系调整及佛教发展空间的相关问题上进行了比较深入的审视。

对于后来获得王朝的清代统治者而言,实在有太多的历史经验可以总结学习,加之清代皇家重视典学教育,清前期的几位帝王不仅在统治水平上可谓毫不逊色,在中国传统文化方面也有较高的造诣。但也许正因如此,清代统治者大不同于蒙元统治者,他们在思想文化层面表现得更有见识,也更有图谋,乃至更有深入的意识形态方面的掌控要求。因而,在清前期的政治文化调试整合过程中,意识形态方面的调整就是很重要的一个方面。这些方面的调控不仅影响到清代思想文化的发展倾向,也深刻影响到清代社会的发展趋势,实际还影响到在整个世界的近代转型时期里中国的发展取向。其中,佛教受到的影响虽然反馈于社会只是一个方面,但却实在地影响到佛教整体的发展趋势及生存空间问题,亦烙印着鲜明的时代特点。

由于处于定鼎初期的顺治朝较多关注于定鼎且较短,清朝的意识形态调整比较密集且有力度的时期是康、雍、乾三朝。康熙时期比较突出的意识形态调整,就是通过朱子学与阳明学的讨论,推进了理学意识形态化进程。康熙时期选择朱子学作为意识形态的思想资源,虽然没有特别强调朱子学辟佛的立场,但是,对于理学的推崇以及深入到乡间的理学宣传,自觉不自觉间还是挤压了佛教的发展空间。而且,也有意无意地提示和引导了后来的雍乾两朝对于意识形态的强化。在雍正时期,不仅数兴严酷的文字狱,在佛教修行及佛学见解上都颇下过功夫的雍正皇帝,还对佛教进行了评头论足。其中,不吝笔墨地批判晚明时期禅宗三峰派,遣散此派的徒众,其实际的效应则是对佛门及佛学思想界的一种意识形态敲打。乾隆时期政权的有效程度及社会繁荣程度都达到清朝的顶峰,但思想领域却并未随着整个社会的法纪周备及经济繁荣而获得宽松自由的伸展空间。随着政权运行日益集控、法规日益森严,清代政权在传统政治文化基础上的进一步调试整合也达到更高的契合度，王权至上君主集权的程度更进一步加强，而且，乾隆皇帝自恃卓越的君主作为，还使得乾隆朝的王权权力意志色彩更为浓烈。对于佛教，不仅佛教政策更加具体细致，政治实用目的的构建和塑造也尤为突出。相应地，乾隆时期的佛教不仅更多地受到当时政策的左右，清朝入关以来的意识形态管控的结果也在佛教方面日益显现出来，宗派偃旗息鼓，义学平平庸庸。乾隆皇帝自始至终都在指斥佛门乏见克绍宗风的真修行而一再否定时下的佛门，殊不知也恰是其严苛的意识形态管控以及政治实用主义地利用佛教，不仅使得宗派主张难以有发展空间，甚至也是对于佛教发展格局的一定程度的政治功利的格式化。

　　若将清前期几代帝王对待佛教的态度及相关政策做大略比较，概括地看，四位帝王对待佛教的态度的确各有特点，即如明清史研究的前辈孟森先生概括的，顺治皇帝是学佛的态度，康熙皇帝是尊佛的态度，而雍正皇帝则有成佛作祖的态度。经过本书的此项研究，或许还可以再加上一种概括，即，到乾隆皇帝，则是集转轮王与法王于一身的态度和架势。

　　就像承德普陀宗乘之庙的万法归一殿实际象征的是万邦归一，尊崇佛法、利用佛教，即使在佛教的氛围下也可以营造和体现统治秩序，这在乾隆时期达到了清朝特有的表现程度。但是，通过王权势力以政权辖制教权的结果，虽然在服务于统治方面有较大的助益，而且佛教也一如既往地是中国社会流行最广、接受度最高的宗教而发挥着宗教基本效应及意义，但是，思想需要自由空间，宗教应有适当边界，被政治及相应的意识形态挤压了空间、格式化了结构及边界的佛门，势必在思想学说方面失去主体性活力。龚自珍"九州生气恃风雷，万马齐暗究可哀"[1]的诗句，虽是慨叹其时思想界的政治噤声，但也可用来作为清代佛教状况的写照。导致这样的发展态势，由清代佛教的发展际遇亦可见，实则与清前期政治文化的调试意向及整合取向不无关系。但换个角度看，这或也正是在清朝统治者政治视野和政策胸襟下所希望达到的统治秩序吧。

　　看历史，丰富的历史现实透露出的局限或许更值得反思。清前期的佛教，透过佛教与社会政治文化关系方面的一些具体历史现象，虽然呈现着佛寺及僧众都貌似繁盛的景象，而且像佛教这样发展已然成熟的宗教，也总会在其基本教义的基础上发挥其相应的宗教社会作用，但是，在宗派及义学方面的发展，相较于晚明，进入清朝后则越来越趋于缺乏生气的态势。

　　思想、宗教都是社会精神生活中敏感而活跃的因素，其发展现状及取

---

① （清）龚自珍：《己亥杂诗》，《龚自珍全集》第十辑，上海人民出版社 1975 年版，第 521 页。

向,也鲜明地反衬着一个时代的思想发展趋势,反映着相应时代的社会精神面貌及发展水平。虽然,理学意识形态化可能更适合清代统治秩序的需要,经学也或是政治高压下士人可行的一种文化心理调试及出路探寻,赏玩器物的精致及书画艺术等的繁荣或能让征服者也有了文化优越的满足感,但是,这类文化繁荣却都不能代替深邃的思想给一个时代灵魂所能充实的厚度、引领时代发展所能达到的高度,以及给社会机体注入生命灵魂的意义。

在近期一部关于外滩开埠的纪录片里有句解说词问:为什么一些近现代先进思想理念是洋人伴随着残酷血腥及坚船利炮打进来的呢? 大概,这样的疑问在研究晚清历史的学者那里被直接或暗自问过无数次了。不过,这个问题的答案,或许还可究问到尚处在社会经济日见繁荣、法纪日趋森严,思想却备受禁锢的被称之为清朝盛世的清前期。

上　编

清朝早期的佛教政策倾向与
清代佛教的政治文化容纳力

　　清朝统治者对于佛教的认识和相应的政策倾向和选择,在清朝入关前后,即清朝确立之早期,就已表现得鲜明且有特点了。这里所谓的政策选择和倾向,既是指清朝统治者对于藏传佛教在政治上的特别倚重和政策上的倾斜选择;同时,由研究的视角看,这样的倾向在逻辑上也对应着清朝统治者对于汉地佛教的认识和态度。因而,由清朝入关前后相关佛教的问题入手,既可了解在清代政权确立及朝代更替时期,清朝统治者对佛教认识程度和政策倾向,以及清朝统治者逐渐确定的对待佛教的模式,也可由一个角度了解在清初社会急剧变化及政治文化调试整合过程中佛教的社会角色及作用。这是本部分基本的研究及阐述问题的范围。

　　由于清朝立国之初即有联合蒙古对付明朝的发展策略,政治上非常重视与蒙古诸部的关系,还特建理藩院作为专门处理蒙古等地事务的衙门。而蒙古诸部自明朝万历以来又再次接受了藏传佛教,并传播到相邻的满洲地域。因而,在这样一种地缘政治及宗教信仰等因素相交织关联的政治文化条件下,藏传佛教不仅成为满、蒙、藏的文化纽带,而且,藏传佛教政教关系密切的特点,也使得藏传佛教还成为信仰名义下处理各方间相互关系的一种特别的宗教政治渠道和媒介。这样一些因素,使得清廷采取了更倚重藏传佛教的政策,以粘连与蒙古诸部势力的密切关系。借助佛教建构起与蒙古诸部的地缘宗教政治联盟,无论是在清朝早期势力扩张阶段,还是入主紫禁城后巩固政权的战略中,都是清廷蒙藏政策中的重要内容。

　　相比较看,汉地佛教对于汉地征服者的清朝统治者而言,或许更多的是“汉”这个标签下所蕴含的宗教及文化意义。虽然在社会影响上最终也能体现政治效应,但汉地佛教终究不可能在政治上发挥直接作用而为清廷所倚重。不仅因为汉地佛教本即不是政教结合者,另外的原因,可能还是由于清朝尤其在入关后,在意识形态上承接了汉地千百年来业已整合形成的儒释道三教关系的相关认识,以及相应的政治文化基础,标榜三教并垂,选择了继续以儒家及其理学作为意识形态的理论标榜,因而,清廷并不特别地需要通过汉地佛教来辅助其调试政治文化格局和落实政治统治。不过,汉地佛教虽然没有直接被清廷政治所利用,但在明清更替社会巨变的特殊时期,汉地佛教一如既往地依然发挥着"大庇生民",而实际上也是"协契皇极"的社会作用和角色,佛门不仅成为内心不接受清朝统治而不与合作的明遗民的庇护所,更成为清初社会紧张情势中的一个特殊的缓冲地带,间接地体现了兼容广纳的作用。

因而,在清朝早期的政治文化条件下,藏传佛教和汉传佛教在不尽相同的存在境遇里,担任着各自能够充当的角色并发挥着相应的作用。从这样的角度看,也可以说藏传佛教和汉地佛教实际上是以不同的表现样貌反映着清初佛教所具有和能够呈现的政治文化容纳能力。因而,清朝早期的佛教政策倾向与这个时期佛教所体现的政治文化容纳力,就成为本书第一部分所要探讨的主题。

虽然本书并非清代佛教的断代史,但是,要推进本书主题下的相关研究,并使相关问题的探讨能处在一个历史发展的顺序脉络中,那么,作为第一部分所要探讨的内容,还是有必要从清朝确立早期开始梳理,希望这样的考虑,不仅可以使得相关的研究和表述有肇始背景的铺垫和线索的连贯性,而且,也可以为后面的探讨和叙述做些发展端绪的铺垫,以期在历史呈现和逻辑叙述上更清晰一些。而且,历史地看,有清一代的佛教态度和政策倾向,与满人政权确立及扩张早期的相关佛教认识和态度及其政策选择倾向也的确直接有关,相关原则实际上也奠定于这个时期。

不仅如此,这个时期线索值得重视的原因还在于,清朝入关前后,是清朝的政治文化肇基并蓄入和整合于中华传统政治文化之中的重要时期,审视这个时期的佛教与政治文化的关系,即是通过这个角度,看一个变化中的局地传统与一个更深厚成熟的辽阔的大传统间的调试与整合,虽然,在清早期,这个调试还只是整合的序幕,但这个序幕则是不能错过的。所以,本书的第一部分突出了清朝早期这个时间线索。而所谓的清早期,是指清朝的关外崛起时期及入关后的顺治时期。①

因而,第一部分所涉及的具体问题,首先是侧重于入关前清朝统治者的佛教认识和相应的佛教态度以及政策倾向,其中,尤其要探讨的是清朝自确立伊始就对于藏传佛教的政策倾斜和政治倚重的问题;其次,是入关之后政治文化视野变化的背景下,佛教政策的延续性及微调变化的问题,其中,顺治皇帝的禅宗倾向的影响和意义,以及相关现象所折射的清初宗教格局问题,则是要深入探讨的一个方面。再者,明清交替的社会急剧震荡过程

---

① 　关于清代分期的问题,有多种观点。本书虽然也注意时间线索,但更以问题为主线来探讨及表述,所以,大致以入关前及顺治朝为早期,康雍乾三朝为前期,嘉道以降为中后期。

中，佛教的社会角色及作用的问题，也是这个时期的重要问题，其中，明遗民的逃禅之风，也特别能够反映佛教与这个时期的政治文化的关系及佛教的社会角色和作用。

整体看，这些问题都相互关联，而且它们不仅是清朝早期的问题，还是晚明到清初社会变化进程中的持续发展着的佛教与政治文化的关系问题，其中更是纠结了地缘政治、民族关系、王朝更替、政治文化整合乃至宗教格局调整等诸多因素。归结到佛教与清代政治文化的主题下，即可概括为清朝统治者的佛教选择及佛教政策倾向、佛教的存在境遇及社会作用与佛教的政治文化容纳力的关系问题。

第一章　清朝入关前的佛教基础背景
及其佛教政策选择倾向

清朝崛起于山海关外。明朝开国大将徐达在辽东古榆关处修建的山海关,是明朝,尤其是晚明时期内拱神京,外捍夷虏的最契紧处,不过,同时也拉起了一条标识着两边诸多政治文化差异的所谓关内、关外的界线。但是,历史常常会给出反讽的结果。结束了明朝的统治、取代了明朝皇帝坐到关内紫禁城皇帝宝座上的,恰是来自关外的被明朝蔑称为"夷虏"的满族的统治者。

关于入关前的满族社会形态的研究,是 1949 年后新中国清史研究的一大课题。相关研究也得出了好几种观点:奴隶制说、农奴制说、封建制已有说,以及由氏族社会跃进封建制说等。郑天挺先生在《清入关前满洲族的社会性质》一文中提出了一种比较综合的看法,其通过研究接触到的资料而见,满族也经过了原始氏族社会、奴隶社会及封建社会的发展过程,不是从氏族社会飞跃到封建社会的。并且通过论述满人生活与高度封建化的汉族和朝鲜族之间有着互联的地缘条件、努尔哈赤部族与明朝关系密切、有较高程度的汉文化影响,且满族社会已有较发达的农业等几个社会定性要素,郑天挺先生认为:"从民族经济文化交流关系上看,满族在努尔哈赤时期进入封建制度,是可能的。""努尔哈赤在 1616 年所建立的政权一开始就是封建政权,就是封建王朝。"① 这样的研究结果,对于解释满族统治者续接中华大统的掌权进程,也提供了一个比较合乎逻辑的参照前提。

不过,即便认为清太祖努尔哈赤 1616 年建国时已然有封建王朝的架势,但不可否认,满族内部的社会形态并不完全一致,其各部的发展状态应该是不均衡的。而且,满族内部各部族间的关系亦非常复杂,努尔哈赤所在的建州女真人,历经两百余年的努力才统一女真各部,成为后来改称为满洲的满族主体。由于地缘条件,建州满族人与明朝更密切一些,努尔哈赤先世及其本人还都曾被明朝委以官职,其所在区域的社会发展水平会更接近明朝,统治阶层受汉文化影响也更深。比如,努尔哈赤的儿子皇太极,天聪五年(1631)就有谕旨:"令诸贝勒大臣子弟读书,所以使之习于学问,讲明

① 郑天挺:《清入关前满洲族的社会性质》,《探微集》,中华书局 1980 年版,第 1—15 页。

义理,忠君亲上,实有赖焉。……自今凡子弟八岁以上十五岁以下,俱令读书。"①后世认为清朝的成功因素之一就是统治阶层的皇子贝勒们有严格的读书教育的所谓典学制度②,资料还显示,皇太极早在入关前就很注重满人读书问题了。天聪九年(1635),皇太极还召集文馆诸臣谕之曰:"朕观汉文史书,殊多饰辞,虽全览无益也。今宜于辽宋金元四史内,择其勤于求治而国祚昌隆、或所行悖道而统绪废坠,与夫用兵行师之方略,以及佐理之忠良、乱国之奸佞有关政要者,录纂翻译成书,用备观览。至汉文正史之外野史所载,皆系妄诞,此等书籍传之国中,恐无知之人信以为真,当停其翻译。"③可见,皇太极不仅对于汉文史籍了解较深,而且,作为统治者,有文化战略层面的考虑。

　　尽管如此,认为满洲社会是氏族制及农奴制等说法也是有根据的;而且,满族自立大金进而成立大清,社会发展可谓是突飞猛进,以致不少学者也认为满族社会是跃进到封建社会的。这些对于满族社会形态的不同看法,或许恰恰说明了满族社会确实是发展不均衡的。而走在社会发展前沿的、呈现出较高发展水平的区域及族群,就逐渐崛起为满族发展水平的突出代表和推进社会发展的主体力量。厘清满族入关前的社会性质的相关问题,也就大致明确了入关之前满族地域的宗教文化可能有的社会背景状况。

　　那么,在关外满族飞跃式的崛起过程中,从佛教的角度,可以看到怎样的一些情况呢?虽然,入关前满族地区佛教的相关汉文资料是零星的,但是,即便如此,在《东华录》、《大清会典事例》等清史文献中拣摘出的散落信息里,仍然能够大致梳理出比较清晰的线索。这主要也是因为入关前满族统治者对于佛教的认识也是比较清楚的,相关政策倾向的目的性也比较强。这也从一个方面佐证了满族政权的统治者不是一群文化无知的武力征服者。因而,不妨让我们具体看看满族入关前的佛教基础及相关认识、满族统治者的佛教政策倾向的目的性,以及纠缠在民族、信仰、权利等关系中的佛教的角色及地位,和由这些现象反映的政治文化意义。

---

① 《皇清开国方略》卷一五,文渊阁《四库全书》史部,编年类。

② 徐珂:《清稗类钞》第二册"礼制类","皇帝典学"、"皇子典学"、"上书房课程"有说:"自高宗以后,不立太子,皇子与诸王世子同学于上书房,选词臣教之。"乾隆皇帝"召皇子及(张)廷玉等六人进见,面谕曰:'皇子年齿虽幼,然陶淑涵养之功必自幼龄始……卿等不妨过于严厉。从来设教之道,严有益而宽多损,将来皇子长成,自知之也。'"中华书局2010年版,第477—478页。

③ 《太宗文皇帝圣训》卷一,文渊阁《四库全书》史部,诏令奏议类。

第一节　清朝入关前的宗教环境及佛教基础

由相关文献和研究可知,作为清朝统治阶级的满族,其族群的大力崛起始由建立大金(1616)的努尔哈赤时期,在辽东的白山黑水间逐渐成势;到皇太极时,蒙古诸部也逐渐盟归其下,天聪九年(1635)"书曰满洲国"①;进而于天聪十年(1636)四月"建国号大清,改元崇德"②,是为大清之确立。

即如前文已有述及,清朝的崛起和扩张可谓是飞跃式的,清代政权虽已有封建王朝的性质,但入关前的满洲社会应有其特有的发展形态。而且,满族的民族渊源很悠久,其族脉远可追溯到西周时期的肃慎,中可循迹于隋唐时的黑水靺鞨,近则可续脉于辽金时期的女真人。不过,有史家称,元朝灭金后,金代女真人留居中原,因而,努尔哈赤建立的大金及其满洲族,与此前之金代并无直接的延承关系。由此,或可推断,满洲族群应是继续着所在地区的女真人社会所传承的习俗和文化传统,自然也会有其相应的社会宗教基础。

一、萨满信仰为主的宗教基础环境

相关研究说明,这个地区的宗教文化主要为萨满信仰所浸润,是将自然崇拜、图腾崇拜和祖先崇拜杂糅一体的多神信仰,且尤其秉持崇敬天神及祖先神的萨满信仰传统。并且,这种信仰及其形式也是清朝入关后刻意坚持标榜的一种满洲传统。乾隆十二年(1747),抄出颁布的《钦定满洲祭神祭天典礼》的谕旨即曰:"我满洲,禀性笃敬,立念肫诚,恭祀天、佛与神,厥礼均重,惟姓氏各殊,礼皆随俗。凡祭神、祭天,背灯诸祭,虽微有不同,而大端不甚相远。若我爱新觉罗姓之祭神,则自大内以至王公之家,皆以祝词为重……原无国语者,不得不以汉语读念,今悉取其意,译为国语……庶满洲享祀遗风,永远遵行不坠。而朕尊崇祀典之意,亦因之克展矣。"③到乾隆十二年时,清朝入关已经一个世纪,但仍然在刻意地标榜满洲祭神祭天遗风。可是,风气是交流的,所谓满洲遗风或早已杂糅了外来风气。

事实上,明中叶以来,这个族群中的建州女真人等,与外界联系较多,受到来自汉地和蒙地文化及宗教的影响。既有汉地佛教、道教流传的影迹,

---

① 《皇清开国方略》卷二一,文渊阁《四库全书》史部,编年类。
② 《皇清开国方略》卷二一,文渊阁《四库全书》史部,编年类。
③ 《钦定满洲祭神祭天典礼·上谕》,文渊阁《四库全书》史部,政书类。

也随着藏传佛教再次流行蒙古区域,在相邻蒙古的满洲地区也有了藏传佛教的影响。萨满信仰中已经加上了佛教、道教的很多内容,早已是所谓"佛与神,厥礼均重"的了。诸多信息显示,清朝入关前的宗教基础,就已经是既有本地的萨满信仰,同时又有汉地佛道教以及蒙古传入的藏传佛教兼容流行的多元的宗教信仰环境。

二、努尔哈赤时期之始建佛寺

由《东华录》关于清太祖努尔哈赤天命年间事迹见:"太祖高皇帝乙卯夏四月,始建佛寺及玉皇诸庙于城东之皋。凡七大庙,三年乃成。"①

这应该算是清朝与佛教关系的早期记录。由于这段文字很短且不详细,只好由字里行间透露的信息去揣测其中可能蕴含的意义。乙卯为努尔哈赤自立大金的前一年(1615,明万历四十三年)建佛寺之举,即有为建立国家而举神道以设教的意味。"始建",则至少说明其政权旗下正式建立起官方支持的佛寺,佛教被确认为合法宗教,而且是统治者所推崇的宗教。"佛寺及玉皇诸庙"这条信息,表明统治者不仅推崇佛教,同时也可能支持道教等宗教信仰。而所谓"凡七大庙"者,具体什么名目,名额如何分配,尚不得而知,但就当时当地的时空环境推想,数量该不算少。而且以至于"三年乃成",也可能财力不支等,也可能是庙宇的规模和形制还比较隆重以至于靡费了一些时日。无论如何,都说明建庙是当时的大事之一。

在努尔哈赤的大金时期,藏地的喇嘛也不远万里前来传法。天命六年(1621)三月,努尔哈赤攻克了辽东重镇辽阳。四月,"不惮跋涉,东历蒙古诸部,阐扬圣教"的乌斯藏大喇嘛斡禄·打儿罕·囊素,即来到辽阳宣教,受到努尔哈赤款待。不幸的是,八月,大喇嘛即圆寂了,清太祖即令建宝塔以资纪念。《大金喇嘛法师宝塔记》称:"及至我国,太祖皇帝敬谨尊师,倍加供给。"②

但是这些官建佛道寺庙建立后,有些什么活动和作用等,尚需详细资料说明。不过由史料记录而知,努尔哈赤大金时期,其宗教活动主要还是表现于萨满堂子祭祀,即在祭祀场所"堂子"里安奉神位及竖立神杆等,由萨满领行祭祀天神等活动。不仅行元旦及朔祭等大祭,且每有大事亦谒堂子祷问于天神,出入亦告于天,且典礼极其郑重。到皇太极崇德年,同样每遇

① 王先谦:《东华录·天命一》,《续修四库全书》第369册,上海古籍出版社2002年版(下略),第21页。
② 札奇斯钦:《满清对蒙古的宗教政策》,张曼涛主编:《现代佛教学术丛刊》第15册,(台湾)大乘文化出版社1977年版,第353页。

出征亦率王贝勒等谒堂子行礼，拜纛出师。此所谓纛者，即旗纛之神，在其他一些朝代的宫廷中也有祭纛活动，但在清朝则又称八纛或八旗大纛，缘于以八旗编制其族群及其军队之故。

所以，萨满堂子不仅祭祀天神、祖先神、马神等萨满信仰的传统诸神，还随着这个祖群接受了其他的宗教信仰，而在堂子里又增加了新的祭祀名目，尤其是加入了佛教的内容。其中，"堂子浴佛"就是一项隆重的活动。皇太极崇德元年（1636）即颁布规定："每年四月初八日，大内并每旗王贝勒一人，依次往堂子供献。是日，大内及各旗佐领军民人等不祈祷、不祭神，禁屠宰，不理刑名。"① 四月初八，乃佛教创始者释迦牟尼诞日，是汉传佛教的重要节日。萨满"堂子浴佛"的形式由此成大致定式，由此也可见汉地佛教的影响。

由清宫有关祭祀记录可略见浴佛仪式之一斑："届时，由坤宁宫恭请佛亭，并储菩萨、关帝神像二木筒，舁送于堂子。至时，安奉神位于祭神殿，陈香镫、献糕酒，与春、秋二季立杆大祭同。"② 这种习俗在清朝入关后还一直沿用，顺治初年再次确定，"每年四月初八日，堂子浴佛"③。

紫禁城中的宫廷萨满祭祀场所是在坤宁宫，朝祭、夕祭、月祭、大祭、四季献神等，即在坤宁宫举行；堂子则建在宫廷之外，顺治元年（1644），"建堂子于长安左门外，玉河桥东"④。不过，无论是在堂子里还是在坤宁宫，仪式可能有增减，但应该是继续着自满洲以来的传统，佛及诸菩萨、关帝都是堂子等祭祀场所里必要供奉的神祇，甚至成为主要的神祇，如其每日之朝祭，即以佛菩萨及关帝为主神。而且还安排有次第顺序，先要"升供佛金小亭……次于神幔上悬菩萨像，又次悬关帝神像"⑤。关帝演变为佛教的伽蓝神，虽非一日之事，但在清代则倍受尊崇，萨满祭祀中关帝与佛菩萨同列即又一佐证。在汉地自梁武帝以来一向素食的诸佛菩萨等，在萨满的堂子里则享受着包括礼酒宰牲在内的萨满祭祀仪式上荤腥丰盛的祭品，这显然完全不同于汉地佛教传统浴佛供佛的礼仪。但是，如同宫廷佛堂里同时供奉祖先神位一样，堂子祭祀中汉地特色的佛、菩萨、关圣帝等佛教神祇，是被特别郑重地接受而供奉的，与其族群一向崇拜的天神、祖先神等一样，都只是极受崇敬的神圣神祇。

---

① （清）刘启端等：《大清会典事例》卷一一八二，《内务府·祀典》，《续修四库全书》第814册。
② （清）刘启端等：《大清会典事例》卷一一九一，《内务府·库藏》，《续修四库全书》第814册。
③ 《钦定大清会典则例》卷一五九，文渊阁《四库全书》史部，政书类，通制之属。
④ 《钦定大清会典则例》卷一六一，文渊阁《四库全书》史部，政书类，通制之属。
⑤ （清）刘启端等：《大清会典事例》卷一一八三，《内务府·祀典》，《续修四库全书》第814册。

　　虽然堂子及后来的坤宁宫的祭祀活动,都只是宫廷举行和皇族参与的宗教活动,算不上是国家的祭祀活动,但也能反映统治者的宗教信仰情况。据说,努尔哈赤"在关外时,请神像于明,明与以土地神。识者知,明为自献土地之兆。故神职虽卑,受而祀之。再请,又与以观音伏魔画像。伏魔呵护我朝,灵异极多"①。此故事虽是文人杂记中所及,但作者嘉庆时"入直南书房"②,所记当有所凭,且结合后来清宫及堂子的情况仍可推知,满人当时的萨满多神信仰有开放和注重实用倾向的特点。因而,流行于汉文化地区的释迦牟尼、观音、关圣帝君等,无论是请来的还是传入的,总之是都被虔诚地接受了。即如其例行的浴佛祝辞所表示的那样:"上天之子,佛及菩萨,大君先师,三军之帅,关圣帝君,某……今敬祝者。遇佛诞辰,偕我诸王敬献于神,祈鉴敬献之心,俾我……年其增而岁其长兮,根其固而身其康兮。神兮贶我,神兮佑我,永我年而寿我兮!"③

　　诸如此类的信息显示,在满族崛起的过程中,虽然随着国家形态的成长,用宗教以神道设教的目的显现出来,但社会一般环境中,佛、菩萨、关帝等主要还是被彼等作为护佑之神敬奉的,大致还是出于"神兮贶我,神兮佑我"的基本的宗教崇拜心理,相信佛教及其神祇超凡护佑的意义,仍然是这个时期其族群之所以敬佛供神的主要目的和社会宗教氛围。

第二节　清代政治扩张与倚重藏传佛教的政治文化策略

　　努尔哈赤时期建立的七大庙,是佛寺及玉皇诸庙,似乎显示的是汉地流行宗教影响的结果。虽然乌斯藏大喇嘛斡禄·打儿罕·囊素不失时机地前往传教并受到崇敬,但藏传佛教之能成为国家政治文化中的重要内容,则是在于清朝统治者认识到藏传佛教在维系与蒙古诸部联盟关系上有独特的政治作用,虽然这种策略或早已落实在实际行动中,但是,皇太极时期建立的实胜寺,仍是一个重要的标志。

一、皇太极之建实胜寺及其政治文化意图

　　实胜寺建成于清太宗皇太极崇德三年八月壬寅(1638)。以《东华录》所说,建寺的因缘是"墨尔根喇嘛载古怕斯八喇嘛所供嘛哈噶喇佛至,上命

---

① (清)姚元之:《竹叶亭杂录》卷三,《续修四库全书》第1139册,第369页。
② 赵尔巽等:《清史稿》卷三七五,列传一六二,中华书局1977年版。
③ (清)刘启端等:《大清会典事例》卷一一八五,《内务府·祀典》,《续修四库全书》第814册。

工部于盛京城西三里外建寺供之。至是告成,名实胜寺"①。

这则文献所说的古怕斯八喇嘛,应是指元世祖忽必烈时期的帝师八思巴。八思巴是藏地的佛教宗派萨迦派的领袖,而墨尔根喇嘛则是蒙古察哈尔汗国的大喇嘛,显示着元代虽然消亡了,但蒙古地区仍然继承着蒙元崇尚的藏传佛教传统。在大清即将成立之时,于天聪八年(1634),察哈尔部的大喇嘛墨尔根不失时机地来到满洲,将八思巴供奉过的护法古佛像送到了满人的政治文化中心盛京。

所谓嘛哈噶喇佛像,应该是藏传佛教崇奉的护法神之一的大黑天,汉译还称摩诃迦罗等。唐代一行《大日经疏》(又称《大毗卢遮那成佛经疏》)卷十有说:"摩诃迦罗,所谓大黑神也。毗卢遮那以降伏三世法门,欲除彼故,化作大黑神。"②此像呈愤怒相。《仁王经疏》谓其为神厨、战神等,称"若礼彼神,增其威德,举事皆胜"③。

然而,此时察哈尔的这样一个送佛举动,其实是有前后因由的。此之前,察哈尔是清朝扩张战略意图中意欲先取之地,察哈尔林丹汗败走并病殂,其子被俘降清,皇太极为避免察哈尔部族安居明朝边境,一方面向其耀武扬威,一方面又极尽既往不咎且成全录用的拉拢策略。随后,就有了墨尔根大喇嘛送佛盛京的故事。

此察哈尔部的大喇嘛送佛,实际是一种向清朝表示臣服的方式,对于清朝而言则是十分重要,所谓"察哈尔不战自遁,知天运已归"④。如此一来,也昭示了元代的蒙藏联盟传统至此延伸成为满、蒙、藏联盟的形式。而象征战神的佛像的到来,对于清朝更是正逢其时。

《东华录》称,皇太极特命建寺以供奉此古佛像,此即为实胜寺之建立的一个因由。

不过,后来,乾隆十四年(1749)平定金川后,为纪念征战之艰及胜利,敕命在西山也建了一座实胜寺,说是本着"反本修古不忘其初"的原则,效仿太宗皇太极因纪念松山胜仗而在盛京建立实胜寺的方式。乾隆皇帝的《御制实胜寺碑记》有说:"昔我太宗皇帝尝以偏师破明十三万众于松山、杏山之间,归而建实胜寺于盛京,以纪其烈。"⑤并且,此后多有依此说者。但是,捕获了洪承畴的松山之役是在崇德六年(1641),而且,崇德五年(1640)

① 王先谦:《东华录·崇德三》,《续修四库全书》第369册,第153页。
② (唐)一行:《大毗卢遮那成佛经疏》卷十,《大正新修大藏经》第39册,第687页。
③ (唐)良贲:《仁王经疏》卷下,《大正新修大藏经》第33册,第490页。
④ 《皇清开国方略》卷一九,文渊阁《四库全书》史部,编年类。
⑤ 《皇朝文献通考》卷一八一,《御制实胜寺碑记》,文渊阁《四库全书》史部,政书类。

征索伦部胜利后,皇太极即已"率亲王以下大臣迎至实胜寺北馆"①,设宴于凯旋将士。

可见,盛京实胜寺之建的缘由,到乾隆时已经说法有异了。但无论实胜寺是因为此次不战而获蒙古察哈尔部臣服而供奉其送来的战神佛像,还是纪念征战之捷,在皇太极时期,实胜寺都是为了落实政治用意而建的佛教处所;同样,乾隆皇帝建的实胜寺也是出于政治目的。而且,无论怎样的缘由,都表明,佛教的政治纽带作用一再地发挥着作用。而且,再后来,乾隆时期改雍正皇帝做雍亲王时之府邸为藏传佛教的寺院雍和宫,作为属地在蒙古的章嘉活佛的驻京寺院。盛京的实胜寺与北京的雍和宫,这两座寺院之所以被后人比为上下院,大概就是因为这两座皇家藏传佛教寺院,皆是实际是为安顿蒙古诸部的政治原因而为蒙古大喇嘛修建和设置的寺院吧。

二、倚重藏传佛教的政策倾向

可见,皇太极时期倾向藏传佛教的态度,已经有明确的政治目的了。而且,在利用藏传佛教粘连与蒙古诸部关系的手法上,似乎也已然得心应手。崇德四年(1640)冬十月,皇太极又"遣察汉喇嘛等致书于图白忒汉及掌佛法大喇嘛,延请圣僧"②。这里所谓的"图白忒汉",当是指蒙古吐默特部的汗王;而"掌佛法大喇嘛"则应是指达赖喇嘛。自明朝中后期,达赖喇嘛一系与蒙古吐默特部即关系密切,三世达赖喇嘛与吐默特汗及其部族之间形成友好的互相支持的关系,使得藏传佛教尤其达赖喇嘛的影响推广到蒙古诸部,佛教不仅成为蒙古诸部的一种共同的宗教信仰,而且也成为自元朝后未再统一过的蒙古诸部之间隐性的维系纽带,这种形式在明万历时期即基本形成。③ 所以,达赖喇嘛被皇太极称为掌佛法的喇嘛圣僧。因而,对于清朝而言,与吐默特汗和达赖喇嘛建立友好关系,已远不仅是出于对佛法的崇敬信仰。在蒙藏地区,宗教与政治密切关联,而且也与其文化相互包含。因而,满清崇敬达赖喇嘛和相关的佛教信仰,事实上,就是通过宗教信仰及关联文化上的认同,来达成与蒙藏的政治文化共识。在当时已经形成与明朝对峙的形势下,以宗教为纽带即有利于满清与蒙藏,尤其是与其相邻的蒙古达成政治乃至军事上的联盟,进而落实清朝联合蒙古人、藏人以孤立汉人的政策,至于那时是否明确有入主中原的目的,或当别论。

---

① 《皇清开国方略》卷二八,文渊阁《四库全书》史部,编年类。

② 王先谦:《东华录·崇德四》,《续修四库全书》第 369 册,第 163 页。

③ 参见周齐:《明代佛教与政治文化》,人民出版社 2008 年版,第 155—157 页。

关于清朝统治者联合蒙藏的政策,前辈学者札奇斯钦的《满清对蒙古的宗教政策》一文已有深刻的阐述。如其文所述,满人入主中原之前对待蒙古地区的政策,先是用联姻和羁縻的手段,尤其与漠南蒙古部族建立了坚固的联盟,"后来又用宗教政策,把满、蒙、藏连结在一起"①。这种连结还有具体的设计,即如其所述说:"西藏佛教开始从蒙古进入满州宏法之际,就为了布道的方便,制出一套宗教上的神话,说达赖喇嘛是金刚大士化身,蒙古可汗是金刚手菩萨化身,满州皇帝是文殊菩萨化身。"② 在敬信神话传说的这些地区,这样的神话有更适宜的传播环境和崇信效应,乃至更可能的是,还会被层层渲染。不惟如此,到乾隆时期,清朝皇帝的文殊菩萨化身神话则继续地被特别渲染。

达赖喇嘛与清朝皇帝的这种菩萨互称,在皇太极的崇德七年(1643)就开始了。其时,达赖、班禅"偕藏巴及厄鲁特顾实汗,遣使贡方物达盛京。表称曼珠师利大皇帝,义取文殊佛号,且切音与满洲近也"③。崇德八年(1644),皇太极则遣使回敬,"存问达赖喇嘛,称金刚大士"④。这样的互尊方式,在明朝万历时期达赖与支持他的土默特部汗王的关系中也运用过,当时的三世达赖喇嘛与蒙古土默特部的俺答汗互赠尊号,从而结成宗教政治相互依赖的联盟;只是这次是与清朝皇帝互赠尊号,而且提升到了菩萨的阶位,达成了一种象征各自地位更高和权势更大程度的宗教政治谱系。

由此看,这个时期的建寺供佛,迎请礼敬大喇嘛等,表面看,是敬佛尊僧的宗教举动,但背后也确实还交织着深层的政治文化关系之中的政治意图。虽然不能说其中没有崇信佛教的宗教因素,但宗教活动实际上主要还是关联着世俗的政治利益。因而,由政治文化角度看,这些宗教的倾向性就意味和显示着其时的政治文化意向和态势。

第三节　清朝入关前相关佛教的认识及其政策基调

宗教的倾向性以及宗教与政治的关系,一旦沉淀为这个社会的政治文化,相对而言就成了比较稳定并且变化滞后的一种模式。清朝奠基者的佛

---

① 札奇斯钦:《满清对蒙古的宗教政策》,张曼涛主编:《现代佛教学术丛刊》第15册,(台湾)大乘文化出版社1977年版,第352页。
② 札奇斯钦:《满清对蒙古的宗教政策》注一,张曼涛主编:《现代佛教学术丛刊》第15册,(台湾)大乘文化出版社1977年版,第369页。
③ 《钦定外藩蒙古回部王公表传》卷九一,文渊阁《四库全书》史部,传记类。
④ 《钦定外藩蒙古回部王公表传》卷九一,文渊阁《四库全书》史部,传记类。

教认识和态度,不仅直接影响和决定了清廷入关前的佛教倾向和政策,也大致成为清朝后世之君相关佛教认识和政策倾向的基调。

一、敬佛不佞佛的认识态度

虽然,清朝入关前接受藏传佛教的传播,并且,皇太极时期已经很懂得用佛教维系与蒙藏的宗教政治联盟关系。但是在宗教与政治的关系上,自努尔哈赤到皇太极,清代政权的奠基者们,在相关佛教等的认识方面,仍是有着作为政治家的超乎其类的先见认识。

天命三年(1618),努尔哈赤即晓谕其臣民曰:"人皆称仙佛之善,然仙佛虽善而居心不善者,不能为也。必勤修善行,始能与之相合。人君奉天理国,修明政教,克宽克仁,举世享太平之福,则一人有道,万国数宁,胜于仙佛多矣。"① 在满族社会形态环境中,这样的认识则非同一般。

而且,就是在与藏传佛教上层互通款曲的同时,对于崇信佛教泛滥的社会影响,皇太极也有清醒明确的认识。天聪八年(1634),皇太极论及国家创建时,对佛教与蒙古国运关系即有反思曰:"蒙古诸贝子自弃蒙古之语名号,俱学喇嘛,卒致国运衰微。"② 认为蒙古国力衰败与统治阶层沉溺于喇嘛教有关。

不仅如此,皇太极甚至直言:"喇嘛等不过身在世间,造作罪孽,欺诳无知之人耳。乃蒙古等,深信喇嘛,糜费财物忏悔罪过,欲求冥魂超生福地,是以有悬转轮结布幡之事,甚属愚谬。嗣后俱宜禁止。"③ 可见,作为清朝缔造者,从努尔哈赤到皇太极,都清楚佛教与现实喇嘛品质的差别,而且很注意反思前车之鉴,自觉地避免重蹈元代蒙古统治者的覆辙,采取敬佛尊僧但不佞佛不宠僧的态度。

二、尊重佛教但限制佛教泛滥的政策基调

正是因为有这样的佛教认识,入关前的清廷,即已实行了一些限寺和整饬佛教泛滥的政策。天聪年间,就不断有整饬佛教的法令推出。如天聪五年(1631)即有令:"国中不得私立寺庙,其私为喇嘛僧及一切巫觋、星士左道,俱禁之。"④ 另则资料又记:"天聪五年题准:凡违法擅为喇嘛及私建寺

---

① 《太祖高皇帝圣训》卷二,文渊阁《四库全书》史部,诏令奏议类。
② 《太宗文皇帝圣训》卷三,文渊阁《四库全书》史部,诏令奏议类。
③ 《太宗文皇帝圣训》卷三,文渊阁《四库全书》史部,诏令奏议类。
④ 王先谦:《东华录·天聪六》,《续修四库全书》第369册,第90页。

庙者治罪,若已经呈明礼部者,酌议准行。"① 天聪六年(1632)再定:"僧、道不许买人为徒,违者治罪。"② 接着,天聪七年(1633)更是规定:"喇嘛班第出居城外清净之所,有请念梵经治病者,家主治罪。又定喇嘛班第有容留妇女,及不具呈报部私为喇嘛建盖寺庙者,治罪。"③

不过,这些限制政策也由反面说明,皇太极时期的满人社会中,民间私建寺院已成为需要治理的社会问题,不惟说明佛教在清代社会已相当流行,而且僧、道、喇嘛,此三类有分别,且都比较活跃。

元明以来屡禁不止的非僧非道的民间善友之类,其时在满人地界也有流行,清廷处理这类现象的态度也很明确。崇德七年(1642)有谕曰:"自古僧以供佛为事,道以祀神为事,近有善友邪教非僧非道,一无所归,实系左道也。且人生而为善则死亦无罪,若无罪戾,何用立善友之名? 既有罪戾,虽为善友何益? 与其积恶而为善友,何若行善之为愈乎? 语云:行善者天降以福。善原在心,非不食肉之谓也。"④

这样的治国方略,还具体落实在八旗事务中。"天聪五年闰十一月庚戌,申禁私造寺庙。集八旗大臣谕曰:奸民欲避差徭,多相率为僧。旧岁已令稽察寺庙,毋得私行建造。今新造者反较前更多,可再详确稽察,除明朝汉官旧建寺庙外,新造者准留若干,此后有增造者治罪。至喇嘛班第和尚,许居城外清净寺庙焚修,亦必清察人数。佛教本清净正直,以洁诚事之,自可获福;若不洁诚,反生罪孽。嗣后有诈称喇嘛班第和尚,容留妇女,不守清规者,勒令还俗。凡有给喇嘛班第和尚饮食者,令男子馈送于寺,如男子他出,私邀至家饮食,以奸论罪。首发之人准离主。再满洲、蒙古、汉人、土默特、喀喇沁、巫、觋、星士等妄言吉凶,蛊惑妇女,诱取财物者,实繁有徒。嗣后被获者必杀无赦! 禁止不严之该管官及本主,各坐以应得之罪。若道士等持斋之人妄行惑众,亦一体治罪。"⑤

可见,仅天聪五年一年内,对于私自为僧、逃避差徭而相率为僧、新造寺庙增多、僧寺不守清规、借佛谋财等问题,皇太极及其僚属就费了不少心神来处理。也可见,通过蛊惑妇女而借佛敛财,以此为营生的可谓各色人等皆有,也是当时满洲社会环境中的一种宗教景观。

虽然,清朝政治策略上倚重藏传佛教,但是,对于喇嘛行为不轨,相比

---

① (清)刘启端等:《大清会典事例》卷七五二,《刑部·户律户役》,《续修四库全书》第809册。
② (清)刘启端等:《大清会典事例》卷五〇一,《礼部·方伎》,《续修四库全书》第806册。
③ (清)刘启端等:《大清会典事例》卷五〇一,《礼部·方伎》,《续修四库全书》第806册。
④ (清)刘启端等:《大清会典事例》卷五〇一,《礼部·方伎》,《续修四库全书》第806册。
⑤ 《皇清开国方略》卷一五,文渊阁《四库全书》史部,编年类。

元代蒙古统治者,清朝统治者的处置要严厉得多。天聪十年(1636),皇太极谕诸臣曰:"喇嘛等口作讹言,假以供佛持戒为名,潜肆邪淫,贪图财物,悖逆造罪,又索取生人财帛牲畜,诡称使人免罪于幽冥,其诞妄为尤甚。"①

崇德三年(1638)皇太极再出令检束:"十二月丁巳,遣察汉喇嘛代青囊苏、理藩院参政尼堪等谕席勒图绰尔济曰:闻尔等不遵喇嘛之道,作乱妄行,朕统理国政,尔等不遵戒律,朕不惩治,谁则治之!凡人请尔喇嘛诵经者,必率众喇嘛同行,一二人不许私往。尔喇嘛等又不出征从猎,除徒弟外,多畜人何为?喇嘛等皆服罪。于是以内齐托音喇嘛及诸无行喇嘛徒弟等所私收汉人、朝鲜人俱遣还本主,给以妻室。以土谢图亲王及札鲁特部青巴图鲁下三喇嘛不遵戒律,令之娶妻不从,阉之。"②崇德八年(1643)又有谕旨:"除部册纪载寺庙外,有不遵禁约新行创建修整者,治以重罪,其该管佐领、领催亦罪之。"③对于借教妄行或趁机扩大势力的喇嘛等采取了严厉的惩治措施。

由此亦见,尚在关外立国之初,清统治者对于佛教的认识和态度,在尊佛的宗教信仰情感之外,则是清楚地着落在现实政治实用的原则上。对于藏传佛教的倚重和倾向选择的政治目的也是明确的,利用藏传佛教实现政治联盟和限制其扩张的政策用意是清楚的,同时,对于现实流行佛教的整饬和对于违法不纵容的政策原则也是坚定的。对于佛教既利用又限制,是清朝统治者从一开始就明确的认识态度和政策原则基调。

三、清朝入关前佛教政策倾向的政治文化解析

清朝入关前的这种根据切实的政治需要而选择的佛教政策倾向,在入关前社会政治军事等社会要素剧烈整合中,以及随着清代政治文化趋向的逐渐形成,也会相应地沉淀其中并同构于清代的政治文化中,对于入关后的清朝产生影响。

而清代这种宗教与政治相互帮衬政策的宗教及社会根由,由政治文化的角度尝试分析,大概可以从几个方面看。

其一,自清朝肇始之初在权力确立上就有宗教因素介入。努尔哈赤权力确立过程中,前清社会就是一个政治合法性以及权力世袭制需要有"授命于天"的宗教权威性认证的社会政治基础环境,比如,萨满传说对满人祖先乃天女佛库伦吞食神鹊所衔朱果受孕而生的族源神圣化,也是对其族群

---

① 《太宗文皇帝圣训》卷六,文渊阁《四库全书》史部,诏令奏议类。
② 王先谦:《东华录·崇德三》,《续修四库全书》第369册,第155页。
③ (清)刘启端等:《大清会典事例》卷七五二,《刑部·户律户役》,《续修四库全书》第809册。

领袖努尔哈赤家族之祖脉安置在正宗正脉之宗族嫡传的祖脉伦理谱系的神圣化和权威确认。这样的社会政治文化结构比较简单,宗教与政治的关系是直接地关联着的。

其二,后来传入满洲的藏传佛教本身就是政教关系密切的,因而与满洲社会的宗教传统认知正好可以一拍即合,佛教因素不仅自然地表现在萨满堂子里,也很自然地成为这个族群的政权获得权威和维系其族群民心乃至获得盟友的重要资源。所以,在努尔哈赤兼并其他女真部,直至清朝崛起建国的过程中,都有宗教参与到政治的情况。到皇太极时期,随着大清势力扩张,藏传佛教更加明确地成为政治倚重对象,利用佛教以联盟蒙古诸部的政策也已然明确,并且,通过掌握与宗教领袖的关系,也迂回地获得了在盟友中的政治领袖地位等益处。

其三,是政治态度和利益趋近的情况下,需要共同的话语纽带和象征性权威。在清朝与藏传佛教及蒙古诸部的这种关系中,或者说,羁縻和接受羁縻的关系之间,中间的纽带是藏传佛教,确切地就是达赖喇嘛及黄教,可是,黄教何以能够成为满蒙复杂关系的维系呢?至少,他们都是明朝边境的边缘民族、都与明朝汉人有紧张关系、都有政教关系密切的社会基础,等等,形成边缘族群间的相惜情愫和认同吸引力,佛教则是其中一种可以共同认同的且具有崇高解释力的话语和权威。这个共识,在皇太极确立大清的同时就达成并且成熟了。

此外,由藏传佛教为载体的所谓将满洲皇帝称为文殊菩萨化身、蒙古大汗称为金刚手菩萨化身,达赖喇嘛称为金刚大士化身的宗教伦理串联,建立起了满蒙藏的宗教政治谱系,不仅将满蒙藏关系进一步整合,而且进行了宗教神圣化装饰。这种宗教政治谱系建构,对于清朝入关前的政权权威而言,几乎就是其与蒙藏的政治权力格局中的关系次第。深入看,以建构宗教政治谱系关系来维系政权结构的方式,不仅在入关前清朝政治推进中十分受用,也继续影响着入关后的清廷政治宗教政策倾向乃至清朝的政治文化的形成。对此,后文将继续探讨。

第二章　清朝入关初期政治文化衔接及其佛教认识和政策延续及微调

顺治元年（1644），历史的风水急转给了清朝，气数已尽的明朝，长城、关隘也只不过是一堆什么也挡不住的砖石，在春夏之交的四五两月，清军铁骑便风卷残云般地越过了关、踏进了城。清朝入关，中国再次改朝换代为清朝。

清廷入主紫禁城，政治中心急剧转移，也使得满洲与明朝关内区域中各方面多有不同的政治文化资源体，在瞬时间里便处于要全方位地相互面对的局面里。

满洲方面的政治文化，起初发端是基于自努尔哈赤时期的以本族的七大恨告天而兴兵征讨逆天意者的征伐，族群统治者以顺天心者为标榜，有强烈的基于族群认同的崛起意愿及扩张要求。但其接续的发展，则是深受明朝政治文化浸润，尤其是，当其本族政治文化资源不足以支撑其发展时，即自然明确地寻求到中华传统文化资源上，不仅是皇太极大清改元之前即已要求子弟读书明义理和翻译汉文史籍经典等，而且是这个族群的政治意识、宗教信仰，以及社会习俗等，伴随着连年的征伐，一直是在本族的以及大中华的政治文化渊源的纠结中逐渐积淀的。明朝所表征和代表的是源远流长且已然积淀深厚的中华文化传统和业已整合成熟的政治文化传统，对于清朝统治阶层而言，入关前尽管会在本族传统与明朝所谓汉文化资源之间纠结乃至产生冲突，但其族群和社会的实际发展过程中则已在很多方面是与明朝所代表的政治文化逐渐相近甚至开始同构了，尤其在行政体制等方面很多是清承明制的。因而，在历史时机来临时，更具生机活力的清朝势力，可以有能力顺利地接住，并运行起衰弱的明廷已经掌握不了的权力之棒。

不过，即便如此，族类不同，仍然成为社会矛盾的由头和归结点，顺治时期乃至其后的很长时期里，很多本质上是征服者与被征服者之间的紧张关系，却终究会归结到"非我族类"的诸多相关问题上，满与汉的紧张一直是清代乃至后世的所谓现代历史研究建构话题的一个纠结点。只是，即便以满族及其文化有相对自主渊源为前提，想要论清楚谁是汉、哪些是汉文化，大概从源头开始这就是不可能剥离清楚的问题，更不要说还历经千百年来的汇流与整合。因而，探讨清朝的问题，注意到并申明相关清史研究的视角问题也是必要的。

第一节　清廷入关后政治文化续接及佛教认识的延续性

如前章已有所述及,清朝入关前已经形成比较成熟的佛教认识和政策上的基本态度及倾向,入关对于清朝而言,一方面主要是其政权的强力延续和急剧扩张,因而,对于佛教的既定原则应该不会有主动性更张。另一方面,入关后的政治视野却又必然会有变化,相应的宗教认识和政策也会有些相应变化;而且,清廷要面对的相关佛教问题,也不仅是藏传佛教的问题,更要面对传播深广的汉地佛教,乃至整个社会的宗教格局问题。再者,入关后的顺治时期也是清朝接续中华大统的重要衔接期,相应的政治文化态度及其定向,对于清朝的后续发展也有至关重要的指向性。这类问题中,还会牵扯到如何认定清朝是否是接续中华政治文化传统的问题。

一、入关后的政治文化视野及文化态度

显然,入关后清朝所在的社会政治文化的大背景大不同于入关前,而使这个背景中的佛教境遇很快受到影响的,不仅有朝代更替造成的诸多问题,还有新朝廷政治视野变化后的佛教认识和态度及其政治文化调试倾向的可能影响。

不过,现实的政治文化一旦形成便是不易变化的,像中国这样历经千百年整合的传统政治文化更是相对稳定,何况清朝取代大明,并未对其社会性质进行天翻地覆式的革命。因而,虽然明清鼎革,朝代改换,实质上只是换了另一拨有着同类政治文化观念并积极接续相关传统的政权操纵者,而且,即便会有清朝的所谓鼎新,但入关伊始,不仅是清廷在入关初期尚顾忌不到深层的政治文化问题,即便后来可以顾及到,或者存着改变的意向,但是,作为不甚悠久的一个局地传统也实际难以撼动中国传统政治文化的大势,何况清朝统治者是积极续接这个传统的,所能做的就是所谓清朝特点的调试。由清朝入关的历史发展逻辑看,具有挑战性的问题可能不主要表现为清朝对于汉地政治的抵触或者存心改弦易辙,相反,倒是主要表现为被征服之地的人心政治向背问题。清朝承接的这个幅员辽阔的千百年来一以贯之又不断汇聚整合而形成的所谓汉文化,和相应地积淀而成的政治文化传统的江山,更是一片广袤而莫测的难以用武力征服的人心疆域。对于清廷而言,江山得易,统治不易。因而,新朝定鼎后的政治文化态度和倾向,对于清王朝的走向是有影响的,虽然尚顾及不到深层问题,但是,政治文化态

度及相关政策倾向的标榜则无疑是有意义的。而政治文化视野变化进程中的文化态度标榜和政策调试,对于佛教尤其是汉地佛教而言,的确是有可能影响到其存在境遇的因素。

顺治朝不过十八年,而且还分多尔衮摄政、顺治亲政两段。清朝入关之时,顺治皇帝尚在冲龄,清朝入关创业实际成就在摄政王多尔衮之手。多尔衮有人君之才而屈居人臣之位,入关后对待汉臣仍然实行关外就实行的延揽汉臣和采纳贤德的原则,以及认同并接续中国政治文化的路线,其行事果决专制也能虚心纳言,用明制但重视避免明朝积弊,是清朝相对开明的一位执政者;而顺治皇帝则自幼即在帝王修身治人之道、在六经的典学教育中受儒家学说浸染,从小即已被告之"帝王之学,贵在正心诚意,明伦察物。"①虽然其是位极具个性的少年天子,但顺治宫廷亦一派"勤学图治"②的气象。

不过,清朝的定鼎,还同时伴随着清入关后的屠戮、圈地、剃发、重治逃人等暴政。血雨腥风,是顺治时期定鼎天下的残酷代价。铁血之外,清初亦自有其举国的气象。所谓,"定天下固自有气度也"③。其中,顺治时期即开始注重标榜兴文教,应是清朝以文治平衡武力的一种方式。顺治时期的文化态度可由几则谕旨而见。

顺治十年(1653),年轻皇帝亲政不到两年,即"谕礼部曰:国家崇儒重道。各地方设立学宫,令士子读书,各治一经选为生员,登之黉序,朝廷复其身,有司接以礼,培养教化。贡明经、举孝廉、成进士,何其重也。朕临御以来,各提学官,每令部院考试,而后用之,诚重视此生员也……朕教养储才之心,实力遵行,自使士风丕变,人材辈出,国家治平,实嘉赖之"。④ 顺治十二年(1655)又有谕旨曰:"朕惟帝王敷治,文教是先。臣子致君,经术为本。……今天下渐定,朕将兴文教崇经术,以开太平尔。……仍传谕内外大小各官,政事之暇亦须留心学问,俾德业日修,识见益广,佐朕右文之治。"⑤并且,十二年起,设日讲经筵。谕旨内三院刻不容缓地选日讲官,旨曰:"自古帝王勤学图治,必举经筵日讲,以资启沃。今经筵已定于文华殿告成之日举行,而日讲深有裨益尤不容缓。尔等即选满汉词臣学问淹博者八员,充日

① (清) 木陈道忞:《天童弘觉禅师北游集》卷二,"奏对机缘"上,《明版嘉兴大藏经》第26册,(台湾) 新文丰出版有限公司1987年版,第293页。
② 《钦定大清会典则例》卷一五三,文渊阁《四库全书》史部,政书类,通制之属。
③ 孟森:《清史讲义》,中华书局2010年版,第114页。
④ 《世祖章皇帝圣训》卷五,文渊阁《四库全书》史部,诏令奏议类。
⑤ 《世祖章皇帝圣训》卷五,文渊阁《四库全书》史部,诏令奏议类。

讲官,侍朕左右,以备咨询谦德。"① 这几则皇帝谕旨都说明顺治时期的文化态度跟之前的王朝没什么不同,也是所谓崇儒重道,文教是先,延续着以标榜儒家学说为主导意识形态的政治文化路线。

顺治十三年(1656)有左道行于民间,顺治皇帝旨令地方要树正除邪,其谕旨有曰:"朕惟治天下必先正人心,正人心必先黜邪术。儒、释、道三教并垂,皆使人为善去恶,反邪归正,遵王法而免祸患。"② 这道谕旨还明确传达了儒释道三教并垂的态度。如何对待儒释道三教,同样也是儒释道相提并论后,以往各代王朝必要抉择标榜的宗教政治哲学和宗教政策原则。

诸如这些兴文教、崇儒重道及三教并垂的告示,既标志着清朝秉持的是中国传统的主流政治意识形态,也说明其已然在调试照顾全局的中国式天下观的视域。

也许,如此审视顺治时期的文化态度及三教观,未免还是有标准先置之嫌,即是默认将清朝入关前的社会状态认定为与明代所谓的汉文化是完全文化异质体的假定。因为,如果回到皇太极在改元大清之前即已通晓中国历代史并要求子弟读书明理,以及多有依明制建构政府机构等的社会状况,注意到努尔哈赤父子本即明朝的官,注意到满人堂子浴佛也跟汉地佛寺习俗一样是四月初八浴佛,等等。大概也就能够意识到,坐在紫禁城中的清朝统治者或许早已不把自己当外人了,他是早就续源于中华文化渊源并认同于相应的政治文化传统的。至少,顺治皇帝已然颇有传统文人气质,并且纵论古往今来的帝王功业也全然是一派"祖述尧舜,宪章文武"的态度。如,《世祖章皇帝圣训》卷一,开篇第一"训"即说,顺治十年某天,"上幸内院阅《通鉴》,谕大学士范文程、额色黑、宁完我、陈名夏等,曰:上古帝王圣如尧舜,固难与比伦。其自汉高以下,明代以前,何帝为优? 文程等奏曰:汉高祖、文帝、光武,唐太宗、宋太祖、明太祖俱属贤君。上曰:此数君又孰优?名夏奏曰:唐太宗似过之。上曰:朕以为历代贤君莫如明太祖,即唐太宗并数君,德政皆有善者有未尽善者,至明太祖所定制度章程,规画周详,历代之君实皆不及也"。③

由顺治皇帝的反思态度看,其毫无分别地站在与中国历代贤君比肩的队伍里。所以,清初社会尽管有征服与被征服者间的剧烈矛盾,甚至在南方很多地方仍然进行着残酷的战事,但仅从诸种表态亦可见,清朝统治者

---

① 《世祖章皇帝圣训》卷一,文渊阁《四库全书》史部,诏令奏议类。
② (清) 刘启端等:《大清会典事例》卷一〇三八,《都察院·五城》,《续修四库全书》第812册。
③ 《世祖章皇帝圣训》卷一,文渊阁《四库全书》史部;王先谦《东华录·顺治一九》,《续修四库全书》第369册,第348页。

是以认同和汇流到中国历史洪流中的姿态以承接中华大统为任的,是认同于中国王统及道统的;若再由清初的行政看,清廷其实也不过是接替明廷继续运行着与以往大致一样的行政秩序,清朝不仅没有挑战中国千百年来业已整合的政治文化传统,相反,而是努力地衔接和积极地调试并与之同构和整合。

二、顺治时期佛教政策原则的延续性

因为清初有鲜明的延承性文教态度及行政秩序,同样的延续性也体现在对于清朝的态度和政策上。所谓天下观意识下的儒释道三教并重态度,对于清廷而言或许是所谓的调试,但对于汉地儒释道而言则并无场景变化。至于顺治皇帝特别推崇明太祖制度周详,但不知是否也了解到明太祖那种既利用佛教又整饬和限制佛教的佛教政策原则,不过无论如何,事实是,顺治时期的相关政策表现说明,清初也是采取的既利用佛教又限制佛教的政策倾向。这种倾向不仅是明朝相关政策倾向的延续,也是清入关前即已实行的佛教政策原则和倾向。

相应地,虽然顺治时期对于汉地表达的是兴文教和三教并垂的文化态度,但汉地佛教整体实际并没有受到被并垂的境遇,也没有像藏传佛教那样被政治倚重。究其原因可能主要有两方面,其一,在三教中,佛教显然不具有儒家的政治文化地位,虽然佛教在中国社会已经有相当长的历史,已然深入在社会生活的各层面,但汉地佛教突出和标榜的是出世的修行向度,所谓儒家治世,释道治出世,与儒家业已形成了世出世的政治文化分工。而顺治朝标榜崇儒重道的意识形态原则,其实自入关前就开始确立了,这也是中国传统政治文化背景下的王权的必然选择;另外,清初的汉地佛教显然也不同于藏传佛教,与政治及其权力阶层没有直接的政治利益关系,甚至汉地佛教还尤其是以标榜疏离政治为特征的,所以汉地佛教不具有政治势力或权利代表的直接政治意义,不可能是清廷能够直接利用的政治力量。而在清初的政治文化条件下,藏传佛教仍然在联合蒙古巩固江山的政权需求中具有非常重要的作用,乃至在宫廷中对政治有影响的可能也还是藏传佛教的喇嘛。① 因而,在清廷入关后,没有特别地抬举汉地佛教即实属正常。而且,其中所隐含的这种实际功利原因,归结看,可能就是汉地佛教既不具备儒家的意识形态效应,也没有藏传佛教的那样有直接产生政教关系效应的政治

---

① 汤若望曾建议皇太后慎重对待僧徒(喇嘛),皇太后亦认为不容许喇嘛们再干预政事了。参见(德)魏特著,汤丙辰译:《汤若望传》第 2 册,商务印书馆 1949 年版,第 265 页。

文化容纳力。当然,这并不意味着汉地佛教没有相应的政治文化容纳力,只是清廷更看重迫切的直接的功利效果。

虽然,顺治后期的几年,顺治皇帝被禅宗强烈地吸引,汉地僧人频繁出入大内,但主要还是表现为个人的宗教倾向;尽管顺治皇帝的禅宗倾向实际上很能说明汉地佛教特点的政治文化容纳力,但顺治时期因为朝政并没有对汉地佛教有什么特别的对待,便也没迹象显示汉地佛教及僧人对朝政有什么实质影响。这一方面可能是因为顺治皇帝英年早逝,这种个人的宗教倾向终究没有影响到朝政层面上的佛教政策倾向。如果再加一方面原因的话,这或许也可以看作是清初朝政所呈现的一定程度的政治理性的表现。

史传,清初有所谓"清朝八政":"一曰求贤,二曰薄税,三曰定纳,四曰除奸,五曰销兵,六曰随俗,七曰逐僧,八曰均田。互相传说,尚无颁示。"①不过,清初的汰僧之议可能有过②,但也更可能是未实行的意向。"逐僧"这类沙汰佛教意味的政策,在清初甚至可以说在整个清朝,朝廷推行的全国性政策中,没有可以定性为排佛的沙汰举措。事实上,从清初佛门可以成为不愿意归顺新朝甚至心怀反清打算的一些士人缙绅及官宦的逃避去处,明遗民逃禅可以成风气,或也可以反证清初的佛教政策大体是尊重佛门的。至少由基本面看,除了个别和尚因被发现反清证据而遭惩治,汉地佛教作为整体,在清初并没有遭遇朝廷的整体沙汰或严重排斥的政策。

第二节　继续倚重藏传佛教联盟蒙古诸部的政策

清入关后的十多年里仍然是征战频仍,收拾江山依然是重心。佛教显然不是其朝政的重点,不过这只是指汉地佛教;藏传佛教的待遇则不同,为了巩固蒙古诸部归附的局面,清廷在政治上倚重于藏传佛教的政策与入关前并没有变化。

一、礼敬喇嘛而不入喇嘛之教的对藏原则

顺治时期,清廷继续入关前利用藏传佛教的政治目的,期间,突出的事件是达赖喇嘛入京。在迎送达赖喇嘛的相关安排上,虽然也有非常生动的拿捏不定的做法,但清廷的态度和政策基本原则依然清楚,无大变化。

① (清)留云居士辑:《明季稗史初编》卷一九,上海书店 1988 年版,第 358 页。
② 《明末天然和尚年谱》、《高峰三山来禅师年谱》有资料说汰僧之议。详见本书第一部分第四章第二节中相关注释。

　　自皇太极时期就与曼珠师利大皇帝互致尊号和问候的达赖喇嘛,于顺治九年(1652)终于得以来京。但清廷这边,为了如何迎送达赖喇嘛,顺治皇帝与其臣工们进行了细致讨论。由廷议可见,清廷之邀迎达赖喇嘛的个中因由,依然是为了借此而巩固蒙古的归附之心。为了实现这样的政治目的,在如何礼遇达赖喇嘛等问题上,清廷可谓辗转踌躇,考量再三。

　　顺治九年九月,顺治皇帝与满汉诸臣商议曰:"及朕亲政后召之,达赖喇嘛即启行前来,从者三千人。朕欲亲至边外迎之。今喇嘛即住边外,外藩蒙古贝子欲见喇嘛者,即令在外相见;若令喇嘛入内地,今年岁收甚歉,喇嘛从者又众,恐于我无益。傥不往迎,喇嘛以我既召之来,又不往迎,必致中途而返,恐喀尔喀亦不来归顺。应否往迎之处,尔等各抒所见以奏。"满洲诸臣议:……上若亲往迎之,喀尔喀亦从之来归,大有裨益也。若请而不迎,恐于理未当,我以礼敬喇嘛而不入喇嘛之教,又何妨乎? 众汉臣议:皇上为天下国家之主,不当往迎喇嘛。喇嘛从者三千余人,又遇岁歉,不可令入内地。若以特请之故,可于诸王大臣中遣一人代迎。其喇嘛令在边外,遗之金银等物,亦所以敬喇嘛也。"①

　　满臣所以明确宣称礼敬喇嘛但不入其教,应该是对于皇太极"嗣后俱宜"禁止佞教的圣训的遵循。其中,喀尔喀的归附才是清廷迎请达赖喇嘛的关键问题和拿捏踌躇的根本原因。

　　汉臣如大学士洪承畴等,则用天象警示来转弯抹角地奏曰:"臣等阅钦天监奏云,昨太白星与日争光,流行入紫微宫。窃思,日者人君之象,太白敢于争明;紫微宫者人君之位,流行敢于突入。在天垂象,诚宜儆惕。""今年南方苦旱,北方苦涝,岁饥寇警,处处入告。宗社重大,非圣躬远幸之时。""达赖喇嘛自远方来,遣一大臣迎接,已足见优待之意,亦可服蒙古之心,又何劳圣驾亲往为也。""是日,遣大臣伯索尼传谕洪承畴等曰:卿等谏朕勿往迎喇嘛之言甚是,朕即停止。"②

　　冬十月,由和硕承泽亲王硕塞等往迎达赖喇嘛,并谕达赖喇嘛曰:"前者朕降谕欲亲往迎迓,以盗贼间发,羽檄时闻,国家重务难以轻置,是以不能亲往,特遣和硕承泽亲王及内大臣代迎,当悉朕不能亲迎之意,故谕。"③

　　冬十二月,清廷一直担心归附不坚定的北方蒙古喀尔喀及西部蒙古厄鲁特等部都已来贡。随即,顺治皇帝幸南苑,而达赖喇嘛亦至南苑谒顺治皇

①　王先谦:《东华录·顺治一九》,《续修四库全书》第 369 册,第 338 页。
②　王先谦:《东华录·顺治一九》,《续修四库全书》第 369 册,第 339 页。
③　王先谦:《东华录·顺治一九》,《续修四库全书》第 369 册,第 340 页。

帝,皇帝赐坐赐宴,纳达赖喇嘛所进马匹方物等。① 不过,即此月之末,厄鲁特顾实汗则再贡,同时,请达赖喇嘛回归。②

顺治十年(1653)春正月,达赖喇嘛即奏请辞归,理由是"此地水土不宜,身既病,从人亦病,请告归。"③ 对此,皇帝又命臣工与王贝勒大臣会议。有议曰:"喇嘛原系特召,当询其情事,其言宜于我则从,不宜于我则已。傥不一加询问,使喇嘛含愠而去,则外国喀尔喀、厄鲁特必叛。一议:不宜询问喇嘛。若询之而不用其言,喇嘛当亦含愠而去。我朝荷天之佑,征服各处以成大业,当年并无喇嘛也。喇嘛既系特召,当赐以金银段币,酌封名号,给之册印。不加询问为便。上曰:不必询问事情,止令部臣往谕喇嘛,所云水土不宜良是。但我等始至,亦当以水土不宜而病,后乃相宜。今喇嘛既来,且留此从容往代噶,待草青时更召外藩王贝勒等与喇嘛相会。"④ 清廷派王贝勒前去挽留达赖喇嘛,以免其含愠。可见,这次达赖喇嘛来京及清廷接待,相关各方都不免博弈气氛。

二月,遣达赖喇嘛归,顺治皇帝"御太和殿,赐宴并鞍马、金银、珠玉、段疋"⑤。"命承泽亲王硕塞偕贝子顾尔玛洪、吴达海率八旗官兵送至代噶,又命叔和硕郑亲王济尔哈朗、礼部尚书觉罗郎球饯于清河。"⑥

紧接着,四月,又遣礼部尚书觉罗郎球、理藩院侍郎席达礼等赍送封达赖喇嘛金册、金印于代噶,文用满、汉及图白忒国字。册文曰:"朕闻兼善、独善开宗之义不同,此出世间设教之途亦异,然而明心见性,淑世觉民,其归一也。兹尔罗布臧扎卜素达赖嘛襟怀贞朗,德量渊泓,定慧偕修,色空俱泯,故能宣扬释教,诲导愚蒙,因而化被西方,名驰东土。我皇考太宗文皇帝闻而欣尚,特遣使迎聘,尔早识天心,许以辰年来见。朕荷皇帝眷命,抚有天下,果如期应聘而至。仪范可亲,语默有度,臻般若圆通之境,扩慈悲摄受之门,诚觉路梯航、禅林山斗,朕甚嘉焉!兹以金册印封尔为西天大善自在佛所领天下释教普通瓦赤喇怛达赖喇嘛,应劫见身,兴隆佛化,随机说法,利济群生,不亦休哉!印文曰'西天大善自在佛'所领天下释教普通瓦赤喇怛喇达赖喇嘛之印。"⑦ 同时,也"封厄鲁特部顾实汗为遵行文义敏慧顾实汗,赐

① 王先谦:《东华录·顺治一九》,《续修四库全书》第369册,第343页。
② 王先谦:《东华录·顺治一九》,《续修四库全书》第369册,第344页。
③ 王先谦:《东华录·顺治一九》,《续修四库全书》第369册,第347页。
④ 王先谦:《东华录·顺治二十》,《续修四库全书》第369册,第347页。
⑤ 王先谦:《东华录·顺治二十》,《续修四库全书》第369册,第350页。
⑥ 王先谦:《东华录·顺治二十》,《续修四库全书》第369册,第350页。
⑦ 王先谦:《东华录·顺治二十》,《续修四库全书》第369册,第355—356页。

金册金印"①。大致与地缘势力有关系,西部蒙古厄鲁特部与西藏藏传佛教势力的关系比较密切,因而,在顺治九年至十年清廷关于达赖喇嘛的迎来送往事宜中,更加重视这两方的关系。

由此也见,在清廷如此颇费心机地处理迎送达赖喇嘛的诸事宜中,主要的问题点都聚焦在政治权力的博弈,对于清朝而言,喀尔喀、厄鲁特一直都是其权力控制和扩张中的不稳定因素和竞争对手,而在这种颇具张力的关系中,藏传佛教既是使各方势力达成宗教政治联盟的话语纽带,也是当时颇具政治文化容纳力而能够为各方撮合又为各方拉拢的一种实力。

二、兴黄教以因教齐政与藏传佛教的政治文化容纳力

此次与清廷往来的达赖喇嘛应是五世达赖阿旺罗桑嘉措。在之后的康、雍、乾三朝,六世、七世、八世几代达赖喇嘛也一直都纠缠在清廷及藏区地方政治势力乃至清廷与准格尔的政治斗争旋涡之中。到康熙平定准格尔后,清廷便一直以"因其教不易其俗"②为对待蒙藏的政策,标榜与藏蒙一起"阐扬善教,同我太平""皆登乐土"的"怀柔抚驭之道"。③ 不为如此,清廷在对蒙关系中,又特别地加入了章嘉呼图克图和哲布尊丹巴呼图克图两股势力,以及喇嘛旗的扎萨克喇嘛,即执政官喇嘛,将黄教与政治联盟的关系体制化和深入扩大化,实际目的则是将掌握黄教的权力和势力分散,通过分势而治以使其内部相互制衡,以落实因教齐政而不易俗的统治蒙藏地区的政策。历史上,这样的分势策略在明成祖朱棣时期对待朵甘、乌斯藏的政策中即曾有过充分地应用。而清廷自关外到入关后顺治时期也运用自如,在康、雍、乾三朝,相关政策模式即已成定式,所谓的政策倾向和选择早已不再是问题,而且,在皇权下的利用也达到了最大化。至于西部平定,疆域大定后,藏传佛教在这种联盟中的利用价值也就不再凸显,史料显示,嘉道以降,清廷与藏蒙诸地大喇嘛们之间更多是迎来送往的礼节性维系。

由前文所述种种可见,自入关前到入关后,清廷一直采取这种倚重藏传佛教的政策倾向,而且采取礼敬喇嘛但不入其教的原则。因而,就其本质看,这种倚重,实际倚重的是藏传佛教的政治文化容纳力。相关政策选择倾向,其实就是对藏传佛教政治文化容纳力的选择和倾向。而藏传佛教之所

---

① 王先谦:《东华录·顺治二十》,《续修四库全书》第369册,第356页。
② 《皇朝文献通考》卷二九二,文渊阁《四库全书》史部,政书类。
③ 《皇朝文献通考》卷二九二,文渊阁《四库全书》史部,政书类。

以有这种所谓政治文化容纳力，则是因为在蒙藏地区，藏传佛教不仅与政治密切关联，而且也与其文化相互包含，大寺院及其僧团是相关地区的文化中心以及政治、经济乃至军事势力的枢纽。在这种由宗教而使得社会的政治、经济及文化扭结一体的社会，宗教的容纳力即相对较大，因而，在流行藏传佛教的蒙藏地区，藏传佛教便具有了较大的政治文化和容纳力。所以，"因其教"，逻辑上就有可能"齐其政"。

清朝统治者在立国之初，恰值藏传佛教再次流传蒙古地区，因而，在面对明朝进而觊觎紫禁城宝座的过程中，与蒙古的地缘政治联盟即成为因势推移的政策，而其中，佛教就成为既冠冕堂皇又极具容纳力的黏合剂或者润滑剂性质的纽带和媒介，尤其是藏传佛教是政教及文化等综合容纳的宗教，清朝统治者比较清楚地认识到了藏传佛教的这种容纳力。

清廷入关前后在对藏传佛教关系上是下了功夫的，从而将深层的政治文化关系中的宗教信仰倾向与政治倒向的关联性，实在地落实在势力扩张和政权巩固的政治目的上。清廷认识到了宗教倾向与政治倒向的关系，政策及政治目的明确，礼敬喇嘛但不入喇嘛教，虽然这样的佛教倾向与信仰本身的关系似乎不是主要因由，但是却能通过宗教信仰及其相关联的文化认同，来达成与蒙藏的政治文化共识；尤其在当时已经形成与明朝对峙的形势下，以宗教为纽带既有利于与蒙藏、特别是与其相邻的蒙古诸部达成政治及军事上的联盟，以落实清朝联合蒙古人、藏人以孤立汉人的政策，以实现势力扩张的目的。虽然在此还得注上一句，即，不能说其中完全没有崇信佛教的宗教因素，但，清廷倚重藏传佛教，很重要的目的还是世俗的政治利益目的。即如乾隆皇帝在著名的《喇嘛说》中明确阐述的那样："兴黄教即所以安众蒙古，所系非小，故不可不保护之，而非若元朝之曲庇诌敬番僧也"①。的确，礼敬喇嘛而利用藏传佛教的政治作用，清代统治者没有重蹈元蒙统治者崇信喇嘛教和佞佛的覆辙。

但是，在民族关系问题上，清朝却没有摆脱窠臼。清廷实行满汉、内外有别的民族政策和行政体制，朝臣分满班、汉班，区域治理分内地与外藩，将所谓汉与蒙、藏、新疆及西南土司所辖等分别对待，清廷还特设理藩院处理内地之外的蒙藏等事务。这样的隔离政策即让民族乃至族类问题始终成为清朝各种矛盾的一个纠结处，并且是清朝政治中自始至终的困境。

① （清）高宗：《喇嘛说》，《御制文集》三集卷四，文渊阁《四库全书》集部，别集类。

第三节   利用佛教并限制佛教泛滥政策的延续及微调

清廷对于佛教尤其藏传佛教的政策倾向是政治倚重,虽然显得比较功利,而且清代统治者也注重吸取蒙元的教训不宠佞佛教,但佛教仍然不失为是深受清代社会崇信的一种宗教,入关后清廷也没有佛教政策的倾向性变化,因而,佛教整体在信仰层面的境遇,并没有因为改朝换代而有大的变化。同时,作为佛教之载体及物化部分的僧人及寺院,也仍然是被朝廷权力部门管理的对象,无非是实施管理的由明朝换成了清朝。由于明清交替并不是社会性质的改变,因而,在行政秩序上,清初既延续着入关前的政策倾向,也很大程度继续着明朝的一些行事惯性,并且还有入关后处理新情况的新措施,这样的情况也同样表现在对待管理佛教名色的政策方面。而且,在既利用也尊敬佛教的同时,并行检束及限制佛教的政策,在清入关前就已是既定的方针,入关后,则继续推行并根据情况而为微调,但原则倾向性并无变化,甚至有所加强。

一、入关前即实行的限制佛教政策

严格限制出家及私建寺庙,是清朝政权一直强力推行的一项政策,而且在关外时就已经特别强调并推行了。在皇太极的天聪五年、六年、七年,即对此连续、反复地有严令出台,相关资料前一章中已有举例。这些严令也说明,由努尔哈赤大金初始建佛寺,到皇太极改号大清的二十来年中,满人区域内喇嘛、僧及巫觋、星士等,都有活动,也就是说,藏传、汉传佛教及道教乃至民间宗教,都有流行。并且,民间私建寺院已经成为社会问题,说明佛教的流行程度已很深,同时也带出了一些社会问题,以致要统治者再三出令严禁为之私建庙宇,严限出家,同时还禁止喇嘛等在城内聚集,并禁左道惑众等。

关外时期的清政权对于严禁私自出家及私建寺庙问题的关注,并不只是皇帝的一声令下,它们都是经过了八旗反复"酌议"的。八旗各有势力,佛道人士大多攀缘不到最高统治者那里,但却可以攀缘到各地方首领及其眷属等层级,因而,皇太极整饬佛教的旨意则要靠八旗首领领会了才能执行下去,在清朝崛起过程中,君主集权程度也是逐步推进而加强的。即如前文所举皇太极"集八旗大臣"而谕的资料,即说明政策要靠八旗大臣共同推行,因为私造寺院,逃避差徭而出家,供养喇嘛,喇嘛容留妇女等等,是发生在各旗之中的事端,这道谕旨严厉之处不仅是严禁所涉及不端行为及惑众者,还在于严令参与者"亦一体治罪"①。

考虑到当时的形势,显而易见,私自出家就意味着劳动力和兵源的流失,对于处于征战中的清朝政权而言是不能纵容的现象;而私建寺院增多则关涉财力物力的散失;至于僧寺清规及男女之防,不仅与具体家庭关联,更在于其与社会风尚及秩序等方面的建设有关。此外还有各旗权势者与喇嘛势力的交道是否会影响中央权力等,或也是问题。

在对待佛教的认识和政策方面,清朝统治阶层的政策水平程度显然也是不均衡的。皇太极、多尔衮等不仅自身有较高的文化修养,周围还有范文程及后来降清的洪承畴等一些汉大臣的重大影响。但一如入关前的清朝社会,其所谓封建社会形态及其统治者的相应政治文化水准,并不是个均衡状态。虽然作为封建社会政治文化的王权至上及中央集权制较早构成,但各地方势力也自有一定权势。因而,像皇太极那样认为蒙元衰败是崇信喇嘛教的原因而警惕佞佛乱政的认识,并且推出整饬佛教的政策,作为最高政令应该能够被传达,但落实得彻底与否则另当别论了。

如前引述,崇德三年(1638)年末,皇太极即不得不又对有喇嘛行为不轨的问题颁出言词甚为严厉的谕旨:"尔等不遵喇嘛之道,作乱妄行,朕统理国政,尔等不遵戒律,朕不惩治,谁则治之!"② 对于围绕在一些亲王周围的无行喇嘛施以严厉检束,甚至要动用阉割这样侮辱性质的刑罚来处置。崇德八年(1643)则再颁严令,禁止私建,并称:"有不遵禁约,新行创建修整者,治以重罪,其该管佐领、领催亦罪之。"③ 不守戒律之事屡禁不止又可能情节严重,这时的旨意已将是否遵守戒律提到了与是否尊重政令权威的高度上,因为这次要连带的不仅是从众,还连带处罚责任官。

那个时期也有用其他的手段限制即使是正规途径的出家行为,如天聪六年(1632)即有规定,"凡通晓经义恪守清规者,给予度牒。"④ 崇德五年(1640)又题准:"新收僧人纳银送户部核收,随给用印度牒,令僧纲司分发。"⑤ 这样的措施就是提高出家的门槛,收费的目的可能还在其次,而保护劳动力和兵源或许还是主要的目的。而且,这样的一些问题,到顺治时期仍然是朝廷要着令处理的问题。

① (清)《皇清开国方略》卷十五,文渊阁《四库全书》史部,编年类。
② 王先谦:《东华录·崇德三》,《续修四库全书》第369册,第155页。
③ (清)刘启端等:《大清会典事例》卷七五二,《刑部·户律户役》,《续修四库全书》第809册。
④ (清)刘启端等:《大清会典事例》卷五〇一,《礼部·方伎》,《续修四库全书》第806册。
⑤ (清)刘启端等:《大清会典事例》卷五〇一,《礼部·方伎》,《续修四库全书》第806册。

二、入关后检束佛教政策的延续及其调整

入关后的顺治初期，继续了清朝入关前限制寺僧泛滥并对已有寺僧进行检束的政策原则，具体内容则针对入关后的实际情况而有所调整。

清朝入关，先是军队春夏之交入得京城，而顺治皇帝在顺治元年（1644）九月才从关外入京，皇权的正式定鼎已然十月。① 不过，顺治二年（1645）关于僧寺的一系列政策就颁行了，那时皇帝年幼，相关政令应出于摄政王多尔衮及其僚属之手，具体措施涉及了很多方面，亦可见清初朝廷的行政效率还是比较高的。相关政令的具体内容大致包括给予度牒、登记造册、收缴明敕、严查隐匿、禁止私建、严防犯戒等不少方面。

其中，给牒、登记，目的可能更在于清理僧道，以防奸伪，这是清初朝廷着重实行的一项检束措施，既反映了清初佛教政策的力道，也反衬着当时佛教的状况。

顺治二年颁行的相关政令即显示了多重的内容。其令曰："内外僧、道均给度牒，以防奸伪，其纳银之例停止。凡寺庙庵观若干处，僧、道若干名，各令住持详询籍贯，具结投僧、道官，僧、道官加具总结。在京城内外者均令呈部，在直省者赴所在地方官呈送汇申抚按解部，颁给度牒。不许冒充混领，事发罪坐经管官。又定：内外僧、道有不守清规，及犯罪人为僧、道者，令住持举首，隐匿不举，一并治罪；顶名冒令度牒者，严究治罪。"②

从顺治伊始，朝廷就一直在做更换度牒的事宜。清点备案，颁发度牒，防查奸伪之外，也是除旧更新，给僧人换上清朝标识的证件。到顺治六年（1649），政令即要求"内外僧道必有度牒，方准住持焚修。该部刊刻度牒，印发各布政使及顺天府，查境内僧、道素无过犯者，每名纳银四两，给予度牒一纸。各州县于岁底申解该司，汇解户部，仍报部考核。从前给过度牒，一并追缴。"③ 僧尼纳银四两，换得清朝度牒一纸，并交回旧牒。

顺治九年再谕："僧尼道士已领度牒者，务恪守清规，用本等衣帽住居本寺庙。如未领度牒，私自为僧尼道士，及用番僧衣服往来者，照例治罪。"④ 但是，到顺治十五年，又题准："直省僧尼道士已经给过汉字度牒者，尽令缴出送部，照数换给清、汉字度牒，并确核先年已纳银者换给新牒，未纳

---

① 参见王先谦：《东华录·顺治三》，《续修四库全书》第 369 册，第 220—221 页。
② （清）刘启端等：《大清会典事例》卷五〇一，《礼部·方伎》，《续修四库全书》第 806 册。
③ （清）刘启端等：《大清会典事例》卷五〇一，《礼部·方伎》，《续修四库全书》第 806 册。
④ （清）刘启端等：《大清会典事例》卷五〇一，《礼部·方伎》，《续修四库全书》第 806 册。

银者纳银给牒。"①

由此可知，顺治时期的更换度牒的事宜有两方面重要变动：一是先年换给的是汉字度牒，十五年（1658）时则又更换为满、汉两种文字的度牒；一是在纳银给牒或免纳银之间几经变动。

如顺治二年，"礼部奏：故明时给僧、道度牒，俱纳银三两二钱。今应否纳银给牒，请旨定夺。得旨：俱著宽免"②。顺治六年更换度牒者每名必须纳银四两，才给予度牒。顺治八年礼部又奉旨："僧道均免纳银，有请给度牒者，州县察核报司呈礼部照数给发。"③并且议论道："国家生财自有大道，僧道纳银给牒，琐屑非体。且多有谕纳无措逃徙流离，殊为悯。以后僧道永免纳银，有请给度牒者，该州县确查报司府申呈礼部，照例给发。"④而十五年再次更换汉字度牒为满汉双字度牒时又要求"先年已纳银者换给新牒，未纳银者纳银给牒"，到顺治十七年又议准："僧、道度牒免其纳银，令各该抚详开年貌籍贯及焚修寺庙，备造清册，并送纸张投部，印给度牒。"⑤如此多变，是国家生财之道考虑还是抬高出家成本考虑，或是像顺治皇帝那样有了要尊重维护僧道尊严的考虑，可能这些都是其中因素。事实上，在度牒问题上清初几代的政令亦多变，直到乾隆时成为一时突出问题，讨论再三，最终才有了确定不变的定论。对此后文待述。

由僧道清理的资料还可发现，清初这种清理还尤其重视京城内的僧道清理事宜，顺治初即特令严查，如顺治三年（1646）颁令："在京寺庙庵观，不许僧尼道士混处及闲杂人居住，工部五城查明僧道官有容隐者，一例重惩。又定，严禁京城僧道沿街设置神像，念诵经咒，或持击梆磬募化者，该管僧道官即行重治。如住持募化，罪及阖寺。如散众募化，罪坐住持及该管僧道官，一并治罪"⑥。

到顺治十八年（1661）则再度严令："缉捕盗贼，审理人命，盘获逃人，及禁约赌博，稽查奸宄邪教谣言煽惑人心，恶棍衙蠹指官嚇诈，奸徒恶官潜住地方，聚伙烧香，并僧、道寺院、坊店等项事务，责令巡城御史通行严饬。"⑦对汉地僧道如此限制，喇嘛也一样受到限制，不仅规定"喇嘛不许私自游

---

① （清）刘启端等：《大清会典事例》卷五〇一，《礼部·方伎》，《续修四库全书》第806册。

② 王先谦：《东华录·顺治四》，《续修四库全书》第369册，第236页。

③ 刘锦藻：《皇朝续文献通考》卷八九，文渊阁《四库全书》史部，政书类。

④ 王先谦：《东华录·顺治十六》，《续修四库全书》第369册，第317页。

⑤ （清）刘启端等：《大清会典事例》卷五〇一，《礼部·方伎》，《续修四库全书》第806册。

⑥ （清）刘启端等：《大清会典事例》卷五〇一，《礼部·方伎》，《续修四库全书》第806册。

⑦ （清）刘启端等：《大清会典事例》卷一〇三一，《都察院·五城》，《续修四库全书》第806册。

方,有游方到京者,著发回原籍"①,这一年还有一则很具体的检束,令曰:
"京师内白塔居住喇嘛九名,什大达庙居住喇嘛八名,及额木齐喇嘛仍照旧
留住外,其余喇嘛班第均令于城外居住。如有擅自进城居住者,将喇嘛送刑
部,照违法例治罪"②。顺治初甚至还规定:"皇城内住居人家遇有丧事,但令
僧、道诵经礼忏外,不许大作鼓吹。送丧日,皇城内不得撒扬纸钱。"③ 如此
清理,大有闲杂人等概不得入内的架势。此或许还可说明,清初京城城防似
乎相当严密,或是相当注意城防之严。

但需要注意的是,顺治十八年正月,顺治皇帝已驾崩,不过,仍有朝臣
继续重视僧道清理。是年末,有御史胡秉忠即奏:"直隶各省州县衙所编审
花户人丁俱沿袭旧数。……请敕有司核实。……其有充僧道无度牒者,悉
令为农,安插附入丁册当差。从之。"④ 出台限制僧道等的措施,在朝廷方面
的基本原由就是僧道之坐食蠹民,尤其在国力贫乏或僧道泛滥时,就会特别
突显地出现斥责僧道蠹蚀民财的言论及应对措施。不过,由于这些问题都
是伴生佛教发展的老问题,清初的检束政策也没有什么别出心裁的措施,仅
是清朝关外时的已经实行的基本政策的延续,同时也延承了明朝以来的政
策模式。

此外,僧籍管理还可能与当时包括佛教在内的各种宗教在民间流行的
状况有关,也是以防奸邪的内容为主,而且还是要将正教与邪术左道进行分
别。顺治十三年(1656)对于民间所谓左道,即有谕旨下令整饬,并特别强
调要"正人心"、"黜邪术"及"反邪归正",对于所谓"正"、"邪"之教作了判
别。儒释道当然是为正教,其他一些民间宗教则视之为邪术左道。相关谕
旨有曰:"有左道惑众,如无为、白莲、闻香等教名色,邀集结党,夜聚晓散,
小者贪图财利,恣为奸淫,大者招纳亡命,阴谋不轨。无知小民被其引诱,迷
罔颠狂,至死不悟。历考往代,覆辙昭然,深可痛恨。向来屡行禁饬,不意余
风未殄,堕其邪术者实繁有徒。京师辇毂重地,藉口进香,张帜鸣锣,男女杂
遝,喧填衢巷,公然肆行无忌。若不立法严禁,必为治道大蠹。虽倡首奸民,
罪皆自取,而愚蒙陷网罗辟,不无可怜。尔部大揭榜示,今后再有踵行邪教,
仍前聚会烧香、敛钱、号佛等事,在京著五城御史及地方官,在外著督抚、按
道、有司等官,设法缉拏,穷究奸状,于定律外加等治罪。如或徇纵养乱,尔

① 刘锦藻:《皇朝续文献通考》卷八九,文渊阁《四库全书》史部,政书类。
② (清)刘启端等:《大清会典事例》卷五〇一,《礼部·方伎》,《续修四库全书》第806册。
③ (清)刘启端等:《大清会典事例》卷一一六〇,《步军统领·职制》,《续修四库全书》第814册。
④ 王先谦:《东华录·康熙一》,《续修四库全书》第369册,第495页。

部即揞参处治。"①

诏旨中所列举的无为、白莲等教,不仅在明后期此起彼伏,早在元代就流行于民间,且为历代朝廷屡禁而不止。在入关前天聪时期,清朝对于这类所谓蛊惑民心者,就已经采取了严禁的政策,而且是处死的严厉惩处,参与者亦受惩罚。其时规定曰:"满洲、蒙古、汉军,有为巫师、道士、跳神、驱鬼、逐邪以惑民心者,处死;其延请逐邪者,亦治罪。"②

这些民间宗教屡禁不止且一再活跃是有历史渊源的,而且历史原因本就不单一,但清朝入关后可能还加入了反清复明的因素,无论怎样,其不断活跃于民间是有社会基础的,而继承了中华王统的清朝统治者视这些民间宗教为"治道大蠹"而欲除之,同样也是所在政治文化立场之必然所为。所以,清廷也"历考往代",采取不姑息的政策以严惩之。

不惟如此,"正人心""黜邪术"的措施,还包括继续自关外即采取的严防妇女与僧人喇嘛交道的政策。这是清朝关外关内整饬佛教政策都有的内容。妇女往往是法事活动的积极参与者,但男女杂遝不仅有违传统礼教,且入关前就屡屡就对无行喇嘛严厉处置,并不许喇嘛容留妇女,顺治十八年(1661)甚至题准:"凡妇女不许私入寺庙烧香,违者治以奸罪。旁人能缉首者,罚本犯银十两给之。"③

除了对于人员进行清理整饬,在佛教的实物名色方面也同样采取了管理措施。限制私建私毁寺庙乃至佛像之类,就是清初的又一项严控佛教泛滥的政策。顺治二年的一系列政令中即包括这一项:"内外寺庙庵观凡有明朝旧敕,尽令缴部,不许隐藏;又,严禁京城内外不许擅造寺庙、佛像,必报部方许建造。其现在寺庙、佛像,亦不许私毁。"④顺治十一年(1654)又定:"禁止创建寺庙,其修理颓坏寺庙,听从其便,但不得改建广大。"⑤

前一饬令是禁止在京擅自造寺,后者则没有特指。清朝承接的是明代的佛教物质基础,虽然明朝初期实行严控寺额以及寺院归并的政策,但中后期以降,京城寺院其实已相当多,乃至有钱有势的宦官建寺也成风气,加之明清交接大多没有横扫涤荡佛教名色——今天一些寺院的建筑历史也可以说明这一点——因而,清廷接棒政权后,社会上应该仍然具有一定数量的佛教寺院。如此比较看,顺治时期虽然限制寺院建设但也不算是很严厉,至于

① (清)刘启端等:《大清会典事例》卷一〇三八,《都察院·五城》,《续修四库全书》第812册。
② 《钦定大清会典则例》卷九二,文渊阁《四库全书》史部,政书类。
③ (清)刘启端等:《大清会典事例》卷七六六,《刑部·礼律祭祀》,《续修四库全书》第809册。
④ 《钦定大清会典则例》卷九二,文渊阁《四库全书》史部,政书类。
⑤ 《钦定大清会典则例》卷九二,文渊阁《四库全书》史部,政书类。

要求收缴前明帝王对于寺院御笔题书,等等,也应是改朝换代的自然之举。

事实上,清初的这些佛教政策乃至管理僧伽事务的方式,也有不少沿用明朝佛教政策之处,而且,在关外时即仿照明代制度设立了僧官衙门,官职模式等一如明朝。史料即称:"其僧道等官,自天聪六年始设;顺治年间定品制,悉仿明旧。"①僧官衙门也叫僧录司,僧录司官中,"左右善世,从六品;……僧录司左右阐教,由左右讲经转……正八品;僧录司左右讲经,由左右觉义转,升左右阐教……从八品;……僧录司左右觉义,由僧人充补,升左右讲经……从九品;……都纲,由僧人充补……不入流;……副都纲府僧官,僧正州僧官,僧会县僧官,由僧人充补。僧录司左右世各一人,左右阐教各一人,左右讲经各一人,左右觉义各一人,掌释教之事。各直省府属曰僧纲。司教纲一人,副都纲一人。州属曰僧正,司僧正一人,系属曰僧会,司僧会一人,各掌其属释教之事"②。

不过,清初也有不同于明代的清朝特点的规定,如顺治二年定:"四月初八日系佛诞之期,旧例于是日浴佛,而故明并无此例。得旨:仍照旧例浴佛。多罗郡王以上俱往祭。是日,著停刑禁,止赛神、屠宰,各旗满洲、蒙古、汉军,俱照例传谕。"③此所谓旧例,当是指崇德初年即规定的萨满堂子浴佛的传统,所以,入关后的顺治朝,亦继续了清朝的这个独特的以堂子祭祀仪式举行的堂子浴佛仪,而且,浴佛节的日期,也仍然是入关前即沿用的汉地佛教的佛诞日浴佛节日期。

三、比较明清佛教政策取向看清代的
中国传统政治文化认同及其续接

由上所述,可大致了解入关后清廷对待佛教的态度及其入关前后的佛教政策的基本原则以及具体措施。同时,由这些方面的具体内容,也可以了解到,满清入关后对于中国传统政治文化的衔接及调试与整合的情况。

在清朝入关前后即清朝崛起早期,虽然明朝政权衰败,但是整体政治文化态势是处于相对较高水平的,满洲及入关后的清廷,在相应的政治文化认知上,是认同于明朝所代表的较高的政治文化水平的,虽然有八旗等既是政权基础也是社会组织的结构,但其政权及社会组织的结构取向及运行水平等,则无疑尽量在效仿乃至看齐明朝所代表的社会发展水平。表现在佛

① 刘锦藻:《皇朝文献通考》卷八八,文渊阁《四库全书》史部,政书类。

② (清)刘启端等:《大清会典事例》卷一八,《吏部·官制品级》,《续修四库全书》第789册。

③ 王先谦:《东华录·顺治四》,《续修四库全书》第369册,第236页。

教认识及政策原则和具体措施方面,从关外之入主紫禁城,基本与明朝时期政策原则取向乃至一些具体对治的问题和相应措施都基本一致,而明朝标榜全依宋制,实际也即是标榜延承千百年业已整合的传统取向,无非是政策措施更周全。即如顺治皇帝已然认识到的那样,"明太祖所定制度章程,规画周详,历代之君实皆不及也"。应该说,明朝确立后在中国传统政治文化的整合水平方面,可谓是更上层楼。也正因如此,更具政治统治生机的权力集团,认同并积极适应这套政治文化,才能够在取代明朝之后,走进并继续推进着这套传统下的中国历史。至少,清初的佛教认知及政策即显示如此,如果将清初与明初佛教政策取向乃至具体措施相比较,则更能说明这种衔接的紧密程度。

从概况看,首先表现在对待藏传佛教的认识和政策方面。的确,在清早期的佛教政策倾向中,特别鲜明的特点是对于藏传佛教的政治倚重,通过利用藏传佛教文化纽带及在政教关系密切方面的政治文化容纳力,来联盟蒙藏,充实了地缘政治的内容和力量,来孤立汉人以对付明朝政权。这个政策的具体因由上是出于实际政治需要,不过,这种对于藏传佛教的政治文化容纳力的认识及利用的原则和方式,即是所谓利用藏传佛教羁縻蒙藏的政策,其实在明初就已经使用得非常娴熟,认识得非常深刻了。虽然明太祖时期也是非常警惕元朝的教训,只对少数几位故元时期已经受封的藏传佛教国师续称之,但却明确采取了元世祖忽必烈的所谓"因其俗而柔其人"[1]的政策,对朵甘、乌斯藏等地采取僧俗兼用、因俗以治的政策;到明成祖永乐时期,则进一步加重了对于藏地的羁縻政策,流传至今的藏传佛教的几位法王称号等即受封于永乐朝,明成祖采取的是所谓多封众建,分势而治的政策,这些政策倾向也是跟当时明朝的政治时局有关,其中主要就是遁逃的蒙古余部对于明朝政权的威胁。利用藏传佛教政教及文化的容纳力,既是安顿藏地的主要方式,也是制衡蒙古乃至蒙藏关系的权重手段。而藏传佛教在明朝佛教与明朝政治文化的关系中,自始至终都是联系密切而重要的。

因而,清朝佛教政策中政治倚重藏传佛教的这种倾向性,并非孤立独特的清朝特色。历史地看,这种纠结着地缘政治及宗教政治的政治文化倾向,早已经在相关的政治势力各方中间以各种呈现形式周游很久了,至少元以降的明、清,便逐渐形成传统政治文化中一种特别要素,而相关联的各方势力实际上也已纠结在了相应的政治文化传统中。

清朝入关后,即便已经没有了孤立汉人对付明朝政权的政治原因和由

---

① （明）宋濂等:《元史》卷二〇二,列传第八十九,"释老",中华书局 1976 年版,第 4520 页。

头,但是,清廷仍然要倚重藏传佛教来维系与蒙古诸部及藏区向其臣服的关系。这也说明,清朝接替了明朝在这个政治文化格局中曾经的主导地位,自然而然地也要成为这个政治文化传统中各方势力的统筹者。

其次,清初的文化态度和宗教态度,也是与明初极其相近的。所谓崇儒重道、三教并垂,等等,就是汉之后历代王朝的主调陈词。具体到对于佛教的认识和态度,从努尔哈赤起就与明太祖如出一辙,认为人君奉天理国,修明政教,就可使举世享太平之福,胜于仙佛多矣。这实际颇似明太祖的认识,所谓"佛天之地,未尝渺茫,此等快乐,世尝有之"①,只要人君"善守一定不易之道……三纲五常……彝伦攸序,乃为古今之常经",再加上佛教"果报因缘","愚顽闻之,如流之趋下","阴翊王度","愚顽慕而自化之",即"不亦善乎"。②若还能"保守此境,非佛天者何?""其不佛法之良哉!"③满清虽然取代明朝而入主,但在以圣贤之道为"中国驭世"之不易之道,以释道为辅的三教认识方面,则是异曲同工的。

再次,清廷入关后,也是采取清查僧道数,并注册僧道籍贯、出家寺院依止师等详细个人信息以备核查的具体措施。这在明洪武时期就是一种重要的僧籍管理措施,目的还在于以防奸邪和逃军逃囚等社会不稳定因素,如此详尽登记全国僧人的档案,称之为"周知板册",并颁行诸山寺院中,既作为僧人名册,又可查验僧人真假,"遇僧游到来,即问本僧系某处、某寺、某僧。年若干,然后揭册验实际,方许挂搭。如是册内无名及年貌不同者,即是诈伪,许拿解官。"④同样,明初也非常重视正人心、黜邪术,整饬正宗佛教的同时,对于所谓附佛外道亦采取极其严厉的取缔政策,对于所行无当的喇嘛处置亦极其严酷。比如,洪武时有官家女眷"奉西僧行金天教法,上命将二家妇女并西僧、女僧俱投之于河"⑤。至于限制佛教物质名色,虽然清廷入关后尚不甚严厉,但结合后来乾隆早期的措施,明、清两朝前期的政策措施也都有颇为相似之处,原因大概都是与防止佛教过度发展会分散国家的财力、物力、人力有关,也往往是新朝上升气象中必然的佛教政策倾向。洪武时期的佛教政策大致是历代佛教政策中最为详尽系统的,所以,清初的僧道的僧籍等相关内容的备案方式亦即如明初模式,但也是宋以降的朝廷管理僧道的惯用方式。

---

① (明)朱元璋:《心经序》,《全明文》第1册,上海古籍出版社1992年版,第195页。

② (明)朱元璋:《宦释论》,《全明文》第1册,上海古籍出版社1992年版,第153—154页。

③ (明)朱元璋:《心经序》,《全明文》第1册,上海古籍出版社1992年版,第196页。

④ (明)沈德符:《万历野获编》卷二七,《释道·女僧投水》,中华书局1980年版,第681页。

⑤ (明)沈德符:《万历野获编》卷二七,《释道·女僧投水》,中华书局1980年版,第681页。

此外,清朝的僧官设置也是依照明朝旧制,只是,由于有理藩院管理蒙藏事务,而汉地佛教又不待见于朝政,清朝僧官远不如明初僧官风光。

不过,在一样的政治文化传统环境中,虽然在政治上清初朝廷对于藏传佛教的倚重实际显示的是对藏传佛教政治文化容纳力的选择,但逻辑地推论,汉地佛教也应自有其相应特点的政治文化容纳力,那么,实际情况是这样的吗,以下两章将会在这个方面着重探讨。

第三章　清世祖之倾向禅宗及清初
禅宗的政治文化表征

清世祖,即爱新觉罗·福临(1638—1661),年号顺治,世祖是其庙号。其于幼年六岁时即登极,是年,清廷入关,这位幼年皇帝也成为清朝入关后的第一任皇帝,而在其背后则有对其发挥了至关重要影响力的母后孝庄太后和其叔父摄政王多尔衮。只是,"满洲人虽仅用四十日工夫便奠定北京,却须用四十年工夫才得有全中国。"① 顺治皇帝的成长过程,仍不免是在入关后收拾江山及清廷内部权力争斗的残酷政治风雨中度过。顺治皇帝十四岁亲政,二十四岁即骤然而逝。围绕着这位颇具俊才也极具个性的少年天子,有很多富有故事色彩的逸闻,其中最为人们乐道的,就是与佛教直接有关的重要情节,即顺治皇帝不仅是位笃信禅宗的皇帝,其最后的结局也不是如清廷公布的那样是急症而逝,而是弃位出家了,这种不载于正史的说法甚至还是一个流传很广的故事,并伴有种种煞有介事的旁证,以至历史面目扑朔迷离。不过,好在相关的历史考证研究已很多,足以纠正各种戏说而无须补证,况且在此要讨论的是清世祖之倒向禅宗和帝王的宗教倾向的意义,以及所反衬的禅宗之社会角色的意义等问题。

第一节　清世祖所处的宗教环境及其
宗教选择的政治文化意义

中国历史上,帝王个人的宗教倾向历来不乏故事,顺治皇帝的宗教选择,同样裹挟着很多值得看的内容。在清朝入关后最敏感时期坐在皇帝宝座上的这样一位皇帝,在其亲政后所要面对和抉择统治政策的政治文化环境中,甚至还有抉择个人宗教信仰的问题,成为清朝作出明确个人宗教选择的皇帝。

---

① 梁启超:《清代学术变迁与政治的影响》,载《中国近三百年学术史》,东方出版社1996年版,第18页。

一、清初的宗教格局及宗教倾向的政治文化意义

只是，与以往有所不同的是，清朝入关之初，政治文化背景中还有一些清初特点的因素，并且，针对它们的方向或决策选择有可能会影响其后社会发展方向，比如，族类问题，虽然满清入关前就特别注意反思和避免元代蒙古人治下的教训，但是，清朝统治者还是同样地没可能逾越族类问题的窠臼；还有，清廷政治上特别倚重藏传佛教，虽然逻辑上一方面似乎存在使相关信仰普遍化到汉地的问题，不过，在这个问题上既有皇太极等对于蒙元过度崇佛的反思在先，也有清朝统治之下族类壁垒的强化，因而藏传佛教的民族色彩边界在逻辑上也有可能强化；再就是，晚明再次进入中国的天主教对传统宗教格局的影响也是不能小觑的，晚明时期天主教的一个传教倾向和策略就是走上层路线，天主教的影响在崇祯时期就已经进入朝廷官员中乃至宫廷中，清朝入关后，天主教传教士汤若望还得到孝庄太后及顺治皇帝的信任和尊敬，并且接触也较多，等等。

所以，一方面从社会宗教格局看，清初的宗教已不仅是有流行中国千百年的佛教及道教，藏传佛教也早不是只在遥远的乌斯藏而是遍及蒙藏地区并且深入到内地，此外还有新来的天主教及已在西北兴起的伊斯兰教等；另一方面，年轻的顺治皇帝的宫中典学教育所受的文化影响，也不仅是中国本土的汉地传统文化、满洲传统以及藏传佛教连带的蒙藏文化，还有随着天主教而来的西方文化因素。因而，刚刚改朝换代后的新任皇帝的宗教倾向，在清初那样的政治文化背景下，应该是个敏感问题，关键的是，具有决定性权力影响力的皇帝的宗教倾向，很可能就不单纯是个人的宗教信仰问题。

顺治时期，清廷主要忙于武力征服，但同时也出台了一些标榜文化态度的诸如"崇儒重道"、"文教是先"的文治政策。相关清史研究亦显示，清初文化环境尚见开明，至少在文教政策基本面上，明末以来的社会文化多样繁荣的环境没有很快发生改变，其中也包括晚明以来的宗教格局。只是，其中值得审视的问题是，由于不同地域产生的宗教都有其各自的文化源流，在漫长的发展中实际上也负载着相应的政治文化蕴涵，尽管有些宗教后来逐渐成为世界性的宗教，但地域文化或者来源政治文化蕴涵的色彩已然很浓。因而，在清初所在的历史时期及具体的宗教环境中，流行已久的宗教和新进入的宗教，实际上各自背负着不同的文化背景和政治文化意义。在这个角度看，宗教倾向和立场，实际的关联背景和意义，对应的应是不同的文化观、价值观的选择和政治文化的倾向性。

在宗教与政治文化认同对应的方面看，明清时期的汉地佛教早已整合

为中国传统文化的重要部分,在政治文化倾向性和发展趋势方面也早已同构于中国传统政治文化;而藏传佛教,元明以来也不仅是蒙藏的信仰,在汉地也有流行,但清廷实行族类分别政策,因而相应地突出了藏传佛教所具有的族类色彩的政治文化倾向及内容;而晚明再次新进入的天主教,虽然调整了传教方式,甚至使用了一些中国传统词汇解释其教义,但并没在宗教教义上有多少改变,其宗教以及传教士所负载和表征的依然是比较特别的西方文化背景和所蕴涵的政治文化意义。因而,在清初的社会环境中,不同宗教可能还表征为不同于中国传统的文化观念及价值观等。例如,选择传统中国宗教,要依照传统伦理说教行孝道,祭祀祖先;若选择天主教,人人皆上帝子民,即便父母子女,教内亦为兄弟姐妹,亦不祭祖先,其人生价值观、生活方式乃至宇宙观等方面就必先接受与中国传统大为不同的一些观念或理论。

因而,宗教的倾向和选择,一定程度上也意味着政治文化的倾向性和相关认同。因而,审视顺治皇帝的宗教倾向,也是审视入关后的清朝皇帝相关政治文化认同倾向的一个很能说明问题的角度。尤其是顺治皇帝在几种宗教都对其产生影响的境况中,其宗教倾向能说明什么,是探讨清代佛教与政治文化关系、由宗教倾向审视其中所涵盖的所谓政治文化意义的重要问题。那么,这样的论题和逻辑推论是否成立、清初的宗教环境及顺治皇帝具体接受的宗教影响对其宗教倾向有怎样的作用,还是要通过具体的情况来说明。

二、清世祖身边的天主教的影响及其相关认识

对清世祖的宗教认识有可能产生影响的外在条件,大概有几方面:清代宫廷的一般宗教环境,一些具体的有可能影响皇帝宗教倾向的人,再就是皇帝可能接触阅读到的书籍。而像顺治皇帝这样的少年皇帝,即位后很长时间都还处于学习阶段,因而,皇帝身边能够影响其文化观、价值观乃至宗教观的人物是特别值得关注的。

关于清朝入关前的社会宗教基础环境,前文已经有所述说,那是萨满、藏传佛教及汉地佛道教都有流行的宗教环境。其中,萨满是本土既有;藏传佛教则与蒙藏地缘政治有关,深受清朝的政治倚重;汉地佛道教也早有影迹,同样也因为地缘文化的关系,但政治上不为清廷推崇。西洋人虽是满人不陌生的名词,但入关前的认识可能多由明军从"红夷"荷兰人等西洋人所购大炮的威力而知,遂亦在天聪年间仿造为"红衣大炮"等①,似未接触其

---

① 《皇清开国方略》卷十四:"天聪五年春正月壬午,铸红衣大炮成。"文渊阁《四库全书》史部,编年类。

教。但是,到顺治朝,局面则有了大变化,天主教的传教士和汉地佛教禅宗的高僧甚至都进入了宫廷,将其宗教影响直接波及到了皇帝和宫廷。

检视对顺治皇帝有可能产生宗教影响的人物,除了顺治皇帝倾向禅宗后的禅门僧人性聪、玉琳、木陈以及行森等,可能还有个别内官近臣之外,天主教方面则主要是耶稣会士汤若望。比较而言,在顺治皇帝的成长过程中,结识久、接触多、关系近似老师的,还应该是耶稣会士的传教士汤若望,这位传教士甚至可以说是顺治皇帝身边对其有很大影响力的人物之一。

关于汤若望及其与顺治皇帝的往来,主要资料来源是满文档案和罗马教廷档案,限于笔者不懂满语及拉丁语,因而,在此只好转引相关资料。汤若望(Johann Adam Schall Von Bell),1591年出身于德国科隆一贵族世家。二十来岁时入耶稣会。其时已传教中国的耶稣会士金尼阁(Nicolas Trigault)回欧洲招募传教士输送到东方新教区传教,经过系统学习的汤若望被选。经过九死一生极其艰险的漂洋过海的航行,汤若望是不多的幸存者之一,于明末天启二年(1622)登陆中国。虽然天主教经由早先进来的耶稣会传教士们,尤其利马窦(Matteo Ricci)等艰辛的,甚至流血牺牲的努力经营,已有了一些传教基础,尤其还获得一些士人及朝廷官员的皈依,但社会上仇教现象却仍然很普遍,以至汤若望在南京坐过牢,在西安受过比南京牢狱之罪还严重的侮辱①。但汤若望不仅经住了磨难,其修养和学识及坚韧精神还使其赢得了声誉。后因朝廷修订历法的需要,汤若望被召进京,并得到也是天主教徒并成为崇祯朝重臣的徐光启的赏识。

但是,不久,明朝亡了。在农民起义军破城及清军入主的社会巨变的情况下,汤若望没有逃跑,而是在大动乱中不计安危,凛然处变,在极尽护教责任之外,还为保护所修订的历书及仪器,挺身而上奏,先即赢得摄政王多尔衮的尊重,获得清廷的保护。之后,则又因多次婉转周全地保护了年幼的皇帝,以及医治了皇太后的侄女亦顺治皇帝第一位正宫皇后的疾病②等,而得到孝庄太后的信任。而其天文历法之长则尤为朝廷所用,官为钦天监正。

---

① 据称,汤若望曾云:"南京之牢狱较优于西安之自由。"(法)费赖之著,冯承均译:《入华耶稣会士列传》,《汤若望传》,(台湾)商务印书馆1950年版,第193页。

② 据说,此次医病颇具戏剧性。几位自称乃汤若望熟识一亲王眷属者,前来替其郡主问医。据所述症状,汤判断乃数日内即愈之病,遂未做任何医药诊治,只送一圣牌,嘱挂胸前。结果四五日内病即愈。汤若望因此而多获酬谢钱物,并获知此事原来与皇太后和未来皇后有关。参见(德)魏特著,杨丙辰译:《汤若望传》第2册,商务印书馆1949年版,第264页。

　　不过,汤若望与顺治皇帝之间非同一般的友谊的建立,还是经历了一番考核过程的。据说,顺治皇帝曾暗中派人核实汤若望作为传教士独身生活的德行,证实其确实是"毫无可非难的贞洁"①后,敏感多疑的少年皇帝才逐渐视其为亲信。此后顺治皇帝既由汤若望教授西学及咨询各类问题,还常受到汤若望的格外爱护。在汤若望等传教士看来,"顺治帝品性本良,惟生活放逸,左右不尽端人"②。故而"若望常献替忠言,帝亦从其言,而待之若父,称之曰'玛法',满州语尤言父也"③。不过,满语"玛法"的意思似是爷爷,《汤若望传》此处或有误。无论如何,汤若望是被特许可随意出入宫禁的,并可免行叩拜之礼,甚至被给予在任何时间场合可亲自呈送奏折等特权。顺治皇帝每需咨询,更是随时召其"玛法"入宫,或"作竟夕之谈"。④ 顺治皇帝亦常常往幸汤若望的天主堂,据说有二十四次之多。⑤ 而且,顺治皇帝的二十岁生日也是在汤若望的教堂里度过。⑥ 在顺治皇帝幼年至亲政的过程中,汤若望也利用其特殊的身份及学识,保护了在摄政王专权阴影下的小皇帝,而亲政后的顺治皇帝也没忘记封赏其敬重的玛法。汤若望被封为通议大夫、太仆寺卿、太常寺卿,赐号"通玄教师"⑦,等等,使其从五品钦天监正,骤然跃居到一品大员的位置。《清史稿》"汤若望传"即有曰,皇帝加汤若望"太仆寺卿,寻改太常寺卿。十年三月,赐号通玄教师,敕曰:'国家肇造鸿业,以授时定历为急务。羲和而后,如汉洛下闳、张衡,唐李淳风、僧一行,于历法代有损益。元郭守敬号为精密,然经纬之度,尚不能符合天行,其后晷度遂以积差。尔汤若望来自西洋,精于象纬,闳通历法。徐光启特荐于朝,一时专家治历如魏文魁等,实不及尔。但以远人,多忌成功,终不见用。朕承天眷,定鼎之初,尔为朕修大清时宪历,迄于有成。又能洁身持行,尽心乃事。今特锡尔嘉名,俾知天生贤人,佐佑定历,补数千年之阙略,非偶然

① (德)魏特著,杨丙辰译:《汤若望传》第2册,商务印书馆1949年版,第269页。

② (法)费赖之著,冯承均译:《入华耶稣会士列传》,《汤若望传》,(台湾)商务印书馆1950年版,第198页。

③ (法)费赖之著,冯承均译:《入华耶稣会士列传》,《汤若望传》,(台湾)商务印书馆1950年版,第198页。"玛法者,国语为祖,称也。"(姚元之《竹叶亭杂记》卷三)此处,意思应是爷爷;何况,皇太后曾认汤若望为义父。《汤若望传》以德文意思转译为"尊父"、"尊长"、"尚父"等。

④ 参见(德)魏特著,杨丙辰译:《汤若望传》第2册,商务印书馆1949年版,第275页。

⑤ 参见(德)魏特著,杨丙辰译:《汤若望传》,商务印书馆1949年版,第277页。但顺治十四年后则无皇帝再造访记录。

⑥ 参见(德)魏特著,杨丙辰译:《汤若望传》第2册,商务印书馆1949年版,第279—280页。

⑦ 赵尔巽等:《清史稿》卷二七二,列传五十九,"汤若望",中华书局1977年版;朱彝尊:《钦定日下旧闻考》卷四九,"世祖御制天主堂碑记"亦有记,文渊阁《四库全书》史部,地理类。

也.'旋复加通政使,进秩正一品."①

　　传教士与皇帝的好关系,直接受益的自然还是天主教会和天主教的传播。不仅在"天子首都内一条繁盛大街上,并重要城门旁"②新建一高大天主堂等。而且,传教士因此多受保护,传教亦相对自由。据称:"一六五〇年至一六六四年,共十四年间,华人受洗者逾十万人。"③

　　只是令传教士们遗憾的是,在最希望有传教结果的顺治皇帝那里没有收获。虽然"帝与若望有如家人父子","若望乘机进言教理,有时为讲十诫及宗教史略,有时为讲天主受难诸事。……诸传教师皆祈天,冀帝入教,盼其为未来之 Constantine(君士坦丁大帝)云。"④但是,顺治皇帝终究不是Constantine⑤,而且,更糟的是,顺治皇帝所倾向的是佛教的禅宗,正是当时天主教在中国传教的主要竞争对手。

　　后来被顺治皇帝诏入过禁中的禅僧木陈道忞,回到山中还意犹未尽地出版了《奏对机缘》⑥,据称是其与顺治皇帝禁中坐论的记录。其中就记录了与皇帝议论天主教的话,其文曰:"上一日语师:'昨在宫看先和尚(密云圆悟)语录,见总直说中有"辩天三说"⑦,道理固极于透顶透底,更无余地可臻矣。即文字亦排山倒海遮障不得,使人读之……云披月现。朕向亦有意与他辩折一番,今见先和尚此书,圣人复起不易斯言。故已命阁臣冯铨及词臣制序,将谋剞劂,宣示中外,使天下愚民不为左道所获。'师曰:'皇上此举功流万世,奚啻出民水火之中,顾先师大义微言何幸折中我皇圣人哉。'"⑧接着又论及天主教的书:"上遂问师:'天主教的书,老和尚曾看过么?'师曰:'崇祯末季,广闽盛行其说,有同参唯一润者,从福建回,持有此书,因而获睹。'上曰:'汤若望曾将进御,朕亦简知其详意。天下古今荒唐悠谬之说

---

① 赵尔巽等:《清史稿》卷二七二,列传五十九,"汤若望",中华书局1977年版。

② (德)魏特著,杨丙辰译:《汤若望传》第1册,商务印书馆1949年版,第250页。

③ (德)魏特著,杨丙辰译:《汤若望传》第1册,商务印书馆1949年版,第199页。

④ (德)魏特著,杨丙辰译:《汤若望传》第1册,商务印书馆1949年版,第199页。

⑤ Constantine,即 Constantine the Great,君士坦丁大帝(280—337),古罗马皇帝。331年颁布米兰敕令,承认基督教合法地位,进而又使之成为国教。Constantine 亦成为欧洲第一位基督教皇帝。

⑥ 参见(清)木陈道忞:《天童弘觉禅师北游集》,《明版嘉兴大藏经》第26册,(台湾)新文丰出版有限公司1987年版,第287—307页。

⑦ (明)密云圆悟著。圆悟,明末临济宗僧。崇祯八年八月至十二月,先后著有《辩天初说》、《辩天二说》、《辩天三说》,皆为以佛教立场辩析天主教之说。

⑧ (清)木陈道忞:《天童弘觉禅师北游集》卷三,"奏对别记"上,《明版嘉兴大藏经》第26册,(台湾)新文丰出版有限公司1987年版,第295页。

无逾此书,何缘惑世,反从其教? 真不可解。'师曰:'此含生所以出没,三途如游园观,盖邪见为之纠缠也。'"①

此对话应发生在木陈禅师应诏在京时的顺治十六年(1659)。顺治皇帝其时已有了清楚的宗教选择。其所云"向有意与他辩折一番",表明其对天主教教义也早有异议;而将天主教归于左道,则见其至少对此教非但没有认同反而是很有反感。若与顺治皇帝对于汤若望的尊重和密切关系相比较,如此看待汤若望所为之奉献的宗教,则是反差很大的一种认识和态度,也足以说明汤若望等传教士对于顺治皇帝的宗教影响完全失败了。

第二节　清世祖倒向禅宗的因由及其信仰选择的文化认同意义

虽然,借汤若望深受清廷尊重和厚待,天主教于顺治时期得到很大发展,但传教士们充满期待的皇帝却使之彻底失望。年轻皇帝热切地迷上了禅宗,频繁驾临寺院不说,还频频邀请禅僧进入大内小住、于宫中开堂说法。这位曾让天主教神父们寄希望使之成为中国君士坦丁大帝的顺治皇帝,却以极快的皈依速度把自己交给了禅宗,并且,信仰倾向还表现得十分强烈,以致佛教方面高兴地将顺治皇帝尊称为"佛心天子"②。

一、清世祖接触禅宗的线索以及宗教间的竞争

顺治皇帝倾向禅宗的缘由,天主教方面有说是受其宠爱的董鄂妃影响,不过,在顺治皇帝亲制的董鄂妃行状中,则述及董鄂妃其实还是受其引导而读内典和接触禅学并有所省悟的。③ 这或可作为顺治皇帝倾向禅宗的一个参照点。不过,由佛教资料看,顺治皇帝之痴迷禅宗的因由,则别有线索。

能反映顺治皇帝佛教倾向和认识的资料,主要出自与顺治皇帝有直接交道的高僧的语录及文集中。晚清民国时辑著的《清续考》泛说道:"世祖皈依禅宗。顺治十五年遣使迎僧通琇及其徒行森至京,供养西苑。十六年谕:尔禅师通琇临济嫡传,笑巖近裔,心源明洁,行解孤高,故于戊戌之秋,特

---

① (清)木陈道忞:《天童弘觉禅师北游集》卷三,"奏对别记"上,《明版嘉兴大藏经》第26册,(台湾)新文丰出版有限公司1987年版,第295页。

② (清)玉琳通琇:《大觉普济能仁玉琳琇国师语录》卷一,《乾隆大藏经》第154册,第622页。如此称谓还多于清初其他几位大和尚的语录中。历史上,梁武帝亦被如此称谓。

③ 参见赵尔巽等:《清史稿》卷二一四,列传一,"孝献皇后",中华书局1977年版。

遣皇华之使聘来京阙,卓锡上林。朕于听览之余,亲询释梵之奥,实获我心,深契予志,洵法门之龙象,禅院之珠林者也。恭绎纶音,尊崇备至。余如玄水、呆道、忞憨、璞聪等,皆承召对,不令称臣致拜。都门宗风自此大振。"①但是,《清史稿》《清续考》都成书在清朝皇权已衰的时代。对于顺治皇帝强烈的佛教倾向,清史回避着墨,或许还是大致透露了其时对帝王宗教偏好的不成文的回避态度,也反映了其时政治与宗教关系的一般认识,至少,帝王的文武功绩中不包括宗教修为或倾向。但这又是回避不了的问题。正史资料的欠缺使得佛教单方面资料缺乏比对印证。好在前辈学者早有研究②,方便了对于顺治倒向禅宗线索的梳理。

顺治皇帝接触到的禅宗僧人先是憨璞性聪,并由性聪禅师的推荐而得知南方宗门尊宿,此后,即接连邀请了木陈道忞及玉林通琇师徒等。顺治皇帝对于禅学更大的兴趣也由此而一发不可收拾。

性聪(1610—1666),字憨璞。福建延平顺昌人,俗姓连。所属明清以来之禅宗临济宗天童系法脉,由其上推,即,百痴行元——费隐通容——密云圆悟……其得机缘入京住海会寺,又得机缘使得道法传闻帝廷,进而得以结缘顺治皇帝,得帝崇信,获赐尊号"明觉"。

顺治皇帝与性聪禅师的缘结在顺治十四年(1656)秋,这个过程在清初大学士冯溥所撰《明觉聪禅师塔铭》中记述得很详细。是秋,"帝驾幸南海子,道出(海会)寺前,止辇,命近侍延师出。师云:山僧疏野愚昧,曷以仰瞻天表? 近侍云:皇上为国为民深重佛法,向和尚久矣。师即便衲出山门傍立。上出辇,顾视久之,颇有怡色,命归方丈。暨回舆,即命近侍问师俗家址藉、几岁出家、年若干岁、何缘挂锡海会。师具书委悉回旨。连遣官致问者三"③。次日又"驾幸海会寺方丈,师立门左,上喜,愈时而去"。十月初四,即使僧录司传旨,延性聪入禁中万善殿,"命内院大人看方丈安单,别山禅僧皆僧官陪候"。次日,致安再三。"夜漏五下,近侍云,驾到,不用和尚接送,不行拜礼。上至方丈,赐坐,问佛法公案,师应机酬对。上喜,赐紫衣。问答经旬。"④ 十五年(1657)秋九月,上幸海会寺未遇,遂于十八日又幸延寿寺,

① 刘锦藻:《皇朝续文献通考》卷八九,《续修四库全书》第817册,第40页。

② 参见陈垣:《语录与顺治宫廷》、《汤若望与木陈忞》及《顺治皇帝出家》等,《陈垣史学论著选》,上海人民出版社1981年版,第463—476页。

③ (清)冯溥:《明觉聪禅师塔铭》,《明觉聪禅师语录》卷二〇,《明版嘉兴大藏经》第32册,(台湾)新文丰出版有限公司1987年版,第321—322页。

④ (清)冯溥:《明觉聪禅师塔铭》,《明觉聪禅师语录》卷二〇,《明版嘉兴大藏经》第32册,(台湾)新文丰出版有限公司1987年版,第321—322页。

面召其再入万善殿结制和开堂。并"宣海会禅客百人具入结制"①。至时，"旨问道法，凡上堂小参不辍。"② 由是，性聪禅师声名风扇大都，"王公大人，三院内外，向师之切矣"③。此外，"上又问南方尊宿"，性聪"单名奏起，复有大觉（通琇）、弘觉（道忞）之封"④。十六年（1658）春，敕封"明觉"师号，随即解制辞出。六月，顺治皇帝又幸海会寺慰问；九月诏住愍忠寺结制；十七年（1659）春回海会，等等。

为性聪作塔铭者冯溥⑤乃当时人，其描述性聪禅师与顺治皇帝初见的细节，不仅画面般生动，还透露了一些颇值得玩味的信息。如，性聪禅师能"道法传闻帝廷"，皇帝驾幸南海子而又道出海会寺之门前，意味着必有得力之人特荐其僧性聪及海会寺⑥。陈垣先生曾论及性聪有结交内侍之嫌。除了内侍，性聪禅师实际还与士人朝臣往来密切，不仅见诸往来文书，即由其语录之序文亦见，六位作者皆为清廷大官，太子太保胡世安、礼部尚书王崇简、吏部尚书金之俊以及身为国子祭酒的冯溥、侍讲学士曹本荣、镇江布政使参政杜溁。而序文之隆重，乃至其他几位大和尚不能比也，亦可见明觉聪禅师之攀缘权势的本事和相关人脉的地位。

结合顺治时期的宗教格局以及相应的政治文化意义，对于性聪禅师攀援的一班人脉的隐约关系，或也可见现象背后隐约的宗教竞争及其相应的政治文化倾向。而汤若望所代表的是天主教一方，自明末利玛窦决定弃僧装改儒服开始，天主教在中国的传教便调整为携手儒家和借儒家平台的传教政策，佛教等其他宗教即是竞争对手，天主教甚至还展开了与佛教的论辩。据历史描述，汤若望不是激烈的传道者，但传教的目的也使之常常不失

---

① （清）冯溥：《明觉聪禅师塔铭》，《明觉聪禅师语录》卷二〇，《明版嘉兴大藏经》第 32 册，（台湾）新文丰出版有限公司 1987 年版，第 321—322 页。

② （清）冯溥：《明觉聪禅师塔铭》，《明觉聪禅师语录》卷二〇，《明版嘉兴大藏经》第 32 册，（台湾）新文丰出版有限公司 1987 年版，第 321—322 页。

③ （清）冯溥：《明觉聪禅师塔铭》，《明觉聪禅师语录》卷二〇，《明版嘉兴大藏经》第 32 册，（台湾）新文丰出版有限公司 1987 年版，第 321—322 页。

④ （清）冯溥：《明觉聪禅师塔铭》，《明觉聪禅师语录》卷二〇，《明版嘉兴大藏经》第 32 册，（台湾）新文丰出版有限公司 1987 年版，第 321—322 页。

⑤ 赵尔巽等：《清史稿》卷二五〇，列传三十七，"冯溥"。其为顺治三年进士，作性聪塔铭时为通议大夫吏部左侍郎翰林院侍读学士国子祭酒等。

⑥ 据木陈道忞《重修城南海会寺记》载，都城之南，"海会者，创于嘉靖乙未，世穆二庙咸命僧代度于此。至万历元季癸酉，慈圣国太后，复发帑金命内臣……增修之"。时乃明朝皇家敕修寺庙。顺治十五年后，因性聪住此得遇皇帝临幸，遂经前后五年，修葺一新。参见（清）木陈道忞：《布水台集》卷一一，《明版嘉兴大藏经》第 26 册，（台湾）新文丰出版有限公司 1987 年版，第 350 页。

时机地试图抵消其他宗教对于皇帝和清廷政治的影响作用,当顺治皇帝诏迎达赖喇嘛的过程中便进谏不要过于崇信喇嘛和让喇嘛干政①,虽然最后的结果不一定全因汤若望的进谏,但总归是达赖喇嘛没有得到顺治皇帝为皈依弟子,而是顺治皇帝赐予其"西天大自在佛"的尊号;汤若望还利用具有更高星学研究水平的理由而使得朝廷裁撤了回回科,将钦天之权全部囊括于己手。相关信息也显示,由于汤若望在顺治时期与最高权力者有着特殊友谊,实际上也使其自己成了很有政治影响力的宗教人物。不过,这也酝酿了潜在的政治危机,以致在顺治皇帝驾崩没几年,汤若望就由于文化极端保守派大臣等罗织罪名而遭逮捕,并差点被极刑处死。因而,在清初的宗教格局中,在表面的宗教信仰背后,实际上裹挟着多重交织的政治文化背景和相应的势力,并构成清初宗教格局的变数和张力,任何一种异动都有可能打破脆弱的平衡而激化各宗教力量及其相应的不同文化态度间的紧张,或者不同政治力量间更加较劲的竞争。

　　所以,当一向以出世为标榜的汉地佛教的僧徒骤然进入到皇帝的大内,并影响到皇帝的宗教倾向时,即显得十分扎眼,同时,也会让人不禁猜想其中的用意。事实上,性聪禅师也的确不是山中修行者,由其收拾得漂漂亮亮的二十卷语录即可见,第一卷是辉煌的皇帝敕书及六位高官的序,第二卷即是"北京皇城内万善殿语录",如此,就是将其个人的修行档案的起点落在帝京及皇宫。即如为其语录作跋者所说:"盖闻,有王者兴后然有名世者应,有名世者应则非常之政出焉。世祖章皇帝……而正天统,是非兴王者钦?明觉聪禅师一布衲耳,褒封号而赞助无为,是非名世之应者钦?故易曰:云从龙,风从虎,圣人作而万物睹。是皆关盛衰之嘉运,协天人之化导,盖千百载而仅一遇之耳!世庙仁慈天纵,睿智生知,识空宗大有益于政治,故于万机之暇,丁酉岁首召见禅师于万善殿,奏对佛法,大称宸衷。"②讲说佛法,大称帝王心意,也可见性聪禅师确也非泛泛之辈。而且,性聪禅师也无疑确实是位希望出人头地而"名世者",表面上是出世僧人内里却有强烈的世俗抱负心,所以会将皇帝的垂青视作千百年难得一遇的极大幸运而得意。另一方面,在传统王权社会,这样的际遇,对于很久都不待见于朝廷政治圈的汉地佛教而言,也确是难得的争取社会地位和发展际遇的机会。不过,攀缘权力是有风险的,虽然,性聪禅师没有像汤若望那样遭遇牢狱之灾,

---

① (德)魏特著,杨丙辰译:《汤若望传》第 2 册,商务印书馆 1949 年版,第 265 页。

② (清)行俊:《明觉聪禅师语录跋》,《明觉聪禅师语录》卷二〇,《明版嘉兴大藏经》第 32 册,(台湾)新文丰出版有限公司 1987 年版,第 322 页。

但是进入康熙朝,性聪禅师的驻锡地也越来越远离京城,最终是在其家乡福建度过了晚年的时日,甚至地方官还特别检查其所持的皇戒牒并疏报朝廷,可见,此时的性聪禅师不惟是风光不再了。而性聪禅师的这种境遇,其实也是顺治之后汉地佛教与清廷关系的缩影。

二、清世祖之诏请禅僧禁中说法及其奏对交流

不过,无论如何,性聪禅师一番攀缘朝廷亲近皇帝的努力,还是取得了禅宗进入清朝后"始创宗纲于禁林"①的机会。事实上,不惟如此。自从明朝道教的正一道成为宫廷崇信的宗教,道教成为多位明朝皇帝的宗教选择后的百多年里,除了万历皇帝生母李太后支持汉地佛教,汉地佛教僧徒不被王权者重视,更没机会出现于宫廷已经很久了,因而,顺治皇帝掀起的这次皇家的禅学热,使禅宗难得地又获得了皇帝和权力者的青睐,的确让清初禅门中一些人觉得可以"大称宸衷",激动地认为是千载难逢的机会。

《明觉聪禅师语录》中有称:"今佛心天子,久修梵行,慧性敏捷时以万机之暇,体究禅宗之理……咨询当代禅郅,无不揄扬,推奖道德……"②所谓佛心天子,出自梁武帝时期,据说梁武帝尝披袈裟,讲放光般若经,人称佛心天子。顺治皇帝如此倾心禅宗,遂为清初佛门由衷地称赞。由于性聪禅师得以结缘顺治皇帝,自顺治十六年(1659),大内万善殿可谓热闹异常,入春之时,性聪禅师那厢尚未解制,玉林禅师即已进入。玉林禅师欲走,皇帝又要其门徒行森禅师随即入京。而至秋十月,木陈道忞禅师又奉旨于此结制开堂。一时间,皇城宫禁之中高僧穿梭,万善殿上,不是上堂就是小参。顺治后期的几年,禅僧受尊崇于清帝,无疑是空前绝后的待遇。

朱彝尊《日下旧闻考》说:"万善殿正中,恭悬世祖章皇帝御书额,曰:'敬佛'。"③高士奇《金鳌退食笔记》也称,顺治年间,万善殿"供三世佛像,选老成内监披剃为僧,焚修香火。木陈、玉林两老衲奉召至京师曾居"④。本为学宫的万善殿,因为顺治皇帝的禅学热情而成了佛教香火之所在。

玉林通琇(1614—1675),其字为玉林或玉琳,江苏江阴人,俗姓杨。其于居家在俗时即久信净业,因读天琦禅师法语乃知参究。随磬山天隐圆修

---

① (清)冯溥:《明觉聪禅师塔铭》,《明觉聪禅师语录》卷二〇,《明版嘉兴大藏经》第32册,(台湾)新文丰出版有限公司1987年版,第321—322页。

② (清)性聪:《请天童老人书》,《明觉聪禅师语录》卷一四,《明版嘉兴大藏经》第32册,(台湾)新文丰出版有限公司1987年版,第308页。

③ (清)朱彝尊:《钦定日下旧闻考》卷二五,文渊阁《四库全书》史部,地理类。

④ (清)高士奇:《金鳌退食笔记》卷上,文渊阁《四库全书》史部,地理类。

出家受戒,后得付法,续传临济宗。其以振兴法门为己任,即常行化云间,"荒残破院,百废具举","道风严峻","为时典型也"①,卓然为丛林高僧。由于性聪禅师的推荐而于顺治十六年春由南方进京。三月初一在万善殿中敬上祝严佛心天子、佛母太后的一瓣香,升座说法。在玉林禅师居于万善殿期间,顺治皇帝也不时临访问道。

　　回到本寺的玉林禅师,仍然让京城的顺治皇帝眷顾不已。顺治十七年(1660)初,钦差至寺,先声赍敕书颁告玉林被授"大觉普济禅师"尊号,并紫衣金印。接着,钦差络绎,召诏至山,请玉林禅师再度入京。盖因顺治皇帝参究之切,以至骑马时亦参究有得,需要禅师在旁,以备不时请教证道。

　　秋十月,玉林再被诏入京。然而,此时顺治宫廷却因皇帝之宠妃董鄂氏之逝而情形大变。顺治皇帝似乎身心具疲,董鄂氏的七七葬仪之后,顺治皇帝还向玉林禅师讯问"董皇后还来听法也未?""董皇后向什么处安身立命?"②可见宠妃之逝使得顺治皇帝已情无所寄,似乎也更加依赖佛教,甚至产生了出家念头。不过,顺治皇帝最终还是出家未遂,但向佛之心似乎更加坚定,热切的宗教情感自然也恩及到了玉林禅师,使之又获得进加尊号。是年十二月十五日,旨刊万善殿,"延请传佛心印临济正宗三十一世浙江省湖州府武康县金車山报恩寺敕封大觉普济禅能仁国师为菩萨戒得戒大和尚"③。玉林禅师如此深蒙皇帝顾问并获得崇信,被封大觉禅师并荣膺国师,对于清初的汉地佛门而言,可谓荣宠之至了。如此,或也可以与汤若望荣登一品大员之恩宠相类比了。

　　而玉林禅师的弟子茆溪行森,则是与顺治皇帝出家之谜最有密切关系者。行森(1614—1677),惠州博罗人,俗姓黎。年二十七,"闻钟有省"④,遂弃家从宗宝道独削染纳戒。道独为博山无异元来之嗣,此一系乃曹洞宗法脉。之后,行森先又前往临济宗雪峤圆信处参;后又往参玉林通琇。往来问答,得玉林赏识。顺治五年(1648)与其他九人一起记莂玉林

①　(清)孙超琦:《大觉普济能仁国师年谱》卷上,"顺治元年",《普济玉琳国师语录》卷一二,蓝吉富主编:《大藏经补编》第27册,(台湾)华宇出版社1986年版,第655页。

②　(清)孙超琦:《大觉普济能仁国师年谱》卷下,《普济玉琳国师语录》卷一二,蓝吉富主编:《大藏经补编》第27册,(台湾)华宇出版社1986年版,第668页。

③　(清)孙超琦:《大觉普济能仁国师年谱》卷下,《普济玉琳国师语录》卷一二,蓝吉富主编:《大藏经补编》第27册,(台湾)华宇出版社1986年版,第668页。

④　(清)罗人琮:《塔铭》,《明道正觉森禅师语录》,《乾隆大藏经》第158册,(台湾)新文丰出版公司1993年精缩新版,第68页。

门下,被命为首座,归宗为临济宗僧。据称行森"眉宇俊秀,骨相清奇,性情天放,如鹤立鸡群"①且因其机峰犀利,接机如鹏劈海,"丛林咸以苶铁棒称之"。②其实行森与玉林同龄,但出家晚,然其"博览群书,寓目会心",乃玉林门中佼佼者。玉林和尚二次进京主持董鄂氏丧仪,行森奉旨南还。但转年,顺治皇帝又旨谕其回京,为去世的皇帝保姆秉炬。③顺治皇帝于行森禅师颇有知遇。行森禅师塔铭即有说,"世祖于师始终恩遇……亘古以来仅见者"④。

　　行森禅师是否为顺治皇帝净发,尚未见有正史资料记录,诸多旁证则描述出耐人寻味却又难以确定的线索。情形大致是,董鄂妃的去逝,虽然顺治帝将董鄂氏追封为孝献皇后,但却哀思不已。研究者以为,此事成为爆发点,致使早已深感身心不支⑤的顺治皇帝更趋万念俱灰,激化了其早已心存的出家念头,遂索性落发,也是有可能的。而性情天放的行森禅师似乎也巴不得能为皇帝净发,甚至以此得意。⑥若依二人的个性逻辑推演,此事或许可能。另外,还有一条比较具体的资料或也可以说明顺治皇帝有出家念头,虽然出家未遂但也可能已净发的情况。陈垣先生《顺治皇帝出家》一文中的分析,应有道理。这条资料就在玉林禅师年谱的顺治十七年条之中。此条有记曰:是秋,玉林再入京,于十月十五日到皇城内西苑万善殿,"世祖就见丈室,相视而笑,日穷玄奥。世祖谓师曰:'上古惟释迦如来舍王宫而成正觉,达摩亦舍国位而成禅祖。朕欲效之何如?'师曰:'若以世法论,皇上宜永居正位,上以安圣母之心,下以安万民之业;若以出世法论,皇上宜永作国王帝主,外以护诸佛正法之轮,内住一切大权菩萨智所住处。'上欣然听决"。此段文字让后世人觉得特别有意思而且会玩味的,一是在于说明顺治皇帝确曾有出家念头;二是暗示顺治皇帝可能已经有所动作了,即皇帝与玉林相见于丈室时之"相视而笑"句,似乎透露了一种暗示,即玉林禅师再见

①　(清)心圆居士:《拈黑豆集》卷八,《卍续藏经》第145册,日本京都藏经书院,第352页。
②　(清)罗人琮:《塔铭》,《明道正觉森禅师语录》,《乾隆大藏经》第158册,(台湾)新文丰出版公司1993年精缩新版,第68页。
③　参见(清)孙超琦:《大觉普济能仁国师年谱》卷下,《普济玉琳国师语录》卷一二,蓝吉富主编:《大藏经补编》第27册,(台湾)华宇出版社1986年版,第669页。
④　(清)罗人琮:《塔铭》,《明道正觉森禅师语录》,《乾隆大藏经》第158册,(台湾)新文丰出版公司1993年精缩新版,第68页。
⑤　(清)木陈道忞:《北游集》亦记有相关对话,顺治皇帝言称欲出家及身体疲乏,等等。木陈亦婉言阻之。
⑥　(清)罗人琮:《塔铭》,《明道正觉森禅师语录》卷下,《乾隆大藏经》第158册,(台湾)新文丰出版公司1993年精缩新版,第68页。

皇帝,所见的大概是已然净发的皇帝,于是,光头皇帝与光头僧见面,不由得相视而笑,只不过未能直书原由罢了,不过即便如此,而种种原因也使顺治皇帝出家未遂。

行森禅师晚年则"浮沉人间","锡飞不一处"①,未再"轩冕泥途""翅朱门"②,圆寂后塔于圆照寺。关于其是否为顺治皇帝剃度等,终究成为扑朔迷离的历史迷障。行森禅师临终的偈语同样谜语一般,《乾隆大藏经》所收《明道正觉森禅师语录》中的"塔铭"所录其偈曰:"慈翁老,六十四年,倔强遭瘟,七颠八倒,开口便骂人,无事寻烦恼,今朝收拾了去,妙秒,人人道你大清国里见天子,金銮殿上说禅道,呵呵,总是一场好笑。"③但陈垣先生在其《语录与顺治宫廷》一文中还引述了其所见康熙版行森禅师语录,其中关键的一句则是"人人道你大清国里度天子"。一"见"一"度"之差,则隐藏了至关紧要的秘密。陈垣先生对此则作了特别的论说。④无论如何,行森禅师虽然没有在顺治时期得到尊称封号,离开宫廷后也是"锡飞不一处"的状态,但也没遭到什么打击。到雍正中期,行森禅师还被追封为"明道正觉禅师"。在雍正时期文网加密的情势之下,行森禅师居然没被雍正皇帝批个体无完肤或书遭禁毁,相反还被授予封号,是否与其语录已经被删改有关已不得而知。总之是雍正皇帝没在玉林及行森二位禅师的书中发现"装点夸张妄谬之说"⑤,玉林师徒还成了其褒扬的和尚。

木陈道忞(1596—1674),字木陈,别号山翁,俗姓林,名蕰。与玉林通琇乃同法脉之僧,同属于明代笑岩德宝至龙池幻有一系。对于这一系有所

① (清)罗人琮:《塔铭》,《明道正觉森禅师语录》卷下,《乾隆大藏经》第158册,(台湾)新文丰出版公司1993年精缩新版,第68页。

② (清)罗人琮:《塔铭》,《明道正觉森禅师语录》卷下,《乾隆大藏经》第158册,(台湾)新文丰出版公司1993年精缩新版,第68页。

③ (清)罗人琮:《塔铭》,《明道正觉森禅师语录》卷下,《乾隆大藏经》第158册,(台湾)新文丰出版公司1993年精缩新版,第68页。

④ 参见陈垣:《语录与顺治宫廷》,《陈垣史学论著选》,上海人民出版社1981年版,第463—476页。其所见之康熙版《苇溪语录》罗人琮所撰塔铭,所录行森临终偈云:"慈翁老,六十四年,倔强遭瘟,七颠八倒,开口便骂人,无事寻烦恼,今朝收拾了去,妙秒,人人道你大清国里度天子,金銮殿上说禅道,呵呵,总是一场好笑。"而现见之《龙藏》本《苇溪语录》此偈已改云:"大清国里天子,万善殿中说禅道。"陈垣谓,康熙本《苇溪语录》一再提及行森受命举火。卷六佛事门载,辛丑二月三日,钦差内总督满洲大人通议歌銮仪正堂董定邦,奉世祖遗诏到圆照,召师进京举火。由此行森与顺治之交道,宫廷共知,亦受尊重。清廷未怪罪行森为皇帝净发之事或此事本无?

⑤ (清)世宗:《御选语录序撰》,《乾隆大藏经》第167册,(台湾)新文丰出版公司1993年精缩新版,第532页。

谓"龙池下三大老，天童、雪峤、馨山，风规各别"①之说。其中，天童即密云圆悟，雪峤即圆信，馨山即天隐圆修。玉林通琇嗣法天隐圆修于馨山，而木陈道忞则为密云圆悟门徒，乃天童系嫡脉，并在圆悟寂后继掌天童法席。顺治十六年，道忞因其乃"临济正传，宗门法器"②，应召入京见驾，十月十五日奉旨结制于大内万善殿，其时已年届六十四岁。顺治十七年春四月，获赐尊号"弘觉禅师"③，解制归山。

　　木陈道忞禅师在京期间的语录及相关活动和杂著，由门弟子整理为《北游集》六卷。道忞禅师与顺治皇帝相关参修的往复问答，则专门结集为《奏对机缘》；与皇帝在辞章书画乃至家常话题的清谈闲聊，还另作《奏对别记》上、下卷。这些文字不惟详细生动地记录了顺治皇帝与木陈和尚之间的交谈话题和内容，同时也展示了一位归心禅宗的皇帝借着与其敬重的老僧的交谈所可能沉浸的别样的一个世界，一个与权力争斗和血雨腥风全然不同的充满文人雅兴和出世情怀的悠然清净的世界，一种可以沉醉于中国传统文化的丰厚绚烂的世界。

　　《北游集》显示，诸如三界唯心，万法唯识等佛学问题，是随从皇帝的大学士王熙、冯溥等提问的问题，顺治皇帝自己显然更在意如何实际参禅和了解佛教义理。如其问道忞禅师"如何是圣谛第一义？""因甚机缘悟道？"又问"如何是悟后底事？""参禅悟后，人还有喜怒哀乐也无？""参禅悟道后还入轮回么？"如何是向上一路千圣不传底事？如何做功夫始得与此事相应？等等。针对顺治皇帝的情形，道忞举以"婆子烧庵"④公案引导之，而顺治皇帝则"发起勇猛心，著实参究"，以致"漏下三鼓，尤命内臣传语，抄录婆子机缘，入宫详加体究"。⑤认为木陈如此引导确实使其受用。此外，顺治皇

① （清）澹归今释：《书三尊宿手书后》，《遍行堂集》卷一七，《四库禁毁书丛刊》第127册，北京出版社1998年版，第395页；《天童寺志》卷八，《中国佛寺志》第14册，（台湾）明文书局1980年版，第604页。

② （清）木陈道忞：《天童弘觉忞禅师语录》，"诏书"，《明版嘉兴大藏经》第26册，（台湾）新文丰出版有限公司1987年版，第196页。

③ （清）木陈道忞：《天童弘觉忞禅师语录》，"敕书"，《明版嘉兴大藏经》第26册，（台湾）新文丰出版有限公司1987年版，第196页。

④ （清）木陈道忞：《天童弘觉忞禅师北游集》卷二，"奏对机缘"，《明版嘉兴大藏经》第26册，（台湾）新文丰出版有限公司1987年版，第293页。"婆子烧庵"公案，于《五灯会元》卷六，谓"昔有婆子供养一庵主，经二十年，常令一二八女子送饭给侍。一日，令女子抱定曰：'正恁么时如何？'主曰：'枯木倚寒岩，三冬无暖气。'女子举似婆。婆曰：'我二十年只供养得个俗汉。'遂遣出，烧却庵。"

⑤ （清）木陈道忞：《天童弘觉忞禅师北游集》卷二，"奏对机缘"，《明版嘉兴大藏经》第26册，（台湾）新文丰出版有限公司1987年版，第293页。

帝也向道忞禅师询问"老、庄悟处与佛祖为同为别";"孔、孟之学又且如何";"三教归一,一归何处"等涉及三教的理论问题。① 这些问题显然都是历来参禅的内外学子大多要涉及的一些所谓"话头"问题。不过,虽然话头几成定式,但所问及所答所反映的水平则可能大有不同。仅由《奏对机缘》所记来看,在木陈道忞禅师居于万善殿的数月里,顺治皇帝下了很多参话头的功夫,常常是早朝后即去万善殿与老和尚参学,还不时携大学士等与道忞禅师共同切磋,似乎是完全沉浸其中的状态。

　　不过,更有趣味的还是《奏对别记》,记录了顺治皇帝与道忞禅师之间不同主题的谈话,基本就是一份聊天记录,同时也从一个角度生动地记录了顺治皇帝的文化态度和个性特点。比如,顺治皇帝让内侍抱来其读过的书请木陈老和尚看看,乃至自然无顾忌地与木陈道忞议论前明的皇帝及名人故事,"评论古今名臣宿将"②,甚至也没有回避天童门下汉月法藏引起的诤讼③,对于密云与汉月的法脉关系及其他禅林大老的事迹等都有问及并请木陈老和尚评论比较,等等。此外,自然也少不了品评诗词书画和亲自挥毫,顺治皇帝还请求木陈老和尚为其起字及号④,并告谕木陈禅师:"老和尚勿以天子视朕,当以门弟子旅庵相待可也。"⑤ 乃至谈心至于家常,顺治皇帝向老和尚诉说从小到大的成长经历,问及木陈禅师在俗家人几何,等等,大有其乐融融的气氛。虽然日后雍正皇帝视之为是道忞师徒装点妄缪之说,但由《北游集》中随处可见之"上为大笑"的记录推想,顺治皇帝与木陈老和尚相处很放松,谈笑风生,没有太多忌讳。虽然老和尚"词锋富排斥力"⑥,而顺治皇帝亦不乏开放心态。对于那些明清、满汉、君臣等敏感政治问题,也未有回避,谈论起来似乎也未见有什么障碍。

　　如果要比较这几位和尚在顺治皇帝那里的知遇程度,玉林通琇与木陈

---

① 参见(清)木陈道忞:《天童弘觉禅师北游集》卷二,"奏对机缘",《明版嘉兴大藏经》第26册,(台湾)新文丰出版有限公司1987年版,第292页。

② (清)木陈道忞:《天童弘觉禅师北游集》卷三,"奏对别记"上,《明版嘉兴大藏经》第26册,(台湾)新文丰出版有限公司1987年版,第294页。

③ 汉月法藏作有《五宗原》,指责曹洞宗对于禅宗五家宗脉解释有误,引起明末清初禅门诤讼。不仅波及临济、曹洞两家,天童自家圆悟与法藏师徒间亦有诤讼,且绵延日久。

④ 参见(清)木陈道忞:《天童弘觉禅师北游集》卷三,"奏对别记"上,《明版嘉兴大藏经》第26册,(台湾)新文丰出版有限公司1987年版,第296页。顺治皇帝取"幻庵"为字,以"师茏"为堂名。道忞作有"师茏说"。

⑤ (清)木陈道忞:《天童弘觉禅师北游集》卷三,"奏对别记"上,《明版嘉兴大藏经》第26册,(台湾)新文丰出版有限公司1987年版,第296页。

⑥ 陈垣:《汤若望与木陈忞》,《陈垣学术论文集》第1册,中华书局1982年版,第482—516页。

道忞同辈,地位相当,似可比较。不过其中之别,大概确如清初另一位明遗民,曾是南明名臣后又出家成了名僧的澹归今释评论的那样,天童(木陈)与馨山(玉林),实乃风规各别。

木陈道忞禅师对人对事辄有针砭,谈锋尖锐,对坐皇帝虽然也见恭维但也见自在;而玉林通琇禅师亦论说中的,颇称圣意,但恭谨有加。在玉林门弟子整理之《玉林年谱》中,就可见类似有针对性的表述,反衬的该是与木陈道忞禅师所不同的风格。如其谓,玉林禅师第一次在京月余,期间一直是不曾卸帽不脱伽黎,这即意味着,玉林通琇在大内万善殿居住的时日是时刻保持着待命状态,十分谨慎和钦敬地恭候着皇上。而且,"上如不问,则不敢强对,语不及古今政治得失、人物臧否"①。木陈道忞则不然,于万善殿里亦铺排其大道场派头,连所带随侍也一一介绍给皇帝②,与皇帝问答间,非但不省言辞,且纵谈古今,点评是非;而且在听说顺治皇帝"龙性难婴,不时鞭扑左右"③的事情后,木陈和尚在与皇帝参禅机锋问答后,便借机教训顺治皇帝曰:"参禅学道底人,于顺逆两境,亦须全身坐断,不可任情喜怒。……一念嗔心起,百万障门开。"④ 木陈道忞禅师大概真心是"以门弟子旅庵相待"顺治皇帝了。但是,在皇权社会,这种评判到大清皇帝头上的言行,是难免招致非议的。事实上,这样的事确实发生了。到清朝的专制加强、文网加密的雍正及乾隆时期,木陈道忞禅师便遭到了指责,其《北游集》等也遭敕令而被禁毁。

第三节　清世祖倾向禅宗的政治文化意义
与清初禅宗的政治文化表征

如上所述,在顺治时期朝代更替不久、战事仍然不断、新朝秩序待兴的政事繁杂的场景里,年轻的皇帝还经历着宗教的选择和体验。新进来的天主教和早就成为中国传统宗教的佛教对顺治皇帝都有直接的影响,实际上

---

① (清)孙超琦:《大觉普济能仁国师年谱》卷下,《普济玉琳国师语录》卷一二,蓝吉富主编:《大藏经补编》,(台湾)华宇出版社 1986 年版,第 666 页。

② (清)木陈道忞:《天童弘觉禅师北游集》卷二"奏对机缘"、卷三"奏对别记"上,《明版嘉兴大藏经》第 26 册,(台湾)新文丰出版有限公司 1987 年版,第 291 页。

③ (清)木陈道忞:《天童弘觉禅师北游集》卷四"奏对别记"下、卷三"奏对别记"上,《明版嘉兴大藏经》第 26 册,(台湾)新文丰出版有限公司 1987 年版,第 298 页。

④ (清)木陈道忞:《天童弘觉禅师北游集》卷四"奏对别记"下、卷三"奏对别记"上,《明版嘉兴大藏经》第 26 册,(台湾)新文丰出版有限公司 1987 年版,第 298 页。

也在无形之中竞争着皇帝的宗教选择，结果，顺治皇帝选择了佛教和禅宗。虽然相关清代的所谓正史淡化此事，但是，在政治文化的视角看，却应该是清初一件比较重要的事件，至少，是很能说明清初政治文化环境和倾向的一种表征。

一、清世祖之宗教倾向与清初政治文化取向

即便宗教信仰选择不完全等同于政治文化认同，但也是政治文化倾向的一个重要指标；虽然皇帝的宗教选择意义非常，但只有在王权式微时或许还可能更多地具有个人倾向意义。不过，在清初宗教文化背景下，清世祖的宗教取向和选择之所以成为值得审视的问题，主要还是因为它关联到清朝入关后统治者的政治文化取向及认同的大问题，况且此时的清朝皇权是极具活力也是急待巩固的时期。

问题的一个方面，即如第一章所论，清朝入关前及入关后的佛教政策等问题即已体现了清朝统治者的政治文化态度及倾向，从一个角度也已说明，自大清政权确立以来，虽然其以明朝政权为对手，但政治文化认同取向却主要是对于中国政治文化传统的倾向和认同。也正因作了如此选择，在王权至上的中国传统政治文化的社会背景下，帝王的宗教态度和倾向有着巨大的社会影响力和导向性，所以，清世祖的宗教选择倾向问题，一方面即一定程度影响乃至会决定清朝统治者的文化认同取向，另一方面更关联到清初政治文化的发展趋向问题；反观之，顺治皇帝的个人宗教选择实际上也反映和表征了清朝统治者的政治文化认同取向之一斑。

问题的另一方面，则是清初的宗教格局有多大可能会影响到清初政治文化取向以及整合的问题，这或许也是值得怀疑的问题是否成立的问题，而这个疑问也来自中国传统政治文化背景，因为，传统政治文化格局和背景，是以儒家政治伦理为标榜的意识形态格局和传统，同时附带着儒释道三教各有其社会角色和影响的社会文化形态结构，佛教虽然是外来宗教，但也早已整合并同构于中国政治文化传统了。藏传佛教自元明以来已是汉地并不陌生乃至一直多有流传的宗教，且由于清朝统治所强化的族类问题而加重了民族地缘政治的色彩，也基本有了相应的角色地位。所以，能够对这个已然整合了千百年的传统结构有所刺激的，主要是新近外来的天主教。因此，清初的宗教格局，看似不大能撼动传统宗教格局同构的政治文化传统，但也存在潜在的可能性，这个局面中最单一却也是影响力最大的砝码，就是刚刚入关的清朝顺治皇帝。

明末以来，天主教传教士调整了传教方式，使这个面孔不同，且与中国

传统宗教差异比较大的宗教,借着自鸣钟、观象仪等新事物,以及天文、数学、工程等方面的新知识,迂回传教,在中国人的社会生活中,尤其在一些朝臣和知识分子中产生了很大影响,不仅东南地区为之浸染,一些上层官宦受洗入教,甚至也进到崇祯宫廷中。虽然势力范围还有限,但却在各个阶层都有所渗透,尤其是一些知识分子及官员成为天主教徒,无疑使其影响力得到加强和扩大。加之明清两朝都用传教士为钦天监官,虽然品秩不很高,却是朝廷官员,这也意味着天主教间接地被朝廷接受了。对于这个远道而来且传教精神极其强烈而顽强的天主教而言,由明朝到了清朝,是否能延续崇祯时期的传教成果,那么,顺治皇帝的倾向无疑就是至关重要的了。

而传统的佛教,虽然生存问题不那么急迫,但当权者的青睐依然是关系到佛教发展际遇的问题,尤其是经历了明代崇信道教的皇帝漫长的统治期后,汉地佛门对于帝王关注度的期待,由那几位被诏入大内的高僧的荣幸感,即已然表露出来并很能说明问题了。

而作为清朝入关后的第一任帝王的顺治皇帝,不仅要面对汉地传统的儒、释、道三教,还有不能轻慢的维系蒙藏政治联盟的藏传佛教,同时,天主教的影响也就在身边,其尊敬的汤若望不仅是能给其传授知识和提供政治抉择建议的玛法,更是传教士,天主教也是一种很有可能的宗教选择。因此,顺治皇帝对于宗教的态度及其认同选择,不仅对于相关具体宗教而言关系重大,实际上也一定程度地表征着清初宗教信仰倾向和流行态度,乃至清初政治文化的调试与整合取向;当然,其选择结果,还会说明传统王权至上的社会,帝王的宗教倾向与社会政治文化认同趋势的关系。

历史地看,为中国之君者倾向于佛教似乎也是不出乎意料的事情。但若考虑到顺治皇帝的文化背景、考虑到藏传佛教在清廷的政治优越性、考虑到明朝崇祯时期天主教在宫廷和仕宦中已经有的影响,甚至包括在明朝宫廷生活中渗透很深的道教的正一道等宗教文化的具体状况和环境,那么,顺治皇帝的宗教选择,尤其在明清更替后,不仅意味着其个人政治文化的认同选择。至少,它显示了两方面的相互影响。其一是说明清朝统治者在各种可能的选择和影响中,仍然强烈地被中华传统文化所吸引,说明在文化态势上,中国传统政治文化并不以明朝被清朝替代而失去优势态势;其二还说明,在清初的各种宗教选择中,汉地佛教尤其禅宗更具有或者更能体现作为中国传统宗教的文化容纳力,从而具有复合型文化载体的吸引力。通过之前所具体陈述的相关历史故事也已说明,顺治皇帝的宗教选择显示了其宗教认同与政治文化认同的一致性。

二、清世祖之倒向禅宗的文化认同意义

审视顺治皇帝斟酌宗教倾向及决定选择的过程,如果由其接近神父和接近僧人的行为倾向看,所谓前期受天主教影响,后期受佛教影响,确有一定道理。但是,受影响之后的反应和抉择,才能说明实际的影响效果。

由前期的天主教影响看,顺治皇帝虽然听了汤若望的讲解、读了天主教的书,却更加认为"天下古今荒唐悠谬之说无逾此书",还对天主教流行于世感到大惑不解。所以,其前期所受天主教的影响最终落实成为负面的影响。因而,或可以认为,顺治皇帝及皇太后等对于汤若望友善,主要出于对其个人的尊敬,既是了解西学的老师,亦是敬信之朋友,同时还出于对其宗教和文化的尊重。对于顺治皇帝之所以会倾向佛教而没有接受天主教,陈垣先生《汤若望与木陈忞》[①] 一文,借比较汤若望与木陈道忞及其所代表和体现的一些文化差异,已给出了一些分析说明。的确,在天主教方面,只有汤若望能够更多地接触皇帝;而且汤若望为人过于谦恭,行为极其谨慎,没有施加强力的影响力迫使皇帝接受天主教;同时,在中国的文化环境中,汤若望也不大可能有丰富深厚的中国文化修养来满足年轻皇帝的文化渴求。

而后期受佛教影响,并很快倒向禅宗,则不仅在于佛学,更主要是因为佛教及其接触的僧人也负载和体现着中国文化的丰富及深邃。相继接近皇帝并入宫说法的禅僧们,不仅满足了顺治皇帝的宗教渴求,也极大程度地满足了年轻皇帝的文化归属感。那些高僧不仅所谓内学的佛学造诣足可折服皇帝,还都能在中国传统文化的所谓外学方面与皇帝对答讨论;另外还多能擅长书画及诗文等。诸如此类的文人情趣,恰是颇具文人情怀的年轻顺治皇帝所喜欢的,而这类极富中国传统文化韵味的交流应酬,在汤若望是力所不能及的,而佛教的高僧们却是应对自如,这不仅可以迎合皇帝的意趣品位,甚至还得到皇帝的欣赏。比如,《普济玉琳国师语录》有一则记录曰:上"又问孔颜乐处。师云:'忧心悄悄。'皇情大悦。命近侍传语:'恨相见之晚焉!'"[②] 这种超越了文字表面意思的有着中国传统思想深度和文化神韵的回应,也是汤若望或者藏传佛教喇嘛不能回应的。如此一来,顺治皇帝与和

---

① 参见陈垣:《汤若望与木陈忞》,《陈垣学术论文集》第 1 册,中华书局 1982 年版,第 482—516 页。该文最早于 1938 年发表在《辅仁学志》第 7 卷 1、2 合期,很快被译为德文,于 1940 年发表在《华裔学志(Journal of Oriental)》Vol. Ⅴ,第 316—328 页。

② (清) 孙超琦:《大觉普济能仁国师年谱》卷下,《普济玉琳国师语录》卷一二,蓝吉富主编:《大藏经补编》27 册,(台湾) 华宇出版社 1986 年版,第 665 页。

尚们的交往即多了一层文化投契的成分,乃至亲近与信任感亦因此油然而生。这也说明,清朝入关前即已经倾向和认同的文化选择,以及相应的皇家典学教育的效果,在入关后的顺治皇帝的宗教选择上也得到充分的体现。

深入看,在中国传统社会知识阶层和官僚阶层者所有的书画诗词等方面的品位、学识情趣,既是基本素质,同时也是构成中国社会基本文化样貌的一些必要元素,也相应地成为人际交往是否和谐的一方面因由。而就政治文化角度看,文人情趣喜好等也就是社会流行文化倾向的表现。虽然书画等表现形式不完全等于文化内涵和运用者的文化认同,但一定程度上还是能透露或代表文化的倾向性,尤其是在特定条件下,表现形式突出地成为代表文化蕴涵意义的手段时,更是可以说明文化的倾向性。

所谓个人的文化倾向性,还不简单地仅是个人喜好、趣味或品位问题,必须要受时代和社会大环境的影响,受社会流行的政治文化传统的左右。清王朝虽是满族统治者所建立,但也是以接续中华大统为其统治的正统性来正名的,夺得了这片江山土地,也继承了这片土地上所积淀的传统,并没有打断千百年来形成的一以贯之的王统和道统。社会主流的政治文化基础、相关的态度和认识等,也没有实质的变化。因而,对于宗教,清朝统治者实际上也是秉承了自汉唐至宋明的传统认识,宗教之于统治而言主要是神道设教方面的意义。即使清朝未入关前的政权统治者,在其崛起的过程中已不单是只固守萨满祭祀或神佛崇拜的宗教观,而是已懂得利用宗教的社会功能,宗教在其行政中充作砝码和工具的现象已经很突出。入关后,崇尚佛教外,不特别尚道教信仰的清朝,在顺治时亦沿明朝旧制,继续敕封真人,全真道也得奉旨主讲于京师白云观,等等。

正如前文中引用过的一则谕旨所标榜的那样:"正人心……黜邪术。儒、释、道三教并垂,皆使人为善去恶,反邪归正,遵王法而免祸患。"[1] 这是比较能体现清朝统治者关于三教关系基本态度的并非冠冕堂皇的标榜。显然,清朝统治者不论愿不愿意都接受了中华文化传统的既成事实。不惟儒家地位依然,佛教、道教、天主教等宗教,都不同程度略见起色。清初统治者对于几大宗教基本是采取平衡关系及摆置利用的宗教态度和政治策略。

虽然清初几种宗教都有表现的机会,但回溯中国历史,有强烈宗教倾向的皇帝大都会受到不同程度的非议。这样的评价倾向,从一个方面说明,传统社会所流行的对于政教关系的一般认识,实际是否定宗教是统治者可

---

① (清)刘启端等:《大清会典事例》卷一〇三八,《都察院·五城》,《续修四库全书》第812册,第411页。

用以治国的主要依据。因而唐代的柳宗元会认为佛教的作用是在"阴翊王度"方面，宋元以来则讲"以儒治国，以佛治心"的分野，佛教只是辅助治化的角色。但这也显示，佛教经过长期调整已适应于王权、传统伦理以及与儒道各在其位的关系，实已将自己整合为中国传统文化的一部分。相比之下，新进来的天主教，其上帝的观念、创世说，以及在祖宗孝道、人伦关系等方面的教义，与中国传统认识大为迥异，既遭认识上的抵触，又构成反对者所极力排斥和攻击天主教的主要理由。

由此推论，以继承中华传统为名义的清朝统治者，特别是皇帝，即便是新朝才立不久，即便现实中有严重的满汉矛盾，但也不会冒天下之大不韪而违背或摒弃政治文化传统，那将意味着动摇其统治的正统性和统治基础；更何况顺治皇帝个人，其虽然接触天主教很多，却没有能接受天主教，其情趣喜好愈发沉浸在中国传统文化中，宗教情感倒向了特别中国化的禅宗。故而，可以说，顺治皇帝的宗教认同是经过了比较和选择的。而且，也可以说，在清初那样的政治文化环境中，天主教在顺治皇帝那里传教失败也是注定的。

一个社会的政治文化传统是历史选择的不断沉积，这个基础上形成的相关政治、宗教乃至价值观等的认识和态度是一种相对稳定的社会倾向。天主教对于顺治皇帝的传教失败和顺治皇帝的宗教认同倾向，则再次清楚地表明，对于以继承中华传统为统治基础选择的清朝统治者而言，中国传统政治文化和现实政治文化倾向是深刻影响其宗教认同的基本的，也是决定性的因素。

其实，清世祖倒向禅宗不过短短几年，审视其所作所为，明显可见的对于佛教的恩宠，主要就是召请了几位和尚进入宫禁，而且目的也主要是陪其参禅论道。或许也可以说，其沉浸于佛教，主要表现为个人的宗教倾向。甚至也是年轻任性的皇帝对于宫廷生活和政务压力的排遣。即如同其曾常常光顾汤若望的教堂，经常向汤若望请教或与之竟夕交谈，可看作是一个求知学习乃至文化趣味及宗教取向的调试阶段；其成年后的选择，则显然更认同中华文化，青睐汉地佛教，因而会希望如同可以随时请教汤若望、与之聊天那样，可以有佛教高僧常在身边。《北游集》的"奏对别记"，实际就是顺治散朝后与木陈道忞和尚聊天的记录。话题虽涉及参禅论道，更有不少是谈论古风辞赋、古今人物，乃至是小说字画、各地风情的闲聊。年轻的顺治皇帝似乎是既在禅宗那里找到了心灵安顿处，也在满腹经纶的大和尚们那里得到了文化寄托处。禅宗在顺治皇帝那里的角色，或者说其社会角色，基本就是中国文化在宗教上的一个代表者。以致汤若望不禁叹息，顺治皇帝"把自己完全委托于僧徒之手",“并且把国家的入款浪费于庙宇的建筑上"。①
或许汤若望没有认识到,顺治皇帝其实只是在其认同的文化里找到了一个
宗教寄托处或者说文化归宿处,并以其能力为其寄托处添了一些自然而然
的庄严。

三、清初禅宗之社会角色及其政治文化表征意义

由以上的具体内容介绍和相应的分析,已经说明,虽然顺治皇帝的佛
教倾向里也有很大程度的个人好恶特点,但也同样很突出地显示了顺治皇
帝的选择实际是在中国传统政治文化的强势影响下的选择,是有着显著的
文化认同倾向的选择;同时,还说明清朝统治者自政权崛起后即不断深化的
对于中华传统政治文化的倾向选择,在清朝入关后已经不仅是体制上而且
在文化态度及认识等方面都趋于基本同构的程度,因而,清朝成为替代明朝
的又一个中国朝代;也正因此,顺治皇帝也很自然地序列于中国历代帝王之
中;并在清初的宗教格局中,选择禅宗作为精神追求的归宿,凡此等等。从
中还可发现,在顺治皇帝的佛教禅宗倾向与所关联清初政治文化诸因素间,
实际呈现的是交互的关系和影响。

所以,在清初政治军事等等新朝初立时期重大事务中并不甚重要的宗
教格局,实际上也体现着清初政治文化的取向和发展趋势,而顺治皇帝的禅
宗倒向,即是其中突出的能够从一个小角度说明问题的典型事例,也同时说
明了禅宗在清初的社会环境背景下作为中国传统宗教的社会角色和相应的
政治文化表征意义。

汉地佛教各宗派经过两宋时期的发展,禅宗发展得相对更繁荣一些,
并且蕴含着诸多中国特色的思想内容和文化意趣;再经过明初佛教政策推
行禅、讲、教的划分,禅门也稍显独立,其中又以临济宗、曹洞宗为主,至清
初,仍然是宋以降的所谓“临天下、曹一角"的局面,禅宗基本成为佛教的代
表,进而,也即是中国传统宗教和文化的一个代表。所以,清初顺治皇帝接
触到的就是临济宗的僧人。由前面一节的具体引述顺治皇帝与性聪、通琇、
道忞等禅师的交往交流,足可见这些僧人不仅是佛教而且同时还是中国传
统文化的载体和呈现者。而顺治皇帝的禅宗倾向,也使得临济宗的“正宗"
地位获得朝廷的再次正名,一定程度上还成为清廷标榜“三教并垂"、“正人
心"、“黜邪术"等政治文化态度的表征。

---

① (德)魏特著,杨丙辰译:《汤若望传》第2册,商务印书馆1949年版,第323页。

第四章　清初逃禅现象与汉地佛教的社会角色及其政治文化容纳力

中国历史上经历过很多次所谓异族入主中原继承大统的朝代交替,不过,满族统治者入主中原带来的明清两朝的交替,对于大明属民的心理冲击似乎特别大,从而形成一些内心不认同清朝统治的所谓明遗民。清初很多明遗民的内心不认同、不臣服的外在表现各异,比较突出的有几种,有的是以武力抗争等行动来试图反清复明;有的则是极其悲壮决绝地死节,其中甚至不乏活活饿死自己死节者;还有一种表现,就是"逃禅",即一些自认为是明遗民者以出家为僧或者逃入禅门的方式来表示志节并逃避清朝的统治,以致其时"士之志节者多逃之释氏"①,出现了明季清初特别的一种"逃禅"潮,这也成为明清更替的巨大社会变迁带给佛教的一个非常典型和突出的现象。此种逃禅现象,即本章所要探讨的问题。虽然对于这个问题的专门探讨并不多,但是,由政治文化的角度来审视清代佛教,逃禅问题却是不能回避且又比较能说明佛教与政治文化关系的问题。一定程度上,清初的逃禅现象及其所涉及的问题,是从一个侧面很能反映清初汉地佛教的社会角色和政治文化容纳力的一个典型性问题。所以,这一章就尝试通过具体审视明末清初的逃禅现象及其相关问题,重点看看清初汉地佛教体现为怎样的社会角色,以怎样的方式体现了汉地佛教的政治文化容纳力。

第一节　"逃禅"的历史来由及其在明季清初的演变与界定

不过,历史上,用"逃"来说明做一件事的状态,并非由佛教而说起。早在孟子的时代就有"逃墨"、"逃杨"之说。而且,最初的"逃"的用意,还多是用的逃离之意,与明清之交时期所谓"逃禅"之逃入的意思刚好相反。所以,在此不妨检索一下"逃禅"的来龙去脉,先对逃禅一词的使用及所指内容的变化先作个概略的梳理;进而,再对相关逃禅的一些话题做连缀论述;然后,再就清初时期的逃禅现象及问题,做具体和重点的审视和议论及

---

① （清）黄宗羲：《七怪》,《南雷集》卷十,《四部丛刊》初编,集部,北京书同文数字化技术有限公司 2001 年版（下略）。

解析。

一、"逃禅"的来由及相关现象的历史渊源

那么,"逃禅"这个说法何由而来? 怎样的现象称之为"逃禅"? 相比较历史上一些"逃禅"现象,"逃禅"是典型个体的行为现象,还是带有普遍性的社会现象? 明清交替时期之"逃禅"现象是否已是带有普遍性意义的突出的社会现象? 若是,又何以突出? 等等。诸如此类的问题在此可能也不能都辨析清楚,但这却是清初时期佛教的一个重要现象,逃禅问题又是不能回避的重要问题,在此也只能先尝试着看看"逃禅"这个词的使用条件和频率,以及与这个词使用相关联的一些著名事例,并列举明季清初逃禅比较多的广东地方一些著名逃禅表现等,将这些与"逃禅"有关的一些资料拉扯在一起,大致地先梳理和辨析一下相关逃禅的关联问题。

在近世尤其明末清初以来,"逃禅"一词多用来形容原本非佛门中之人因时局非常或其他不得已因素而"逃入"佛门者。尤其以明清交替时期为中国历史上儒者士人"逃禅"比较多、"逃禅"这个词也用得比较频繁的一个时期。不过,"逃禅",也并非只是明清之际才有,而是中国佛教史上的一种特别现象,而且,其用词含义也是有变化的。

一般地讲到"逃禅",在佛教的角度看,大致是指称或形容儒者士人士绅等好佛参禅的表现或者逃入佛门的行为。但是历史上,用"逃"字来指称对于一种学说或流派的青睐或背弃,并不仅限于"逃禅"之说。以"逃"字来表达对一种主张的选择态度的用法,儒家很早就有使用,著名的有所谓"逃墨"、"逃杨"之说。此说见于《孟子》,其曰:"逃墨必归于杨,逃杨必归于儒,归斯受之而已矣。"[1] 后人解释此话,大致理由是:"墨翟之道兼爱无亲疏之别,最为违礼;杨朱之道,为己爱身,虽违礼,尚得不敢毁伤之意。"[2] 也即是说,墨翟之道是讲不同意兼爱无亲观点的大多会逃离而归于杨朱的为己爱身,但爱己虽也符合不敢毁伤己身的孝道,但却不是大公无私的圣人君子之道,故会悔悟而最终归于儒。朱熹的解释就认为,孟子之所以如此言逃墨、逃杨与归儒的变化关系,实是因"杨、墨皆是邪说,无大轻重。但墨氏之说尤出于矫伪,不近人情而难行,故孟子之言如此,非以杨氏为可取也"[3]。所以,逃墨、逃杨之说指的是避弃墨、杨之说而归于儒,所含的是"去邪归

---

① (宋)朱熹:《四书集注》,岳麓书社 1985 年版,第 469 页。

② (汉)赵岐注,(宋)孙奭疏著:《孟子注疏》卷一四下,文渊阁《四库全书》经部,四书类。

③ (宋)朱熹:《逃墨必归于杨逃杨必归于儒》,《晦庵集》卷六一,文渊阁《四库全书》集部,别集类。

正"的意思。故而，后来也用于儒者涉足释氏之教而最终弃离释氏回归儒家者，所谓"逃禅以归儒，变赝以求真"①，此"逃禅"的用法，亦即逃离禅而回归于儒的意思。虽然如此，孟子的这种用词方式，则很可能是后来明清时期逃入佛门之逃禅用词方式的滥觞。

而且，后来即便是同样的"逃禅"一词，历史上也有用意全然相反的状况。比如，在明末清初这种逃进释门的"逃禅"之前，"逃禅"之说举例用得比较多的一个著名例子，是出于杜甫的《饮中八仙歌》诗，其中一句是："苏晋长斋绣佛前，醉中往往爱逃禅"②，此诗句是说苏晋好佛又好酒，好酒而悖禁戒，遂有酒后逃禅之说。此苏晋是唐玄宗时人，据说，唐玄宗监国时所出制命多由此公捉刀稿之。苏晋好浮屠，因亲近胡僧慧澄而得馈绣像弥勒，并宝之。其还声称此弥勒佛好饮米汁与自己性相近，故而专奉此佛，"他佛不爱"③。且此公因特好饮，而被杜甫将其与李白等人一同诗赞为饮中八仙。由此见，其即便是好佛，亦当是但喜参禅而不拘泥禁戒者。后世即已有人特别注解，指出"逃禅"有逃进逃出之别，其曰："逃禅犹云逃墨、逃杨，是逃而出，非逃而入。""醉酒而悖其教，故曰逃禅。后人以学佛者为逃禅，误矣。"④而且，"若为学佛解，应曰'安禅'。杜诗亦有之。'登惠义寺'云：谁能解金印，潇洒共安禅"。所以，明清之前使用的"逃禅"一词，则有可能是与杜诗所说"安禅"相反的意思，是更早的《孟子》逃墨、逃杨的逃离的意思。

所以，同是用一个"逃"字，则有逃离远去和逃来进入，因而，同一个"逃禅"便有了逃出和逃入两种指称意义概念全然反向的用法。因而，大致看，以"逃禅"来指称逃入佛门的意思的用法是比较后来的用法。而且，"逃禅"所具体描述的情况，历来也是有变化的。

虽然就佛家的角度而言，"逃禅"取的主要是逃来进入佛门的意思，显然不是相反之意的用法。但历史地看，对于早期及魏晋等时期的好佛者，并不见有习惯地指称好佛者的行为为"逃禅"的用法。参考后来诗文等对于"逃禅"一词的使用，亦大多是在杜诗之意出现之后而继出。并且，有一些使用逃禅一词的情境，也与清初背景下有不得已而入之意的逃禅不尽相同。所以，这里或许还应额外多看一下杜甫诗句里苏晋所谓逃禅的用意及其注解，以及后来一些不同意境下的延伸用法。

杜诗中的苏晋乃好佛却又好醉酒者，而佛家有酒戒，只好逃离禅佛。

① （清）朱轼：《史传三编》卷一，"刘向"，文渊阁《四库全书》史部，传记类。
② （唐）杜甫：《饮中八仙歌》，《集千家注杜工部诗集》卷一，文渊阁《四库全书》集部，别集类。
③ （唐）杜甫：《饮中八仙歌》注释，《集千家注杜工部诗集》卷一，文渊阁《四库全书》集部，别集类。
④ （清）胡鸣玉：《逃禅》，《订伪杂录》卷七，文渊阁《四库全书》子部，杂家类。

而此句的解释中还特别说,苏晋乃因其所奉之弥勒佛好米汁而独尊此佛。这里就出现了问题,因为好米汁之弥勒大概应是指称的布袋弥勒,可是研究者大致认为弥勒的此种形象的形成是在五代至北宋期间,那么唐朝时的既好饮又好佛而逃禅者,如何特因弥勒好米汁而专尊此好米汁之弥勒呢?需要注意的是,对于杜甫此诗句做这般注释者乃宋仁宗时人,或可推想,苏晋的故事传到彼时,或可能已经沿途裹挟了不同时期所附会的内容了;或许正因弥勒有好米汁说,后人加诸不拘细行之布袋和尚身上,遂聚合成大肚弥勒形象,亦未可知。

　　不过,由此或可推知,何以此后明清时期的诗文中会有不少以"米汁"与"弥勒"做典故的用法。例如,"聊将米汁供弥勒"①、"米汁僧"② 等等。往往这样好米汁的好佛者,也是多是"醉里逃禅"③,乃至是"夜与诸公饮大雄殿前银杏树下"④ 之类的逃禅者,显然已经不是因酒醉而逃离禅了,而干脆是逃入禅中并且饮醉。

　　可见,无论是杜诗中逃离意思的"逃禅",还是后来诗文中所及之逃进意思的"逃禅",又大多是指不拘形式而好禅佛者,在这样的意思里,"逃禅"在用意上主要是文学形容的一种泛指。之后的诸多诗文中诸如"夜半逃禅"⑤、"醉后逃禅呼米汁"⑥、"逃禅而不肯上堂"或"读书不效而逃于酒,饮酒不乐而又逃禅。惘惘失意以至于此者"⑦ 等等说法,所指称的所谓逃禅,又都带有了一种模糊的指称不一定禁戒严格的好佛者的意味。故而,一些士人好佛但又不愿拘泥于佛门规戒而不改俗家生活行为方式者、不去自身的文人习气者乃至极具狂放文人个性者的参禅好佛的行为,也往往自称或被称为"逃禅"。

　　书生习儒期间或有出入释、道之门以斟酌立脚处等思想意识的选择尝试,也有将这类道问学的探寻称为"逃仙"、"逃禅"这样具有文学意味的表述。如前所及,相反方向的逃离也有称为"逃禅"者。比如朱熹年轻时从武夷三先生学,因三先生皆好佛参禅,朱熹随之"亦尝留心于禅","读书,

① (清)彭孙贻:《登西郊郊浮图绝顶》,《茗斋集·诗初集》,《四部丛刊》续编,集部。

② (清)彭孙贻:《早春探梅》,《茗斋集·诗初集》,《四部丛刊》续编,集部。

③ (清)查慎行:《迈陂塘》,《敬业堂诗集》卷四九,文渊阁《四库全书》集部,别集类。

④ (明)王世贞:《夜与诸公饮大雄殿前银杏树下》,《弇州四部稿·续稿》卷一八,文渊阁《四库全书》集部,别集类。

⑤ (宋)杨万里:《诚斋集》卷五三,文渊阁《四库全书》集部,别集类。

⑥ (清)钱谦益:《扇子歌》,《牧斋有学集》卷六,《四部丛刊》初编,集部。

⑦ (清)吴伟业:《穆苑先生墓志铭》,《梅村家藏藁》卷四六,《四部丛刊》初编,集部。

以为与佛合"①，而且，在问学过程中也几度出入佛学之门。此即如《宋元学案》所说，宋儒之二程的门人弟子，多潜移于禅学而不自知，即便是朱熹当年亦几陷于其中。出入释老应该说是朱熹的思想成熟过程中很重要的问学经历，但朱熹最后作出的是逃（离）禅（回）归儒的选择。如其诗句所谓："逃禅公勿遽，且毕区中缘。"② 因而，在这类出入释老的问学一路中，至少在南宋朱子时代，将辟佛而逃离禅佛者称之为"逃禅"。

至此，通过粗疏的检视可见，将逃入禅佛之门者及其现象称为"逃禅"，大致是晚明以来才多用的用法。

二、明末清初之所谓逃禅的演变及界定

晚明士人好佛者多，表现形式各异，或实际修行，或寻求思想资源，或不拘泥佛教戒律形式而喜好参禅修道悟道的行为或者趣味等，这些好佛的行为大致就被称为所谓的"逃禅"，还应该是通常所说的士人士绅以儒者而亲近佛教而参禅修道的一种修行方式。

还有两类逃禅者，一是彻底逃入佛门，弃儒者身份而彻底出家为僧者，这样的行为，在明清交替时期，似乎也是被笼统地称为"逃禅"。之所以称之为逃，大概明季时事变换早有端倪，为避乱或者明清交替后不想沦为异姓之臣而入佛门者是为"逃"；又因其时佛门亦即禅门，逃入佛门即是逃入禅门，遂称之谓"逃禅"，或许大致如此吧。另一类逃禅者则是明清之交的一些不肯降服的明朝遗民乃至官员，因时局原因或陷于走投无路的困境时，既为保性命也保其志节而不得已逃入佛门者，是当时尤其被称为"逃禅"者的一类人。

因而，即便在明季清初对于逃入佛门称为逃禅的情况下，具体的逃禅也好像不是一个指称对象十分明确的名词概念，而是对一类好佛参禅行为和倾向相似行为现象的描述性的表述。

既然如此，或许仍然可以通过历史上一些所谓的逃禅现象大致归纳匡定一下"逃禅"或可以称之为"逃禅"的一些基本要素，对"逃禅"有个大致界定。

参照散落在文人文集等处对于逃禅行为的描述和一些士人取号"逃禅翁"、"逃禅叟"、"逃禅居士"等而称者的人物类型，一般情况下，"逃禅"主要表现为一些喜好舞文弄墨的文人好佛参禅的个体行为取向，或倾向相似

---

① 《御纂朱子全书》卷五五，"自论为学功夫"，文渊阁《四库全书》子部，儒家类。
② （宋）朱熹：《归宗寺》，《晦庵集》卷七，文渊阁《四库全书》集部，别集类。

者的结社活动所表现的各别群体的行为。

但在某些历史特别时期,"逃禅"则成为一时的一种比较突出的社会现象。而且这种现象大致可与志节行为的表现相类似。志节表现也多发生在朝代更替时期,但是,因效忠守义或坚持某种关系认同而守节的现象,通常也多数是表现为典型个体的行为。不过,在反抗异族统治,尤其是残酷统治的情况下,特别是在汉族政权换手到少数民族统治者时,例如明清交替时期,节义志士则表现为多发的群体行为甚至比较普遍的社会现象,乃至成为高尚情操的标志,即便苟活性命,但是采取的则是全然不合作的态度和方式。所以后人会贬看投了蒙元的赵孟𫖯,甚至称"子昂不识忠孝字,空写佛经盈一箧"①。

在明清交替时期,志节之士可谓是不胜枚举。而且,不惟是男儿大丈夫之举,如大儒刘宗周怀抱"饿死事小,失节事大"、"士可杀不可辱"之志节而绝食绝水死节②;同时,亦不乏妇女死者,如顾炎武母即是抱定设有大敌必死之心,留下"莫事二姓"③遗言,亦绝食殉明。诸如此类是那个时期极其典型的悲壮惨烈的现象。虽然"逃禅"者可能不比志节者牺牲者多,但在复明无望甚至被逼无奈的形势下,或者早已预见大明大势已去的情势下,也有不少不愿沦为所谓非我族类之异族之臣者,即选择了逃入佛门去做"方外之宾",虽然在王权之下佛门的所谓方外实际是很有限的,但还是一定程度地能满足一些人以逃入方外的方式来表示不合作的态度,或者成全自己的精神志节。而且,由于其中多有名人遁入佛门,遂更使"逃禅"成为一时显眼的现象。当然,其中有的也不一定绝对是因为拒绝做异族之臣,而是朝代更替后沦落失意之中的其他因素而导致向佛的。但无论如何,佛门都可权作是现实之外的一种方外空间,成为逃避现实者的一个可选择的去处。因而,"逃禅"是明清之际的一种特别的社会景象。

不过,关于逃禅,清初当世就有不同的看法和评析。如,明清之际的思想家黄宗羲的看法就极具代表性,他将"逃禅"列为其所认为的清初"七怪"④现象之首。而其所谓怪者,即是指那些在青天白日之下人们应特别以为怪而实际上却见怪不怪的行为和事情。不过,其虽然认为"近年以来,士之志节者多逃之释氏"但是,对于"士之志节者"的这种行为,黄宗羲却做了

① (清)洪亮吉:《洪北江诗文集》卷六,《四部丛刊》初编,集部。
② (清)刘汋:《蕺山刘子年谱》,《刘宗周全集》第6册附录二,浙江古籍出版社2007年版,第170页。
③ (清)全祖望:《亭林先生神道表》,《鲒埼亭集》卷一二,《四部丛刊》初编,集部。
④ (清)黄宗羲:《七怪》,《南雷集》卷十,《四部丛刊》初编,集部。

尖锐而鞭辟入里的评议，其曰："盖强者销其耿匕，弱者泥水自蔽而已。……亡何而棒篦以为仪仗，鱼螺以为鼓吹，寺院以为衙门，语录以为薄书，过鼓上堂、拈香祝圣，不欲为异姓之臣者，且欲为异姓之子矣。……盍观之古人乎？……亡国之大夫更欲求名于出世，则盗贼之归而已矣。"① 这样一来，对于"逃禅"行为，就又有了褒贬评议，至少黄宗羲的看法不应是孤立的。亦如，岭南三大家之一的屈大均，先是不得已而逃入禅，后又反悔而逃回儒，且辟佛犹恐不及。

　　"逃"本即有逃避的消极意思于其中，亦如前文所引的那种读书不成逃而饮酒，饮酒不乐逃入禅的有点戏谑的说法，也应是在调侃"逃禅"是一种退而求其次的消极选择。所以，"逃禅"既可能是志节的表示，也可能是消极的表现。这样，"逃禅"又多了一层与表示志节取向的意思相反的逃避取向的表达可能性。

　　如此看，文学语言地说"逃禅"，相对宽泛一些，指称或描述的就是相似的一种行为或现象。但若界定怎么就叫"逃禅"了，确是有些不易把握的问题。所以，若是非要尝试归纳一下可称之为"逃禅"行为的一些基本构成，是否可考虑包括这样一些方面：士人向佛好佛但取参禅或意趣禅意，且不去"酒痕尘迹"者；思想认识形成过程中尝试涉猎其他学说，而入佛门寻求思想资源者；因躲难避仇、遭遇非常事件、陷入失意不自拔等外在难以克服的困难、困境而避入佛门者。至于是因好参禅或好禅意还是兼顾佛学，亦因人而异。而是积极还是消极人生态度、抱有怎样的内心动机或目的企图，则更是人心难测了。除这些方面之外，由于明清时期寺院大多禅寺；或因参禅为佛门修行之必需的修行功课和途径，所以佛教的大致样貌即是禅门，入佛门即是入禅门。因而，上列诸种原因逃入佛门者，无论是仍然在俗还是已然出家，大概都可以指称或形容为"逃禅"。

第二节　清初的逃禅现象与清初政治文化环境

　　通常认为，明清交替时期之所以逃禅现象比较突出，是与清朝入主大统直接有关，即不认同异族的统治；不屈服于清朝征服过程中血腥残暴的屠戮以及跟进推行的剃发、圈地等野蛮严酷的政策。这些即是导致清初逃禅的可能性原因，也是逃禅者的所谓逃禅行为的价值倾向的说明，同时也反映其时的政治文化环境状况。

① （清）黄宗羲：《七怪》，《南雷集》卷十，《四部丛刊》初编，集部。

一、清初的明遗民逃禅现象及岭南事例

　　审视明清之际的"逃禅",视线基本上可以由明遗民开始。僧中多遗民自明季始,亦因遗民逃入佛门者以明季清初为多。而逃禅者也本来多是士人之所为,自负为明遗民者,亦多是以读圣贤书自居之士人,所谓秉承孔子赞许的"不降其志,不辱其身"[①] 之遗民之志尔。

　　近人孙静庵编撰了一部计有四十八卷的《明遗民录》,搜罗大致五百几十人之详略不等的事迹,而且也只是搜录的士人遗民者,虽然事迹出处杂出,但尤可反映遗民及逃禅者基本的群体样貌。事实上,可称之为遗民的,显然远远不止此录中所集那些有头有面或行迹奇特者。比如,《明遗民录》中列有晚明著名文人方以智,而事实上,方家子嗣、学生、友人亦多与方以智有相同志节者,但此录并未标识姓甚名谁,凡此等等。由此《明遗民录》可见,虽不乏避入山中僻壤不涉世事以著书讲学终其生而明其志的儒者,同时也随处可见,不只有如方以智那般最终因事不可躲"乃为僧去"也者,更有不胜枚举的"托以浮屠以自隐"[②] 或结友做方外游的逃禅者。

　　通过诸多逃禅事例可见,广东地方也是逃禅现象比较突出的一个区域,实可谓清初逃禅者渊薮之一。导致这种现象的原因难以一言以蔽之,除了晚明以来禅宗尤其是曹洞宗有一定发展和影响,其宗门有一定吸引力和容纳力之外,或许还与现实环境有些关系。一方面,清兵在广东遭遇多处顽强抵抗,取之后的屠戮和残暴行径即更加疯狂。广州屠城七日即是一例极其惨绝的历史事件,而苟延于"三藩"之一的平南王治下,实则是民不聊生,不仅有顺治五年(1648) 春"广州斗米八百"、顺治十年(1653) 的"斗米千钱"[③] 的饥馑之年,其藩府苛政重税,粤民所受之困害几无以复加,且不说同样要做留头剃发的选择等等,生活条件和政治环境都极其恶劣。所以,如果不仅要不降其志,不辱其身,还欲全身远害的话,对于一些心存志节的士人而言,逃禅尚是比较可以接受的一个出路。另一方面,平南王又频频显示出好佛乃至崇佛的姿态,不断有铸佛修寺以及恭敬高僧之类的举动,俨然一乐善好施的大檀越,如此一来,广东佛门也似乎得了平南王的庇护,而遗民们逃入佛门以偷生的可能性似乎还是得到了基本保证。

　　虽然,逃禅者的生活状况尤其政治环境仍然不堪,甚至在顺治末康熙

---

① (宋) 朱熹:《四书集注》,岳麓书社 1985 年版,第 223 页。

② 孙静庵:《明遗民录》,浙江古籍出版社 1985 年版,第 1 页。

③ 汪宗衍:《明末天然和尚年谱》,蓝吉富主编:《大藏经补编》第 22 册, (台湾) 华宇出版社 1986 年版,第 926 页。

初,传说清廷有汰僧之议①,不过,朝廷最终没有重手推出汰僧政策,在其时社会基本环境中,逃禅者性命似乎还是可得保全。甚至,如天然函昰及其门下,还可移情于山水及唱和诗文的文趣之中。这些现象表面上看,大致与当时广东的佛门领袖们如天然函昰和尚等刻意地提持祖道但不废诗的文人意趣有关;不过,在中国文化里,是"诗言志"的。事实上,天然和尚的同门函可和尚就有所谓"物久则旧,词确则新","王孙有恨","木佛无家","诗取穷愁","作我横涕"等语。② 诸如此类遗民心结及情绪在天然和尚与相随诸子唱和等诗文中即多有反映。

而在清初的岭南逃禅事例成风气之前,明季就已经有些逃禅先行者了。明清的朝代更迭,虽然事实几乎发生在容易数过来的时日间,但是端倪则早就出现了。在世事变迁时能够洞悉大势和审时度势的人,应该称得上是高人了。比如,后来成为清初逃禅者之庇护者的岭南高僧天然函昰和尚,无疑是高人中的一位。

应该说,天然函昰和尚算得上是明季较早的一批逃禅先行者,比那些到了清初再行逃禅者更早一步做了方外之宾。由其事迹看,其早在崇祯时期动荡的情势中就看出了明朝时局之败相,遂在清朝入关之前即剃度出家了。不过,关于天然函昰相关的逃禅事迹及清初佛教的社会作用等,后面有专门一节述说,在此不赘言。

事实上,在天然和尚祝发时,其师宗宝道独门下函子辈的僧徒中已有数位当过官且负奇气者逃禅为僧了。而日后没过几年,天然和尚自己的门下,亦至于逃禅者盈门,一定程度上,作为逃禅先进的天然和尚也成了逃禅者的领袖,同时,清初佛门中则多了许多满腹经纶的由遗民逃禅而成的高僧。

不过,逃禅者大都是经历世事沧桑者,心态表现亦多种多样。因而,遗民逃禅者,可以说基本都是由儒而释,这是当时社会教育体制决定的。还有一些遗民逃禅者则更是由入仕入世者转而致仕出世的,身心的转换不惟难以彻底,何况更多的只是"托以浮屠以自隐"③ 而已,并非真能全身心地成为

① 参见汪宗衍:《明末天然和尚年谱》"康熙四年"条。据称,顺治末年及康熙初年,有汰僧之议。但,官书鲜载。(清)性统编:《高峰三山来禅师年谱》"康熙元年"条有曰:"夏,特旨令天下僧道复民衣,公令森严,列刹莫能守。邑令林觐伯素与师善,知事势必改,命师阖院勿散,但闭门易服以待。果三月恩诏降。"《明版嘉兴大藏经》第29册,(台湾)新文丰出版有限公司1987年版,第767页。

② 汪宗衍:《明末天然和尚年谱》,蓝吉富主编:《大藏经补编》22册,(台湾)华宇出版社1986年版,第986页。

③ 孙静庵:《明遗民录》,浙江古籍出版社1985年版,第1页。

佛门修行人。而且,身在佛门,入世之心也不一定因出世既久而泯灭,磨砺再深亦未必能磨掉世事的牵扯。在已经成为广东佛门领袖的天然和尚门下,就不乏典型的事例,足见当时逃禅者的诸种状况。

在天然和尚门下的逃禅者中,有南明王朝最后挣扎期间的名臣。如南明五虎臣中的三位,金堡和刘湘客拜天然和尚受具,袁彭年为居士。其中,金堡后成著名高僧澹归今释。澹归今释和尚当年在南明朝廷中以敢直谏抗言和不畏权佞著称,在南明朝廷忤上逆下而遭拘打,又为清廷不容,脱逃后颠沛流离,终究也选择了以逃入佛门为安的逃禅方式,于顺治九年(1652)归依天然和尚。天然和尚以其骄躁傲物,令其为伙夫"执役碗头",又令"度岭行乞"行脚,回归后依旧役使,"前后十阅春秋"[1],磨砺再三以化除其骄气,方才付与大法,成为天然和尚第四大法嗣。顺治十八年(1661),南明弘光时南赣巡抚李永茂兄弟为避乱在广东仁化所购丹霞山别业舍于今释,以严事三宝。澹归及其同事极尽营造之能事,至康熙五年(1666),即大致形成规模,此即丹霞别传寺,为粤北再添一佛门重镇。一时英杰汇聚,讲经研修,唱和诗词,丹霞山遂成为名山丛林。澹归和尚极其得意于此,乃至夸耀此别传寺几可与曹溪、云门鼎分。而曹溪宝林寺乃六祖惠能之象征,云门则为云门宗之开山祖寺。

由此可见,丹霞山一时龙象聚集之盛况,令澹归今释喜不自胜。亦见这类逃禅者的一种逃禅境况。同时还可见,其虽经十年强制潜修,做过高官的澹归和尚的心态仍不能免去功利分别之轻狂。不过澹归和尚为人特别诟病的方面,并非是其炫耀丹霞别传寺之构建,而是"为僧后,尝作圣政诗及平南王年谱,以山人称颂功德,士林訾之",传者"初未信,问及长老,皆云要之,堡之才气,自不可及焉"。[2] 已然逃禅的人又去阿谀当权者,澹归遂为士林所非议。尤其以澹归其人之经历看,此举的确颇令人费解,正所谓忘其所自也。时人全祖望即有诗曰:"辛苦何来笑澹翁,《遍行堂集》玷宗风。丹霞精社成年谱,又在平南珠履中。"[3] 全祖望不仅认为澹归作传及诗文乃趋炎附势媚时人,亦有污佛门清誉。在其为黄宗羲之弟所作"神道表"中即引其翻看遍行堂集后所言:"此老之耄也……甘自堕落于沿门托钵之堂头,又尽书之于集,以当供状,以贻不朽之辱。"[4] 不过,虽然澹归的《遍行堂集》中有

①　(清)今辩:《丹霞澹归释禅师行状》,《明版嘉兴大藏经》第34册,(台湾)新文丰出版有限公司1987年版,第311页。

②　(清)邵廷采:《西南纪事》卷七,"金堡",《续修四库全书》第332册,第141页。

③　(清)全祖望:《肇庆访故宫》,《鲒埼亭诗集》卷十,《四部丛刊》初编,集部。

④　(清)全祖望:《鹧鸪先生神道表》,《鲒埼亭集》卷一三,《四部丛刊》初编,集部。

"上南平亲王""与冯大中丞"① 等所谓"沿门托钵"的歌颂之文，表达一位有幸"曲赦于世谛之边"的"贫力无求"② 僧对于清廷的感念，可惜，一番献媚表白并没被清廷领情，仍然遭到禁毁其书的命运。

不过，志节相同虽然是一种可以让大家相近的原因，但逃入禅门，也还要面对禅门中的一些具体事宜，其中，不仅有信仰问题，还有意趣问题，乃至具体的寺院生活问题，等等。因而，逃禅之后的这样类似问题也是逃禅者要面对和适应的。以至于，逃禅者中还会有逃出者。

屈大均，就是逃进禅门又逃出禅门的一位特别人物，也是逃禅事例中的另一类典型。屈大均与天然和尚同为番禺人，天然和尚生于万历三十六年（1608），屈大均生于崇祯三年（1630）。顺治二年（1645）屈大均初见天然和尚，和尚即以其姿性奇异，推荐屈大均从陈邦彦学于粤秀山。然不久，屈大均的诸生生活即被清兵入粤及广州两番城陷的血雨腥风彻底打破。顺治三年（1646），清兵入粤，屈大均从陈邦彦起义师，独当一队抗清。四年（1647），陈邦彦起义死；五年（1648），攻陷广州的李成栋又反清归明；顺治七年（1650）春，清兵围广州，十一月初二日城再陷，遭屠戮者七十万。经过两次劫难，对于一些士人而言，逃入禅门成为不得已的一条退路。是年三月，天然函昰和尚之父由广州至雷峰剃发受具；继而，屈大均亦在雷峰海云寺礼天然和尚落发为僧，法名今种，字一灵。天然和尚颇为赏识之，选为侍者。然屈大均身虽为僧，心则游弋，并未踏实皈依于佛教。即如其所说："庚寅年二十一……予圆顶而为僧，然尤不肯僧其帽，终岁戴一青纱幅巾。"③ 二十三岁，飘然远游。北走京师拜崇祯死社稷之所在；与顾炎武、朱彝尊遇于太原；欲访祖心函可④ 于千山而未果（因挟藏《再变记》等事由遭捕后被流放沈阳，见后文所述）；又往济南寻访到崇祯皇帝的御琴，"环绕御琴数匝，若有君臣之象"，"拂拭御琴，设玉座，祭奠如礼"。⑤ 拜琴如若拜君，并作《御琴记》。又于吴越间与明故臣交游。凡此等等。

屈大均北游间，虽然作为全然不似行脚和尚，但是，依清廷的规定，城

---

① （清）澹归今释：《遍行堂续集》卷一一，"尺牍"上，《四库禁毁书丛刊》第128册，北京出版社1998年版，第519页。

② （清）澹归今释：《上平南亲王》，《遍行堂续集》卷一一，"尺牍"上，《四库禁毁书丛刊》第128册，北京出版社1998年版，第519页。

③ （清）屈大均：《髡人说》，《翁山文外》卷五，《续修四库全书》1412册，第136页。

④ 祖心函可，明万历间礼部尚书韩日缵之子，早即皈依宗宝道独。顺治二年即因在南京值遇南明弘光朝覆灭，作《再变记》被清军查俘，受重刑而不屈，押解至京免死，流沈阳。

⑤ （清）屈大均：《御琴记》，《翁山文外》卷一，《续修四库全书》1412册，第11页。

市不可以幅巾出入,屈大均只好自首至足打扮无一不如僧,然其内心却每每困扰于其自设的所谓"为僧"与"为人"的悖论及其矛盾感受中,认为:"人而僧,不可以为人;人而不僧,益不可以为人矣。"①屈大均将僧、人相对立,或以其入世之心更切,而处于一种纠结之境。所以,在外游历的过程中,他再也不能违逆其作为入世儒者的真实之心。

归粤后,屈大均作《归儒说》,坦呈其心,称其"二十有二而学禅,即又学玄,年三十而始知其非。乃尽弃之,复从事吾儒"②。而其归儒,"盖以吾儒能兼二氏,而二氏不能兼吾儒。有二氏而不能无吾儒,有吾儒可以无二氏"③。而其入佛门,"盖有故而逃焉,予之不得已也"④。因为是不得已,其志必不可能终于二氏。弃拂子而归儒,其终于可以"行儒之行,而言儒者之言",不必"行儒之行,而言二氏之言"了。⑤回归真实之自我,使其畅然而无羁绊,但其行事为人则不免招致世俗非议。如其有诗自我描述:"时人皆谓我狂生,蓬头垢面纵横行。""从来君父若浮云,暮楚朝秦非反复。我今守道诚不祥,孔雀何如牛有角。"⑥

屈大均在世俗眼中不免狂悖,且怀揣着不臣清朝之心,但还是得以平安终老。不过,到雍正朝文网日趋严密,尤其曾静案后,雍正皇帝所撰《大义觉迷录》在全国颁行和宣讲,同时,对于各种"悖逆""不平"之诗文也更趋严查严控。雍正八年(1730),就有密报就曾静等之议论与翁山文论同,遂发现屈大均等诗文流播已久,且为岭南悖逆诗文之最,而此时屈大均已经去世三十余年,还是遭到追究其"著作悖逆文词"之"滔天大罪"⑦,并累及其子被拘审,等等。

二、清初逃禅者之典型与逃禅士人之心态

以上所着重谈及的天然函昰、澹归今释、屈大均,大致可谓逃禅者不同类型的典型代表。其所同者,遗民之心也。其不同者,则难以一言以蔽之。

天然和尚虽亦儒者僧,然其向慕宗乘,追随宗宝道独多年,潜心修行,已亦儒亦释、亦释亦儒,但终究还是出家并成就为一代高僧;其虽做了方外

①　(清)屈大均:《髻人说》,《翁山文外》卷五,《续修四库全书》第1412册,第136页。
②　(清)屈大均:《归儒说》,《翁山文外》卷五,《续修四库全书》第1412册,第129页。
③　(清)屈大均:《归儒说》,《翁山文外》卷五,《续修四库全书》第1412册,第129页。
④　(清)屈大均:《归儒说》,《翁山文外》卷五,《续修四库全书》第1412册,第129页。
⑤　(清)屈大均:《归儒说》,《翁山文外》卷五,《续修四库全书》第1412册,第129页。
⑥　(清)屈大均:《愤歌》,《翁山诗外》卷三,《续修四库全书》第1411册,第312页。
⑦　《世宗宪皇帝朱批谕旨》卷二七下,文渊阁《四库全书》史部,诏令奏议类。

之宾,但仍怀遗民心,自谓是"骨节与人同",且更是但尽其心、了无所图,已无所谓内外之别,其可以坦然无畏地收殓南明朝廷死难者为邵武君臣冢,亦可在平南王尚可喜捐铸之鎏金铜佛款识上昂然曰"率大檀越喜铸"①。天然和尚虽未曾入仕但其盛年方才出家,之前交游名士官吏,如熊文灿等即已识其可为郡守之才,足见其并非愚朴书生者。

而澹归今释禅师,则是在官场,尤其是在南明朝廷那样的内外险恶的政治漩涡中有过搏击的大臣金堡,其亦不得已而遁入佛门,虽然历经天然和尚对其刻意的十年磨砺,其虽然依然袈裟僧帽,俨然高僧,但似乎仍未能摆脱政治中心的吸引力,其后来与平南王等当权者款曲暧昧,使其被诟病志节委蛇,清廷又不买账,以致面目模糊不定,褒贬难说。但其师天然和尚在今释澹归去世后的悼诗中还是有说:"每念孤怀真类我,尝于歧路愧求人。师资相构何期合,百劫千生两认真。"②清初著名的两头不落好的贰臣钱谦益与澹归友,谓其两人"人心相向",如系线之雀。钱亦算得是逃禅者,不过是在家的;亦为人诟病为志节有亏者,乃至后来的雍正皇帝亦不屑其贰臣之节,不亦可悲?然无论澹归还是钱谦益,其相向之心者应该乃遗民之心。当清朝大局已定之后,一些士人左右首鼠的矛盾之态也尽显于逃禅者中。不过,旧诗文中所谓的"禅心已作沾泥絮,不逐东风上下狂"的境界,虽非容易达到,然无论逃禅者之中还是儒林之中,毕竟还是多有骨节相同,亦即志节相同者。

至于屈大均,虽然看似另类,但或许倒可做是一些有遗民之心的知识人的内心倾向的放大和典型化的外现。只是,多数的内心亦有类似想法的书生则是行不敢为,大多在清廷威势及生存现实中沦落于"足将进而趑趄,口将言而嗫嚅"③的状态,乃至还可能也会站到"世俗所嘲笑者"中而成为媚俗者。屈大均之为狂生,却当真地去践履其所认定的大道,其于禅门逃入又逃离亦不失为可贵的率任心性者之所为。

时人朱彝尊对屈大均的行为就有评论曰:"予友屈翁山(屈大均,字翁山。其原名绍隆。去僧服归儒后,更名字大均、翁山),为三闾大夫之裔,其所为诗多怆悢之言,矞然自拔于尘壒之表。盖自二十年来,烦冤沉菀,至逃

①　汪宗衍:《明末天然和尚年谱》,蓝吉富主编:《大藏经补编》第22册,(台湾)华宇出版社1986年版,第924页。

②　(清)天然函昰:《哭澹归子二首》,《瞎堂诗集》卷一五,《四库禁毁书丛刊》第116册,北京出版社1998年版;汪宗衍:《明末天然和尚年谱》,蓝吉富主编:《大藏经补编》,(台湾)华宇出版社1986年版,第971页。

③　(唐)韩愈:《送李愿归盘谷序》,《唐文萃》卷九六,《四部丛刊》初编,集部。

于佛老之门,复自悔而归于儒。辞乡土,跅塞上,走马射生,纵博饮酒,其傥荡不羁,往往为世俗所嘲笑者,予以为合乎三闾之志者。嗟夫,三闾悼楚之将亡,不欲自同于混浊,其历九州,去故乡,登高望远,游仙思美人之辞,仅寄之空言。而翁山自荆楚、吴越、燕、齐、秦、晋之乡,遗圩废垒,靡不搅涕过之,其憔悴枯槁,宜有甚焉者也。然,三闾当日方恨国人之莫知,今海内之士,无不知有翁山者。则所遇又各有幸、不幸焉。呜呼,难言矣。"①

朱彝尊此文乃为屈大均之《九歌草堂诗集》之序文,以说诗言志,而志之所至诗亦至焉,以此鸣屈大均之志。虽然屈大均在清初的明遗民中也是颇为奇异者,其经历和表现更是极其典型,但或许换个角度看,这实际也是其时不少"不降其志"甘为明遗民的一些士人的悲怆人生的凝聚缩写。

在逃禅者中,外僧袍而内儒心者实则为多矣。比如,昆山的归庄,亦此类,其与同里的顾炎武学行相推许,清军破昆山,亦与顾炎武同赴义师抗清,事败亡命,"剃发僧装,称普明头陀","炎武奔走四方,庄不出里闬","有《万古愁》一曲……痛苦与桑海之交"。② 而钱谦益也有诗画其戴僧帽像,其中有诗句曰:"六时问汝何功课,一卷离骚酒百杯。"③ 这其实也便是此类逃禅者中诚笃儒者和率性士人的基本心态和状态的写照。

虽然逃禅者心态各异表现不同,但大多还是与价值观的选择认同、人生经历之磨砺和塑造、性情个性等因素有关,还是大致可以了解其时逃禅者的不同层面的行为及相应的政治文化倾向。由所言及的这几位表现各异的逃禅者的经历,也已大致显示和隐性地显示了在那样的时代环境中,一些知识分子因选择了与清廷不合作的政治态度而采取的一种逃避方式,以及选择不合作而逃避的可能性、逃避后的基本后果状况和可能产生的时代作用。无论是像天然函昰和尚等意欲表征骨气志节,还是像黄宗羲所认为的"逃禅"不过是"弱者泥水自蔽而已"④ 的自欺欺人,总之,清初诸种逃禅所表达的、逃禅者可能怀有的意愿,终究是归结在一个"逃"字上。

因而,可见,逃禅者原本多不为禅而逃,而禅因此亦几不为禅。在此大可用朱彝尊的话来说此"逃禅"和所逃之"禅",是"各有幸、不幸焉"。确实难言矣。

但是,历史地看,清初的逃禅现象虽然反映的是清初时局和清初佛教的一方面情况,但同时也说明,在清初的政治文化环境里,一方面,佛教实际

① (清)朱彝尊:《九歌草堂诗集序》,《曝书亭集》卷三六,《四部丛刊》初编,集部。
② 孙静庵:《明遗民录》卷三六,"归庄",浙江古籍出版社1985年版,第271页。
③ (清)钱谦益:《题归玄恭僧衣画像》,《牧斋有学集》卷九,《四部丛刊》初编,集部。
④ (清)黄宗羲:《前乡进士泽望黄君圹志》,《南雷集》卷六,《四部丛刊》初编,集部。

上成为紧张的社会关系中的一个缓冲地带,另一方面,佛门是屠刀禁地和放下屠刀的界线,清廷也延伸了对于佛教的尊重态度和政策,从而使得这样的缓冲地带得以存在。清初的逃禅现象,实际上反映着清初多层次的政治文化环境境况。

第三节　由天然函昰和尚之例看清初佛教及其社会角色和作用

一般意义上讲,佛教的社会角色和作用,由其教义以及由其成功地流行千百年历史现实已经充分显现了。只是,具体到在清初那样社会急剧动荡的环境下,佛教应对清初社会环境所反映出的社会角色和作用,则会从一个角度更具体和典型地说明佛教存世的意义,也会衬托出清初的社会政治文化倾向及其意义。

通过前文一再的具体申述也大致可以判断,探讨清初的佛教政策以及士人的逃禅等问题,其实就是通过清初佛教的角度,审视清初政治文化环境中缓解和化解不同族类及文化间紧张关系的方式及其历史意义。毫无疑问,清朝问鼎对于自恃文化优越感的大明遗民,尤其士人的文化心理冲击是很大的,虽然逃禅可以作为保全志节和不认同难臣服之心的庇护和出路,但是,若非真正地把佛教作为精神归宿,逃禅是难以长久的,而像屈大均之类的逃禅者终究还是回归于儒;唯逃禅且能安禅者,才能真正获得归宿。虽然前文已经大略介绍过天然函昰和尚,但在此还是不妨再具体地将其作为逃禅且安禅的典型个案,看看这样一位原以康济为任的儒者,在明季清初的政治文化环境中,何以逃禅入佛门、何以由儒而释而成功安禅并成就为一代高僧和广东佛门领袖的经历,并通过此个案的延展视角,深入具体地看看清初佛教的社会角色及作用之一斑,乃至汉地佛教的政治文化容纳力的表现形式。

一、盛年出家的抉择及其精神意趣与时局大势

天然函昰和尚(1608—1685),法名函昰,字丽中,别字天然。三十三岁祝发,"嗣长庆空隐道独法,博山无异元来长孙,为曹洞宗第三十四传"①。寥寥数字的介绍,实际已透露了很多不一般的信息。

---

① 汪宗衍:《明末天然和尚年谱》,蓝吉富主编:《大藏经补编》第 22 册,(台湾) 华宇出版社 1986 年版,第 891 页。

盛年出家为僧,其中是必有缘故的。由今辩《天然昰和尚行状》、汤来贺《天然昰和尚塔志铭》及《天然禅师语录》,汪宗衍《明末天然和尚年谱》等资料看,其由俗到僧,实际上还是颇费了一番周折的。由其事迹概括,其出家经历大致作三个阶段看:一是做儒生研习世典求取功名时期,二是为佛法深玄吸引而渐由教乘入宗趣时期,三是个人经历和世事大势促成其做决定信而终致出家时期。而且,特别要注意的是,在这些选择的过程中,又无不纠结着社会时局的影响,其个人的宗教趋向实际上是与社会环境和时代大势密切相关的。

天然和尚的少年时期,与时人一般子弟一样,走的是做儒生、研习世典、求取功名的道路。其对于佛教并不亲近,是比较典型的儒生。而且因为秉性好施,"有僧欺之再四,遂不喜见僧"[1],对于佛教甚至无好感。

其年十七得补博士弟子员,即志在精研世典,"克成通儒"。[2] 与乡里踌躇满志诸同仁,诗文相会,纵谈时势世务,"以康济为己任"。[3] 虽然由于周围环境人事的一些影响,使其略知佛法深玄,但对所渲染的因果之事则颇不以为然并指为虚诞。只以孔、孟为圣人。可见,其少年时期,所处环境里虽有比较浓的佛教气氛,但其激昂入世,选择功名仕途,以求经邦治世的目标是其主导信念。在以儒家为正统和主导的社会政治文化环境中,做儒生、由科举入仕,被视为正途,也是读书人之人生路途的基本选择乃至必由之路。

其所谓渐由教乘入宗趣的阶段,则是其注重人生的精神追求,加之社会环境诸因素的综合原因所致。偶然机会,其与同学为追荐亡友入寺,有僧劝持咒有益求取功名,其哂之不信。而同学则谓实随人志愿。将信将疑中,其"晨夕持诵",正苦于"念虑不净……久不自安"时,"一夕静坐,忽觉向所扰者,当下冰释"。进而"读《圆觉经》与己见合,就十二菩萨法门各作一颂",得诸同学推服。但又"阅'传灯录',不解其旨,并失却从前所得,疑情大发"。[4] 如此,反而激发了其学出世法的愿望。后来又反复研读《首楞严》,

---

① (清)今辩:《本师天然昰和尚行状》,《庐山天然禅师语录》,《明版嘉兴大藏经》第38册,(台湾)新文丰出版有限公司1987年版,第198页。

② 参见(清)今辩:《本师天然昰和尚行状》,《庐山天然禅师语录》,《明版嘉兴大藏经》第38册,(台湾)新文丰出版有限公司1987年版,第198页。

③ 参见汪宗衍:《明末天然和尚年谱》,蓝吉富主编:《大藏经补编》第22册,(台湾)华宇出版社1986年版,第896页。

④ 汪宗衍:《明末天然和尚年谱》,蓝吉富主编:《大藏经补编》第22册,(台湾)华宇出版社1986年版,第898页。

加强了追求佛法的意愿。如此看来，先是有机缘遇到佛法初阶，加上有求道之心，使其渐渐深入佛门。

对于这个转变，天然函昰和尚自忆说："予少从'鲁诰'，囿于见闻，曾不知世外复有大圣人能过孔、孟。间从浮屠家，多闻因果事，辄指为虚诞，以是数年，可否不肯作决定信。一日过友人案头得《首楞严》，读三、四卷，虽不甚解为何等语，然理趣深玄，业面熟心折，遂携归终十卷，所见十习因，六交报，一一皆从心生，不由外铄，乃不敢以虚诞及浅近事诬谤因果。自此由教乘入宗趣，历八九稔，始识向上一路。回忆初年，多是不遇其人，不读其书，疑信相夺，徒赚岁时。"① 年十八，矢志学浮屠。是年（天启五年1624）与二严和尚（李云龙，番禺人，曾走塞上，客袁崇焕幕；归，礼道独为僧）及李云龙子等同道友人结"净社"于天关书院（广州城东，湛若水建），参究佛学。离际道丘（顺德人，受净土法门于莲池，开法肇庆鼎湖山庆云寺）有诗"赠雁水堂李烟客，曾宅师诸公结社参究"。② 环境因素、同道切磋、个人进修，为其日后决意出世铺垫了基础。

其三十三岁时，终至出家。不过，由相关资料看其有慕宗乘而出家的过程，直接促因，似乎是两件个人事件。一是崇祯七年甲戌会试不第。本已淡泊功名富贵，因此更断图谋声利之念；二是于归途中大病，医药不入，唯许愿念佛向道，"夜感异梦，汗透重襟而病顿愈"③，归家即断欲长斋，"弥切参究，衣不解带者两月，大悟玄旨。向所谓'传灯'不解者，如数黑白"④。而且，其阖门父母妻子兄妹等皆益耽信佛。崇祯九年（1636），其北上谒空隐道独，二人叩击相投。并决意行脚参学。

崇祯十三年（1640）正月，与兵部尚书并总理陕西、河南、湖广等省军务的熊文灿共车同行北上，行至九江，其即决意出世，入庐山，礼道独，祝发归宗寺，正式出世为僧。

在俗时的天然和尚与熊文灿等重臣文士因禅悦而相契，但人生意趣和抉择则大不相同。天然和尚那时虽然在俗，却已然看破时世，对于朝廷的

① （清）天然函昰：《刻牟子辩惑叙》，《庐山天然和尚语录》卷一二，《明版嘉兴大藏经》第38册，（台湾）新文丰出版有限公司1987年版，第193页。
② 汪宗衍：《明末天然和尚年谱》，蓝吉富主编：《大藏经补编》第22册，（台湾）华宇出版社1986年版，第898页。
③ 汪宗衍：《明末天然和尚年谱》，蓝吉富主编：《大藏经补编》第22册，（台湾）华宇出版社1986年版，第901页。
④ 汪宗衍：《明末天然和尚年谱》，蓝吉富主编：《大藏经补编》第22册，（台湾）华宇出版社1986年版，第901页。

招举贤良方正等声名利禄之事,皆采取"掉头不顾"①的态度。对于当时的精神状态,如其自谓:"甲戌知有此事以来,循览天下,彼时胸中惟黄岩(道独)、天童(圆悟)两老而已。"②而入京效忠于皇帝的熊文灿,因处理张献忠等起义等事被视为处置不利,是年十月,即被崇祯皇帝杀之弃市了。

事实上,在当时,天然和尚出家之举是使世人有颇多不解的。所谓"和尚以盛年孝廉弃家,人颇怪之"③。但是,越数年而国变,"时移鼎沸,缙绅遗老,有托而逃者,多出其门,始叹其先见"④。而之前对其出家百般悲愤挠梗的天然和尚的家人,自崇祯十五年(1642)后,也陆续地出家为僧为尼了。

因而,由其学出世法的过程及出世后的作为看,天然和尚之所谓出家之"先见",主要内因是所谓求道心切,其内心本即有出世意趣,会试不第、大病等个人境遇,起的作用是使其更加看淡世俗功名利禄;而时势险恶及其对于时势的明智审视,则可能是一种促成出世决心的客观外因,但,最终促成其决定向道之心、逃禅而安禅。因而,能够成就其高僧事业的根本原因,则非为一时势利之逃避可以支撑,而应是众因由促成的甚深信心,由其出家后的种种作为表现即可以说明之。

二、出世修行及饶益众生之作为与清初佛教之境遇

直至清康熙二十四年(1685),天然函昰和尚以七十八岁之世寿,终于海云寺。为僧四十余年中,无论外部环境如何动荡,天然和尚都自持古道,提倡纲宗,婆心意切,至老不衰。犹如与山涧渠水默对的顽石,"冷硬之性,壁立万仞,莫可仰板。百千妙义,到他跟前,一棒粉碎"⑤。若考虑到其所处的时代,就不免会意识到,其如此比喻或许也是颇具时代印记的。

在明末清初的特殊时期的政治文化环境中,天然函昰和尚之逃禅及其弘法事迹,是很有代表性的个案。虽然身处社会动荡之中,但作为佛门领袖,天然和尚门下的弘法事业依然开出了一片颇为可观的局面。大致看,其弘法事业或可概括为以下几个方面。

---

① (清)今辩:《本师天然昰和尚行状》,《庐山天然禅师语录》,《明版嘉兴大藏经》第38册,(台湾)新文丰出版有限公司1987年版,第198页。

② (清)天然函昰:《华首空和尚新语录序》,《庐山天然和尚语录》卷一二,《明版嘉兴大藏经》第38册,(台湾)新文丰出版有限公司1987年版,第191页。

③ 孙静庵:《明遗民录》卷四七,"天然禅师",浙江古籍出版社1985年版,第359页。

④ 孙静庵:《明遗民录》卷四七,"天然禅师",浙江古籍出版社1985年版,第359页。

⑤ (清)天然函昰:《庐山天然和尚语录》,函修:"序",《明版嘉兴大藏经》第38册,(台湾)新文丰出版有限公司1987年版,第125页。

　　其一是开堂说法,传播教种;禅教兼修,延续法脉。天然函昰和尚首次开堂说法是在出家二年(崇祯十五年)由庐山回广州省亲时。其时受陈子壮(《明史》有传)率道俗诸人士之延请,开法于诃林(光孝寺)。宗宝道独特命祖心函可持送拂子并传法偈于函昰,偈曰:"祖祖相传只一心,青源南岳不须分。三玄照用非他立,五位君臣为此陈。棒下无生凡圣绝,临机不见有师僧。诃林重竖风幡论,却幸吾宗代有人。"① 其后,入福建,归庐山以及于广东雷峰、华首、丹霞等诸山,处处有开讲,并结集有"语录"。天然和尚也常以随缘方便的方式接引参修等,积累的小参、问答及普说等形式的讲说,门人将其汇集成十二卷《天然禅师语录》,被一时学者奉为津筏。此外,还有《〈楞伽〉心印》四卷,《〈首楞严〉直指》十卷,《天然和尚"同住训略"》一卷,《瞎堂诗集》二十卷,以及《金刚正法眼》、《般若心经论》、《似诗》、《禅醉》、《丹霞诗》等。这些著作大多收在《嘉兴藏》中。而其语录、诗集等,在清朝康雍乾之世亦曾列在"禁书"之中。

　　从天然函昰和尚的著述看,其义学趋向大抵不外延续博山元来至宗宝道独所传之曹洞宗趣,在标明本宗传承的同时,也继续采取调和主张,尤其是提倡兼教而禅的修行路线。由道独所送的付法偈即已显示,标榜门派在当时似已不是十分突出的任务。道独反对言辞善巧的话头,认为"直指之道于斯尽矣"。"凡心与佛祖契同,即凡心而见佛性",提倡"心心印可,以心传心。不开门户,不许解会,惟贵直下醒得","但以悟与不悟差别耳"。② 费尽心力研究五宗,到终极究竟处,九九还归八十一,此虽乃老生常谈之说,但是在禅宗经历了诸宗纷争,以及公案、看话、默照等修行方式的变化,再来提示禅宗"直指人心,见性成佛"的原始目标,不能不说是这些高僧们在根源追求和方向矫正方面的理性自觉。而天然和尚也正是沿着这样的宗旨继续发扬光大的。

　　天然函昰和尚重在性宗下参究工夫,崇尚《楞伽》,其谓:"此经为根熟菩萨顿说种子业识,为如来藏,异于二乘灭识趣寂,亦异般若修空菩萨乐空增胜,直明识体……但能了真,即识成智。"③ 和尚持真常佛性说,认为"生死相续,皆由不知常住真心性净明体","此心此性,生佛无别,所别者迷悟耳",

---

① (清)宗宝道独:《丽中昰首座住持诃林,遣可都寺,持送拂子一枝,偈以表信》,《长庆宗宝独禅师语录》卷四,《卍续藏经》第72册,日本京都藏经书院,第756页。

② (清)宗宝道独:《自序》,《长庆宗宝独禅师语录》,《卍续藏经》第72册,日本京都藏经书院,第731页。

③ (清)天然函昰:《楞伽经心印》卷一,《卍续藏经》第18册,日本京都藏经书院,第104页。

所谓"全体是妄情,全体是真理,不了号无明,了之即佛智"①。故而以"常住真心性净明体为宗,则宜直指心性以为本趣"。② 虽然天然和尚秉持文人慧命,但常年远避庐山清苦修行,取此宗趣之论当非仅仅读教而得。

明清时期早已不是创宗立说的时代,天然函昰和尚因其学养深厚及信念坚定,有慧根加有教行,从而得悟宗旨,熟稔内外典及宗门公案掌故,而使其讲说能得上下诸众之喜闻;既有清净高远气质,又有广结善缘能力,养成德高望重之一代高僧的气象。在明季那样的时代,这恰是能够在维护和弘扬佛教方面发挥作用的高僧所需的良好素质。

的确,天然函昰和尚以其深厚慧业,切入真际,有叩则鸣,道声远播。前趋受其法益乃至皈依受具者甚众。而学养深厚,研修有得;处世倔强、风骨铮铮,亦颇受因国变而失落的文人士绅们的崇敬。不仅与和尚来往者重臣名士比比皆是,其门下也成为逃禅者的皈依处。不仅屈大均、陆圻等等名流人士投在和尚门下,或受具为僧或礼为居士,前文中已有述及,南明朝中所谓"五虎"之金堡、刘湘客及袁彭年也归附在天然和尚的山中。其中,天然函昰和尚以特别对治的方法磨砺金堡,使之成为能够"撞府穿州,经营建置,处境纷如,而身心寂若"③的澹归禅师,这也是天然和尚事迹中的一段佳话。

其二是创寺立院,壮大佛教;提持向上,隆兴正法。清朝入关后,很多士人隐迹山林。天然和尚虽早已志切远遁,但二亲需要顾养。顺治元年(1644)便在广州城东结宇,曰"小持船"。虽不过是小小净室,但在危难动荡的环境里,给不少同道以安慰。有归依居士即作诗赞誉为"重见法航开,小结东林社"。④

顺治六年(1649),天然函昰和尚再住光孝寺,开堂说法的同时,于殿宇古迹多所重修。乾隆《南海县志》载"顺治六年,禅师开法诃林,重建风幡堂、敕经楼、方丈、笔授轩"。⑤ 天然和尚自己也作有"复风幡堂旧址"诗并书榜,可以为证。

---

① (清)天然函昰:《楞伽宗趣论》,《庐山天然和尚语录》卷一一,《明版嘉兴大藏经》第38册,(台湾)新文丰出版有限公司1987年版,第185页。

② (清)天然函昰:《楞伽宗趣论》,《庐山天然和尚语录》卷一一,《明版嘉兴大藏经》第38册,(台湾)新文丰出版有限公司1987年版,第185页。

③ (清)今辩:《丹霞澹归禅师行状》,《明版嘉兴大藏经》第34册,(台湾)新文丰出版有限公司1987年版,第311页。

④ 汪宗衍:《明末天然和尚年谱》,蓝吉富主编:《大藏经补编》第22册,(台湾)华宇出版社1986年版,第912页。

⑤ 汪宗衍:《明末天然和尚年谱》,蓝吉富主编:《大藏经补编》第22册,(台湾)华宇出版社1986年版,第919页。

海云寺、海幢寺、丹霞别传寺诸刹亦蒙和尚承主其成或扩大规模，具体监施则由门徒实行。其中，海云寺即原雷峰之隆兴寺，由今湛主持、今应监寺。据《年谱》作者考证，顺治九年（1652），清廷平南王尚可喜曾作为大檀越捐铸铜佛，其款识所题仍为隆兴，顺治十六年（1659）铸铜钟的款识则已为海云。是年大雄宝殿成。历经多年置建营造，原来不堪僧众的隆兴寺成为巍然鼎新的海云寺。海幢寺由天然和尚第一法嗣阿字今无为僧首，是其宗门着力创建的大刹；丹霞别传寺则由今释澹归创建，前文已述，此乃南明弘光时南赣巡抚李永茂兄弟为避乱所购，顺治十八年舍于今释，至康熙五年即成大致规模，亦延请天然和尚入主丹霞法席。至此，所谓粤地佛教之四大山而成，即，鼎湖、雷峰、西樵与丹霞。

于此还值得一提的是，天然函昰和尚之妹，出家为今再尼师者，则是广州无著庵的鼎建者。据《番禺县续志》"鼎建无著庵碑记"载，此无著庵始建于康熙六年[①]，至十七年无著庵落成。其时乃变乱之余，建庵已实所不易，但庵堂在饥馑之时，常招收弱息无归之出家在家弟子，恒数百人。

虽然铸佛像、建庙宇很需要檀越布施外护，但天然函昰和尚却顽强地坚持着佛门原则，"于门庭设施，悉任外缘，意合则住，不合则行，未尝一字一语仰干豪贵"。[②] 即使平南王尚可喜折柬相招，也屡以病辞。不得已，才"勉出以宾主见，礼意殷隆，次日不辞而退"。[③] 在世乱宗衰的世道，天然和尚可谓是竭力提持向上，不使佛门辱没于权势，而也正因如此，使得佛教法道在动乱之世得以真正隆兴。

在此稍需解释的是，关于开堂和建寺，在明初颁布的佛教政策中都有严格的限制。寺、僧有禅、讲、教的区分，开堂有资格考试制度，建寺有严苛的寺额数限，很多寺院因此被归并。但到明末，开堂说法者则以数百计，付拂传衣者更是以千计；至于建寺的寺额限制早已成虚设。因而禅僧讲经及大建寺院，只要没有因纠葛告到官府，便不成问题，尤其在远离权力中心的南方更是如此。例如，憨山德清在被"私创寺院"罪而发戍岭南时，仍可就复兴曹溪祖庭而大肆活动，还得到地方士绅官员的支持。推之，天然和尚在明季对广东佛教有所贡献，虽因环境败乱而致艰难，但在人们心理及观念

---

① 参见汪宗衍：《明末天然和尚年谱》，蓝吉富主编：《大藏经补编》第22册，（台湾）华宇出版社1986年版，第948页。

② （清）今辩：《本师天然昰和尚行状》，《庐山天然和尚语录》卷一二，《明版嘉兴大藏经》第38册，（台湾）新文丰出版有限公司1987年版，第198页。

③ （清）今辩：《本师天然昰和尚行状》，《庐山天然和尚语录》卷一二，《明版嘉兴大藏经》第38册，（台湾）新文丰出版有限公司1987年版，第198页。

上,都有长期以来即已积淀的判断法力德行之高下的标准和接受法力德行之感召的基础,遂构成佛教于乱世仍然能成一时繁盛之势的可能条件。

其三是整饬丛林秩序,庄严佛家威仪。士人逃禅,积习难去,实际上,甚至因心中块垒而更加放大和放纵一些文人习气。如此一来,虽然佛门高僧队伍因逃禅者的加入而知识水平大升,但丛林秩序则也成突出问题。晚明以来已然备受凌夷指责的佛门,更因各路逃禅者杂居其间而使寺院同住秩序再成多受诟病的方面。即如天然和尚所言:"宗门流弊,今日为甚。究其始,皆由浮慕之士,不从生死发心,以大道为名闻之资,以名闻为利养之实。持此心行,未有不错会古人之向上之语。谬谓无凡无圣,既遣古今。混同此一著,绝大总持,谁为承当,谁为转变,决了慧用,甚深难辨。"① 所以,天然函昰和尚对于丛林秩序亦多有关注,特作"同住训略",严格门规,以使老修行与新来乍到者能够和谐于同门。不过,从中也见,天然和尚是了解那些不愿受约束的逃禅士人的习气的,其在"训略序"还特别作了解释,其曰:"古设丛林,专为养道向上之士,不宜限制准绳。但晚近以来,人多中下,故重以庄严,过望贤俊,不妨损之又损,以至于无。要使入而就理,不作事障;出而就事,不坠理诠。然后以超越之心,同于凡小,上可践吾门尊贵之路,下可免流俗豀达之讥。同住之始,是用申明,愿各洗心,无坠先绪。"②

此条例是顺治九年(1652)由海云寺监寺今应付梓流通。而广州是于顺治七年(1650)年十一月遭破城。时过一年,刊出训诫条例,应不是巧合,而是现实需要。不惟天然函昰和尚制"同住训略",鼎湖山在参弘赞也是其时特别注重戒律的高僧,辑录了《归戒要集》、《比丘受戒录》、《比丘尼受戒录》等五部戒书,应该不是专为弘扬律宗之所为,也应该是为现实需要而辑录。

"同住训略",显然不是戒律,而是为严整丛林同住秩序而所列的详细规则,有四十条之多,且言语恳切,皆日常切实可行者。按说,戒律、清规、祖训等,早就在案,既出家为僧,都应懂得不守规矩几无法在寺院丛林生活。而如此又特别申述如何"同住",当与因逃禅而来者不懂佛门规矩有直接关系。面对佛教宗门流弊泛滥的状况,天然和尚极力倡导清净高尚之丛林风貌,树立庄重严肃之僧伽形象,"所立规矩,整肃森严"③,可谓用心良苦,不

① (清)天然函昰:《心经直说跋》,《庐山天然和尚语录》卷一二,《明版嘉兴大藏经》第38册,(台湾)新文丰出版有限公司1987年版,第192页。
② 汪宗衍:《明末天然和尚年谱》,蓝吉富主编:《大藏经补编》第22册,(台湾)华宇出版社1986年版,第924页。
③ (清)汤来贺:《天然昰和尚塔志铭》,《庐山天然和尚语录》卷一二,《明版嘉兴大藏经》第38册,(台湾)新文丰出版有限公司1987年版,第199页。

过,同时也折射了逃禅者所逃之禅的状况。

　　其四是同情并庇护明季逃禅及抗清人士,慈悲无碍。天然函昰和尚身处方外,且神情清远、行迹隐遁,但平时交投者中却不乏节义之士。如陈邦彦、陈子壮、张家玉等皆因起义抗清而死。而且,就种种迹象而见,很难说天然函昰和尚所标榜的超然世外,是不是一种特别的庇护之为。与此相关,特别需要一叙的是,天然函昰和尚之同门祖心函可和尚,就是其时名僧因涉反清之罪而被逮治者。函可和尚以请藏事宜入南京,顺治二年(1645)值遇"弘光北狩"①,遂将史可法等诸臣民抗清悲壮死难等诸事录为《再变记》,藏经笥中回粤,事露被执。而函可和尚,乃明万历间礼部尚书韩日缵之子,与洪承畴有世谊,其出南京城的通行印牌即由已被清廷委任为招抚江南大学士的洪承畴发给,因而,此事既发,随即引起清廷重视和猜忌,成为重案。函可备受重刑而不屈,被押解至京,但最终免死流放沈阳。对此事件,陈寅恪先生在《柳如是别传》一书中有较大篇幅的梳理和分析。其认为,函可于顺治三年中一再往返广东与南京间,"必有隐衷","实暗中为当时粤桂反清运动奔走游说"。②洪承畴奏请押函可去京,既自保,也隐含博弈;至于清廷之所以将函可重案轻放,则是因清廷"知当时反清复明之势力皆欲争取亨九(洪承畴)"③;虽然,清廷也想知道洪承畴等是否与之有关,但也看到洪承畴不定函可罪而将之押解进京的微妙之处。因而,清廷"所以喻慰洪氏,轻罪函可者,盖乃须籍洪氏以招降其他汉人士大夫……而函可乃适当之联系人也。然则当日承畴处境之艰危,清廷手腕之巧妙,于此也可窥见一斑矣"④。而且,对于函可和尚塔铭中所谓函可被"械送京邸途次几欲脱去,感大士甘露灌口,乃安忍如常"⑤等获神力护持事,陈寅恪先生也认为应是暗示洪承畴等"阴为保全"⑥,甚至洪氏后来还嘱咐岭东地方官照拂韩日缵诸子等。⑦由此也可见,为了安抚降清者之心,清廷也是颇为投鼠忌器的。清廷甚至

---

① 弘光,南明时期第一个称帝的福王朱由崧的年号。其在位不过年余便为清军俘获,押送北京。即所谓"弘光北狩"。北狩,原意是到北方狩猎。由于宋徽宗等被金人掳至北方,史书婉称为"北狩",此后"北狩"便成为皇帝被掳至北方的婉辞。

② 陈寅恪:《柳如是别传》,生活·读书·新知三联书店2001年版,第960页。

③ 陈寅恪:《柳如是别传》,生活·读书·新知三联书店2001年版,第960页。

④ 陈寅恪:《柳如是别传》,生活·读书·新知三联书店2001年版,第961页。

⑤ (清)天然函昰:《千山剩人可和尚塔铭》,《千山剩人和尚语录》卷六,《明版嘉兴大藏经》第38册,(台湾)新文丰出版有限公司1987年版,第250页。

⑥ 陈寅恪:《柳如是别传》,生活·读书·新知三联书店2001年版,第961页。

⑦ 陈寅恪:《柳如是别传》,生活·读书·新知三联书店2001年版,第961页。

"别敕慰谕承畴"①，同时也见贰臣所处不易。

函可和尚被流放后，天然函昰和尚则派弟子阿字今无千里北上探问。作有"送阿字之沈阳讯剩人弟"等诗数首，两家弟子"吴水燕山万里余，鸿雁影分沙碛暮"②，虽然分处南北，但遥相唱和，千里同风。③且每遇抗清死难者，天然和尚即作诗哀之，由众多挽悼殉难者的诗词清楚可见其对于守义志士的深切哀痛。

顺治五年（1648），广州大饥，斗米八百钱，天然和尚阻饥于海云寺。时作"禅醉"诗十篇，其序曰："禅醉者，何也？蒙周曰：'醉者之坠车，虽疾弗死，骨节与人同，而犯害与人异，其天全也。'予醉于禅而瀼，是犹坠车者也矣。瀼而无解乎醉，殆所谓'骨节与人同，而犯害与人异'欤。使天下之人，因其瀼而识其醉，则予之得全乎天者，亦将以全乎人之天也，反而韵韵然，鼾而弗之醒，至足矣，又安知其所谓疾欤。"④字里行间无不透露着深切的精神苦闷。世人多叹服天然和尚于国变之前即及早脱尘之先见，然而即便其身已出世方外，却仍难免"骨节与人同"之遗民之切肤之痛；即便天然和尚由于早慕宗乘，成就为佛门高僧，但终不能超然到麻木不仁而不知痛痒。

故而，有称天然函昰和尚乃是外释内儒之僧。不过，这种内外矛盾的心境，大概就是这类内怀遗民之心的出家人的时代心境吧。也说明，天然函昰和尚自己就是岭南逃禅者中的一类典型人物。

不过，天然和尚毕竟脱尘方外，有条件能够以其悲悯之心与凛然之气，为他人所不能为。明清更替后，其不少在俗友人或殉义或起义死，故其诗集中多有悼亡诗。顺治三年（1646），"清兵入粤，明诸王孙多见疑放戮，尸横于野。和尚遍拾骸骨，别建冢以瘗之，不封不树。后有议闻行在者，和尚止之曰：'吾尽吾心耳，复何图哉'"。⑤此即"绍武君臣冢"⑥。至于深怀故国之

---

① 赵尔巽等：《清史稿》卷二三七，列传二十四，"洪承畴"，中华书局 1977 年版。

② （清）天然函昰：《送阿字之沈阳讯剩人弟》，《瞎堂诗集》卷一一，《四库禁毁书丛刊》第 116 册，北京出版社 1998 年版。

③ 参见汪宗衍：《明末天然和尚年谱》，蓝吉富主编：《大藏经补编》第 22 册，（台湾）华宇出版社 1986 年版，第 929 页。

④ （清）天然函昰：《禅醉》，《庐山天然和尚语录》卷一一，《明版嘉兴大藏经》第 38 册，（台湾）新文丰出版有限公司 1987 年版，第 187 页。

⑤ （清）今辩：《本师天然昰和尚行状》，《庐山天然和尚语录》卷一二，《明版嘉兴大藏经》第 38 册，（台湾）新文丰出版有限公司 1987 年版，第 198 页。

⑥ 汪宗衍：《明末天然和尚年谱》，"顺治三年"有按。蓝吉富主编：《大藏经补编》第 22 册，（台湾）华宇出版社 1986 年版，第 915 页。此冢在广州北门外流花桥附近。"邵武"，是南明在福建称帝的朱聿键隆武朝廷覆灭后在广州称帝的朱聿鐭朝廷的年号，其称帝不过月余。

遗臣志士隐退其山乃至皈依及门,天然和尚皆坦然收之,且独能超然瓜葛而无所连染,足见天然和尚之德高望重且胆识过人。但同时也反映出在那样的乱世中,即使做了远离世俗的得道高僧,实际也还是难以彻底摆脱世出世的矛盾,较之常人所不同的,无外是能够更好地调理自心罢了。而调理自心的本事则恰是泛泛的无自觉的学佛及修行者所难得的,却正是天然函昰和尚之作为高僧的高超之所在。

与天然和尚同时,粤北鼎湖山庆云寺还有其同门弘赞和尚,亦常与贤士名流唱和诗词,广交结纳,并有云栖袾宏的传人离际道丘开堂说法,亦为世所景仰之名山,清初逃禅者之又一庇护所。时人有所谓"粤人之成僧者,非鼎湖即海云"①之说。在这些高僧的努力和世人的推崇下,曹洞宗在明季清初的社会动乱时期仍然得到较大发展。除了天然函昰和尚成就了不同凡响的感召力,亦见天然和尚在弘扬佛教上可谓多有用心并卓有成效。

三、清初汉地佛教的政治文化容纳力之表现

佛教有其深厚的义理体系,而且是个成熟的开放性体系,千百年来,多层次、多角度地满足着世人的宗教需求。佛教的社会角色及其作用,以及容纳力,主要由其作为成熟宗教的本质内涵所决定。而佛教的开放性,则使其在不同时期或不同地域拥有各种具体展现形态,并使佛教在发展中不断体现其深邃宏大内涵的同时又不断地被丰富。

即如,同样处于清初的政治文化环境中,藏传佛教与汉地佛教体现其政治文化容纳力的着力点即在不同向度的特点上。藏传佛教是因为其政教关系密切的特点,在宗教与政治、经济、文化等结合密切的蒙藏地区,具有更大的政治文化容纳力,为清朝维系和维护满蒙藏的政治文化综合关系,起了重要的作用。而汉地佛教却是因为一向强调出世不涉政治的特点,在清初的族类及文化差异等政治文化关系紧张的社会背景下,提供了一个超然的缓冲地带和空间,在清初那样的特殊时期,汉地佛教在缓解社会紧张方面展现了相应的政治文化容纳力。而且,这些不同的表现,都是在具体历史发展境况中佛教所展现的既具有时代具体特点也具有一般恒常意义的社会价值和历史经验。

明清交替是中国历史上比较快和剧烈的一次朝代更替,但同时也是新朝廷受到前朝臣民抵触比较强烈的一次。可谓是一次接手快,但却很长时

---

① 汪宗衍:《明末天然和尚年谱》,蓝吉富主编:《大藏经补编》第 22 册,(台湾)华宇出版社 1986 年版,第 899 页。

间政权都很不稳的一次王朝更替。清廷为了巩固政权,实施的统治即颇为强势,对于反抗者的镇压也很残酷。由这一章对逃禅现象及其所涉问题的探讨即足以见,逃禅之所以成风气,是清初残酷时局的反映。而逃禅者之所以能够逃禅,则是因为清初的佛门尚能够成为一个退路和苟活的空间,并且逃禅者还能够在这个所谓超然的范围内保全其志节乃至精神归属。这既说明汉地佛教的容纳力,也说明即使是对于强势的清廷政权一方,佛教也不失为一个限制武力的边界,即便这个边界或是一个政策上的借口,但也确实作为一个缓冲地带被保留了下来。

逻辑地看,清初的汉地佛教能够起到缓冲社会紧张关系和庇护走投无路者的作用,主要还是根基于佛教的宗教价值取向,汉地佛教一向标榜的超然出世的宗教向度,造就了与尘俗间的象征性距离,从而也成就了社会紧张关系中类似中立地带的缓冲区。佛教的基本宗教取向决定了佛教基本的社会角色和作用,并体现为佛教的一种超然于各种紧张对立关系的容纳力。具体地看,逃禅现象即说明这样的地带和政治文化容纳力的存在。无论是天然函昰和尚的师父空隐宗宝道独的门下,还是天然函昰和尚自己的门下,都可以列出一长串著名文人重臣的名字,而且,这也不过是那个时期逃禅现象的一角。佛教不仅成为清廷不合作者的庇护所,也成为社会矛盾的缓冲器,回避和缓解了可能的冲突,避免了一些可能发生的悲剧。

当然,佛教的这种容纳力可以落实的前提,是社会对于佛教宗教价值取向的认同和尊重。至少,在清初,清朝统治者对于佛教是尊重的。很多在佛教门槛外可能会掉脑袋的人,一旦出世进入佛门,着上僧装僧帽,即大多性命得保。从而在抗争无望的残酷现实中,让一些内心仍不认同不臣服清朝统治的人仍然能够有活路。如,著名的方以智,不臣清朝而不得不到处躲藏,最终还是被清兵拿住,据说,清帅"令曰:'异服则生,否则死。袍服在左,白刃在右。'乃辞左而受右。清帅起谢之,为之解缚,听其以僧终。"① 只是,方以智虽"院于浮屠,而不肯以浮屠自待",终是"以忠孝作佛事"者。② 对于逃禅的网开一面,大致不见诸于清朝明令成文的佛教政策,而实际的逃禅现实则说明了清廷的执政原则及清初的清朝统治者一定程度的政治理性及气度,或者如陈寅恪所说,也是政治手段巧妙。但无论如何,在佛教的门槛前清朝统治者收敛了屠刀,没有对逃入佛门的异心者尽行赶尽杀绝之能

① 孙静庵:《明遗民录》卷五,"方以智",浙江古籍出版社 1985 年版,第 36 页。
② 余英时:《方以智晚节考》,"余论",《余英时文集》第 9 卷,广西师范大学出版社 2006 年版,第 160 页。

事。或许也可由史家对于清朝定鼎所作的另一角度的评价看,即所谓"定天下固自有气度"[①]焉。

因而,在清初的政治文化背景下,汉地佛教缓解社会紧张的作用的体现,以及政治文化容纳力的体现,应该说是一种综合的作用结果。虽然,对于社会乃至个人的紧张度的缓冲器和容纳力作用是佛教的一个基本作用,但能够发挥这样的作用却也是有前提的,即,佛教要能够保持并体现出其根本性、超然性以及世俗认可并尊崇的宗教道德性等。所幸,在清初的佛门,有可以支撑其作为缓冲空间和庇护所的栋梁和获得尊重的资本。即如在那个社会骤然巨变的时代,且世事惨烈环境中,有很多像天然函昰和尚那样的弘扬佛教正法、延续佛教法脉的龙象砥柱般的一代高僧,从而保持了佛教能够受尊重和可能发挥其庇护所、缓冲器的作用的可能性,可以在那样的动荡时代,既保护了佛门,也庇佑了众生。同时,极其关键的是,还要有认同并遵守和维护社会秩序规则的政权及其统治者。

所以,清初汉地佛教通过其标榜和体现的超然性,得以发挥其在超然向度上的政治文化容纳力,甚至也可以说,这样的超然性和容纳力,也让统治者一定程度的政治理性得以落实,而这一切,都实乃是残酷动荡时局之巨大不幸之中之所庆幸者。

---

① 孟森:《清史讲义》,中华书局 2010 年版,第 114 页。

下　　编

清代政治文化调试整合与清代佛教
的政治文化生存条件及发展空间

　　尽管晚明以来的宗教格局发生了一些变化,但是佛教无疑仍然是清代流行最广泛的一种宗教,因而,清代的政治文化调试整合必然会牵动佛教的发展趋势及空间。即如前一部分所述,清朝统治者以入主中华大统为任而积极认同并延续着中国政治文化传统,因而也很大程度地因循着以往尤其明代以来对待佛教的认识及政策原则,同时也有着其特殊的时代问题和相应的处理原则及措施。除了藏传佛教能够在安顿蒙藏方面有特别政治作用而被清廷继续地政治倚重,汉地佛教的政治角色和作用显然不在清廷政治中占有权重。不过即便如此,已经流行千百年且已然成为中国传统宗教重要部分的佛教,早已成为中国政治文化传统中已深层积淀的内容,因而,在清前期,尤其是康雍乾三朝时期强有力的政治文化调试整合过程中,相对有力度的意识形态调整就很自然地在多方面涉及佛教的存在条件及发展空间,而佛教的生存发展状况,也很能反映一个时代或者时期的政治文化状况,成为了解和审视相应社会的一个既显示深层次思想内容又能反映时代精神倾向敏感性的特别方面和角度。

　　与之前的明朝,尤其晚明时期佛教发展状况比较,除了清初时期尚遗留和延续有晚明佛教复兴的余热,其他时期的清代佛教则显得相对平庸,这里所谓的平庸,是指在宗派发展和佛学思想方面都比较缺乏建树。不过,这样渐趋平庸的发展趋势,与清前期所谓清朝盛世时期经济相对繁荣的景象呈现出不相应的状况,当然,这也并不是说那个时期的佛教湮没无闻或者全然没有发展,换个角度看,或也是其时相对弱势的佛教在清代的生存境遇发生了变化,而使之发生了相应的生存形态的适应性变化。如在汉地,寺僧皆看似繁荣,但宗派却不发达,即真心出家修道者亦百无一二;伫立着皇帝御笔巨碑的佛门,似乎更像是社会承平繁荣的装点。而且,沿着这样的视角进一步看,可能还会发现,清代佛教的发展变化的状况,实则也反映和折射着清代社会的政治文化调试,尤其是意识形态调整对于清代佛教发展取向以及佛学发展程度的深刻影响。因而,第二部分的各章,将会通过不同的问题点,深入具体地看看清代佛教的发展趋势与其时政治文化环境变化,特别是与意识形态调整等相关方面的关系。

第五章 康熙时期朱王学术选择与清代佛教的政治文化境遇

晚明之后,影响中国思想界的儒家思想流派主要有两个,一是由南宋朱熹的思想形成的朱子学派,一是由晚明王阳明的思想形成的阳明学派。承受和延续了朱、王这两个学派的思想倾向,乃至意识形态上也要受这两个学派的影响而要作出选择的,便是紧接着明朝的清朝。因而,在清朝,在统治局面大定的康熙时期,确立意识形态及其导向而要进行学术选择的问题便凸显了出来,选择朱子学还是推崇阳明学的问题,即成为统治者建构主导意识形态进程中需要抉择思想资源和路线的一个重要问题。并且,康熙皇帝把这个问题拿到一个相对公开的平台上进行讨论,进而又作为政策作出了抉择。

相关朱王学术的讨论不仅是康熙时期朝廷经筵的一项重要内容,也是当时意识形态与学术思想在传统政治文化的平台上纠结竞争和调整选择的一次重要展示,自然也是关于清代政治及学术关系的一个重要关注点。而这个看似是千百年来占据学术主导地位的儒家的内部学说选择的问题,却因为关系到清朝的意识形态主导取向,而使这样的选择超出了学术的范围而成为清代政治文化倾向的问题,尤其是,由于康熙皇帝个人在儒家学说方面颇有造诣,有颇为自信的评判力,因而,这种持续了很长时间的讨论,即不免帝王影响力于其中。后世看来,这种持续时间长,且调控权在皇帝手中的所谓如何抉择朱王学术讨论,实际上也就是清朝意识形态的调试、整合方式,这种思想资源及路线话语权的抉择,决定着清朝的政治文化取向和相关生态。因而也就关系着清代佛教的政治文化境遇,甚至是清代佛教的生存状况及发展趋向的关键问题。

第一节 朱王学术之辨与康熙时期佛教认识的关系背景

康熙皇帝(1654—1722,1661—1722在位)是清朝入关后的第二任皇帝,也是清朝大有作为的一位皇帝。但强势集权帝王的弊害亦集其一身,毫无例外。康熙时期种种统治之残酷与康熙时期之为清朝盛世,同样都是清朝的历史。在明确历史背景的前提下,在此即尝试由佛教的角度,由历史哲学发展的进路,着眼于康熙时期朱王学术的选择所涉及的学术思想、意识形态和宗教,特别是与佛教的关系问题。不过,在具体深入探讨之前,有必要先看看相关的问题背景。

一、朱王学术选择与佛教发展境遇的关系

探讨清代佛教与清代政治文化的关系,之所以会将康熙时期朱王学术的选择与佛教的境遇问题作为论题,主要是因为康熙时期朱王学术选择是清朝意识形态形成的重要一环,是那个时期政治文化背景中既具延承性又有新发展的重要内容;在清代前期社会处于上升状态的康雍乾三朝中,这个问题是特别典型的主流文化影响清代政治文化趋向的问题;而朱王学术选择,不仅在理论上有辟佛与否的潜在可能,还有可能因此导致政策倾向而影响到佛教的实际存在境遇。故而,朱王学术选择问题便成为研究康熙时期佛教的论题中既特别典型又有一般意义的论题。

或许有问,作为晚明之后的儒家思想流派的意识形态选择,对于佛教的存在境遇会有很严重的干系吗? 回答是肯定的。这不仅是因为社会是有机体,没有孤立的存在者,也不仅因为千百年来儒、释、道三家早即密切纠结;这其中还有具体的实际因由,那就是宋代理学有维护和标榜儒家立场的排佛主张,强调辟佛甚至是朱子学者重要的标志性特点之一,而阳明学派则与佛教较为密切甚至不少阳明学者倾向于佛教。所以,关于朱王学术的不同选择,直接地就可能会在思想倾向和亲疏关系上对佛教的发展产生影响。

但是,朱王学术的不同选择,是否一定会严重影响到佛教的发展呢? 一种思想流派被树立为权威话语,是否就一定要否定其他思想流派的存在呢? 历史显示,历来都不乏你死我活的意识形态之争,但也存在不尽然的情况。历史的发展逻辑也说明,如果非得实行有我无他的排他主义,必将失去文化生态的平衡,人类社会的文明即不会向前发展;事实上,也的确没有哪个社会可以在一种思想意识的绝对权威控制的文化环境中健康地发展。南宋时期的朱熹极尽发展儒家思想而在其理学思想立场上提倡辟佛,但同时也与提倡心学且近佛的陆九渊往复讨论,不仅丰富了当时的学术思想,更使得那个时代的思想水平大大提高,为中国思想文化的发展作出了巨大贡献。况且,一个社会形态的延续必有其内在的支撑其延续的稳定结构以及使其得以延续的理由。中国历史上,围绕儒、释、道三者,早就整合形成了一种相对成熟稳定的传统政治文化关系结构,三者在中国传统政治文化中是各有所为、各在其位的。摆置三教关系,对于汉代以后的中国统治阶层,几乎可以说是体现其政治意识倾向及统治水平的重要指标,朝代越往后,这个问题

也就越突出,甚至还可以说,对于三教关系的认识以及三教关系处理得如何,也是统治阶层政治理性程度的一个重要体现。

因而,康熙时期,朱王学术的选择是在一种怎样倾向上的选择,是否影响了清朝关于三教关系的认识和摆置,是否影响了佛教的地位及发展空间,相关的选择是否在佛教政策的政治理性方面也有所表现,这些都是与清代佛教与政治文化关系有关联的问题背景,同时也是其中值得探讨的问题本身。

二、康熙时期学术争辩与意识形态调整的政治文化背景

由于康熙皇帝在位时间长,不仅有时间和机会成就其文治武功方面的作为,而且,他博学多识并卓有见识,也有能力和敏锐度在思想领域施加影响。康熙皇帝是一位相对开明和政治理性程度较高的统治者,虽然他是清朝入关后的第二任皇帝,但清朝之真正大定和盛世之基础,实际都奠基于康熙时期,并且,清朝的政治文化格局也基本成型在康熙时期。

已如前文多有所述,清朝的政治文化是对于中国政治文化传统的延续。虽然,关于清朝之作为异族政权的性质,一些研究者多以清朝为比较典型的"征服者被征服"的一个实例,但是,若由清朝入关前即多学习汉文化,并在政治体制文化取向等方面上早已倾向乃至认同于汉地政治文化来看,清朝取代明朝时已不是一个完全异质政治文化体的征服者,实质上,与中国历史上的历代改朝换代者并无特别大的不同。至于入关后,清朝统治者更是以入主中华大统为居,加之当权者入关前即已有较高的汉文化水平,贵族子弟的教育不仅延承着中华文化传统,皇室更是有非常严格的典学教育。虽然自清朝入主紫禁城继承中华大统到康熙时期,尚不到二十年光景,虽然满汉关系仍然是重要的现实政治问题,但清朝面对的所有问题,其实都已然是同质的政治文化传统及社会环境之内的问题。也正因如此,到康熙皇帝亲政并渐入执政成熟状态后,便会如此重视朱王学术的讨论以及选择意识形态思想基础和资源的问题。

因而,这场朱王学术讨论和选择,应该说也是清朝政治文化调试和发展态势的逻辑演进的一种结果。康熙前期,是继续收拾疆土和稳定权力的时期。由于康熙皇帝登基时不过是八龄少年,四位辅政大臣执掌朝政并争权夺利,同时还危及少年康熙皇帝的权力乃至地位;在施政政策及文化倾向性上也做了调整,大致是由顺治时略见开放的政策倾向转而变为以崇尚所谓清朝旧制的保守倾向。康熙时期残酷的文字狱也多发生在四大臣辅政时期。直至康熙皇帝亲政并剪除擅权专政的辅臣鳌拜之后,年轻的康熙皇帝

才真正开始行使其权力,并在经历腥风血雨和数次社稷危机的挑战中成长为清朝一位强势的皇帝。康熙皇帝有好学善思的品性,好学使其博学并能深入参与讨论,善思使其不仅有见地且非常敏锐地注意到思想文化界的动向。其不仅在政治、经济、军事等方面施政强势,在清朝思想文化领域也施加了强势影响。这场隐含着政治目的的朱王学术之争和选择,也是康熙皇帝一手推动的。

康熙皇帝对于朱王学术的重视,以及相关朱王学术的讨论及抉择,经历了很长的时间。除却其时要面对的政治文化的客观现实原因,积极参与清廷经筵日讲的讨论,大概也促使康熙皇帝由青年时起就逐渐深入地对于儒学及相关学术有了较深层次的认识,并通过经筵所反映出的不同观点的辩论而有所思考,逐渐形成了其比较成熟的对于儒家学说的看法及其思想倾向上的认同。而康熙朝中的学术辩论,其实是明清以来儒家学术争辩的延续,而问题也主要集中在朱王学术的评价和选择方面。但是,作为皇帝,康熙对于此类问题的认识和倾向,则不仅会影响一时的学术倾向以及文治政策,更会影响三教关系的认识导向,并对清初三教关系的调整产生影响。而且,皇帝的任何举动,无论有意无意,都必然带出政治效应。事实上,康熙时期作为重要学术活动的经筵,也势必成为树立统治者意识形态的工具。因而,这样的学术选择,其实就是为确立意识形态而选择一种理论基础及思想资源。对于一个政权而言,固然要树立其官方的意识形态,然而主导意识形态树立之后,如何对待其他学说和思想流派的政治意识倾向及政策,则是很能说明其意识形态性质的关键问题。

清朝虽然崇尚佛教,而且政治倚重藏传佛教,但是,一如以往的朝代,在清朝,佛教也没有成为国教,也非主导思想和主流文化形态,一如既往地是处于非主导地位的一种宗教和宗教学说。崇儒重道及其推重博学鸿儒的文化导向等,都在清楚地标榜,清朝与被其取代的明朝一样,仍然是儒家为主导思想和文化主流的政治文化环境。因而,康熙皇帝及其统治阶层相关儒释道的认识,以及基于此的意识形态决策和文化政策,对于佛教生存发展势必会产生至关重要的影响。而皇帝和朝廷的三教认识和相关政策的倾向性又与其对于儒学的朱王学术的认识和倾向大有关系。虽然,康熙时期朱王学术的辨析和选择并没有直接涉及佛教的什么问题,但是,如前文所及,这两学派对于佛教的看法和态度是不同的,因而,对于儒家的朱王学术的评价,实际关系到的不仅是儒释关系的认识,还有各自社会作用的再认识,逻辑上还关系到与佛教的具体亲疏关系等相关认识的调整可能性。所以,朱王学术的选择,便成为与佛教发展很有关系的一层政治文化因素。

第二节　康熙时期朱王学术论辩及其政治文化抉择

清初学术延续明末学术,但是,却已不是阳明学术独领风骚而笃信程朱者不复几人的局面,对于王门后学已多有批判,同时,朱子学又日益受崇尚。顺治时期朱子学者即影响过年轻的顺治皇帝。但是,颇具文化情怀而且喜欢禅宗的顺治皇帝,二十四岁便撒手帝位,显然没有来得及对儒家学说及意识形态问题有什么深入的探讨。但是,这个问题迟早都得提上议事日程。所以,在康熙朝的经筵上,问题便顺理成章地展开了。

一、康熙时期的日讲经筵和学派状况及其学术影响

所谓经筵,是专向皇帝讲释经义、进讲史传的一种讲座形式,由来已久。例如魏征的《群书治要》,就是向唐太宗进讲的讲义性质的著作。而在宋代,宋太宗初期即有翰林侍讲学士之设,后来则以官兼职侍讲,“岁春二月至端午日,秋八月至长至日,遇双日入侍迩英阁,轮官讲读”。[1]秩卑资浅但有学术的,则为说书。仁宗时还特有崇政殿说书,掌“进读书史,讲释经义,备顾问应对”[2]。经筵进讲在宋初即被定为一种制度。除了侍讲、侍读学士,很多名相重臣也常被旨“留侍经筵”[3],并以奉旨进读经筵为荣耀。乃至“庆历以来,台丞多兼侍读。……自后,每除言路,必兼经筵矣”。[4] 所以,开设经筵,对于帝王而言,不仅是为了听讲史书,还有让进讲者兼备顾问、应对解答军国大事的意义;而对于进讲大臣而言,则有借机鼓吹主张和希冀塑造所谓明君的潜在意义。如常作侍讲的宋代名臣、《资治通鉴》的著者司马光即认为:“国家本设经筵,欲以发明道谊,裨益圣德。”[5]“国之本在君,君之本在心。人君之学,当正心诚意,以仁为体,使邪僻浮薄之说无自而入。然后发号施令,为宗庙社稷之福。岂务章通句,解以资口舌之辩哉。及在经筵进讲,必反复开陈其说,归于人君可用而后止。”[6]虽然,不乏有帝王以经筵为矫饰实际不为求道者,或有臣属以跻身经筵为禄位之进阶的现象,但是,经

---

① (元)脱脱等:《宋史》卷一六二,《职官二》,中华书局 1985 年版,第 3813 页。

② (元)脱脱等:《宋史》卷一六二,《职官二》,中华书局 1985 年版,第 3815 页。

③ (元)脱脱等:《宋史》卷一六二,《职官二》,中华书局 1985 年版,第 3815 页。

④ (元)脱脱等:《宋史》卷一六二,《职官二》,中华书局 1985 年版,第 3814 页。

⑤ (宋)司马光:《上英宗论既开讲筵未宜遽罢》,《宋名臣奏议》卷五〇,文渊阁《四库全书》史部,诏令奏议类。

⑥ (宋)朱熹纂集:《宋名臣言行录》后集卷十一,《文渊阁四库全书》,史部,传记类。

筵进读为历代所重视的初衷意义,也应如司马光所解释的那样,为了人君有学,为了令出有度,凡此等等。

清廷的经筵,在顺治五年(1648)即已有议。其时给事中魏裔介即"疏请经筵及时讲学"①事宜。十四年(1657)九月,顺治皇帝"初御经筵"②。由有关史料记录见,顺治皇帝似乎多是在春秋两季经筵开学的时候驾御经筵。顺治十二年(1655),"召日讲官五人进讲","奏谕:'嗣后讲官不必立讲。'遂侍坐"③。自此,讲官设座。关于康熙时期的经筵开始时间记录也有所出入。大致是在康熙七年(1668),熊赐履曾建言举办经筵及建立起居注;康熙八年(1669),有给事中刘如汉"请举行经筵。上嘉纳之"。④康熙九年(1670)十月,有旨意,"谕礼部举经筵"事。⑤《清史稿》"熊赐履传"谓,是年,熊赐履"擢国史院学士。未几,复内阁,设翰林院,更以为掌院学士。举经筵,以赐履为讲官,日进讲弘德殿"。"赐履上陈道德,下达民隐,上每虚己以听。"另有说:"康熙辛亥(十年)二月,肇举经筵大典于保和殿,以孝感熊文端(熊赐履)为讲官,知经筵事。顷之,圣祖以春秋两讲,为期阔疏,遂命其按日进讲于弘德殿,每诘旦进讲,有疑必问。"⑥此为经筵大典,当不同于日讲。《康熙起居注》也有记录说,康熙十一年(1672)四月熊赐履回乡侍奉母病归朝,中旬即始开日讲。⑦无论如何,显然康熙皇帝对于日讲经筵的讲学是颇为重视的,而由后来的抉择看,终究还是对于道问学进路上的理学与治道关系以及政治目的等问题更加重视。

清初学术,虽然仍不免晚明遗风,但明清更替使得阳明后学之说多受到空谈心性的指责,王门风光已大不是晚明景象,而朱子学则再受推重。如,顺治时疏谏举行经筵的魏裔介,即是笃信程朱之学的儒臣。据称,魏裔介"居言路最久,疏至百余上,敷陈剀切,多见施行。生平笃诚,信程、朱之学,以见知闻知述圣学之统。著述凡百余卷,大指原本儒先,并及经世之学。家居十六年,躬课稼穑,循行阡陌,人不知其为故相也。雍正间,祀贤良祠。乾隆元年,追谥文毅"。⑧忠诚、贤良,此为清廷榜示的儒者典型式样。

---

① 赵尔巽等:《清史稿》卷二六二,列传四十九,"魏裔介",中华书局 1977 年版。

② 赵尔巽等:《清史稿》卷五,《本纪五》,"世祖二",中华书局 1977 年版。

③ 徐珂:《清稗类钞》第 2 册,"礼制类","讲官设坐",中华书局 2010 年版,第 478 页。

④ 赵尔巽等:《清史稿》卷六,《本纪六》,"圣祖一",中华书局 1977 年版。

⑤ 参见赵尔巽等:《清史稿》卷六,《本纪六》,"圣祖一",中华书局 1977 年版。

⑥ 徐珂:《清稗类钞》第 2 册,"礼制类","圣祖举行经筵大典",中华书局 2010 年版,第 478 页。

⑦ 中国第一历史档案馆整理:《康熙起居注》第 1 册,"十一年四月一日",中华书局 1984 年版,第 31 页。

⑧ 赵尔巽等:《清史稿》卷二六二,列传四十九,"熊赐履",中华书局 1977 年版。

在康熙朝,对于年轻的康熙皇帝颇有影响的应该是其身边的侍读侍讲学士们。其中,熊赐履大概是对康熙皇帝的儒学倾向有过重要影响的一位人物。熊赐履则一再向康熙皇帝表示,自己的进学立场是"读孔孟书,学程朱之道"的①,是程朱学说的追随者。熊赐履除了前文提及的关于经筵和起居注的建言,使其为康熙皇帝特别青睐者,是康熙六年(1667)其所呈上的侃侃议论时弊及建言纠治的万言疏。虽然康熙皇帝六年七月亲政,但是鳌拜仍然专政,于是"疏入,鳌拜恶之,请治以妄言罪,上勿许"②。其疏中有特别论及学校及学术者:"曰,学校极其废弛,而文教因之日衰也。今庠序之教缺焉不讲,师道不立,经训不明。士子惟揣摩举业,为弋科名撷富贵之具,不知读书讲学、求圣贤理道之归。高明者或汜滥于百家,沉沦于二氏,斯道沦晦,未有甚于此时者也。乞责成学院、学道,统率士子,讲明正学,特简儒臣使司成均,则道术以明,教化大行,人才日出矣。"③同时,熊还指出:"根本切要,端在皇上。皇上生长深宫,春秋方富,正宜慎选左右,辅导圣躬,薰陶德性,优以保衡之任,隆以师傅之礼;又妙选天下英俊,使之陪侍法从,朝夕献纳。毋徒事讲幄之虚文,毋徒应经筵之故事,毋以寒暑有辍,毋以晨夕有间。于是考诸六经之文,监于历代之迹,实体诸身心,以为敷政出治之本。若夫左右近习,必端其选,缀衣虎贲,亦择其人。佞幸不置于前,声色不御于侧。非圣之书不读,无益之事不为。内而深宫燕闲之间,外而大廷广。"④

显然,对于踌躇满志却备受辅臣压制的年轻康熙皇帝而言,熊赐履的这些话,颇具振奋精神鼓舞斗志的效应,因而,熊赐履大受皇帝赏识。康熙七年(1668),即将熊赐履"迁秘书院侍读学士"。⑤尤其是当时正值"鳌拜辅政擅威福,大臣稍与异同,立加诛戮。赐履以词臣论事侃侃无所避,用是著直声"。⑥

顺治时期开始的清廷经筵,在进入康熙朝的辅政大臣期间即行辍止,所以,在康熙皇帝亲政后,大臣们便跃跃欲试地建言再开经筵,如前所谓,康熙七年,熊赐履以"上即位后,未举经筵","特具疏请之,并请设起居注

---

① 中国第一历史档案馆整理:《康熙起居注》第1册,"十一年四月一日",中华书局1984年版,第29页。
② 赵尔巽等:《清史稿》卷二六二,列传四十九,"熊赐履",中华书局1977年版。
③ 赵尔巽等:《清史稿》卷二六二,列传四十九,"熊赐履",中华书局1977年版。
④ 赵尔巽等:《清史稿》卷二六二,列传四十九,"熊赐履",中华书局1977年版。
⑤ 赵尔巽等:《清史稿》卷二六二,列传四十九,"熊赐履",中华书局1977年版。
⑥ 赵尔巽等:《清史稿》卷二六二,列传四十九,"熊赐履",中华书局1977年版。

官"①,所以,在剪除鳌拜之后,一俟有大臣再提及此事,康熙皇帝立即采纳建议,举行经筵,以熊赐履为讲官,并要其日进讲于弘德殿。

"赐履论学,以默识笃行为旨。其言曰:'圣贤之道,不外乎庸,庸乃所以为神也'。"②而其所传达给年轻的康熙皇帝的理学见解,亦大致如此倾向,即所谓"理学不过正心诚意,日用伦常之事,原无奇特"③。熊赐履的日讲由朱子所注之《论语》的《学而》开始,这也意味着康熙皇帝接触的理学就是由接触朱子学说开始的。

熊赐履还"著《闲道录》,尝进上,命备省览"④。此《闲道录》力辟阳明良知之学以申朱子之说。康熙十四年(1675),"谕奖其才能清慎,迁内阁学士,寻超授武英殿大学士,兼刑部尚书"。⑤康熙十五年(1676),熊赐履"误票三法司核拟。……事上闻,吏部议赐履票拟错误,欲诿咎同官杜立德,改写草签,复私取嚼毁,失大臣体,坐夺官。归,侨居江宁"。"二十九年,起故官,仍直经筵。""三十八年,授东阁大学士兼吏部尚书,预修圣训、实录、方略、明史,并充总裁官。典会试者五。以年老累疏乞休。四十二年,温旨许解机务,仍食俸,留京备顾问。四十五年,乞归江宁。比行,召入讲论累日。""四十八年,卒,年七十五,命礼部遣官视丧,赐赙金千两,赠太子太保,谥文端。五十一年,上追念赐履,知其贫,迭命江宁织造周恤其家,谕吏部召其二子志契、志夔诣京师,皆尚幼,复谕赐履僚属门生醵金畀之。"⑥由康熙皇帝对于熊赐履反复起用和召入讲论以及追念,或也可见的是康熙皇帝对于熊赐履讲论的持续推崇及其对于朱子学的持续研修和重视。

当然,在康熙皇帝热心理学的过程中,不止一个熊赐履对于帝王和朝臣的相关思想倾向有影响或相互影响。通过科举入仕者,尤其那些在康熙时期因诏举博学鸿儒而被选者,又有谁不是饱读圣贤书的呢,只是并非都能在儒学研究上卓有建树。因而,那些被列为侍读、侍讲的朝臣的情况,或有可能部分地反映着康熙朝中的学术形势。

在康熙时期的著名大臣中,颇有一些儒学名流,如汤斌、李光地、徐乾学、高士奇、陈廷敬等,加之经筵及其相关儒学问题的讨论,使得康熙朝廷即

① 赵尔巽等:《清史稿》卷二六二,列传四十九,"熊赐履",中华书局1977年版。
② 赵尔巽等:《清史稿》卷二六二,列传四十九,"熊赐履",中华书局1977年版。
③ 中国第一历史档案馆整理:《康熙起居注》第1册,"十一年六月二十日",中华书局1984年版,第39页。
④ 赵尔巽等:《清史稿》卷二六二,列传四十九,"熊赐履",中华书局1977年版。
⑤ 赵尔巽等:《清史稿》卷二六二,列传四十九,"熊赐履",中华书局1977年版。
⑥ 赵尔巽等:《清史稿》卷二六二,列传四十九,"熊赐履",中华书局1977年版。

便在重大战事频仍和国事繁重的情况下,仍然保持着一些学术的氛围、一些论理的风气,虽然,学术在朝廷中,尤其对康熙这样的帝王而言,其意义则显然不单纯地在学术上,而是意在治道,但论理和学术,似乎也对康熙朝的治道有较高水平起了一定的作用。其中,康熙皇帝对待一些儒臣的态度之类的事例或也可以管窥其时学术倾向的政治效应。

比如汤斌,其因清廷修明史而应诏,对于修史原则,汤斌即有议论曰:"宋史修于元至正,而不讳文天祥、谢枋得之忠;元史修于明洪武,而亦著丁好礼、巴颜布哈之义。顺治元、二年间,前明诸臣有抗节不屈、临危致命者,不可概以叛书。宜命纂修诸臣勿事瞻顾。"① 汤斌之有直声亦因议论。其曾出为潼关道副使等。二十三年,补江宁巡抚,康熙皇帝对其任命评议是:"朕闻汤斌从孙奇逢学,有操守。"② 二十五年,上为太子择辅导臣,廷臣有举斌者。诏曰:"自古帝王谕教太子,必简和平谨恪之臣,统率宫僚,专资辅翼。汤斌在讲筵时,素行谨慎,朕所稔知。及简任巡抚,洁己率属,实心任事。允宜拔擢,以风有位。""将行,吴民泣留不得,罢市三日,遮道焚香送之。"③

孙奇逢乃清初大儒,因抗清不果并家园被圈占而隐居河南夏峰教书著书。孙由阳明学进学,但折中倾向明显。汤斌丁忧辍官,服阕后即负笈往从孙奇逢就学。汤斌既师从孙奇逢,习宋诸儒书,虽然其笃守程、朱之学,但亦不菲薄王守仁之学。并尝言:"滞事物以穷理,沉溺迹象,既支离而无本;离事物而致知,骛聪黜明,亦虚空而鲜实。"④ 可见其从孙奇逢,大率与孙之折中立场相近。而"其教人,以为必先明义利之界,谨诚伪之关,为真经学、真道学;否则讲论、践履析为二事,世道何赖。身体力行,不尚讲论,所诣深粹。"⑤ 其"著有洛学编、潜庵语录。雍正中,入贤良祠。乾隆元年,谥文正。道光三年,从祀孔子庙。"⑥

再如李光地,在康熙十四年(1675)即擢为侍读学士,后被外放多年,二十五年(1686)还京,"授翰林院掌院学士,直经筵,兼充日讲起居注官,教习庶吉士"⑦。"四十四年(1705),拜文渊阁大学士。时上潜心理学,旁阐六

① 赵尔巽等:《清史稿》卷二六五,列传五十二,"汤斌",中华书局1977年版。
② 赵尔巽等:《清史稿》卷二六五,列传五十二,"汤斌",中华书局1977年版。
③ 赵尔巽等:《清史稿》卷二六五,列传五十二,"汤斌",中华书局1977年版。
④ 赵尔巽等:《清史稿》卷二六五,列传五十二,"汤斌",中华书局1977年版。
⑤ 赵尔巽等:《清史稿》卷二六五,列传五十二,"汤斌",中华书局1977年版。
⑥ 赵尔巽等:《清史稿》卷二六五,列传五十二,"汤斌",中华书局1977年版。
⑦ 赵尔巽等:《清史稿》卷二六二,列传四十九,"李光地",中华书局1977年版。

艺,御纂朱子全书及周易折中、性理精义诸书,皆命光地校理,日召入便殿孪求探讨。""光地益敬慎,其有献纳,罕见於章奏。……桐城贡士方苞坐戴名世狱论死,上偶言及侍郎汪霦卒后,谁能作古文者,光地曰:'惟戴名世案内方苞能。'苞得释,召入南书房。其扶植善类如此。""五十二年,与千叟宴,赐赉有加。"①

由此看,康熙皇帝身边的学士儒臣,以朱子学者为主,甚至不忌讳方苞之类曾坐案者。虽然不能以此来判定是因为康熙皇帝自己注重朱子学的倾向而至如此,但至少可以反映其时清廷乃至士林的学术氛围及其倾向的稍见一些空间的状况,而这样的氛围及倾向也应该会在帝王与臣子之间的儒学倾向上产生一些交互的影响。

二、康熙皇帝的儒学倾向及朱王学术抉择的影响作用

康熙皇帝对于儒学的关注度,由其对于经筵日讲的重视可略见一斑。而熊赐履负责日讲,其朱子学立场应该对于经筵的话语取向有所影响,更何况熊赐履就是康熙皇帝大为赏识者。如,熊赐履讲论中突出理学"不在口讲",重在"惟务躬行"。② 康熙皇帝亦讲,"明理最是要紧,朕平日读书穷理,总是要讲求治道,见诸措施。故明理之后,又须实行。不行,徒空说耳"③。事实上,康熙皇帝不仅确实对此类学术问题有特别的审视和斟酌,而且比官员书生们有更多的切身切实的考虑,由其儒学倾向和选择,也反映出朱王学术倾向的选择与帝王统治的关系。

不过,在熊赐履这类朱子学者的理学讲学中,也每每加入辟佛之论。康熙十二年九月,熊赐履被召御前"论及治道",熊赐履即进言曰:"从古圣帝明王未有溺于佛老者。无论尊信其说,如秦皇、梁武贻笑千秋。即稍微假借,便累君德不小。望皇上始终以为深诫。"④ 康熙皇帝亦认为"此正论也。朕当切识之"⑤。即便如此,熊赐履还是一再谆诫:"皇上典学体道……允得

---

① 赵尔巽等:《清史稿》卷二六二,列传四十九,"李光地",中华书局 1977 年版。

② 中国第一历史档案馆整理:《康熙起居注》第 1 册,"十一年六月二十日",中华书局 1984 年版,第 39 页。

③ 中国第一历史档案馆整理:《康熙起居注》第 1 册,"十二年八月二十六日",中华书局 1984 年版,第 116 页。

④ 中国第一历史档案馆整理:《康熙起居注》第 1 册,"十二年八月二十六日",中华书局 1984 年版,第 116 页。

⑤ 中国第一历史档案馆整理:《康熙起居注》第 1 册,"十二年八月二十六日",中华书局 1984 年版,第 116 页。

精一执中之传矣。惟望始终如一。"① 康熙皇帝也自谓："朕生来不好仙佛。所以，向来尔讲辟异端，崇正学，朕一闻便信，更无摇惑。"②

康熙皇帝在学术斟酌和判断力方面，除了听讲读书，也很注意由儒臣们的讨论和加入讨论来左右相关理论认识。如在康熙十二年（1673）的秋讲中，康熙皇帝曾因为学习周敦颐的《太极图说》，即令熊赐履等儒臣各撰"太极图论"进行相关的讨论。不过，更重要的判断和选择，则是在对于理学的朱王两大学术流派的讨论中逐渐落实的。

而且，康熙皇帝的儒学见地也随着经筵讨论而逐渐成熟，在康熙二十二年（1683）十月一次经筵后，论及理学之名，其即有曰："日用常行，无非此理。自有理学名目，彼此辩论，朕见言行不相符者甚多。终日讲理学，而所行之事全与其言悖谬，岂可谓之理学？ 若口虽不讲，而行事皆与道理吻合，此即真理学也。"③ 康熙皇帝将言行是否一致作为判断是否真理学的标准，其认为理学即日用常行之道，并非只是概念名目的谈论之理。这样的理论联系实际的导向，必会影响到朝政。

之前康熙皇帝与阳明学信奉者崔蔚林之间有关于朱王学术，特别是在格物等重要理论方面之不同主张的辩论。在与崔蔚林辩论时，康熙皇帝即借评论崔的见解表示了其对于王学的看法。康熙十八年（1679）十月十六日，崔蔚林进所缮写《大学格物诚意辨》，康熙皇帝问其大意如何，崔蔚林有阐述曰："格物是格物之本，乃穷吾心之理也。朱子解作天下之事物，未免太泛，于圣学不切。"康熙皇帝回曰："朱子解意，字亦不差。"崔蔚林则辨曰："朱子以意为心之所发，有善有恶。臣以为，心之大神明，大主宰，至善无恶。"④ 又说，朱熹所解"四书""大概皆是，不合者惟有数段"。⑤ 康熙皇帝以"性理深微，俟再细看"，未立即回应其说。数天后有说，"天命谓性，性即是理。人性本善，但意是心之所发，有善有恶。若不用存诚工夫，岂能一蹴而至？ 行远自迩，登高自卑。学问原无躐等，蔚林所言太易"。"所见，与守仁

---

① 中国第一历史档案馆整理：《康熙起居注》第 1 册，"十二年十月初二日"，中华书局 1984 年版，第 125 页。

② 中国第一历史档案馆整理：《康熙起居注》第 1 册，"十二年十月初二日"，中华书局 1984 年版，第 125 页。

③ 《圣祖仁皇帝实录》（二）卷一一二，康熙二十二年十月辛酉条，《清实录》第 5 册，中华书局 1985 年版。

④ 中国第一历史档案馆整理：《康熙起居注》第 1 册，"十八年十月十六日"，中华书局 1984 年版，第 446 页。

⑤ 中国第一历史档案馆整理：《康熙起居注》第 1 册，"十八年十月十六日"，中华书局 1984 年版，第 446 页。

相近。"① 在康熙皇帝看来,崔蔚林之简易之见乃与王阳明相近,亦即意味着其对于王学的一个主要成见即王学太过简易。这也表明其不认同王学。

君臣间的论辩不乏直率,但却因崔蔚林的日常行为招致非议。二十一年(1682)内阁学士缺员,康熙皇帝或有意崔蔚林,但崔蔚林的细行还是遭到特别强调言行一致的皇帝的奚落:"伊以道学自居,然所谓道学未必是实。""为人不甚优","居乡亦不甚好"。② 以致崔蔚林成了假道学的一个大典型。

不惟如此,康熙皇帝以言行是否一致来评判真假道学,不只涉及阳明后学。在康熙三十三年(1694)这种以儆效尤的方式再次进入一个高潮。是年五月,康熙皇帝御瀛台,"试翰林官于丰泽园,出理学真伪论"。③ 康熙皇帝还借此历数"在人主之前作一等语,退后又别作一等语"④ 的假道学行径,以致那些被皇帝推崇的标榜理学大家者,乃至熊赐履、汤斌、李光地等,亦被皇帝一一指陈出有言行不符者。甚至熊赐履所作《道统》一书,也被康熙皇帝指责"过当处甚多。虽刻何益",并讽之曰:"道学之人又如此务虚名。"⑤ 用"理学真伪"来考试词臣,是康熙朝的一件特别事件,让不少顶着理学大儒光环的官员斯文扫地。后来的雍正皇帝对此手段颇为称道,谓圣祖命题考试词臣,是"深知其弊,而指示训诲。冀人勉为真理学,以为经济之本也"⑥。其后世的子孙皇帝,雍正皇帝亦标榜所谓真理学是经邦济世之本,乾隆皇帝在其南巡期间也以"理学真伪"为题"召试江南诸生"。⑦

那么,康熙皇帝所谓具有真道学的儒臣标准又是什么呢? 其有曰:"果系道学之人,惟当以忠诚为本。"⑧ 可见,理学真伪,也实际成为考问士子之

① 中国第一历史档案馆整理:《康熙起居注》第 1 册,"十八年十月二十六日",中华书局 1984 年版,第 453 页。

② 中国第一历史档案馆整理:《康熙起居注》第 1 册,"二十一年六月初二日",中华书局 1984 年版,第 851 页。

③ 《圣祖仁皇帝实录》(二)卷一六三,"康熙三十三年闰五月癸酉",《清实录》第 5 册,中华书局 1985 年版。

④ 《圣祖仁皇帝实录》(二)卷一六三,"康熙三十三年闰五月癸酉",《清实录》第 5 册,中华书局 1985 年版。

⑤ 《圣祖仁皇帝实录》(二)卷一六三,"康熙三十三年闰五月癸酉",《清实录》第 5 册,中华书局 1985 年版。

⑥ 《世宗宪皇帝上谕内阁》卷一二九,文渊阁《四库全书》史部,诏令奏议类。

⑦ 《钦定南巡盛典》卷七五,文渊阁《四库全书》史部,政务类。

⑧ 《圣祖仁皇帝实录》(二)卷一六三,"康熙三十三年闰五月癸酉",《清实录》第 5 册,中华书局 1985 年版。

是否笃实忠诚的一种意识形态性质的鞭策方式。康熙皇帝推动学术讨论及伦理评判的实际目的，更在于明确树立清朝的政治伦理，而这样的目的无疑也影响着康熙皇帝对于朱王学术的评析以及取舍抉择。

而康熙皇帝对于理学的评判标准，也即是其早在熊赐履那里接受的不恃口讲、唯务躬行的理学原则，认为不断地下道问学的存诚功夫而保持始终的忠诚，比起空言有良知，更是实在的真理学，并且，每每理论联系实际地敲打汉官要有言行一致的真理学，也即是要忠诚笃实，且一直以此检束官员，如其二十三年即有论曰："凡所贵道学者，必在身体力行见诸实事，非徒托之空言。今汉官内有道学之名者甚多，考其究竟言行皆背。如崔蔚林之好事居乡不善，此可云道学乎？"①

提倡笃实躬行，反对空言妄议，是为康熙皇帝所谓道学之人的基本守则。其论曰："古今讲道学者甚多，尤好非议人，彼亦徒能言之，而言行相符者盖寡。是以，朕不尚空言，断不肯非议古人。……盖人各有长短，弃短取长，始能尽人之材。若必求全责备，稍有欠缺即行指摘，此非忠恕之道也。……故君子先行后言，果如周、程、张、朱，勉行道学之实者……若但以空言而讲道学，断乎不可。"②

康熙皇帝晚年的一段申述，不仅再次表明了其这种一贯的评判标准，实际也表达了其何以倾向朱子学而轻贬王学的原因。其论曰："理学之书，为立身之根本，不可不学，不可不行。朕尝潜玩性理之书，若以理学自任，则必至于执滞己见，所累者多。反之于心，能实无愧于屋漏乎？宋、明季代之人，好讲理学，有流入于刑名者，有流入于佛老者。昔熊赐履在时，自谓得道统之传，其没未久，即有人从而议其后矣。今又有自谓得道统之传者，彼此纷争，与市井之人何异！凡人读书，宜身体力行，空言无益也。"③

流于刑名、流于佛老的儒学，即非纯儒，实际就不能算是得道统之传者。那么王学无疑就是流于释氏者。而自谓得道统之传，而不能身体力行者，也只能是自谓空言而已。至于自谓得道统，并因之而诤讼者，则无异市井小人。在康熙皇帝看来，朱熹、王阳明各有其说，诤讼是门人各以自家师说为是而致。其评说道："朕常读朱子、王阳明等书，道理亦为深微。乃门人各是其师说，互为攻击。夫道体本虚，顾力行何如耳。攻击者私也，私岂

---

① 《圣祖仁皇帝圣训》卷二三，"康熙二十三年六月丁巳"，文渊阁《四库全书》史部，诏令奏议类。

② 《圣祖仁皇帝实录》（三）卷二一六，"康熙四十三年六月丁酉"，《清实录》第6册，中华书局1985年版。

③ 中国第一历史档案馆整理：《康熙起居注》（三），"五十四年十一月十七日"，中华书局1984年版，第2222页。

道乎？"①

虽然如此，其对于朱王学术的抑扬还是颇为明显的。对于朱熹，康熙皇帝是不惜盛赞言辞："自汉以来，儒者世出，将圣人经书多般讲解，愈讲而愈难解矣。至宋时，朱子辈注《四书》、《五经》，发出一定不易之理，故便于后人。朱子辈有功于圣人经书者，可谓大矣。"②"朱子洵称大儒，非泛言道学者可比拟。"③"先儒中，惟朱子之言最为确当。其他书册所载，有不可尽信者。"④

康熙皇帝还特别著作了《理学论》，明确阐述其对于朱子学的推崇，其论曰："自宋儒起而有理学之名，至于朱子能扩而充之，方为理明道备。后人虽杂出议论，总不能破万古之正理。所以学者当于致知格物中循序渐进，不可躐等。"⑤并声称，其以儒治国遵循的就是居敬穷理之道。其论曰："朕自幼喜读《性理》，《性理》一书，千言万语，不外一敬字。人君治天下，但能居敬，终身行之足以。"⑥这里的《性理》一书，因其称乃自幼所喜之书，当是明永乐时胡广等奉敕编纂的《性理大全》。另有《性理精义》，是康熙五十六年(1717)命儒臣李光地所作的删节本。

在宋儒中，康熙皇帝的确最为崇敬朱熹，在其御纂之《朱子全书》序中，不吝笔墨，一再盛赞"朱夫子集大成而绪千百年绝传之学"，认为古往今来盛名于世者，代不乏人，"但，不偏于刑名，则偏于好尚，不偏于杨墨，则偏于释道，不偏于词章，则偏于怪诞，皆不近乎王道之纯"。惟朱子之道，"虽圣人复起必不能逾此"，"不偏不倚，无过不及……皆先贤所不能及也"，"内圣外王之心"，"忠君爱国之诚，动静语默之敬，文章言谈之中全是天地之正气、宇宙之大道"⑦。

康熙皇帝虽然没有明确说独尊朱子学而罢黜王学或者其他，但是，如此明确地推崇朱子学和不惜笔墨地盛赞朱夫子，则已明示了学术导向和好恶。"内圣外王"、"忠君爱国"、"天地正气"、"宇宙大道"，朱子学在康熙朝可

① 中国第一历史档案馆整理：《康熙起居注》(二)，"二十六年六月初九"，中华书局1984年版，第1641页。

② 《圣祖仁皇帝庭训格言》，文渊阁《四库全书》子部，儒家类。

③ 《圣祖仁皇帝实录》(三)卷二一六，"康熙四十三年六月丁酉"，《清实录》第6册，中华书局1985年版。

④ 《圣祖仁皇帝实录》(三)卷二九一，"康熙六十年三月乙丑"，《清实录》第6册，中华书局1985年版。

⑤ 《圣祖仁皇帝御制文集》第四集卷二一，《理学论》，文渊阁《四库全书》集部，别集类。

⑥ 《圣祖仁皇帝圣训》卷五，"康熙五十六年十一月丙子"，文渊阁《四库全书》史部，诏令奏议类。

⑦ (清)圣祖：《御制序》，《御纂朱子全书》，文渊阁《四库全书》子部，儒家类。

谓被盛赞至登峰造极了。

由此大致可见,在康熙朝廷中,经筵日讲中的一些儒臣的儒学观点,实际上也反映了清初学术的基本趋向。这些不同的观点,既给了康熙皇帝多种影响乃至多种选择的可能,也使其对于在辨析中所作出的选择,再在反复比较中总结出更充分的解释理由。所以康熙皇帝不时地会对一些观点作出评价,并表述自己的态度。而其对于真伪道学的认识和评判,不仅是其对于儒学的理解,还是其借题发挥落实为实际治化的方式。皇帝的这些倾向和推动,无疑对于儒学的价值评判倾向会产生直接的影响;而且帝王对于朱子学的特别推崇并作为政治文化方向的理论依据,就是使之实际上成为了官方哲学。

所以,虽然朱子学和阳明学是清初的主要学术和思想的流派,但是,康熙皇帝的选择倾向,显然起了决定性的影响作用。朱熹之被尊奉为朱子,这是后来的王阳明所没有得到的尊崇待遇。在元、明两朝,朱子学都是朝廷选择推崇的官方哲学;无独有偶,清朝也选择了朱子学为官方哲学。

或许,一个重要的原因是,明清更迭使得清初学术界的有识之士反思儒学的社会作用,尤其是朱、王两种思潮的社会作用,逐渐形成一种反对空言心性,注重躬行,以及提倡经学、实学的学术倾向,以致王阳明的学说尤其心学之类多遭"空谈无益"的批判。不过,儒家士人所由反思的途径和目的,与帝王的趣意和目的,多是大相径庭的。即便没有明清之际这样让知识分子文化心理备受打击的朝代更替,朱子学和阳明学在政治天平上被选择的结果可能也是一样的,理学被意识形态化地选择和演绎,不止是在清代,元以降皆做如此选择。所谓"人至难持者,心也",[①] 心学一路更多是致良知者的成圣之路的选择;帝王希望的则是"天理"般不易的由"内圣"而"外王"的忠诚。在清初那样的环境下,在时代的思想趋势的趋向上,在时代趋势下的思潮倾向上,康熙皇帝及其统治阶层以及官僚知识界,对于思想资源和倾向性的选择,即显示了一定程度的一致性。也许,这种思想观念取向上一定程度的上下一致性,正是康熙时期之所以成为清朝之盛世的一个促因。

第三节　康熙皇帝朱子学选择及其佛教态度的政治文化意义

经此大致审视而知,康熙时期反映社会思潮的经筵,以及皇帝和廷臣

① (明) 宋濂:《新刻楞伽经序》,《宋文宪公全集》卷二二,《四部备要》集部,中华书局。

之间的儒学研讨,对于康熙皇帝的哲学思想、价值观等,乃至帝王之道的形成产生了很大的影响力。而成就为一代大帝的康熙皇帝的相关思想倾向和主张,也对清朝的思想及意识形态趋向起了至关重要的导向作用。而在推崇朱子学方面,统治阶层和清代官僚知识界也达成了一定程度的一致性选择。那么,朱子学的辟佛主张,是否也因此而得到继承和发挥呢? 这样的问题不仅涉及康熙皇帝及其时的儒释认识,关系到佛教的生存境遇;同时,也可通过这类问题,进一步了解经过长期整合形成的传统政治文化环境中的儒释关系,以及在这类问题上所透露的康熙时期的政治意识倾向及政治理性程度。

一、康熙时期的宗教格局及其对待佛教的态度

在传统的帝王专制社会,统治者对于儒释道关系的认识和相关态度,对于释道二教的生存境况有着很大的权重作用。即如前文一再述及的,对于清朝统治者而言,不仅要对儒释道有认识和态度,还要应对晚明再次进入的宗教新因素天主教对于宗教格局关系产生的变化。虽然,在晚明清初与天主教论辩中,佛教与儒家联手,更加榜示了作为中国传统宗教的标志,本是外来宗教的佛教已完全立足于中国宗教的位置,但是,这种位置和标志的变化,似乎是不经意的,因为佛教自传入中国到清朝已有千百年,虽然早已很中国风格了,但是在与儒道比较,尤其在意识形态话语下仍然不免被作为夷夏之辨的由头,并为一些儒家辟之,自有了天主教的陪衬后,这种外夷的标志似乎彻底扭转了。虽然并没有谁刻意提醒和比较这种变化,但是在对待和处理宗教问题时,位置和标志的变化在不经意中就生成并起了关键的作用。

大致看,康熙时期重点处理的宗教问题,尤其是相关政教关系的政策问题方面,主要是发生在处理在华天主教的问题,尤其是后期的礼仪之争等问题上。对于佛教,并没有专门的政策出台。只是由于政治倚重的因素而对于藏地佛教有些特别的关注,并且延续了元明以来因俗对治的原则,尤其康熙时期准噶尔侵扰为患,即特别强调和推行了对藏蒙地区的"因其教,不易其俗;齐其政,不易其宜者"[①]的政策,即所谓"怀柔抚驭之道"[②],因俗柔民、羁縻御边的统治术,因为清廷要平定准噶尔的叛乱,藏地的稳定和那些地方的具有政教关系密切的政治文化容纳力的佛教势力也都是朝廷必须争

---

① 《皇朝文献通考》卷二九二,文渊阁《四库全书》史部,政书类。

② 《皇朝文献通考》卷二九二,文渊阁《四库全书》史部,政书类。

取的政治联盟关系。

不过,即便如此,康熙时期朝廷的佛教政策原则,也依然是沿袭以往朝代业已成熟的既利用亦限制的方针。对于倚重的藏传佛教,同样多所检束,乃至限额之外的"喇嘛班第均令于城外居住,如有擅自进城居住者,将喇嘛送刑部照违法例治罪";"番僧所到处,不过三日,即令起程,违者留住,家长、寺庙住持及失察官员,皆令治罪。"① 对于汉地释、道,亦不在政策上做有所推崇的表示。其政策认识倾向,即如康熙皇帝明确告诫臣工的那样:"一切僧道,原不可过于优崇,若一时优崇,日后渐加纵肆,或别致妄为,尔等识之。"② 这实际也是其后一向遵守的政策原则。

康熙时期并没有特别专就汉地佛教的针对性政策,即便是清前期比较突出的逃禅现象,也随着康熙时期清廷政权掌控及国家统治已渐入佳境,而不以为患。明遗民中借逃禅而暗藏反清复明之心者,也只能眼睁睁看着大势已去而落入无可奈何的境地。同时,清廷也并未因逃禅遗民中不乏包藏反心者而对汉地佛教大动干戈。即如前一章中已有阐述,汉地佛教在清初社会紧张关系中起到一种容纳缓冲的作用。无论是藏传佛教还是汉地佛教,清朝统治者都保持了尊敬的态度。虽然,康熙是位崇尚理学的皇帝,而且,特别标榜过生来不好仙佛,但同时,也还是有不少与佛教关系比较密切的表现。其中,则以康熙皇帝与太皇太后巡幸五台山等,是为特别突出的系列事件。因而,康熙皇帝对于佛教的态度,即可以由这些佛教活动等方面透露出来。

对于康熙皇帝造访五台山,民间传说是去找出家当了和尚的父亲顺治皇帝。传说总归是传说。由史料记录看,康熙皇帝直到康熙二十二年(1683)二月才第一次御驾五台山,至四十九年(1710)最后一次驾临,先后有五次造访五台山的记录。而其后的清帝中乾隆皇帝则是六次驾幸五台山,却似乎并不成为乾隆皇帝相关佛教事迹中特别要论及的事。主要还是因为康熙皇帝是崇尚理学倾向儒家的皇帝,且佛教活动不像乾隆皇帝乃至雍正皇帝那么突出,才使其五台之行具有了关注度。

除了去五台山,康熙皇帝也对盘山的风光和佛寺多有流连。《盘山志》中也多有记录。查看康熙皇帝临幸盘山诸寺及驻跸的记录,方能发现其多数是路过,并不是专门因为佛教的什么特别原因而刻意前往。如,其曾四次驾临盘山,幸诸寺,并驻跸。主要原因则是因盘山乃是去清帝王"灵寝经由

---

① 《钦定大清会典则例》卷九二,文渊阁《四库全书》史部,政书类。

② 王先谦:《东华录·康熙三十二》,《续修四库全书》第370册。

之道"①。康熙皇帝"嘉其山色秀润,始命辟路以登"②。自康熙十四年(1675)十月"幸盘山诸寺",十七年、二十五年、四十三年,遂先后四次驻跸盘山。并留有"赐金"、"题榜"、"御制诗"等。虽然不像后来的乾隆皇帝那样留有众多足迹和字迹在名山寺院,但康熙皇帝也曾驾幸过很多佛教寺院。虽然也没有记录说康熙皇帝对于佛教有特别的关怀,不过,还是有对其所到寺院的礼遇恩赐等,这至少说明崇尚朱子学的康熙皇帝非但没有排斥佛教的态度和倾向,而且还是比较善待佛教的。甚至可以说,盘山正是由于康熙皇帝的数次驾临,不仅庙宇得到了修缮,还有了相应的知名度并进而获得发展。而康熙皇帝对于佛教的种种优礼态度,表现得也很自然。康熙皇帝及清廷没有因为推明朱子学而有辟佛的迹象。

二、康熙皇帝巡幸五台山及其政治文化意义

康熙皇帝驾幸五台山晚于驾幸盘山。直至康熙二十二年二月甲申,康熙皇帝才抽出时间启銮前往五台上。③ 随后,同年九月,康熙皇帝则陪奉太皇太后幸临五台山。这两次五台之行,看来是为了实现太皇太后之"积诚瞻礼五台"④ 的愿望。巡幸之中,一方面康熙皇帝对其祖母极尽至孝,行至龙泉关,不仅先行实地勘察,每至陡峻处,或用辇亲试,或代为行之,务使太皇太后尽其积诚。同时,则一再强调不能扰民,传谕随侍学士等:"太皇太后驾临五台,一切应用之物皆出内帑预备,原无丝毫取给小民,此所备对象何处应用,可察明具奏。"并"随询五台知县赵继晋及村民等,皆云五台地方偏僻,恐物用不敷,故给价小民,令预备以待用,原非出于科派"⑤。对此应付巡幸的物资预备问题,康熙皇帝又曰:"因公事豫备可免究处。但云知县会经给价,未可深信。今一切物用内廷既备,此后太皇太后驾临,不必再行赍送。可传谕直隶、山西沿途官民知之。"⑥ 又谕工部停一切工程,发白金三百两棉四百斤,命山西巡抚"分给所过地方贫民"⑦。不扰害小民,是康熙皇帝等出巡一再特别标榜的原则,传达了统治者的爱民之心,同时,对于五台山的相关寺院而言,皇帝的临幸,使之因此得以修葺,不惟使登山者有自适之

---

① 《钦定盘山志》,"卷首",文渊阁《四库全书》史部,地理类。
② 《钦定盘山志》,"卷首",文渊阁《四库全书》史部,地理类。
③ 参见王先谦:《东华录·康熙三十》,《续修四库全书》第370册。
④ 王先谦:《东华录·康熙三十二》,《续修四库全书》第370册。
⑤ 王先谦:《东华录·康熙三十二》,《续修四库全书》第370册。
⑥ 王先谦:《东华录·康熙三十二》,《续修四库全书》第370册。
⑦ 王先谦:《东华录·康熙三十二》,《续修四库全书》第370册。

乐,实际上也传达了康熙皇帝及清廷对于佛教的扶持态度,也是一种政策倾向。

康熙皇帝之巡幸五台,"观览山川形势,一一亲历其地,每台各制碑文"①。回京数年后仍不忘召示廷臣,征求修改并拟勒石树碑,并借此议论曰:"朕所撰碑文一时结构,尔等可与汉大学士等详加斟酌。近见汉人中有自负才高,每一文出,不容人点窜,此习俗之可鄙,文之所以不工也。"修改后的碑文,"令录出翻译满书,与汉书并勒于石"②。这些御制碑文计有十六道之多。

而康熙皇帝及其祖母太皇太后此时得以驾幸五台,大致因之前二十年末吴三桂等三藩逆反已平,政权危机已过;且是年八月间,"台湾平"③,天下大定。《清凉山志》称:"至圣祖康熙二十三年以后,天下太平,国家富裕。或隔一两年,往五台一次。或每年一次。由京至山,凡用膳住宿之处,各建行宫。而大者有三:一在真定府,一在南台下,一在台怀。各大寺均有宴坐之所。"④但相关清史的记载显示并没有那么频繁,不过是前一两次是同年,之后则隔数年又往者,或许著志者为之光耀而已。不过,在前几代清朝帝王时期,五台山的确成为佛教为清廷祝釐的重要道场。另外的一个重要因由,则是由于五台山是其时距京城最近的藏传佛教重要道场,遂成为清廷借佛教高调向蒙藏示好的一种重要象征。

清廷将五台山作为祝釐之所,并以此地为藏传佛教道场,迎藏地大喇嘛驻锡,督理番务,由顺治时期就开始了。有论说曰:"清廷发源关东,注重喇嘛。世祖入关登极后,屡令喇嘛启建护国佑民道场。十八年,特命阿王老藏喇嘛住持五台山真容院,督理番汉僧众。"⑤至康熙皇帝临幸五台,复新诸寺,所为目的,即如其御制碑文所说:"以居僧徒之息心净业者,俾祝釐。"并使"登临者睹象教之精严,慈惠之心可以油然而生矣。"⑥

特别是,五台山乃显密同山的佛教道场,皇家借"文殊所愿",示以"饶益众生",目的还是要表示其对于藏传佛教政治文化容纳力作用的关切,实际还是涉及安顿蒙藏诸地的政治利益。尤其,其时被清廷视之为叛乱者的准噶尔人与藏地佛教上层关系极其密切,基本乃同谋同事者,故而康熙皇帝

① 王先谦:《东华录·康熙三十三》,《续修四库全书》第 370 册。
② 王先谦:《东华录·康熙三十三》,《续修四库全书》第 370 册。
③ 赵尔巽等:《清史稿》卷二六〇,列传四十七,"施琅",中华书局 1977 年版。
④ 《清凉山志》卷五,蓝吉富主编:《大藏经补编》第 30 册,(台湾)华宇出版社 1986 年版。
⑤ 《清凉山志》卷五,蓝吉富主编:《大藏经补编》第 30 册,(台湾)华宇出版社 1986 年版。
⑥ 《清凉山志》卷五,蓝吉富主编:《大藏经补编》第 30 册,(台湾)华宇出版社 1986 年版。

的五台山之行,某种程度上也是通过显示与五台山藏传高僧的密切关系,并通过对于佛教的钦敬姿态来传达其在满蒙藏联盟势力中的权威地位及政治意图。

康熙三十七年(1698)正月,康熙皇帝正式得到相关西藏第巴,即藏地政府执政官,一直隐匿五世达赖喇嘛圆寂之事,并排斥班禅而自尊,且与准格尔部叛清的噶尔丹沆瀣一气的事实奏陈。虽然,此前三十五年(1696)在亲征准格尔时已经由俘虏口中得知此事,并降旨责问,至此康熙皇帝则再答复奏陈曰:"朕曾敕责第巴具奏认罪,若怙终不悛,朕不轻恕也。"① 并遣侍读学士伊道等赍敕往。而康熙皇帝则随即再次启銮巡幸五台山、驻跸菩萨顶。其间,"命皇长子胤禔、大学士伊桑阿祭金太祖、世宗陵","以征噶尔丹功封厄鲁特贝勒巴图尔额尔克济农子云木春为辅国公"。② 这些事件连缀起来看,则可见,此次五台之行及祭奠先祖金人的帝王陵、封赏征讨噶尔丹功臣,都可能是与讨伐噶尔丹相关的政治用意,而都不是专门为了佛教本身的什么原因。

此后,康熙皇帝又有两次巡幸五台山的记录,一次是在四十一年(1702)壬午春正月庚戌,"上巡幸五台山"。③ 这次巡幸五台之前,还是处理了川藏事务,命喇嘛达木巴色尔济喇嘛前往打箭炉监督贸易,主要是监督市茶贸易④,由于"番人籍茶度生"⑤,相关的茶贸易是达赖喇嘛启奏皇帝并理藩院议准的重要贸易。而且,这种贸易也不仅是经济往来,明清以来,一直也都是朝廷与藏地的重要维系和关系晴雨表,而为历代朝廷重视。此次命行前往的应是蒙古系可封为扎萨克的喇嘛,由其奏文中可见,其认为青海一系与朝廷关系紧密,而第巴主持下的藏地则与清廷关系紧张和疏远。因而,在打箭炉市茶贸易中,显现出了其时朝廷在摆置蒙藏关系维护政权权威方面,仍然有尚未摆平的问题。虽然史料中没有康熙皇帝正月里巡幸五台且驻跸菩萨顶的具体事宜明细,但寒冷季节前往五台,也是颇为不易的。

最后一次巡幸五台山是四十九年(1710),春二月丁酉,"上巡幸五台山"。⑥ 是年是皇太后七旬大庆,在正月的宫廷庆宴上,皇太后升座,乐作,康

---

① 赵尔巽等:《清史稿》卷七,《本纪七》,"圣祖二",中华书局1977年版。
② 王先谦:《东华录·康熙六十一》,《续修四库全书》第370册。
③ 赵尔巽等:《清史稿》卷八,《本纪八》,"圣祖三",中华书局1977年版。
④ 《皇朝文献通考》卷三〇,"康熙三十五年","饬准打箭炉番人市茶贸易",文渊阁《四库全书》史部,政书类,通制之属。
⑤ 《皇朝文献通考》卷三〇,文渊阁《四库全书》史部,政书类。
⑥ 赵尔巽等:《清史稿》卷八,《本纪八》,"圣祖三",中华书局1977年版。

熙皇帝则"近前起舞进爵"①,这样极富画面感的记录,也展示了崇尚儒家的康熙皇帝所标榜的诚孝。而其后巡幸五台山,所为者又是什么呢?康熙皇帝几次五台山之行,大都是年初启銮,即便是交通发达的今天,冬天也不是瞻礼五台的好季节。或许仍与蒙藏事务有关,比如,其时仍有六世达赖喇嘛未定②的问题,等等。无论如何,新年伊始,大概也是为国祝釐的好时机。

而康熙皇帝为五台山所作的那些碑文,并没有表露出康熙皇帝对于佛教有什么特别见解。康熙皇帝对佛教显然远不如其对于儒学的有兴致和丰富深刻的认识,甚至也没有其四子即后来的雍正皇帝的一些文论所显示的对于佛教的甚深探究。虽然康熙皇帝曾特意为撰写五台山佛教碑文大发议论并征求廷臣的意见,鼓励大家作佛教文章,但基本上只是下了文字修饰功夫来显示朝廷善待佛教态度的官样文章。

不过,给五台山题写的碑文还是透露了其时对于佛教的基本认识和支持佛教的原因。如其文所曰:"佛氏之教,息心净业,以独善其身。而文殊所愿,在饶益众生,布施以广仁义,持戒以守信,忍辱以执谦,精进以施敬,禅定以守静,智慧以通理,其慈惠之心有独弘者。"③这些是对于佛教和五台作为文殊道场的蕴涵一般认识。而五台山之所以受重视,则因其乃"清凉之山,代有精舍……为国祝釐,恒赐诏褒答,载籍传之,所从来久已"④,并且,"山之僧,栖崖饮涧以自甘,惟守其师之说,以独善其身。"所以,康熙皇帝登临,见"寺有圮者,力不能兴葺","乃命复新"。既使息心净业之僧徒安居,继续"俾祝釐";目的还在于要通过"复其初制"及"固极精严"之法相,使"四方之人得于焉信","慈惠之心可以油然而生矣"⑤。这些大概就是康熙皇帝及其臣工们所希望佛教能发挥的社会作用,也应是其时礼敬佛教的政

---

① 王先谦:《东华录·康熙八十五》,《续修四库全书》第370册。

② 六世达赖喇嘛册封及转世问题,是康熙时期对藏事务的焦点问题。康熙二十一年(1682)五世达赖去世,第巴隐匿不报,并操纵认定了六世达赖仓央嘉措;康熙三十五年(1696)亲征准格尔期间得知此事,顺势认定;但后来拉藏汗杀第巴,新立六世达赖喇嘛,仓央嘉措解送北京途中寂于青海湖边。康熙四十九年(1710)朝廷认定拉藏汗所立六世达赖,但青海众台吉等又不认此达赖,其间又有准格尔介入,另择转世灵童,但准格尔军暴行遭藏地反对,并报请清廷,康熙五十九年(1720)派十四子允禵为抚远大将军驱除准格尔,并颁金册认定此另择转世灵童为六世达赖。而此六世达赖即后来顺序为第七世达赖者,此顺序直到乾隆后期得以认定。相关六世达赖喇嘛问题的研究众多。参见陈庆英:《活佛转世及其历史定制》,中国藏学出版社2010年版。

③ 《清凉山志》卷五,蓝吉富主编:《大藏经补编》第30册,(台湾)华宇出版社1986年版,第431页。

④ 《清凉山志》卷五,蓝吉富主编:《大藏经补编》第30册,(台湾)华宇出版社1986年版,第431页。

⑤ 《清凉山志》卷五,蓝吉富主编:《大藏经补编》第30册,(台湾)华宇出版社1986年版,第431页。

治文化意义。

三、康熙时期的政治理性与佛教的政治文化境遇

由以上所述大致看,康熙皇帝对于朱子学的选择,并没使其在三教关系上有特别抑制佛教的认识和举措;而其多次巡幸五台山诸寺及多次驻跸盘山诸寺的活动,也并没有特别的言行显示要对佛教大力提倡和扶持。不过,即便如此,若稍微深入一点看,康熙时期对于朱王学术的探讨与选择,似乎还是对于清朝政治文化环境产生了多层次的影响。

康熙时期通过重视理学而将理学意识形态化,实际即在思想理论方面作出了标志,崇儒重道不止是口号,而是实际地占据了意识形态的主导和思想文化的主流。因而,这场没有开幕式、闭幕式,也没有固定形式的持续几十年的理学研讨会,相关政治文化背景实则更加复杂,而且都关系着朝政变化,及清朝政治文化调试整合的取向。康熙初期辅政大臣执政,掀起了趋于恢复所谓满人旧制的政治文化保守主义倾向,而熊赐履向康熙皇帝灌输"读孔孟书,学程朱之道"的儒学思想并进言针砭时弊,便为鳌拜等恶之;后来康熙皇帝自己对于理学反复潜玩俨然大家,理学既是其安立之哲学思想资源,亦作为政治文化导向之工具;康熙时期坚持不断的理学经筵,对于清朝学术风气乃至政治文化倾向的引导作用既是明显的也是潜移默化的。康熙皇帝盛赞朱夫子的那些至极用语,也即是其对于理学社会政治文化作用的期待。

即如康熙皇帝回应王学追随者崔蔚林观点时所说:"天命谓性,性即是理。人性本善,但意是心之所发,有善有恶。"所以,必要"用存诚工夫",言行一致才是真理学而非假道学;如此,即将谈心论性追求"至善无恶"的"心之大神明"者,不屑为简易之学。其反复强调"空言无益",特别地提倡"立身致用"、"身体力行"的所谓真理学精神。在提倡所谓朱夫子那样的"不偏不倚,无过不及"的存诚笃实学风的引导下,偏于释道者,实际上也就成为"不近乎王道之纯"者了。

所以,当廷臣牛钮、陈廷敬等主张重视经学,申明"自汉、唐,儒者专用力于经学,以为立身致用之本,而道学即在其中"[1] 的认识时,康熙皇帝即非常赞同地接受了这种"道学即在经学中"的观点。牛钮是满族正蓝旗人,以汉文考试成进士。由于清朝崇儒,此类通过科考入仕的满腹经纶的满人官

---

[1]　中国第一历史档案馆整理:《康熙起居注》第一册,"二十一年八月初八日",中华书局 1984 年版,第 879 页。

员,对于康熙时期的学风也是颇多推进的。借此,康熙皇帝对鼓励经学还作了进一步发挥,大加支持,其认为"帝王立政之要,必本经学","以经学为治法"①,甚至讲"治天下以人心风俗为本,欲正人心、厚风俗,必崇尚经学"②。把经学看得这样重,应该也是着眼于以此所谓可以为"立身致用之本"的纯正学说,以落实由存诚而忠诚的政治意义。

康熙时期通过儒家学说作为意识形态思想资源来敦笃世风的功夫下得很多,比如"教育群生,御制上谕十六条,期以厚民风而端习俗"③的手法,就备受其子雍正皇帝的推崇。

"上谕十六条"颁于康熙九年(1670),康熙皇帝谕曰:"朕惟至治之世不以法令为亟,而以教化为先。"而是"欲法古帝王,尚德缓刑,化民成俗"④。于是,罗列教化条例,举凡十六条:"敦孝弟以重人伦,笃宗族以昭雍睦,和乡党以息争讼,重农桑以足衣食,尚节俭以惜财用,隆学校以端士习,黜异端以崇正学,讲法律以儆愚顽,明礼让以厚风俗,务本业以定民志,训子弟以禁非为,息诬告以全良善,诫窝逃以免株连,完钱粮以省催科,联保甲以弭盗贼,解雠忿以重身命。"并且,以此十六条,著令"通行晓谕八旗并直隶各省府州县乡村人等切实遵行"。⑤"令五城于朔望日宣讲。"⑥康熙十八年(1679)还由浙江抚臣直解为"乡约",雍正二年(1724)又由雍正皇帝扩充为万言"圣谕广训"。

其实,这种全国城乡都在朔望宣讲训诫的方式,在顺治九年(1652)就已实行,其时颁行的是"六谕",史曰:"六谕卧碑文曰:孝顺父母,恭敬长上,和睦乡里,教训子孙,各安生理,无作非为。至是,令五城设立公所,讲解开谕,以广教化。直省府州县亦皆举行乡约,各地方官责成乡约人等,每月朔望聚集公所宣讲。"⑦至康熙时颁"上谕十六条",进而雍正时制"圣谕广训",可见,清朝崇儒重道的原则自关外至关内逐步深入落实。还设置了宣讲公所,将宣讲定为常制。虽然,或可想象,不消几时此类宣传便会流于形式,但是,与百姓日用具体相关的那些训诫,应该还是会给社会造成实实在在的崇

① 《圣祖仁皇帝实录》(二)卷一一三,"康熙二十二年十二月乙卯",《清实录》第5册,中华书局1985年版。
② 《圣祖仁皇帝实录》(三)卷二五八,"康熙五十三年四月乙亥",《清实录》第6册,中华书局1985年版。
③ 《世宗宪皇帝上谕内阁》卷三四,文渊阁《四库全书》史部,诏令奏议类。
④ 《圣祖仁皇帝圣训》卷六,文渊阁《四库全书》史部,诏令奏议类。
⑤ 《圣祖仁皇帝圣训》卷六,文渊阁《四库全书》史部,诏令奏议类。
⑥ 《钦定大清会典则例》卷一四九,文渊阁《四库全书》史部,政书类。
⑦ 《皇朝文献通考》卷二一,文渊阁《四库全书》史部,政书类。

尚儒家伦理观念的社会氛围。

由此亦见，康熙皇帝选择朱子学意识形态化的倾向，目的似乎更欲致力于对于其时的世风、学风以及政风的务实躬行风尚，以引导世俗社会正人心、厚风俗。这应该是朱王学术问题所达成的通过学风而影响政风、世风的一种直接的政治文化效应，也应是康熙时期将理学意识形态化的政治文化意义。

至于朱子学者所要强调的辟佛和严儒释之辨的儒释关系上的认识和立场，已不是其时朱王学术中的突出问题。这也再次说明，宋代朱子学成就之后，佛教的理论优势已然不再突出，即便是貌似与佛学亲近的明代阳明心学将心性之说光大，但实际上却更加使得佛教的最后优势也因此尽失。因而，到康熙时期，即便康熙皇帝选择昌明朱子学的立场，并且，使朱子学成为官方哲学，佛教乃至佛学也已经不构成为理学哪怕是心学的竞争对手，所以，这样的理论选择和意识形态趋势也就基本不会直接涉及佛教，况且，康熙时期的理学主流是压倒式权威地位。而在政策层面则已然相对成熟，继续着儒家为主、释道并行的传统三教观，以及利用并限制的政策原则，并没有辟佛排佛迹象。但是，这些表面现象，却不能说明佛教的存在境遇完全没有发生变化。

在传统中国社会，经过宋代儒释道相关社会作用的进一步明确定位，儒释道在传统政治文化中便形成了相对稳定的格局。能否清醒地认识到这一点，甚至也可以作为衡量执政水平的一个方面。作为擅长于儒学并崇尚朱子学的皇帝，康熙皇帝对于佛教的态度无疑是尊重、尊敬的，除了出于清朝的宗教传统和对于信佛的太皇太后等的尊重和孝顺的原因，对此还能解释的，大致还是出于帝王之道的政治平衡术，和对于释道宗教作用的务实的认识，以及以往的王朝大多采取的利用佛教的政策原则。而且，康熙皇帝并没有因为立足朱子学立场而采取辟佛排佛的态度或政策，应该说反映了一定程度的政治理性的执政水平。当然，这种所谓的政治理性只是对于业已同构于传统政治文化的佛教而言。但即便如此，对于政教间以及各宗教间业已结构整合了的关系状况而言，一定程度的政治理性还是减少了由于帝王专制中央集权的强势权力而可能对于佛教带来的额外紧张，相应地，亦即减少了相应的社会关系中可能不必发生的紧张因素而给社会发展造成的不必要的成本。如此境况，也显示了康熙时期政治理性以及相应的政治气度对于社会稳定局面和政治宽容氛围产生的良性的政治文化影响。

不过，尽管如此，深入审视清代佛教及佛学不甚繁荣乃至平庸的状况，虽然原因不一,但康熙时期理学选择及意识形态趋向所致的政治文化的综合影响,则很可能是使佛教的位置及发展空间受到挤压的一种原因。

康熙时期对于朱子学的选择,虽然没有在政策上体现具体的辟佛或打压,而且朱子学的辟佛原则,也没有具体的政策体现,但是,实际上却仍然会形成一种无形的氛围,尤其是深入社会各层的崇尚儒学的意识形态氛围,从而使得佛教佛学也实际是被放在了无足轻重的位置上;另外,在理论方面,经过宋代理学及明代心学的一再提取和发挥,佛教的哲学理论优势已然被稀释,康熙时期再强调以理学为意识形态基础,对于以明心见性的禅宗为主的汉地佛教而言,理学的大势氛围,还是排挤了佛教在理论领域的空间;加之清代的学术热情投向汉代经学等考据研究等,作为外来宗教的佛教,无论其如何中国化,都会被有意无意地轻视;而且,晚明那场佛学复兴之后,清初虽然尚有余絮,但随着清朝政治文化调试及其相对成熟,汉地佛教也进入相对平静或者说平庸的状况。更为重要的是,康熙时期绵延几十年的理学讨论,也使得清朝统治者自觉不自觉间在继承传统的同时构建了清朝特色的政治文化空间。在这样的政治文化环境中,佛教虽然没有遭际实质上的辟佛或者排挤,但一定程度上还是处在清代调试整合的政治文化倾向隐性压制了发展空间的境遇中。

如果稍微放大一些审视的尺度,而且再结合下面一章所要述及的雍正皇帝对于汉地佛教的批判,还会衬托出另外一种政治文化景象,就是在满汉文化差异与统治及被统治间的不协调的矛盾和紧张的背景下,统治者能够对于学术有所影响力,无疑也可见其统治力度的强化。

康熙皇帝、雍正皇帝,一位是以自己的儒学功力和至上的权威,敲打了自诩道学担当者的汉人士子及标榜大儒的汉官;一位则通过佛学功底和禅修功夫,打击了汉地佛教的优势。这两代帝王在思想文化领域进行的革命,让武力征服汉地的清朝统治者,在思想文化领域也占领了制高点。从物质江山到精神疆域,都要征服,应该说,这是清朝统治者对于文化差异张力及文化挑战作出的一种逻辑回应;同时,也是中国历代王权社会的君主专制的政治文化传统背景下,思想文化领域始终实际存在的内圣外王的张力与悖论的体现。

而在这个意义上看,用征服者被征服的理论定式来评判清朝,涵盖性显然就不够了。在此,或许可以用宋代儒释紧张关系中的一例,来说明和比较康熙时期这个事例的性质。北宋时期的大儒们为了回应佛学对于儒学权威的冲击,常用激烈的情绪化的言辞辟佛,欧阳修也是儒家立场坚定的维护者,但其没有像唐代的韩愈那样使用激昂的文字口号,而是反思排佛的历史,著作了一篇《本论》,其认识到,重树儒学的理论权威,与其一再指责,"莫若修其本以胜之"①。这是欧阳修与众不同的一点,也是宋代理学家们所成就之处,即以修本之功而成就了理学的理论优势。比较康熙时期由康熙皇帝一手操控的朱王学术的讨论与选择,应该说即大同于欧阳修等宋代理学家通过发扬光大儒学来回应佛教佛学的竞争的方式。清朝统治者大致也是在修本的意义上适应了其治下的王朝历经千百年所延承的政治文化传统,并积极延续这个传统,从而使自己有资格以王权威势来主导清朝政治文化趋向的调试与整合。

只是,康熙时期的学术取向,虽然也显示了一定程度的政治理性及宗教宽容等盛世气度,但清朝王权及清朝统治的威势,仍然是有形无形地都在挤压汉地思想文化的发展走向,本即不处于思想意识主流的佛教,遭受类似挤压的政治文化境遇自然也不会例外。

因而,或也可以说,康熙时期的朱王学术选择,其实际产生的对于清朝政治文化取向及趋势的影响是综合的,乃至是导向性的;而且,在所谓政治理性及宽容等表象下,实质上,是无可避免的王权专制,而且还是夹杂了族类因素的王权威势。在清朝盛世的政治文化诸因素的空间格局中,貌似有一定程度政治理性的王权,以王权威势力量左右学术的后果,则是更加扩大了政权的权重,实际还是造成了清朝政治文化空间的失衡和紧张。

不过,在同样的政治文化境遇中,清代经学则造就了儒家在清朝特别环境下的一种发展成就;而被拿走了理论优势的佛教,在理学氛围中难免失却了讲心性之学的空间,再经过雍正时期的严厉批判,乃至乾隆时期在思想文化领域的进一步调整及重塑,清代的汉地佛教在思想学说方面,即基本是坐定了乏陈建树的状态,并在实际上还是遭受着挤压了发展空间的政治文化境遇。

---

① (宋) 欧阳修:《本论》卷中,《文忠集》卷一七,文渊阁《四库全书》集部,别集类。

第六章　清世宗的佛教修行及其批判
禅宗的政治文化影响

　　清世宗雍正皇帝（1678—1735，1722—1735 在位），虽然其远不比其前的康熙皇帝和其后的乾隆皇帝在位时间长，但这位勤政的皇帝为保持清朝的发展势头，强势纠弊、充盈国帑、积蓄实力，为清朝在康熙盛世后再续乾隆盛世，起了至关重要的中间补给作用，作出了切实的贡献，雍正朝无疑是清朝所谓康乾盛世之中极其重要的一环。但同时，雍正皇帝也是极尽专制之势的皇帝，不仅有登基后对于皇位有威胁的手足兄弟进行的政治清洗，还进一步加密文网，甚至不惜亲自著文口诛笔伐异议者，在意识形态领域强化专制统治，诸如此类的强势手段也都使得雍正时期的社会政治文化关系多生紧张状况。以致雍正皇帝也成为清朝前期褒贬不一，多受争议的一位皇帝。

　　不过，在此要特别关注的内容是雍正皇帝与佛教的关系及其施加于佛教的影响。清前期的四位皇帝，顺治、康熙、雍正、乾隆，都与佛教有些特别的密切因缘，甚至与佛教有些很具体的瓜葛。虽然其前的顺治皇帝倒向禅宗并几乎出家；康熙皇帝频幸五台山、盘山等，对于佛教颇多尊敬；再后的爱在各处寺庙里题字的乾隆皇帝，也是标榜以"当今法会中契超无上者"①；而雍正皇帝则是清初几位帝王中表现得最为谙晓佛理及实际参修的皇帝，不仅有号圆明居士，最特别的还是其自称禅修已透三关，获得了觉悟，并且，也是以其参修之得和佛学见解撰佛学著作最多的一位清代皇帝。也正是在其著作中，雍正皇帝淋漓凌厉地褒贬了古今佛门人物，评议了禅宗历代宗师之见地的高下，尤其亲自著文讨伐批判并严厉处置了晚明禅僧汉月法藏一系的三峰派等。如雍正皇帝这般以帝王之尊、居士之名对于流行汉地的佛教从头至尾地细数评判，大概也是佛教传入中国后从未有过的待遇。

　　虽然雍正皇帝以佛门居士而居，但这样的政治人物与佛教的关系，其关系性质及其关联问题即是清代佛教与政治文化关系中必要探讨的问题。其中，其好佛的因由以及参禅动机乃至时机，与汉僧及喇嘛的关系和评价，其著作《御选语录》②的择取和褒贬取向，其对于禅宗的批判以及目的和作

---

① 　王先谦：《东华续录·乾隆一》，《续修四库全书》第 371 册。
② 　该书于雍正十一年（1733）刊行。

用,凡此等等,都是值得深入考察和分析的问题。而以政治文化为背景和视角来看,由韬晦的和硕雍亲王到强权的雍正皇帝,其佛教修行以及对于禅宗的批判,都很难摆脱传统政治文化背景及时代政治文化环境的影响。虽然,由于作为皇帝干预佛教是在其执政后期,对于佛教的影响主要是个别派别和人物,但是,对于佛教已然呈现的发展趋势而言,却仍然难免有最后一根稻草压断骆驼脊背的效应。

对于雍正皇帝干系佛教的那段历史,历来多有述说。在此则尝试由政治文化的角度,对雍正皇帝佛教修行及其批判禅宗的因由和作用影响等做一下政治文化的解读,以求对这段历史有不同侧面的考察,并有所意义。

第一节　作为雍亲王的好佛参禅与其时的政治文化形势

清世宗雍正皇帝即康熙皇帝之第四子胤禛。康熙六十一年(1722)十一月康熙皇帝驾崩,胤禛即位,翌年为雍正元年(1723),其时年四十四岁,在位十三年。

康熙皇帝多子,且有才能者多,加之太子立废再三,储位暗争即成为康熙晚期的朝中痼疾。雍正皇帝之得皇帝位,其前后所经历的政治权谋及倾轧的复杂与残酷,自其当世乃至时下,都是民间故事的素材。不过,在此要关注的是,处于盘根错节的夺嫡政治漩涡背景中,雍正皇帝作为雍亲王时的好佛参禅,和得了帝位后仍然号称圆明居士的皇帝,还不厌其烦地御选高僧语录,尤其是还亲自著文数落褒贬佛门古今人物,在政治文化的观察视角看,其佛教认识及其相关言行,会是怎样的一种关系和意义的呈现,对于清代佛教的存在及发展会有怎样的作用和影响,似乎的确是线索多重而错综复杂。

一、雍亲王时期的好佛因由及其归宗章嘉活佛与政治文化环境

雍正皇帝得帝位前,于康熙四十八年(1709)受封雍亲王,其亲王藩邸后为其子乾隆皇帝舍为寺院,即今之北京雍和宫。身为第四子的雍亲王,史家谓其"性雄猜"[①],但在众皇子中,却以好佛事喜参禅为标榜。虽然其他皇子也有好佛者,但雍亲王则特点突出。由于康熙后期皇储政治角逐的历史背景,使得对于雍亲王的好佛参禅,历来有作为一种政治韬晦的解读。虽然很难确切地说其行为是否就是出于掩饰政治目的的保护性政治韬略,但其

---

① 徐珂:《清稗类钞》第一册,"帝德类","世宗慎于建储",中华书局 2010 年版,第 243 页。

的确以好佛而显得特立独行,不与其他皇子有密切往来,尤其在政治情势紧张时,其"逃禅"似的修行,则使其显得身处事外一般。例如在康熙朝废黜太子的重大事件时期,也是雍亲王深浸禅修的禅期,其后来自己大事宣扬的其所谓得以透三关而参禅得悟的经历,就是发生在康熙五十一、五十二年间,而其时恰是太子再次被废的朝政紧张时期。

不过,政治韬晦和保护色的因素可能不是其好佛参禅的全部原因。按照其自称的那样,其是自幼即喜好读佛书,喜欢观佛事,似乎是清朝崇尚佛教的环境和其自己的喜好自然而然地促成了其好佛的兴趣。与一般好佛者不同,其没有流于一般喜好,而是切实深入佛教,并经过长期参学,如其标榜的,其在佛教修为方面实实在在地深有所得,甚至令其自信倍增,乃至自以为已经达到在当时禅侣中也基本无敌手的境界。

雍亲王的学佛经历,如其自述曰:"朕少时喜阅内典,惟慕有为佛事,于诸公案总以解路推求,心轻禅宗,谓如来正教不应如是。"[1] 这是说,其向佛起先是由喜好佛事而发端,进而由读佛经而理解佛说。应该说是所谓由解路而研习佛说进而深入实修的路径。因此,其初始时期重视义理,轻视禅宗及其修行。

其在修行实践方面的突破,按其所说,是由于结识了藏传佛教的章嘉活佛。康熙四十四年(1705),清廷敕封章嘉呼土克图为国师。章嘉活佛进京,使雍亲王得以有机会接触到不同以往所见的大善知识。且"藩邸清闲,时接茶话者十余载,得其善权方便,因知究竟此事"[2]。在十余载时间里,其从章嘉呼土克图深入佛法,知究竟一乘,并着实地修习参禅,乃至接连透破三关,获得章嘉证许,而成为参禅得悟者。

虽然早在章嘉活佛指点之前,雍亲王的禅侣其实是其藩邸不远处柏林寺的禅僧,且往来关系密切。而当章嘉活佛进京受封国师,雍亲王得机缘亲近之后,便续缘在了章嘉门下。这样的选择虽然或有佛学进取层次的实际需求原因,但也不免是就势于当时的政治形势的原因。因为,章嘉活佛是清朝为安顿蒙地所设置的又一位可与达赖喇嘛并驾的大喇嘛,清廷在蒙地也是多封众树的,分设了多位国师活佛等,不惟是通过倚重藏传佛教安顿蒙地,实际也是对于达赖喇嘛在蒙地的政教影响的一种分势手段。所以,作为皇子的雍亲王的佛教行为,已经不可能只是个人的宗教行为,无论如何总会与朝廷的政治形势有着隐现不定的关系。

---

① （清）世宗:《御制后序》,《御选语录》,《卍续藏经》第 68 册,日本京都藏经书院,第 696 页。

② （清）世宗:《御制后序》,《御选语录》,《卍续藏经》第 68 册,日本京都藏经书院,第 696 页。

　　清朝从关外至关内,对于达赖、班禅等称号皆沿袭元明旧称,唯康熙年间又在蒙地多有封建。康熙三十二年(1693),"封哲布尊丹巴呼图克图为大喇嘛,于喀尔喀地方立为库伦,广演黄教"①;三十七年(1698),"封扎萨克大喇嘛墨尔根绰尔济为灌顶普惠宏善大国师,给予敕印"②;四十四年(1705),"封章嘉呼图克图为灌顶普善广慈大国师,给予敕印"③。虽然章嘉活佛的传承出自青海,也不仅因青海也有蒙人,康熙时尊崇章嘉活佛是使其参与蒙地的政教事务。所以,达赖、班禅、章嘉和哲布尊丹巴等多位大喇嘛分势而立,成为清朝的蒙藏政策中的至关权重的砝码。藏传佛教及其大活佛们的作用,则是清朝武力打击之外,在蒙藏诸地政治势力间的重要弹性调节力量。所以,在京城中风光无限的藏传佛教,其实都很难说是作为一个单纯的宗教形态的存在。

　　雍亲王所拜的章嘉活佛,即应是康熙四十四年其被敕封的大国师章嘉呼土克图喇嘛,其实际上是清廷首封的由藏区活佛来掌内蒙佛教的大喇嘛,或称之为二世章嘉呼图克图,也有称之为第十四世章嘉,并以其之前的过往传承者来榜示此法脉。章嘉活佛之设颇受清廷重视,实际也是一个与达赖喇嘛等藏地活佛形成势力制衡格局的特别设置。但无论如何,雍亲王则因此机缘可以与章嘉国师"接茶话十余载",并经过章嘉活佛在其禅修关键时刻的点拨,而得以连闯三关,达到所谓"三身四智合一""物我一如本空"④的彻悟境界,不惟使得这位日后的皇帝得以将参悟佛法而成佛门弟子的谱系续在京城中地位最高的高僧法脉上,还使其获得充分的资本来评点古今佛门。

　　的确,其他禅侣辈,相比位高权重的章嘉国师大喇嘛,在雍正皇帝圆明居士看,也只能"不过"是"曾在藩邸往来"者罢了。而事实上,其在藩邸与僧人的往来,并不能如其轻描淡写的用"不过"这样的词可以带过的。如其中的性音和尚,也就是在雍正皇帝的文论中经常提到的迦陵音,仅由提到此和尚的相关言词就已显示,他应是雍正皇帝当年在藩邸时与其过从比较密切的和尚。

　　此性音和尚,字迦陵。沈阳人。其在高阳某寺出家,在杭州理安寺得付法,成临济正宗传人。其足迹遍及南北,即便是在雍正皇帝看来也是一位颇具"参方眼者"⑤。其曾住京城的柏林寺,该寺离雍亲王藩邸很近。其还曾

---

① 《钦定大清会典则例》卷一四二,文渊阁《四库全书》史部,政书类。
② 《钦定大清会典则例》卷一四二,文渊阁《四库全书》史部,政书类。
③ 《钦定大清会典则例》卷一四二,文渊阁《四库全书》史部,政书类。
④ (清)世宗:《御制序》,《御选语录》,《卍续藏经》第68册,日本京都藏经书院,第599页。
⑤ (清)世宗:《御制后序》,《御选语录》,《卍续藏经》第68册,日本京都藏经书院,第696页。

住大觉寺、理安寺等。是当时颇有声名的和尚。不过,后来的僧传说,其在雍正元年(1723)春,却"忽谢院事,飘然而南"①,此恰是雍亲王成为雍正皇帝之际。有称,性音和尚是得到旨意而不得不离京走人的。到了南方,性音和尚"一瓢一笠,山栖水宿,居无定止。四方征书交至,却之弗顾。四年秋,复还归宗[寺],独居静室。凉风九月,偶示微疾"。②于雍正四年(1726)秋寂于归宗寺。当时雍正皇帝得报后追赐性音和尚"圆通妙智禅师"③谥号。但不数年,雍正皇帝则又借故对性音和尚大加指斥,谥号亦被褫夺。

　　虽然雍正皇帝亦常常对一些宠信使用过的奴才或臣工等幡然以罪论处,如年羹尧等。可是性音禅师不过一个稍有名声的出家人,何以至此呢?容易导致猜测的故事,或许仍然是与在藩邸时期参与帝位之争的谋划隐情有关。但是,就算是封口,在雍正皇帝龙威发作时,这位卑微的和尚也已西去数载。不管怎样,种种迹象显示,性音和尚与雍正皇帝的干系确是一个颇令人寻味的问题,只是现见资料仅限于相关佛教的话题中。在此引述一位大觉寺研究者提供的资料,或许可以从一个侧面看看这其中难以定论的干系。其文曰:"今北京西山大觉寺藏有一幅迦陵和尚画像,是当年供奉于寺内'影堂'之物。这幅画像的上端,有'大觉堂上第二代继席法徒实安'题写的《老和尚像赞》一则,对于间接了解迦陵与雍正帝的关系,很能启人深思。像赞曰:'欲要赞,只恐污涂这老汉。欲要毁,又怕虚空笑破嘴。既难赞,又难毁,父子冤仇凭谁委?不是儿孙解奉重,大清国内谁睬你!咄,这样无智阿师,怎受人天敬礼。'"④历史的真相到底是什么?如今大概也只好透过隐语及故事去想象了。

二、所谓"透三关"及清世宗的修行经历与禅学渊源

　　清世宗向佛参禅的经历中,最为突出的是如其所谓的连破"三关"而深得禅悟的经历。由其自述的经历看,一次是于壬辰即康熙五十一年(1712)正月,"延僧坐七"的参禅佛事中,"随喜同坐两日,共五枝香,即洞达本来,方知惟此一事之理"。⑤不过,当时其延请的僧人应该是其藩邸附近柏林寺的寺僧性音(迦陵音)等,是平日即与之常有往来的禅侣。对于雍亲王获得

①　喻谦等:《新续高僧传》卷二五,"杭州理安寺沙门释性音传",《大藏经补编》第27册,第212页。
②　喻谦等:《新续高僧传》卷二五,"杭州理安寺沙门释性音传",《大藏经补编》第27册,第212页。
③　喻谦等:《新续高僧传》卷二五,"杭州理安寺沙门释性音传",《大藏经补编》第27册,第212页。
④　孙荣芬:《迦陵禅师与雍正皇帝》,《北京文博》,2006年4月,北京市文物局网站。
⑤　(清)世宗《御制后序》,《御选语录》,《卍续藏经》第68册,日本京都藏经书院,第696页。

的"洞达",柏林寺僧人"迦陵音乃踊跃赞叹,遂谓已彻元微"。① 但雍亲王自己"自知未造究竟",觉得不踏实,即叩问章嘉,结果其被告之,其"所见如针破纸窗,从隙窥天。然天体广大……佛法无边,当勉进步"。② 使其知道不过是初级水平,得继续努力。

第二次透得重关是在紧接着的二月的结制中,其"著力参求。……经行次,出得一身透汗,桶底当下脱落,始知实有重关之理"。③ 复问章嘉,云:"王之见处虽进一步,譬犹出在庭园中观天矣。然天体无尽,法体无量,当更加勇猛精进。"然而,柏林寺僧性音等却不以为然,认为那不过是"喇嘛教回途功夫论。更有何事?"④ 但此时,雍亲王已然"谛信章嘉之垂示,而不然性音之妄可"⑤ 了,遂继续"勤提撕"。⑥

第三次透得末关,是于癸巳即康熙五十二年(1713)正月,无意间"勿踏末后一关。方达三身四智合一之理,物我一如本空之道","诣章嘉所礼谢,国师望见即曰'王得大自在矣。'朕进问更有事也无? 国师乃笑展手云:'更有何事耶?'……'不过尚有恁么之理,然易事耳。'"⑦

这样一个透三关的经历,不仅使得雍亲王成为得悟者,也使得其将自己佛教修持的法脉续在了章嘉国师身后,而平日一起切磋的柏林寺禅僧等,则被其在日后只轻描淡写地称之为"其他禅侣辈","不过曾在朕藩邸往来,壬辰癸巳坐七时,曾与法会耳"。⑧ 雍正皇帝不仅要在乎帝位的正名,也同样在乎作为佛弟子的法脉出身的正名,毕竟皇帝的出身名义问题关涉的是其时的政治文化形势及导向等问题。

而所谓的"透三关",也是其对于禅修三关的一种特别的说法。古来禅修有所谓"三关",指称的是有些宗师以引导参修者步步深入地参禅而设置的三道关卡,以期层层突破,达到开悟。对此,禅宗各派并无特定的模式,只是比较多地设置三层问难,如"云门三句"、"临济三句"、"黄龙三关",等等。以三句问答设难在禅宗乃至其他宗派的参禅过程中都极其常见。在明代佛教中,这种通过参究祖师公案的风气也仍然流行,如"瑞岩三关"等;还有僧

① (清)世宗《御制后序》,《御选语录》,《卍续藏经》第68册,日本京都藏经书院,第696页。
② (清)世宗《御制后序》,《御选语录》,《卍续藏经》第68册,日本京都藏经书院,第696页。
③ (清)世宗《御制后序》,《御选语录》,《卍续藏经》第68册,日本京都藏经书院,第696页。
④ (清)世宗《御制后序》,《御选语录》,《卍续藏经》第68册,日本京都藏经书院,第696页。
⑤ (清)世宗《御制后序》,《御选语录》,《卍续藏经》第68册,日本京都藏经书院,第696页。
⑥ (清)世宗《御制后汴》,《御选语录》,《卍续藏经》第68册,日本京都藏经书院,第696页。
⑦ (清)世宗《御制后序》,《御选语录》,《卍续藏经》第68册,日本京都藏经书院,第696页。
⑧ (清)世宗《御制后序》,《御选语录》,《卍续藏经》第68册,日本京都藏经书院,第696页。

人著作了《宗门设难》①，专门集著了解答禅宗祖师何以设置玄关以难参修的因由事例。

或许也可以说，后来者大多不过是模仿前人的效颦之作。但是，何以频频效仿，以及何以用"三"为至要之数，倒是个有趣的问题。在此或不妨多说一二。

虽然，佛经擅长以偈诵表达教义，从而形成一种类似诗句的言简意赅的法句形式，但是，像禅宗这样多用三句三关作为引导参修的形式，则还是突出体现了中国文化的特点。其确切的原因似乎很难说清，在此不过是尝试着大致浏览一下用"三"的文化缘由。

在中国传统文义中，一些数字被认为是"天之数"，其中，三，好像就是这样的一个数字。比如，"三"有"多"之意，如所谓"三生万物"②；尤其还有极致之意，古来有"卜筮不过三"③之说；还有，"礼以三为成也"④，"王者制官三公九卿……天以三成之，王以三自持"⑤，"以三为真数"⑥，等等。由此看，"三"意味着"成"。一件事经过三番验证而无误，即已算是达到极致而可告之以成。由此或可推论，这种一而再、再而三地以成至极的意思，大概就是所谓"三关"所可能基础的、隐含的意义。

不过，在佛教参修典故中，如雍亲王这般能数说得明明白白，说明其如何一步步地透彻了初关、重关、末关，由此"三关"而着实得悟的描述，大概也只有这位号称圆明居士并与诸祖师同列文墨的清朝皇帝了。不过，雍正皇帝自己也说，做这样的数说标榜，实有"话堕"之嫌，但"朕深明此事，不惜话堕，逐一指明"。⑦ 其《御选语录》开篇之句就说："如来正法眼藏，教外别传，实有透三关之理。"⑧ 这样的理应该是有的，只是按照佛教的基本义理逻辑，也只不过是引导参修的一些权宜方法。但在雍正皇帝圆明居士这里，则成了检测和验证禅悟的标准。

虽然前文已叙及其在《御选语录》之"历代禅师后集后序"中关于其透关的因缘经过和大致状态的描述，不过，不妨将其在《御选语录》之"御制

---

① （明）麦浪明怀：《云门麦浪怀禅师宗门设难》，《卍续藏经》第 73 册，第 859—864 页。

② 《老子》，"道化第四十二"，文渊阁《四库全书》子部，道家类。

③ 《礼记》卷一，"曲礼上"，文渊阁《四库全书》经部，礼类。

④ 《钦定礼记义疏》卷七二，文渊阁《四库全书》经部，礼记类。

⑤ （汉）董仲舒：《春秋繁露》卷七，"官制象天"，文渊阁《四库全书》经部，春秋类。

⑥ （宋）朱熹：《晦庵先生朱文公文集》卷四四，《四部丛刊》初编，集部。

⑦ （清）世宗：《御制总序》，《御选语录》，《卍续藏经》第 68 册，日本京都藏经书院，第 523 页。

⑧ （清）世宗：《御制总序》，《御选语录》，《卍续藏经》第 68 册，日本京都藏经书院，第 523 页。

总序"中一边担心"话堕"却又一再说明其体会的详细表述再录于此,借此或可更深入地了解这位皇帝所破之三关到底是怎样的情形。

其曰:"……有志于道之人,则须勤参力究,由一而三,步步皆有着落,非可颟顸函胡,自欺欺人。……夫学人初登解脱之门,乍释业系之苦。觉山河大地,十方虚空,并皆消殒,不为从上古锥舌头所瞒。识得现在七尺之躯,不过地水火风,自然清净不挂一丝;是则名为初步破参,前后际断者。破本参后,乃知山者山,河者河,大地者大地,十方虚空者十方虚空,地水火风者地水火风,乃至无明者无明,烦恼者烦恼,色声香味触法者色声香味触法,尽是本分,皆是菩提。无一物非我身,无一物是我己。境智圆融,色空无碍,获大自在,常住不动。是则名为透重关,名为大死大活者。透重关后,家舍即在途中,途中不离家舍,明头也合,暗头也合。寂即是照,照即是寂,行斯住斯,体斯用斯,空斯有斯,古斯今斯,无生故长生,无灭故不灭。如斯惺惺行履,无明执着,自然消落,方能踏末后一关。虽云透三关,而实无透者,不过如来如是,我亦如是。从兹方修无修,证无证,妙觉普明,圆照法界,一为无量,无量为一,大中现小,小中现大,坐微尘里,转大法轮,于一毫端,现宝王刹,救拔众生,利用无尽。"①

这就是雍正皇帝对于其所透之三关以禅家语言的描述。即便不是禅侣者,而由解路并参照古来禅僧语录之类的描述,这位雍正皇帝的所谓话堕之语,也不是全无修行而仅有佛教知识者可以说得出的。由此可见,其在做亲王时的相对清闲的藩邸生活中,经过多年的着意潜修,加之章嘉活佛在关键时刻的提携,使得其的确学佛而有心得、而可以自恃,乃至有资本对于以往日常中多有交往的柏林寺僧等大为不屑。按说这些汉地禅僧也非无学识无实修者,与其说是这些僧人见识平庸,毋宁说还可能是拘于权势而做了阿谀之举,以致不过是权做了雍亲王参禅的磨杵之石罢了。

但无论如何,在雍亲王参禅的这幅画面里,虽然主要事件是雍亲王的禅修经历,可是却隐隐给人以不见得是那么单纯修行的印象。何以如此呢? 这大致应是因为雍亲王的特殊身份和围绕这样的身份必会纠葛的政治因素在其中若隐若现的缘由,至少是显示了在清初的社会环境中,佛教中人,不论是国师喇嘛还是攀缘权贵的和尚,一旦与王权有了干系,即绝难以脱开搅和在世俗政治浑水中的种种事端。

就其时的汉地佛教而言,自顺治后期短暂地风光于顺治宫廷之后,经过康熙朝几十年的理学氛围的渲染,佛教的整体影响黯然于清廷政治之外

---

① (清)世宗:《御制总序》,《御选语录》,《卍续藏经》第68册,日本京都藏经书院,第523页。

已是大势定局。所以,雍亲王身边的迦陵音等禅僧,虽然可能显得有积极攀援政治权势之嫌,但也可能只是出了家还自命不凡欲求谋士之类角色者,构不成有实力的一方面政治影响力。即便如此,严苛的雍正皇帝似乎还是要对既往有所清理,结果,当年一路陪同其韬晦于藩邸的禅侣迦陵音和尚虽然已在雍亲王成为雍正皇帝之时便远离了京城,并且已在外寂寥而终了,但也没有逃过威势帝王极尽刻薄奚落的对待。

不过,雍正皇帝对于佛教的批判似非只是私益,而是有作为清代帝王的政治用意。对于一些显示有可能与朝廷统治利益的意识形态不那么一致的意识,即使是远离政治中心的佛教,甚至是已然成为过去的晚明时期三峰派的事例,极尽专制职责的雍正皇帝,仍以其对于佛教的了解,借着“不辞话堕,竭力为宗门一番整顿”①的理由,繁忙政务之中,还对佛教和禅宗作了一番评议和批判。放大视角看,佛教实际上还是成为雍正时期整顿清朝意识形态的一种工具。而做雍亲王时好佛修禅的佛教功底,也着实派上了用场。

第二节　居士皇帝的《御选语录》及其
对于汉地佛教的历史评判

雍正皇帝有号“圆明居士”,并有相关佛教的作品,结集为《御选语录》、《御录宗镜大纲》和《御录经海一滴》,在由其饬刊的《龙藏》大藏经中,堂皇地居于其间。其作品虽然大都是节选古来高僧的著述,但由于其有所择选剔取,所以,也能够部分地显露其对于佛教的好恶倾向;并且,勤奋于政事的雍正皇帝也很勤奋于著作论文和序文,因而不仅为《御选语录》撰写有总序,还写有分卷序;《御选语录》中不仅是所选历代高僧的语录,还有其自己的《圆明居士语录》等。这位居士皇帝的文论显示,其观点鲜明,点评无忌,言辞犀利,褒贬直切。因而,其文论应该能反映一些其关于佛教的观点和态度。

一、皇帝兼居士的佛教认识和态度

历史上,很多好佛或很注重佛教的皇帝及文臣士大夫,也多与雍正皇帝类似,言行上似乎很是以“佛法付诸王大臣”为己任,不惜指指点点,推己

---

① (清)世宗:《历代禅师后集后序》,《御选语录》,《卍续藏经》第 68 册,日本京都藏经书院,第698 页。

及人,并且认为佛教有辅助治化的社会作用,要利用佛教维护王纲。由政治文化的视角看,在传统的君主集权的社会中,直至清朝,王权依然居于绝对的权威地位,在王权的系统链索中,佛教不惟落实于早在东晋慧远时就确定的"协契皇极"角色上,也早已整合并同构于王权为主导的传统政治文化中,所以,总不乏政治人物来指点佛教的江山,雍正皇帝只是比较突出一些而已。

因而,对于这样一位号称居士,而且是清朝前期颇具政治强势的皇帝来说,雍正皇帝的佛教认识和态度,不否认有个人的宗教好恶倾向,但作为皇帝,即使其不主动扩大个人的好恶,其好恶也会波及于朝野,更何况雍正皇帝是主动触及佛教的,那么,其佛教认识如何,是否表现在其政治态度中并用于朝政,抑或还波及到佛教的现实存在,是此处要了解的问题。

首先看看雍正皇帝对于佛教的认识和态度。由其文论可见,坐在中国皇帝的位置上,雍正皇帝自己很清楚,应如何对待业已流行和作用于中国社会千百年的儒释道三教关系。即如其所曰:"朕膺元后父母之任,非开堂秉拂之人。欲期民物之安,惟循周孔之辙。所以,朕登极以来,十年未谈禅宗。"①应该说,这是作为中国古代帝王的基本的帝王之道。

概观中国历史,一般而言,"祖述尧舜,宪章文武"的原则,即是千百年来为中国之君者的为君之道,而这种帝王传统,也映衬出佛教流行中国千百年来所处的社会政治文化的背景,同时也简明直白地说明了儒释的不同地位和关系。基本上这种政治文化大环境自佛教传入之初至清朝,都没有发生根本变化。因而,既然有如此理性认识,雍正皇帝应该不会将佛教的思想理念用于朝廷政治。但是,实际情况又不全然像其标榜的那样。虽然不以佛教的义理用于朝政,但清廷却一直很关注藏传佛教的政教关系,并为朝政所用来安顿相关藏传佛教地区的政教事务。虽然雍正皇帝憋了十年没谈论禅宗,但终究还是不惜话堕地谈论禅宗了,而且,还是意在按其意图乃至意识形态来整顿宗门,用意更不惟是剑指佛教,而是一如康熙时期利用理学调试整个意识形态的倾向等,雍正时期的佛教批判,用意也是复合的。因而,在雍正一朝,已经不是朝廷是否会将政治势力加之于佛教的问题了,而是如何加之于佛教的问题。

既然知道为中国之君者以不谈佛教为好,那么何必又费那么多心神和笔墨谈论佛教和佛门中事呢?对此,雍正皇帝也有自解之说,其解释说,如此所为,不是"慕作家居士之虚名",只是"既亲履道场,宜宣大觉法王之正

---

① (清)世宗:《御制总序》,《御选语录》,《卍续藏经》第68册,日本京都藏经书院,第523页。

令,欲人信知"。① 禅宗中很多禅僧是不留文句的,如云门文偃说法,即不喜人记录,见有记录者,必骂。弟子们只好以衣为纸,随时书录。雍正皇帝也认为文偃"超情绝解,直指自心",同时还认为,在垂示后世的意义上,"云门与朕,实是大慈悲……落草了也"。② 此即所谓,说的与不说的,殊途同归。一位大皇帝,且已然禅修上透了三关,却又不惜做"落草汉"③,似乎也算是一个充足的理由和资格来解释说明其何以指点佛门了。

作为一位自称对佛教已然"深明本旨"者,虽然雍正自当了皇帝后"十年不见一僧,未尝涉及禅之一字",可是,眼见"求名之辈更长业缘",所以"朕悯诸有情无知愚陋……今见去圣日远,宗风扫地,正法眼藏垂绝如线,又不忍当朕世而听其滔滔日下也。乃选从上宗师吃紧为人之语,刊示天下后世。……朕今此举,实为佛祖慧命所系……非与十方常住行脚秉拂之徒较论见地长短。……此一番话堕无量慈悲"。④

在雍正皇帝诸多序论及谕旨中,其于所谓见地方面所作的褒贬评议比比皆是,一位皇帝俨然一代宗师般答疑解惑、垂示妙旨。但同时,也一再标榜其所为皆以悲悯众生为由,继佛祖慧命为旨。所以,以其认为历代诸宗师要紧的教导择为《御选语录》,再加上其自己的《和硕雍亲王圆明居士语录》二卷⑤,以及《圆明百问》一卷⑥,大概就算是其为延续佛祖慧命而做的一番努力了。若将其与历史上关注佛教比较多的皇帝大略比较的话,雍正皇帝大概是自负透关得悟而在见地上评论宗徒长短最多的一位皇帝。除了其所崇敬的章嘉活佛,于当世汉地佛门,其基本是视之为根本无敌手的境地。那么,就不妨由其取弃选择和褒贬评议看看其对佛教的认识和态度到底是怎样的。

二、《御选语录》对于汉地佛教的褒贬评议

由其《御选语录》和《御录宗镜大纲》、《御录经海一滴》的选择,以及穿插其间的序论,大致可见,这位皇帝居士不惟极其自信,也的确不怕"重添一番话堕",对古来的当世的僧人,既褒扬了一些,也严厉指责了一些。而其

---

① (清)世宗:《圆明居士编自序》,《御选语录》卷二一,《卍续藏经》第68册,日本京都藏经书院,第553页。

② (清)世宗:《云门编序》,《御选语录》卷七,《卍续藏经》第68册,日本京都藏经书院,第527页。

③ 禅宗术语,意为降身在凡愚中苦口婆心地慈悲化度众生。

④ (清)世宗:《历代禅师后集后序》,《御选语录》,《卍续藏经》第68册,日本京都藏经书院,第696页。

⑤ (清)世宗:《御选语录》卷一九、二十,《卍续藏经》第68册,日本京都藏经书院。

⑥ (清)世宗:《御选语录》卷二一,《卍续藏经》第68册,日本京都藏经书院。

所褒扬者大多是历史上本就被推崇的高僧,这些高僧再次被雍正皇帝推举,不过是更加增辉而已;而遭到指斥者,对历史上久远过去者应该无甚影响,但当世尚有法脉者,出自皇帝的带有圣旨性质的指斥,大概就足以使那些被贬斥的僧人或著述遭遇禁限,而其法脉则会遭受打击或陷入窘况。在此不妨具体看看其所选择来褒扬或贬斥者为谁。

其《御选语录》共四十卷。其中,特别推选的是十五位,再加上其自己"和硕雍亲王圆明居士语录"及"圆明百问",应算是十六位特选语录。之后又拣选出了"历代禅师前集"、"历代禅师后集"十五卷,这中间对于人的选择则相对宽泛一些,甚至有道教真人。

特选的十五位高僧,其名号前再加的谥号,有两位的原有谥号被沿用,一是云门文偃,在北宋时已追谥有"慈云匡真弘明"之号,一是玉林通琇在顺治时赐封"大觉普济能仁国师"。其他的被选者则是由雍正皇帝亲自特别加谥的,如,东晋时的僧肇法师,被加谥"大智圆证圣僧"之号;唐代的永嘉玄觉禅师被加谥"洞明妙智";寒山与拾得则分别是"妙觉普度和圣"与"圆觉慈度合圣",由此,寒山、拾得便成为"和合二圣";沩山祐禅师被加"灵觉大圆";仰山寂禅师加"真证通智";真际赵州谂禅师被加"圆证直指";宋代的永明延寿禅师被加"妙圆正修智觉";道教的紫阳真人被誉为"大慈圆通禅仙";圆悟克勤禅师是"明宗真觉";"明道正觉"之号追谥清代本朝的茚溪行森禅师。禅师中有道教的真人,而且被称为"禅仙",似也是雍正皇帝的独创。虽然"至道无二",但禅师特指佛教禅门僧人,雍正青睐紫阳真人当有其理由。

除了特别选举的这些高僧语录外,《历代禅僧语录》十五卷的前集后集所选者,也是雍正皇帝亲自选择的,个中原因是所谓"臣工中与禅衲辈,具能辨别淄渑者,不得其人"[1]。所谓"淄渑",古水名,即淄水、渑水,皆在临淄。雍正皇帝此谓找不到有道禅衲,只好亲自以宗杲《正法眼藏》和瞿汝稷之《指月录》为底本,"采取若干则公案,以示后学"。[2] 不过,这位皇帝居士对于此二书的著者却有评判,认为:"妙喜(宗杲)、幻寄(瞿汝稷)之功勋,固为不可磨灭。但惜皆为未具透关眼,所以拈提自先失利。则粉中之雪,煤里之墨,岂能拣辨的当?掷黄金而取瓦砾,宝鱼目而弃摩尼,定所不免。"[3]

① (清)世宗:《历代禅师前集序》,《御选语录》,《卍续藏经》第68册,日本京都藏经书院,第599页。
② (清)世宗:《历代禅师前集序》,《御选语录》,《卍续藏经》第68册,日本京都藏经书院,第599页。
③ (清)世宗:《历代禅师前集序》,《御选语录》,《卍续藏经》第68册,日本京都藏经书院,第599页。

妙喜即大慧宗杲，号妙喜。两宋之际的临济宗僧。宗杲极赋辩才，特擅讲说，提倡参究公案的"看话禅"。又为皇帝推崇，被赐紫衣，先是北宋的末一个皇帝赐号"佛日大师"。后来南宋的孝宗皇帝又赐号"大慧禅师"。中间还因为与朝臣议论朝政被罪褫夺衣牒。既住锡径山，也被贬梅州等。与提倡"默照禅"的另一有影响的禅师宏智正觉然，形成当时禅门中不同修行取向的派系。其所倡之宗风不仅大振于当时，而且所谓大慧宗风也一直刮到后世，是后世禅门常常标榜的高僧。且其著作甚丰。《正法眼藏》六卷，乃其辑录古德机语并附有自家拈提的一部著作。

幻寄，名瞿汝稷，江苏常熟人，乃明穆宗时之礼部侍郎瞿景淳之子。其活跃于明代万历年间，曾跟明末著名的好佛儒者管东溟学禅。其所著之《指月录》三十二卷，是过去七佛到禅宗六祖惠能下十六世禅师的传略，但加以编排并以文饰，比如，讲释迦牟尼的传记故事时，会用禅家的行文习惯，诸如"一日升座"、"默然无语"等来述说；还在佛传故事中间穿插进禅僧的话，诸如"云门云"如何、"昭觉勤云"如何，等等。此书在万历三十年刊行并盛行于世。其人还是《嘉兴藏》刊刻事宜的积极响应者。可见其应是当时士大夫阶层中一位知名的积极向佛者。

《正法眼藏》、《指月录》，都是经那二位作者择选过的禅家机语公案的典故集，虽然有其自家倾向，但这两种书都很流行。其中至少有个原因，即，著作这种书者及阅读这种书者，大都是喜弄禅机的文人。虽然，作禅僧偈诵的，也有如六祖惠能那样无甚文墨但悟性极高者，但多数也还是出于有文化能诗文的僧人。因而，凝集禅悟心得的公案及偈语，也确是各显禅机，耐人寻味，成为读书人乐读的读物，即属自然。不过，雍正皇帝自认为有更透彻的见地，所以，其颇自信地说："在朕今日，无挂无碍，一禀觉王正令，黜陟古今，有何忌讳，而不直捷指明？……"①

的确，在《历代禅僧语录》的序中，雍正皇帝对所选的很多禅僧作了具体评判，确实没有忌讳那些人是否乃佛教史上的高僧和佛学权威，如其认为，"妙喜乃数百年望重海内之人，其《武库全录》②，朕皆详细披阅，其示语机缘重，一无可取。其拈提古德处，亦间有透脱之论，而支离谬误处甚多"③。又如，其认为，傅大士、大珠慧海、丹霞天然、灵云志勤、德山宣鉴……汾阳善昭、大慧宗杲、慧洪觉范、高峰原妙等，虽然"皆宗门中历代推为提持

---

①　(清)世宗：《历代禅师前集序》，《御选语录》，《卍续藏经》第68册，日本京都藏经书院，第599页。

②　即(宋)宗杲集：《宗门武库》，禅门机语公案，尤其突出临济宗风。

③　(清)世宗：《历代禅师前集序》，《御选语录》，《卍续藏经》第68册，日本京都藏经书院，第599页。

后学之宗匠,奈其机缘示语,无一可入选者"。① 其所举者,的确在佛教史上都是被后世频频提及者,而且不乏一时之卓越和知名者。为了证明自己的论断,雍正皇帝则具体引述分析,所谓"聊举数端,以见其旨"②。在此也不妨列出其所议论者一二,看看这个自谓透三关的皇帝如何批评那些历代望重的佛门中人。

如其评论傅大士,"夜夜抱佛眠,朝朝还共起,起坐镇相随,语默同居止",及"能为万象主,不逐四时凋"③,不过只识得个昭昭灵灵而已。而"空手把锄头,不行骑水牛,人从桥上过,桥流水不流"④,如此等等,在雍正皇帝看来,也只是达到一种仅脱凡情执着的见地。

德山宣鉴是一直备受推崇的禅门古德,雍正皇帝却认为德山"除一棒之外","其垂示机缘,却无一则可取"。⑤ 汾阳善昭的话头也是后代多举的老参名句,但是在这位皇帝居士看,除"十智同真"外,亦无可取。即便这一句也问题多多,所谓"若为启初学之疑情,何必如此多言,徒使真参实悟之人,牵连入于解路耳"⑥。

又如,南泉普愿是禅门中极受后世所尊崇者,雍正皇帝则谓其"水牯牛"公案最为下品,只因"南泉愿颇有本分之语,是以朕未加呵斥"。⑦

凡此等等。以致雍正皇帝特别慨叹,那些只是勉强启发初学疑情的公案,"与本分毫无交涉,况亦有何奇特,直得数千年提唱? 殊不可解"! ⑧

至于丹霞天然烧木佛这样的激烈言行者,雍正皇帝更批为"只止无心。实为狂参妄作"。"木佛之外,别有佛耶? 若此,则子孙焚烧祖先牌,臣工毁弃帝王位,可乎? ……在丹霞以为除佛见,殊不知自堕铁围而不觉也。意在立奇扫相,而通身泥水,自不知也。"⑨"释子既以佛祖为祖父,岂得信口讥诃? 譬如家之逆子,国之逆臣,岂有部人神共嫉,天地不容者! "雍正皇帝不仅视那些呵佛骂祖的言行为妄作,还认为这样的看似破执扫相的修行意指,实际更是执相。而且其还作关联思考,认为这样的逆子意向若转向世俗秩序则可能会产生危害。

① (清)世宗:《历代禅师前集序》,《御选语录》,《卍续藏经》第68册,日本京都藏经书院,第599页。
② (清)世宗:《历代禅师前集序》,《御选语录》,《卍续藏经》第68册,日本京都藏经书院,第599页。
③ (清)世宗:《历代禅师前集序》,《御选语录》,《卍续藏经》第68册,日本京都藏经书院,第599页。
④ (清)世宗:《历代禅师前集序》,《御选语录》,《卍续藏经》第68册,日本京都藏经书院,第599页。
⑤ (清)世宗:《历代禅师前集序》,《御选语录》,《卍续藏经》第68册,日本京都藏经书院,第599页。
⑥ (清)世宗:《历代禅师前集序》,《御选语录》,《卍续藏经》第68册,日本京都藏经书院,第599页。
⑦ (清)世宗:《历代禅师前集序》,《御选语录》,《卍续藏经》第68册,日本京都藏经书院,第599页。
⑧ (清)世宗:《历代禅师前集序》,《御选语录》,《卍续藏经》第68册,日本京都藏经书院,第599页。
⑨ (清)世宗:《历代禅师前集序》,《御选语录》,《卍续藏经》第68册,日本京都藏经书院,第599页。

　　在这个专门采摘编辑禅僧语录的集子里,一些震名历代的高僧名言警句,在雍正皇帝笔下,却频频被评议为"支离谬妄"、"无一可取"、"非了义说"、"贻误后学"等等,虽千百年来备受推重,实则不过是"未了之谈"。那些被奉为津筏的公案,"虽皆数千年以来人人之所提倡,其人虽皆数千年以来人人之所推崇,朕皆置之不论。……此等未了之谈,杂入真正人天眼目之宗师语句中……必致金鍮莫辨……自以为造某古德所造之境,向上自然无路,妄为参学事毕,岂不是尽九州铁铸成这一大错"?①

　　对于其眼下的禅门状况,雍正皇帝的评论也是直切而无所顾忌:"朕意禅宗莫盛于今日,亦莫衰于今日。直省刹寺棋布,开堂秉拂者不可胜计,固莫盛于今日也;然,天下宗徒不特透得向上一关者,罕有其人,即能破本参具正知见者,亦不多见。宗风如此,实莫衰于今日也。"②

　　对于其近世以来的禅门的状况,雍正皇帝的用词也是频用贬斥之语。如其谓:"近代宗徒,动辄拾取他人涕唾,陈烂葛藤,串合弥缝,偷作自己法语,灾梨祸枣,狂惑人家男女。其口头实能滑利者……各出妄见争持……礼拜者作出身之活路,棒喝者成漂堕之黑风。""一腔私意……强作解事,学人饶舌……是何言欤? 是何言欤?""如此心行,称曰度人,佛祖门庭岂不污辱!"③作为皇帝,其言辞间显露出的痛心疾首的情状,实际也透露了其时禅宗宗门鄙陋之实态。

　　雍正皇帝之所以如此评议,既自负于其参悟有得及见地不一般,也应来自其切身的一些经历,比如其在藩邸时悠游佛门的经历。如其谓"于藩邸时,颇阅今时禅侣伎俩……尝于此作游戏三昧"④。当时其与藩邸近处的柏林寺僧往来,迦陵音和尚还是被其认为尚"具参方眼者"⑤,然而亦被公案牵绊,层次还是不及其高,以致"朕当年一一讨论,为之说破,尚不能透脱,何况初机后学耶"?⑥这位迦陵音和尚,编纂了一部《宗统一丝》,也被雍正皇帝批了个体无完肤。雍正皇帝谓此书将禅宗"直接西天四七,东土二三","若然,则禅宗之统实危如一丝也",实在"乖谬","令人笑之齿冷"。⑦

---

①　(清)世宗:《历代禅师前集序》,《御选语录》,《卍续藏经》第68册,日本京都藏经书院,第599页。

②　(清)世宗:《上谕附录》,《御选语录》卷二一,《卍续藏经》第68册,日本京都藏经书院,第574页。

③　(清)世宗:《历代禅师前集序》,《御选语录》,《卍续藏经》第68册,日本京都藏经书院,第598页。

④　(清)世宗:《御制序》,《御选语录》,《卍续藏经》第68册,日本京都藏经书院,第644页。

⑤　(清)世宗:《历代禅师前集序》,《御选语录》,《卍续藏经》第68册,日本京都藏经书院,第599页。

⑥　(清)世宗:《历代禅师前集序》,《御选语录》,《卍续藏经》第68册,日本京都藏经书院,第599页。

⑦　(清)世宗:《历代禅师后集序》,《御选语录》,《卍续藏经》第68册,日本京都藏经书院,第696页。

其议论曰："古人语句专为开人迷雾,今乃挨门逐户拾取剩遗……更自夸曰秉公,何庸愚之甚也。但徒人人有份……野狐与狮子同吼,饱参者尚或一时目迷,况初学之人?……其为毒害,奚可胜言!""至于取本朝开堂说法之衲僧,平生所有乱统,各各人编一则,错杂不堪。""未料性音昏聩卑鄙至于此极也!"①

在雍正皇帝看,瞿汝稷及迦陵音等至少有一种心行是一样的卑鄙,即,都是拿佛法当人情,"其意不过取媚同门参学之徒……何异世间浇薄士子?"②幸亏是雍正当了皇帝很多年后才见到性音此书,其时此和尚已西去,若非,被皇帝如此大加斥责的和尚大概真就可能无地可容了。

如此看,雍正皇帝不嫌话堕地评议择选所谓古德语录,所为的理由,是以正视听。撇开其是皇帝的因素,这也应该可以看作是一个确当的理由,类似于书评。而且,在王权至上的集权社会,大概也只有做皇帝的有可能和胆量对于千百年来名扬于世的古德作如此评议,而且,其评议并非无当。不过,因为是集权社会,帝王的评议如果扩大为强权干预,对于佛教和社会则会有巨大的影响。事实也确实如此,雍正皇帝并没有只是发表一家之议论,而是附加了王权的目的和政权威势。

第三节　雍正皇帝之批判禅宗与干预佛教　　　　　宗派纷争及其政治文化效应

遭受皇帝的严斥,而且真的就不能继续传宗接代下去的,是明末汉月法藏一系的徒孙。在雍正皇帝的《御选语录》中,特别著名的一篇文论,是对于佛门宗派人物指斥言辞最为激烈的"上谕",也即是其专门驳斥汉月一系著述的《御制拣魔辨异录》的谕文。这道上谕注明是雍正十一年四月初八日,也就是那年的佛诞日公布的,而且言辞极其严厉,不仅批驳,而且下达了如何处置三峰派的具体的敕令。这不由得令人疑问,那么一个小小的佛教支系何至于引得皇帝对其大打出手?雍正皇帝的上谕是否仅仅是不满汉月一系,还是不仅如此?先看看被雍正皇帝贬斥为魔的汉月法藏是个什么人。

① (清)世宗:《历代禅师后集序》,《御选语录》,《卍续藏经》第68册,日本京都藏经书院,第696页。
② (清)世宗:《历代禅师后集序》,《御选语录》,《卍续藏经》第68册,日本京都藏经书院,第696页。

一、汉月法藏及其三峰派之被打击与其时之政治文化背景

汉月法藏,生于万历一年(1573),寂于崇祯八年(1635)。乃晚明临济宗的僧人。因其开法于三峰(江苏常熟虞山龙母峰西)清凉院,而被称为三峰和尚。晚明佛教的许多宗派再次复兴,禅宗也获得更大发展,门派活跃。汉月追随者众,遂以三峰派而名。

汉月及其三峰派有一些自家的观点,追随者中颇多文人士大夫,门弟子中也有能舞文弄墨张扬门派者,此派不讳谈国事,且标榜禅宗古德提倡秉持的"君王命而不来,诸侯请而不赴"①的宗风,使得这一系在明末至清初一时名盛江南。而雍正皇帝不惜重墨地对这一系大加贬斥,使得这一系更加闻名的同时也被迫结束了传承。

关于汉月法藏的资料信息,有《三峰藏和尚语录》②,其中附有《三峰和尚年谱》③,虽然与其他关于其行状的资料比较,资料间有些微不一致处,但基本线索还是收拾得清楚可信,应可以作为其行迹之参考;当然,还有其引起晚明佛门争辩的著名的《五宗原》。

汉月出身儒者家,少年时即已向佛,同时亦于儒道典籍有深入学习研思。十五岁入寺门,其父泣而从其志,并授之"汤药之田"④,因其父秉承所谓"儒者子,不能乞食道途"⑤的观念。而汉月自己也颇为自负而志向高远,如其在一咏蝉诗中有说:"素志本非干露泽,清标哪肯混泥沙。"⑥所幸,在其参学的年代,佛门中尚有不少高僧在世。如其曾走进云栖袾宏门下乞戒,但因朝廷戒檀未开而无果。直至三十七岁才在灵谷寺从古心律师受具足戒。四十岁在行百日不语死关中闻折大竹之声而悟。⑦其也亲近过憨山德清、

① (宋)道原:《景德传灯录》卷二八,"汾州无业",《大正新修大藏经》第51册,第444页。
② (明)汉月法藏:《三峰和尚语录》,《明版嘉兴大藏经》第34册,(台湾)新文丰出版有限公司1987年版。
③ (清)继起弘储:《三峰和尚年谱》,《三峰和尚语录》,《明版嘉兴大藏经》第34册,(台湾)新文丰出版有限公司1987年版。
④ (清)继起弘储:《三峰和尚年谱》,《三峰和尚语录》,《明版嘉兴大藏经》第34册,(台湾)新文丰出版有限公司1987年版,第204页。
⑤ (清)继起弘储:《三峰和尚年谱》,《三峰和尚语录》,《明版嘉兴大藏经》第34册,(台湾)新文丰出版有限公司1987年版,第204页。
⑥ (清)继起弘储:《三峰和尚年谱》,《三峰和尚语录》,《明版嘉兴大藏经》第34册,(台湾)新文丰出版有限公司1987年版,第204页。
⑦ 参见(清)继起弘储:《三峰和尚年谱》,《三峰和尚语录》,《明版嘉兴大藏经》第34册,(台湾)新文丰出版有限公司1987年版,第205页。

湛然圆澄等名宿,但并没有归属其门。

汉月及其三峰派的一个重要特点,是其特别注重宗旨标榜以及精神境界的崇高。汉月是位自视颇高且张扬志趣的僧人,虽然参谒过一些名僧高僧,但更以宗旨见地的契合为归宿之认同。如其在读过宋代临济宗僧慧洪觉范的《临济宗旨》后,慨叹"如对面亲授于五百年前"①,显然其很是认同于觉范的见地,并曰:"我以天目为印心,清凉为印法,真师则临济也。"② 其所谓天目,当指元代的高峰原妙,因其曾行脚天目,得云栖新刻《高峰语录》,读之如逢故物,以为"吾今得所归仗矣"③。高峰在西天目山接引弟子,弟子中有著名的中峰明本,后来被称为天目中峰明本,但汉月此处当指原妙,因其后来又作"证心歌",歌颂的仍是高峰。所谓清凉,则因觉范曾住江宁清凉寺,也叫清凉慧洪,故其所指的应是慧洪觉范。临济则应为临济义玄及其所立之临济宗旨。因此,其"名三峰之院为清凉院"④,表明其意趣之倾向。

经此一番校正,汉月校准了以秉承临济宗旨为正宗。大概也是因为要以归属正宗的原则来选择其法门之归,使得汉月在五十五岁时最终还是得接受当时临济宗掌门密云圆悟之邀,而"告香入室",为密云门下第一座。如其弟子潭吉弘忍所谓,"三峰所以师天童,师其源流。我辈师三峰,虽源流而实法乳"⑤。汉月的心思或如潭吉所说,事实上密云也知其所以然。但雍正皇帝则訾之曰:"若藏、忍之邪知邪见","是乃毒乳。何云法乳"。⑥

不过,汉月以宗旨为原则而确定宗派归属的选择,实则存在着逻辑误区,毕竟,宗旨和现实宗派中扛着宗门大旗的人是不同的,宗门中人对于宗旨的认识未必相同,因而,即难免起纷争。绝对的志同道合,大致是不存在的,更多的是求同存异的妥协的产物。而汉月与密云二者已各自有势,由后

---

① (清) 继起弘储:《三峰和尚年谱》,《三峰和尚语录》,《明版嘉兴大藏经》第 34 册,(台湾) 新文丰出版有限公司 1987 年版,第 206 页。

② (清) 继起弘储:《三峰和尚年谱》,《三峰和尚语录》,《明版嘉兴大藏经》第 34 册,(台湾) 新文丰出版有限公司 1987 年版,第 206 页。

③ (清) 继起弘储:《三峰和尚年谱》,《三峰和尚语录》,《明版嘉兴大藏经》第 34 册,(台湾) 新文丰出版有限公司 1987 年版,第 205 页。

④ (清) 继起弘储:《三峰和尚年谱》,《三峰和尚语录》,《明版嘉兴大藏经》第 34 册,(台湾) 新文丰出版有限公司 1987 年版,第 206 页。

⑤ (明) 潭吉弘忍:《五宗救》,"总论三",蓝吉富主编:《禅宗全书》第 33 册,(台湾) 文殊文化有限公司(下略),第 237 页。

⑥ (清) 世宗:《上谕附录》,《御选语录》卷一二,《卍续藏经》第 68 册,日本京都藏经书院,第573 页。

来的文字官司看，大都不是能退让者。汉月的"自赞"，就很能说明其个性："七百年来临济被人抹杀无地，惟有者老秃奴偏要替他出气，惹得天下野狐一齐见影嗥吠，不如自家打杀，便与劈脊一击。"①而密云也说："岂忍坐视！"如此两个人的争辩，随即演变成为两个派系的对立，其影响则遍及了其时佛门丛林。

晚明时期，宗门之附确是佛门丛林中的一个大问题。究其原因，宗派早已不振，宗旨更加不清，掌门者得法者少，使得一些心高气傲、博学才高者难得归附处或难以心悦诚服地归附。但传统的延续及认识的惯性与实际条件状况等随即成为现实矛盾，使得未附者有未附之害，附之者亦可能有害。即如黄宗羲所议，至万历之世，"宗风衰息……甲乙相授，类多堕莸之徒。紫柏、憨山别树法幢，过而唾之……亦遂受未详法嗣之抹杀。此不附之害也"；"其后胡喝乱棒，声焰隆盛……先从而厌之。既饮荆溪而野祭无祀之鬼……此附而不附之害也"②；而"三峰禅师从而救之宗旨……师弟之讼至今。信者半，不信者半。此附之之害也"③。所附之人未必得法；以为得法者不在宗门序列，即难以获得认可。其实，这还是汉月所面对的一样的两难问题，是附人与附法的悖论。

但经密云一再邀请，或亲笔书写送临济源流表并衣；或信函称老迈不能领众上堂说法，延请汉月为第一座，等等，已经五十多岁且大有声名的汉月，回绝憨山等的召唤，终于还是"徘徊而就"④，附之密云。应该说，其实汉月的思想见地早已经成熟，但是其认定"威音以后，不许无师"⑤，其之所以附之密云，是因为密云所在有临济正宗之正统招牌，这是其处于当时那样的环境中的一种利害选择，大致还有困于所谓宗派源流归属观念的因素。

即使如此，密云和汉月，这两个晚明宗门中都颇有影响的人物之间，一方邀请和一方接受的达成，以及之后又因宗旨理解之歧义而引起连连纷争，但无论如何他们也不会想到，其彼此之间观点不合的内部争讼，还埋下了日后搅动一位皇帝的一宗诘案的伏笔。

---

① (明)汉月法藏:《自赞》,《三峰和尚语录》卷一六,《明版嘉兴大藏经》第34册,(台湾)新文丰出版有限公司1987年版,第200页。

② (清)黄宗羲:《苏州三峰汉月藏禅师塔铭》,《南雷集》卷六,《四部丛刊》初编,集部。

③ (清)黄宗羲:《苏州三峰汉月藏禅师塔铭》,《南雷集》卷六,《四部丛刊》初编,集部。

④ (清)黄宗羲:《苏州三峰汉月藏禅师塔铭》,《南雷集》卷六,《四部丛刊》初编,集部。

⑤ (明)潭吉弘忍:《五宗救》卷八,蓝吉富主编:《禅宗全书》第33册,第363页。

二、汉月法藏与密云圆悟之争讼及其所折射之佛教境况

与汉月儒者家出身不同,密云圆悟(1566—1642),出身农家,长事耕获。偶得《六祖坛经》,始知宗门事。一日见积薪,恍然有省。遂安置家室,于二十九岁投龙池院幻有正传出家。三十八岁时,一日过铜棺山,豁然得悟。后得幻有传以衣钵,又继席龙池祖庭。其后曾住天台、黄檗、天童等名刹,先后六坐道场,三十余年。宗风大振,弟子数万。木陈道忞、费隐通容、汉月法藏、去了日本的黄檗宗之祖隐元隆琦等,皆为其弟子门下。

汉月法藏首次拜谒密云圆悟时是天启四年(1624)。其时汉月已经五十二岁,密云年长其七岁。汉月与密云之会晤有所谓"室中征诘"。据潭吉记录说,汉月曾请教"堂奥"问题,密云良久才答曰:"宗旨太密,嗣续难乎其人,不若已之。"[1]当然,这种说法也受到雍正皇帝的批驳,认为"密云见地虽未到至处"[2],但也不至于用粗密这样没水平的语句,所以,认为是潭吉有意诬蔑密云。密云后来在给汉月的信中对于会晤所谈也有特别说明,认为"不存知解窠臼"[3],但如此特作解释,反而说明其欲弥合彼此之间已有的不甚契合之处。可见汉月与密云师弟子间之不和,由一开始就显露了。

虽然关于彼此的对答,各说各是,只是当时的矛盾还是潜伏着的。但是,恰恰由于二者之间是在宗派宗旨上的认识不同,症结却是坐实了的。而汉月接受密云之邀而列其门下,偏偏又是出于对于法脉归属问题的重视和对于宗旨问题的深切关注。况且那时的汉月已成一方派系的领袖,也就意味着若有不和,就不只是个人间的,而是一派对一派的了。

对于宗旨认识不同,重视程度和方式也不一样。而汉月则尤其在乎宗旨问题,因而频频表现出对于宗旨被佛门普遍忽视而痛心疾首的态度,甚至感慨至垂涕。其有曰:"国事日非矣。诸方大法不明,宗旨溷淆,法运亦日下矣。古人有言,舍我其谁。"[4]并一再进言密云,且恳切地认为,"法门事大","宗旨未破,则临济犹生"。[5] 不能因为"一时之举扬不易,承接之无人,

① (明)潭吉弘忍:《五宗救》卷八,蓝吉富主编:《禅宗全书》第33册,第361页。
② (明)圆悟著,真启编:《天童和尚辟妄救略说》卷十,《卍续藏》第65册,第182页。(清)世宗:《御制拣魔辨异录》卷七,《卍续藏经》第65册,日本京都藏经书院,第238页。
③ (清)继起弘储:《三峰和尚年谱》,《三峰和尚语录》卷一七,《明版嘉兴大藏经》第34册,(台湾)新文丰出版有限公司1987年版,第208页。
④ (清)继起弘储:《三峰和尚年谱》,《三峰和尚语录》卷一七,《明版嘉兴大藏经》第34册,(台湾)新文丰出版有限公司1987年版,第208页。
⑤ (明)汉月法藏:《复金粟老和尚》,《三峰禅师语录》卷一四,《明版嘉兴大藏经》第34册,(台湾)新文丰出版有限公司1987年版,第109页。

便欲越过此宗,别行坦途耶"。① 乃至曾作"五宗哭"诗。可见汉月关注宗旨问题之深切程度。

针对"诸方尊宿,欲抹杀五家宗旨"②,汉月著作了《五宗原》,尝试在原理上还原五家宗旨。认为,"单传释迦拈花一事,谓之直提向上"③,实际是"抹杀五家,而欲单传"④,即如同"剖符销印,自便之渠魁者耳"⑤。所谓"命将者必以兵符,悟心者必传法印。符不契即为奸伪,法不同则为外道"⑥,其论理逻辑是,"威音王佛"之"圆相早具五家宗旨"⑦,五家如同兵符的一面,不过是"各出一面"⑧,因有不同派系来显现,才能说明根本宗旨的存在。其一一详举五家之说,同时又指出各家之说内在机理如何地相互涵摄,来说明五家"建立其宗以防伪"⑨ 的关系和由不同方面体现宗旨的意义。

那么,汉月是如何解释五宗宗旨之所谓原教旨的呢。其曰:"尝见绘事家图七佛之始,始于威音王佛。惟大作一○圆相之后,则七佛各有言诠。言诠虽异,而诸佛之偈旨,不出圆相也。……圆相出于西天诸祖,七佛偈出于达磨传来,盖有所本也,尝试原之。""临济……宾主……云门三句,沩仰圆相……法眼……六相,曹洞……回互……只一○中。"又"毗婆尸佛偈曰:身从无相中受生,犹如幻出诸形象。幻人心识本来无,罪福皆空无所住。盖以身有相而无相,直截痛快,临济宗也;中间微露其旨,云门宗也;无相中受圆相,之谓沩仰宗也;身无相六相义;之谓法眼宗也;身兼无相,曹洞五位之旨也"⑩,凡此等等。

汉月还认为"五家宗旨之的,派也。何则,崇高多级";"令人心思可到,受用可著者也";"今之为佛弟子者,入教则不能出于九级而透结顶,入宗而限于卓木而无重盘";"善出语者贵迅捷,善作用者重孤硬";"剖其方册,削其语言";"五宗扫迹"。⑪

① (明)汉月法藏:《复金粟老和尚》,《三峰禅师语录》卷一四,《明版嘉兴大藏经》第34册,(台湾)新文丰出版有限公司1987年版,第109页。

② (明)汉月法藏:《五宗原序》,《卍续藏经》第65册,日本京都藏经书院,第102页。

③ (明)汉月法藏:《五宗原序》,《卍续藏经》第65册,日本京都藏经书院,第102页。

④ (明)汉月法藏:《五宗原序》,《卍续藏经》第65册,日本京都藏经书院,第102页。

⑤ (明)汉月法藏:《五宗原序》,《卍续藏经》第65册,日本京都藏经书院,第102页。

⑥ (明)汉月法藏:《五宗原序》,《卍续藏经》第65册,日本京都藏经书院,第102页。

⑦ (明)汉月法藏:《五宗原·临济宗》,《卍续藏经》第65册,日本京都藏经书院,第102页。

⑧ (明)汉月法藏:《五宗原·临济宗》,《卍续藏经》第65册,日本京都藏经书院,第102页。

⑨ (明)汉月法藏:《五宗原序》,《卍续藏经》第65册,日本京都藏经书院,第102页。

⑩ (明)汉月法藏:《五宗原·临济宗》,《卍续藏经》第65册,日本京都藏经书院,第102页。

⑪ (明)汉月法藏:《五宗语录序》,《三峰和尚语录》卷一六,《明版嘉兴大藏经》第34册,第21页。

但是,汉月《五宗原》一出,本是极力倡导,力阐纲宗的努力,结果却不仅是使"诸方惊疑,谤议竞起"①,而且是"忌者益深,丛林几陷"②,纷争即由此而起。

汉月的《五宗原》刊于崇祯元年。其后寄给密云请教,但也拉开了双方争辩的帷幕。

密云在后来写的《辟妄救略说》"缘起"中回忆说:"崇祯三年春。汉月寄《五宗原》至。老僧置之不阅。"③口气显示,对于汉月此作,密云持不屑的态度。但由其表现却可见,实际上则很是在意。密云说虽然没有读《五宗原》,却还是回复了汉月,因其仅"目'原'之一字,苐恐不出六祖道,成知解宗徒,不得不说破耳。此老僧逆耳之言。望汉月知非故也"④。只看到一个"原"字,密云就可以知道汉月之说不出六祖之道,不过是仅仅靠理解其意的阐发,为了点破这一点,才回复汉月以逆耳之言。

以黄宗羲的分析来看,密云"虽有憾于师(汉月),心服其英伟辨博,非及门所及,姑且牢笼之。而及门者多恶其张皇,谗构间作,于是有'辟妄七书'。天下视其师弟子间若水火焉"⑤。

汉月嗣法弟子弘储称,有人告之,用"辟"字指责汉月,实不出密云之意,实在是汉月不懂有"圜悟高安之诮,立言未免过激"⑥。隐约显出,"辟妄"不单纯是宗旨认识不同的观点纷争问题,似乎确有人际方面的问题纠缠其间。因而黄宗羲的分析或不是凭空之议。

密云批判汉月之说的"辟妄七书",出于崇祯七年(1634),"三辟"出于崇祯九年(1636),密云的弟子木陈道忞也著文其间,密云一方可谓连续出击。由年谱见,汉月只来得及回复密云一书信,却来不及辩论,就于崇祯八年(1635)正月圆寂了。

但汉月有弟子潭吉弘忍,写了《五宗救》,奋起维护师说。其称:"爰集从上列祖之悟繇,起自释迦终于天童三峰,凡六十九人,以尽临济一宗,串珠而下,有建立者,有守成者,有扶救者,其间升降,历历可观,使宗祖之眼目不

① (清)纪荫:《宗统编年》卷三一,"诸方略纪"上,《卍续藏经》卷八六,第295页。
② (清)继起弘储:《三峰和尚年谱》,《三峰和尚语录》卷一七,《明版嘉兴大藏经》第34册,(台湾)新文丰出版有限公司1987年版,第208页。
③ (明)密云圆悟:《辟妄救略说》,"缘起",《卍续藏经》第65册,日本京都藏经书院,第111页。
④ (明)密云圆悟:《辟妄救略说》,"缘起",《卍续藏经》第65册,日本京都藏经书院,第111页。
⑤ (清)黄宗羲:《苏州三峰汉月藏禅师塔铭》,《南雷集》卷六,《四部丛刊》初编,集部。
⑥ (清)继起弘储:《三峰和尚年谱》,《三峰和尚语录》卷一七,《明版嘉兴大藏经》第34册,(台湾)新文丰出版有限公司1987年版,第210页。

至扫地,以待夫天下后世英杰者出,再振而起之。非辨也。救也。"① 并明确标示其观点,谓:"道大同,弘道之迹不能同。……先圣之建立有差,变变化化而不出从上相承之法眼,所谓宗旨也。"② 坚持认为,各宗是通过各自的特色、由不同的侧面显示根本相同的宗旨。所谓"宗旨也,非三峰之宗旨,从上列祖列宗之宗旨也。……夫辨不明,宗旨不存;宗旨不存,从上之慧命绝矣。"③ 不过,宗旨淹没即久,"必有乘愿再来之大士起而救之。救之之际不免触讳。故,有疑之者,有毁之者。甚至投毒,下狱,篡面,鞭背,在古人犹所不免,况今日乎"?④

潭吉还质问密云,附法之事大,不可以佛法做人情。附之时说"汉公悟处真实,学大而名……屈身来此者,为临济源流者也"⑤,辟时则又说汉月"既不知自己立地处,又不识举一举二之用处,是一茫然无知掠虚汉子耳"⑥。如此先是而后非的做法,不仅对待汉月如是,类似情况也在其他人那里屡屡发生,岂不是拿佛法慧命做儿戏吗?如此看,"诸老宿不察三峰之用心,憎其异己"⑦ 潭吉认为密云等的所谓辟妄,不过是不容异己者而已。而且,"今三峰往矣,而辟书又一再至,则吾之辨亦安能已耶"?⑧ 作为弟子,潭吉只好起而辨之。

这样一来,争辩进入了又一场次。潭吉《五宗救》十卷,刊行在崇祯十年(1637)。密云的《辟妄救略说》十卷,刊行于崇祯十一年(1638)。

密云的十卷书,也是从头数说,只是不同于潭吉,是从七佛述说到自己。后附一卷写三峰,注明由门人编辑。

密云对于其"辟妄"之因由,作申明说:汉月"谓五宗各出○之一面,独临济为正。于是妄认三玄三要⑨ 等名目为宗旨,硬引三击三撼之类以配之,从上相传。佛法大意,岂不为汉月所混灭?"⑩ 况且汉月"别寻绘事家,图七佛之始威音王佛,未有出载。无所考据之一○,为千佛万佛之祖","今潭吉

---

① (明)潭吉弘忍:《五宗救》总论三,蓝吉富主编:《禅宗全书》第33册,第238页。
② (明)潭吉弘忍:《五宗救》总论一,蓝吉富主编:《禅宗全书》第33册,第235页。
③ (明)潭吉弘忍:《五宗救》总论三,蓝吉富主编:《禅宗全书》第33册,第237页。
④ (明)潭吉弘忍:《五宗救》总论一,蓝吉富主编:《禅宗全书》第33册,第236页。
⑤ (明)潭吉弘忍:《五宗救》卷八,蓝吉富主编:《禅宗全书》第33册,第363页。
⑥ (明)潭吉弘忍:《五宗救》卷八,蓝吉富主编:《禅宗全书》第33册,第363页。
⑦ (明)潭吉弘忍:《五宗救》总论三,蓝吉富主编:《禅宗全书》第33册,第237页。
⑧ (明)潭吉弘忍:《五宗救》总论三,蓝吉富主编:《禅宗全书》第33册,第237页。
⑨ 临济义玄(唐代临济宗僧)接引参学者的一种方法。
⑩ (明)密云圆悟:《辟妄救略说》,"缘起",《卍续藏经》第65册,日本京都藏经书院,第111页。

妄作《五宗救》,益见汉月密嘱之祸","老僧又岂忍坐视也"! ①

关于临济宗旨,密云说:"只因汉月吾孙等,不识临济道。……一味牵扯他人来,虚张声势。以为自悟三玄三要。……盖三玄三要,出自临济故也……总是临济一时语。今《救》中不顾前后语脉,遂捏出不过二字。……权实照用,汝等诸人作么生会。遂可置之无用之地哉? 老僧情知汝不解临济意旨。"②

密云认为,临济宗风"当以本色本分者此也。盖本色本分,行之在吾侪,信与不信在学者。宁可遵上古规绳,饿死于林下,不可好热闹而耻辱于先圣。大端吾徒病在好自高,卖学识以要名",以致"临济宗,至吾徒又一大变,而为讲席矣"③。

密云指出:"殊不知从上已来,佛法的大意,惟直指一切人,不从人得之。……曹溪正脉,为五家无异之正宗正旨。今汉月不据曹溪正脉,一味假临济虚名,死配三玄三要,诳吓闾阎。甚至妄捏一○,为千佛万佛之祖。谓五宗各出○之一面。虽云建立五宗,实乃抹杀五宗,自成汉月一种魔说。老僧恐天下后世,参禅学道者,靡所适从,以致堕邪落外。自汉月始,故不惜指词摘字,一一理到宗旨清处。"④

密云还痛斥道:"汉月等,蔑视一切人,独自称为真子。"⑤ 其质问对方:"老僧只据临济道,你但自家看,更有甚么?"⑥

所以,密云亦根据临济传统典范,反驳汉月师徒对其见地及门风的评价。

密云说:"汝谓《辟》书引山僧'无一法与人',抹杀宗旨。则首山(从稔)道:'从上无一法与人'",照此说,"临济宗旨,早向首山边抹杀了也"。⑦ 其指责汉月师徒其实很无知,不过借古来权威来打压人。"谓老僧,只得一橛头硬禅"⑧,又"假汾阳、慈明来盖覆老僧,非惟诬谤老僧",实是"失师友力,诬谤先师,不堪为范"⑨。

并且认为,是非自有公断。"老僧谓汝等不知宗旨。汝等亦谓老僧不

① (明)密云圆悟:《辟妄救略说》,"缘起",《卍续藏经》第 65 册,日本京都藏经书院,第 111 页。
② (明)密云圆悟:《辟妄救略说》卷五,《卍续藏经》第 65 册,日本京都藏经书院,第 141 页。
③ (明)密云圆悟:《辟妄救略说》卷九,《卍续藏经》第 65 册,日本京都藏经书院,第 177 页。
④ (明)密云圆悟:《辟妄救略说》卷九,《卍续藏经》第 65 册,日本京都藏经书院,第 177 页。
⑤ (明)密云圆悟:《辟妄救略说》卷五,《卍续藏经》第 65 册,日本京都藏经书院,第 143 页。
⑥ (明)密云圆悟:《辟妄救略说》卷十,《卍续藏经》第 65 册,日本京都藏经书院,第 192 页。
⑦ (明)密云圆悟:《辟妄救略说》卷七,《卍续藏经》第 65 册,日本京都藏经书院,第 156 页。
⑧ (明)密云圆悟:《辟妄救略说》卷五,《卍续藏经》第 65 册,日本京都藏经书院,第 141 页。
⑨ (明)密云圆悟:《辟妄救略说》卷九,《卍续藏经》第 65 册,日本京都藏经书院,第 176 页。

知宗旨。……汝等谓老僧抹杀五宗,作五宗救。老僧谓汝等,建立五宗实乃抹杀五宗。辟其妄救者以救之。今不得不大家刻出,听天下后世明眼者断。"①

说到义愤处,密云不禁瞋目,恶语訾咎之,曰:"汉月野狐精,反谤老僧为一橛头硬禅。潭吉野狐精,反谤老僧于从上来事,不无毫发遗恨。老僧且问汝等……传来的三玄三要,是从上来事么?……五宗各出○之一面,是从上来事么?者等野狐精见解,不消老僧大象王一踏踏倒。"②

在密云看来,汉月和潭吉师徒,无非是卖弄学识,标榜见解,不过是知解大意便拿来自圆其说,邀取读书人之宠,其实是心术不正。

密云指斥道:"潭吉聪明伶俐,博极群书。其所作《五宗救》,读书人爱看。殊不知古人道,博极群书,只要知圣人所用心处。知得了,自家心术即正。心术正,则种种杂毒不相污染。今潭吉心术不正,反借群书为杂毒。可怜可怜。"③

密云还申述道:"老僧固未尝读书,但据孔子谓曾子曰,参乎,吾道一以贯之。曾子曰,唯。……夫子之道,忠恕而已矣。朱注,尽己谓忠,推己谓恕。汉月于己外妄捏一○,岂非反老子一贯之道耶? 孟子曰,形色,天性也。汉月指威者形之外,音者声之外,岂非反孟子天性之道耶? 汉月反孔孟之道,妄谈尧舜,妄拟春秋。殊不思孔子作《春秋》,专为乱臣贼子。孟子辟杨、墨,专为无父无君。"④ 这就是说,密云将汉月、潭吉比作历史上那些著名的悖逆之徒,所以要辟之。

"老僧要诸孙学好,犹夫要汉月好,一片婆心到底不变不易。乃潭吉具德作《五宗救》,诬谤老僧,千态万状其奸狡之计,较汉月更有甚焉。……即如引《孟子》曰:今之人,修其天爵以要人爵,既得人爵,即弃其天爵,终亦必亡而已矣。老僧读之,不觉失笑。何以故? 汉月屈身来金粟,以要临济源流,既得源流拂子,并衣以表信,书以作证。便乃千态万状,诬谤老僧,终亦必亡而已矣。正潭吉不打自招之款案也。颠末具在,果老僧非佛祖心行耶? 抑汉月、潭吉非佛祖心行耶? 请以质天下万世,具正眼持公论者。"⑤

密云不认为汉月屈身附之是因为源流宗旨,只不过是要得"拂子"、"衣"、"表"而已。

---

① (明)密云圆悟:《辟妄救略说》卷十,《卍续藏经》第65册,日本京都藏经书院,第182页。
② (明)密云圆悟:《辟妄救略说》卷九,《卍续藏经》第65册,日本京都藏经书院,第176页。
③ (明)密云圆悟:《辟妄救略说》卷十,《卍续藏经》第65册,日本京都藏经书院,第182页。
④ (明)密云圆悟:《辟妄救略说》卷九,《卍续藏经》第65册,日本京都藏经书院,第177页。
⑤ (明)密云圆悟:《辟妄救略说》卷十,《卍续藏经》第65册,日本京都藏经书院,第177页。

　　检索这些争论指责的内容,可见密云与汉月之争,有冲突之起因,有争辩之症结,也有攻讦之演变,多种因素纠缠其间。显露的直接的起因自然是《五宗原》,但症结,主要还是在于如何认识宗旨和如何具体解释宗旨的方面;乃至所在立场不同,意识倾向也不同。此外,则是才情个性及行事作风的不同,以及人脉关系等因素。诸种不同因素裹挟起来使得问题并不单纯,当矛盾公开化后,彼此看不上眼的方面也随之演化成攻击而淹没了问题本身,而使得矛盾复杂化和扩大化。

　　若仅就所谓宗旨之争看,如果说汉月指出五宗宗旨不出佛教根本原理尚有论理逻辑可言,但为了说明之,不仅以画师之画为论据,来说明七佛之始始于威音王佛,且以一圆相为原,还硬要将各家宗旨特点一一对应地挂在所谓的七佛偈上,则不免牵强附会,不成理由。汉月对于宗旨的执着和牵强的认识逻辑,还使得其将宗旨固定于相关人脉,终究没能像憨山、紫柏,乃至后来的智旭那样超然,最终还是掉在了人与法的悖论窠臼中。因而,汉月对于宗旨之原的论证,显然存在论理的逻辑漏洞。而密云一方,虽然指出汉月执着死理的问题,却又由嗔心而激愤成攻讦之怨,以至于不仅彻底否定了汉月,实际也否定了争辩的主题,即如黄宗羲所论,外人只见其门中师弟子间之诉讼,而不知可以相信谁。由此可见其时学僧之见解和论理水平之一斑。

　　关于五家宗旨的讨论,由汉月与密云及其门徒之间的讨论,又蔓延为济、洞两系之争,并一直受到涉及此问题者的议论。比如,《三山来禅师五家宗旨纂要》,此书作于顺治十四年(1657),但四十余年后(大致在康熙四十二年,1703)始由门人性统编辑刊行。此文对于晚明以来"多少人咬来嚼去百杂碎"的"一即五,五即一"的"陈年葛藤",收拾了一遍。其中,引用铁壁机老人(1603—1668)《五宗断》的立场,认为"用临济而不通曹洞则类野狐,用曹洞而不通临济则落教网,是必济、洞兼通,则云门、沩仰、法眼在其中矣"[1]。

　　又如,康熙时纪荫编纂的《宗统编年》,对于密云与汉月之争,是由站在事外而观其作用的角度理解的,认为,"非天童无以起临济之广大,非三峰无以尽临济之精微。两祖盖互相成褫,以逆为用者也"[2]。《卍续藏经》所收此书之后序,乃光绪年间陆鼎翰作,其评说道:"荫虽三峰的裔,而中立无所倚毗。"[3]

① (明)三山灯来:《三山来禅师五家宗旨纂要》,"自序",《卍续藏经》第65册,日本京都藏经书院,第255页。
② (清)纪荫:《宗统编年》卷三一,《卍续藏经》第86册,日本京都藏经书院,第295页。
③ (清)纪荫:《宗统编年》卷三二,《卍续藏经》第86册,日本京都藏经书院,第317页。

再如,《宗范》二卷,是道光时钱伊庵编的禅宗入门书,也没有回避晚明以来的佛门争辩。认为"济、洞两家拈提各异,虽有优劣不齐,要皆乘愿示现。不有偏者,何以显圆? 不有异者,何以显胜? 来哲须感示现之深心,不可萌攻击之快说"①。当以"学无常师,主善为师"②为原则。

之前及后世论及密云与汉月之争,处于事外而就事论事者居多。而且之后者,也没有因为雍正皇帝的批判而讳莫如深。甚至还有乡愿倾向,试图将这场争辩做圆融化的处理,如将争辩看作是一种所谓逆向的启示方式,或者认为是偏圆互显的比较方式,等等,甚至希望后来者能深入理解其中寓意等。不过,透过这些评论的反衬,也可见当时争辩双方的论理水平还是有限,加之流于攻讦,使得要争辩的问题没有得到深入探讨,乃至被激愤所淹没。

黄宗羲对此也有特别的比较之论,其认为,"圣学宗传乱于万历,东林救之";"纲宗亦复如是","法门今始赞叹有《五宗原》","砥柱释氏,天心可知"。③对于汉月多有褒奖。这也似乎如密云所说,汉月师徒更受读书人喜欢。

密云与汉月的分歧,表面上看大致是持一说还是用多途的分别。汉月认为以拈花一说为教外别传,其实是以一说笼统全体,也就对于抹杀了临济等等,所以疾呼宗旨未破,临济犹生。只是汉月的标榜过于张扬,论证又多有漏洞,加之尖锐的批判,招致被论及者的反驳。

而密云认为一说不是死理,佛法大意直指一切人。而五家宗旨由曹溪六祖而出,若仅以临济,再加上不可考据的威音及圆相论为所谓宗旨之"原",也是对于宗旨的一种抹杀,而且汉月等在理论上寻章摘句地清理宗旨,不过是知解而已。

审视之,若不论具体论证之陋,汉月所提倡者以及批判者,或者说恰是其时思想学说中的问题,还蕴涵着知识思想界的时代意向,确非平庸之论。而密云的所谓辟妄,反驳的本是汉月的论证漏洞,却遗憾地流于横争狠骂。双方各自说到了问题的一个方面,但是,其论理中夹杂有其他的因素,且论辩风度欠佳。既然争辩演变为攻击,也就不能真正展开讨论,因而也就没可能通过论辩提高对于相关问题的认识,更谈不上将各说各话地所认识到的不同侧面理性地加以整合。不过,即便如此,这也是中国古典佛学界难得

---

① (清) 钱伊庵:《宗范》卷二,《卍续藏经》第 65 册,日本京都藏经书院,第 335 页。

② (清) 钱伊庵:《宗范》卷二,《卍续藏经》第 65 册,日本京都藏经书院,第 355 页。

③ (清) 黄宗羲:《苏州三峰汉月藏禅师塔铭》,《南雷集》卷六,《四部丛刊》初编,集部。

的,甚至可以说是最后的一场辩论。

五家宗旨被如此一番争论和一再提起,还使得一部分人继续关注五家宗旨问题,并陆续出了相关的著作,收拾有关五宗的见解。同时,争辩也再次显示了抽象的理论模式与具体宗旨表象的关系,即,基本义理通过具体不同的宗旨体现,因而各宗之宗旨是有条件的显现,乃一时之教。而时过境迁之后,相关宗旨一旦失去了与之配合的条件和载体,无论如何举扬,也只能是飘扬在历史上的旗帜。因而,密云与汉月的分歧,实质上,即是各自执着了问题的一面而造成的分歧,也是理论水平和论辩方式的问题造成的分歧,甚至还是狭隘宗派意识导致的分歧,同时也是一个阶段时期中的相关一类问题的一种具体表现。

三、雍正皇帝上谕之责斥及其干预佛教之内容的政治文化解读

虽然,密云与汉月的争论既是典型性的个案,问题反映的宗派之争也有普遍性,但终究是佛门内部问题。那么,事情过去七八十年后,雍正皇帝却又是为了什么单提此事并且对汉月的三峰派大动干戈呢? 由其处置此事的"上谕"中所给出的理由和解释可略见其意。

雍正皇帝的"上谕"有曰:"朕为天下主,精一执中,以行修齐治平之事。身居局外,并非开堂说法之人。于悟、修何有? 又于藏、忍何有? 但既深悉禅宗之旨,洞知魔外之情,灼见现在魔业之大,预识将来魔患之深,实有不得不言,不忍不言者。"①

这是雍正皇帝的定位,也是对自己辨识能力的自诩,自认为有明察秋毫之末的非同一般的判断力。不过既然是局外之人,而且是行修齐治平之事的皇帝,佛教之中有什么事让其不忍不言的呢? 其解释说,"佛祖之道,指悟自心为本。是此说者,名为正知、正见";"外道魔道者,亦具有知见。因其妄认识神生死,本以为极则。误认佛性,谤毁戒行。所以谓之外道魔道"。②

如此说来,雍正皇帝之不忍不言之事,是因为不能视魔道横行而不顾。即如同其自认为参禅者之实修皆不如其能够得到所谓的"透三关"一样,理论上也是自认为其更有真知灼见,而且能洞察识破魔道之情状。因而,似乎在理论上也有必要标榜一番正道。

---

① (清) 世宗:《御制拣魔辨异录》,卷首"上谕",《卍续藏经》第 65 册,日本京都藏经书院,第 191 页。
② (清) 世宗:《御制拣魔辨异录》,卷首"上谕",《卍续藏经》第 65 册,日本京都藏经书院,第 191 页。

其认为,密云等"言句机用,单提向上,直指人心,乃契西来的意,得曹溪正脉者"①,所以,其支持密云一方,也就是说其能够判定哪一方更契合佛祖西来意及六祖传法正脉,并以此作为是否正确的评判标准。在这样的立场上,其认为汉月师徒,则"全迷本性,无知妄说。不但不知佛法宗旨,即其本师悟处亦全未窥见,肆其臆诞狂世惑人,此真外魔知见"。②汉月一系既然是魔道,则必要除之。

此上谕,出于雍正十一年(1733)。那时,雍正皇帝早已清除了政敌对手,也即是其同胞兄弟们,并将那些人定名为阿其那、赛思黑等,归之为鬼魅魔道之属。因而,由此可见,雍正皇帝往往是将最痛恨者打入魔道的。可是,汉月师徒不过是佛门中的僧人,即便见地上有所出入,亦佛门中事,更何况汉月和尚早就去世了,根本不可能对其权力权威有任何威胁,何至于遭到雍正皇帝的如此痛恨呢?的确,汉月师徒没有直接威胁其权威利害,但似乎是思想理念上透露的歧义是雍正皇帝所不能容忍的。不妨由雍正皇帝反复痛斥的一些方面,来看其到底痛恨的是哪些歧义。

首先是指斥汉月师徒"全迷本性,无知妄说"。以雍正皇帝的认识,"夫禅宗者,教外别传。可以无言,可以有言……言言从本性中自然流出。如三藏十二部,千七百则公案,何一非从本性中自然流出,从无一实法系缀人天"。而"今魔藏立一○相为千佛万佛之祖,以袈裟缕缕为宗旨所系";"有小法大法,有大法之大法,称为细宗密旨,有传有授。而魔嗣弘忍,以僧伽难提遇童子持鉴直前,为从来有象可示,证其魔师一○之象为不悖。又以多子塔前袈裟围绕一事,作袈裟为宗旨所系之明证。又以临济打克符普化,凿为黄蘗三顿棒之象象。种种作为实法,不胜枚举,全从知解穿凿,失却自心。"③雍正皇帝指责汉月法藏是由知解而将佛法按照一己的理解穿凿为说。

其次,雍正皇帝认为汉月师徒所提倡者根本就是全无根基,无非是强出头以邀名于佛门。对此,雍正皇帝也特作论说:"佛法不二。岂可执定三四。""朕谓魔藏原非全无知识,只因离师太早,烦恼妄想。贡高我慢,祇图争胜,欲于法门中独出一头,不顾己之脚跟全未着地。欲装点智过于师伎

---

① (清)世宗:《御制拣魔辨异录》,卷首"上谕",《卍续藏经》第65册,日本京都藏经书院,第191页。

② (清)世宗:《御制拣魔辨异录》,卷首"上谕",《卍续藏经》第65册,日本京都藏经书院,第191页。

③ (清)世宗:《御制拣魔辨异录》,卷首"上谕",《卍续藏经》第65册,日本京都藏经书院,第191页。

俩,捏定一〇四法双头等名相,拟为超师之作。每立一妄语,即捃摭文史,穿配古德言句,以证实之。正如永明云,以限量心,起分齐见。局太虚之阔狭,定法界之边疆。……魔藏父子之语言著作,永明数语,可为判尽。"①雍正皇帝还一一举出例证说明汉月等是如何的无知及不当。

再者,是一再指责汉月师徒标新立异,实际是取悦士大夫,讨读书人的好。如其说:"今其魔子魔孙,至于不坐香,不结制,甚至于饮酒食肉,毁戒破律。唯以吟诗作文,媚悦士大夫。同于娼优伎俩,岂不污浊祖庭。若不剪除,则诸佛法眼,众生慧命所关非细。"②

而且还认为,汉月师徒取悦士大夫是为了获取保护。"法藏、弘忍辈,惟以结交士大夫,倚托势力为保护法席计。士大夫中喜负作家居士之名者受其颠顶,互相标榜。世尊当日虽以佛法付嘱国王、大臣、善信护持,未有令枉道而从人也。况乃不结制,不坐香,惟务吟诗作文……与在家何异?若此,则将来佛法扫地矣。"③

雍正皇帝对汉月等的学问也非常反感,批驳说:"魔藏父子辄以不识字讥密云,意谓不如伊等学问。若要诠理论文,自有秀才们在,何用宗徒。识字不识字与'这个'又有何交涉?……目不识丁,亦饭熟不借邻家之水火。……今使蒙古人来便接蒙古,俄罗斯人来便接俄罗斯……若必待伊识得文字,然后接得,则佛法不能盖天盖地矣。"而"魔藏父子,其大病根正在识丁而不识'这个'"。④

在激昂畅快地批判后,坐拥天下的皇帝,便决定下达处置命令。其下令处置的理由是:"当日魔藏取悦士大夫为之保护,使缁徒竞相逐块,遂引为种类。其徒至今散布人间不少,宗门衰坏。职此之由,朕今不加屏斥,魔法何时熄灭。"⑤

具体的处置内容如下。

① (清)世宗:《御制拣魔辨异录》,卷首"上谕",《卍续藏经》第65册,日本京都藏经书院,第191页。
② (清)世宗:《御制拣魔辨异录》,卷首"上谕",《卍续藏经》第65册,日本京都藏经书院,第191页。
③ (清)世宗:《御制拣魔辨异录》,卷首"上谕",《卍续藏经》第65册,日本京都藏经书院,第191页。
④ (清)世宗:《御制拣魔辨异录》,卷首"上谕",《卍续藏经》第65册,日本京都藏经书院,第191页。
⑤ (清)世宗:《御制拣魔辨异录》,卷首"上谕",《卍续藏经》第65册,日本京都藏经书院,第191页。

着将藏内所有藏、忍语录,并《五宗原》、《五宗救》等书,尽行毁板。僧徒不许私自收藏。有违旨隐匿者,发觉,以不敬律论。另将《五宗救》一书,逐条驳正,刻入藏内。使后世具正知见者,知其魔异,不起他疑。

天童密云悟派下法藏一支,所有徒众,着直省督抚详细查明,尽削去支派,永不许复入祖庭。果能于他方参学,得正知见,别嗣他宗,方许秉拂。

谕到之日,天下祖庭系法藏子孙开堂者,即撤钟板,不许说法。地方官即择天童下别支承接方丈。……朕但斥徐魔外……地方官勿误会朕意。凡常住内一草一木,不得动摇,参学之徒,不得惊扰。奉行不善,即以违旨论。如伊门下僧徒固守魔说,自谓法乳不谬……不肯心悦诚服……着来见朕。令其面陈,朕自以佛法与之较量。如果见过于朕。所论尤高。朕即收回原旨。仍立三峰宗派。如伎俩已穷,负固不服,以世法哀求者,则朕以世法从重治罪,莫贻后悔。①

有上谕还不足已,为了批驳汉月和潭吉师徒,又专门著作了八卷《御制拣魔辨异录》,摘出潭吉弘忍书中的观点以及所引汉月法藏的主张,逐条分析反驳,自始至终,气势高昂,而且在其立场上的议论,不能不说也是言之成理,亦如潭吉弘忍也自有其理一样。但将雍正皇帝拣魔辨异的洋洋数万言看来看去,与其说是指责汉月法藏师徒所说所为失却本心,倒不如说是更反感汉月等有己心、有一己的主张。因为对于佛法真谛的领悟,层次不同,因人而异,是佛教修行中自然之事,对于佛法领悟不到位却成为名僧的,历来不知有多少。即雍正皇帝支持的密云圆悟,见地也并不符合帝意要求,一些主张也不与皇帝一致,却称帝心;而雍正皇帝又何以认定汉月法藏师徒就是悖逆之魔呢?

其实结合其《御选语录》中对于历代禅僧的褒贬,也大致可见其基本的批评原则,除了见地究竟与否的标准,即是否违背佛门伦理为标准,再即是干系世法与否为标准。如此看,汉月法藏师徒在见地上先是被密云斥之之为知解得之,而且反对五宗各有宗旨说,是不识根本,雍正皇帝亦认同此说。但,雍正皇帝更看重的大问题是,悖逆师祖和深涉世法。或许后者才是皇帝反感汉月一系和将其拿来做反面教材的主要目的。在《拣魔辨异录》和上

---

① (清)世宗:《御制拣魔辨异录》,卷首"上谕",《卍续藏经》第65册,日本京都藏经书院,第191页。

谕以及其他涉及此事的序文中,一再反复数落的,主要就是悖逆师祖和纠结士大夫这两方面的罪状。

概观雍正时期的一系列处理政治事件的行为方式,即不难发现,凡是有违其政权一统性、有违其权威绝对性、有违其忠孝一致性的人和事,都要进行整饬或者严惩。虽然,驳斥汉月师徒的原因有其他看不上其师徒言行的因素,但主要的原因还是在伦常和涉世方面,令雍正皇帝认为汉月师徒的言行超出其可能允许的僧人涉世的政治限度,要以儆效尤。雍正皇帝一再申明,其所作所为,都是要"竭力为宗门一番整顿",所谓整顿,就是整顿秩序,与其提倡的意识形态保持一致,与政策原则保持一致的秩序。而且,世祖顺治皇帝请入过宫中的木陈道忞,跟随玉林通琇进宫的茚岩行峰,也都因为曾距离最高权威太近而没能把握好尺度,行峰及其《侍香纪略》,木陈及其《奏对机缘》,都被指斥为"捏饰妄词,私相纪载,以无为有,恣意矜夸……煽惑观听"①的书,人被定为"既为佛法所不容,更为国法所宜禁"②之人,并令"发觉之日,即以诈为制书律论"③。对此,雍正皇帝自然也要做一番开脱解释:"朕今此举,实以教外别传将坠于地。不得已而为此。"④

较之其他几位反面典型,汉月法藏与密云圆悟的争辩,在佛教中影响更大且持久,双方都有系列著作,与士大夫交界的层次又高,所以,更具有典型意义。以皇帝的威严,以八卷数万言的激昂文字,汉月法藏的三峰派最终被雍正皇帝树立为佛教界的反面典型。与其说是因为汉月一系够得上魔资格,倒不如说,是雍正皇帝对于其时佛门丛林的状况隐忧重重,借激烈地批驳汉月一系,搅动声势,以此敲打佛门。事实上,雍正皇帝这种意识形态调控手法之前已经在批判儒家歧义者时使用过。雍正六年(1728)曾静投书谋反案发后,雍正皇帝就著作了激昂的《大义觉迷录》颁行全国,而且,雍正皇帝还颇为"大气量"地没有杀掉谋反的儒生曾静,而是让曾静全国巡讲,警示儒林,以正视听,等等。虽然,这类手法其实不过是强加于人,但是,雍正皇帝似乎很喜欢使用这种其自以为有效的宣传方法。参照看,批驳汉月

① (清)世宗:《御制后序》,《御选历代禅师语录》下,《卍续藏经》第68册,日本京都藏经书院,第696页。

② (清)世宗:《御制后序》,《御选历代禅师语录》下,《卍续藏经》第68册,日本京都藏经书院,第696页。

③ (清)世宗:《御制后序》,《御选历代禅师语录》下,《卍续藏经》第68册,日本京都藏经书院,第696页。

④ (清)世宗:《御制后序》,《御选历代禅师语录》下,《卍续藏经》第68册,日本京都藏经书院,第696页。

一系也应是出于类似的政治意识及相应的动机和行事方式。

　　或有说，雍正皇帝的《拣魔辨异录》不仅打击了汉月一系，还是导致此后禅宗衰败的原因，实不无道理，但简单地归结在这个原因，则可能又不尽然。禅宗渐趋衰败，即使在其时也有诸多因素，比如儒家对于国变的反思，将空谈误国之罪归咎在了禅宗的影响；康熙时期的意识形态理学不仅挤压了心学也连带挤压了讲心性的禅学的空间；进入清代，朝廷不再考试颁发度牒，学僧减少，等等，都是宗门不振的直接原因。但是，雍正皇帝倾向于政治强权，以勤政及用狠的方式纠正吏治之弊，并极尽心力于改善民生，同样的政治意识及强权方式也加诸于思想文化领域，其中，对于佛教的批判及所谓引导也是有比较明确的政治意图。只是，其对佛教发动批判之时已是在雍正朝的后期，而禅宗的衰微并不只是在雍正时期才开始，不过无论如何，雍正皇帝的强力批判作用对于其时的宗门而言，无疑成为压断骆驼脊背的那根最后的稻草。的确，导致禅门衰败的原因很多，既有外部社会政治的原因，也有禅宗自身发展到了需要寻求新突破的阶段等因素，而恰在禅宗相对衰弱的时期却遭遇了雍正皇帝施加的政治严寒，并且这种严寒实际上并不只是雍正皇帝的法力，亦是清朝政权入关以来政治文化调试整合的趋势，即使在后来乾隆时期社会经济及世俗文化等进一步繁荣的热烈景象中，对于思想领域设置的冰冻之门，也没有打开。

　　不过，雍正皇帝对于佛门的关注，不仅表现于政治意图下对于禅宗的批判，也表现于对佛教发展的关怀，一定程度上还有好佛老的态度。这两方面是有区别的，批判的是现实中的僧徒，而崇好的则是佛教，这是雍正皇帝及后来的乾隆皇帝同样持守的对待佛教的态度。

　　例如，雍正皇帝甚至被指有好佛倾向而不得不做辩解，其论曰："夫佛老之为教，乃独善其身之道，无关于治世之大经大法。朕自即位以来并未尝崇奉佛老。试问黄冠缁衣之徒何人为朕所听信、优待乎？"[1] 但，即使如此，却仍不时要秉拂说法，所谓"朕身居帝王之位，口宣佛祖之心，天下后世理障深重者，必以教外别传之旨，未经周公孔子评定，怀疑而不肯信，然此其为害尤浅。若夫外托禅宗，心希荣利之辈，必有千般狂惑，百种聱讹，或曾在藩邸望见颜色，或曾法侣传述绪言。便如骨岩、木陈之流。……朕今此举，实以教外别传将坠于地，不得已而为此。至于宗门能杀能活，能纵能夺之趣，皆由宗师所参不谬，所悟无垠，如千里驹，随意举步便是追风逐日……其与魔外有何分别。兹选之有正集……而又谆谆提示，各序其旨于篇端者，

---

[1] 《世宗宪皇帝上谕内阁》卷八二，文渊阁《四库全书》史部，诏令奏议类。

专欲学人真参实悟,各得本分正知正见。如象渡河,脚踏实地,便能超出三界"。①

因而,在雍正皇帝《御制语录》中的诸多语重心长苦口婆心的佛语佛言,也不乏是其佛教认识及一定程度居士立场上对于佛教的关怀。但是,其所谓不得已之秉拂之举,终究受制于其作为帝王的统治意识,而这种意识形态下所表达的,终究是要求佛教以帝王意志为发展意向,终究还是君主专制的政治意识下对于佛教的摆置。

有史家即有评论道:"世宗于吏治民生,极尽心力,讲事功,实不讲心性。晚乃遁入于禅,亦与世祖之学佛不同,自命为已经成佛作祖,无所于让。其对儒宗,则敬仰备至,不敢予圣。盖知,机锋可以袭取,理道不能伪为也。""然所收纯儒之效,远逊康熙朝。"②

其实,既不能收纯儒之效,也同样不能收纯释道之效。这也说明,将统治者立场的意识形态过多地强加于思想文化领域,将本应各在其位才能发挥作用的儒释道,一再被强烈的政治目的格式化,也就使之失却了其本来的特性之纯,也就抹杀以及消解了其应有的作用。而"无所于让",不仅是自恃高明的傲慢,实际也是对于人基本的思想权力无所尊重。雍正时期以政权者的意识形态作话语标准进行批判进而剥夺其存在乃至尊严的例子,在佛教有三峰派,在儒家有被《大义觉迷录》羞辱的儒门,以及因著作《通鉴论》而作军前正法处理的陆生枬案,谢济世注《大学》案、钱名世、汪景祺案,等等。雍正时期对于歧义思想缺乏基本的容纳气度并强施权压,甚至以文字狱作政治权斗的牺牲,这不仅将康熙时期曾深刻反对的曲学阿世之风再度唤回为士人的求全自保之道,而且,更是以强权压制了文教领域的空间。

如此看,佛门中的学说不振、宗派不兴,不过是清朝治下加密文网后在思想文化领域中的一种微弱的反应而已。

亦诚如史家所谓,清前期即已"政治之学尽废",但是,"政治学废,而事变谁复支持,此雍乾之盛而败象生焉者二也"。③ 故而,也可以说,在其时具体的政治文化趋势下,雍正皇帝对于佛教大事批判,宗门愈发不振,义学愈发不兴,或即是自然会发生之事及走势。

---

① (清)世宗:《御制后序》,《御选语录》,《卍续藏经》第 68 册,日本京都藏经书院,第 696 页。
② 孟森:《清史讲义》,中华书局 2010 年版,第 248 页。
③ 孟森:《清史讲义》,中华书局 2010 年版,第 254 页。

第七章　乾隆时期的佛教政治谱系建构及格式化与佛教的发展空间

经过康熙时期几十年的开拓和雍正时期的辛勤耕耘,进入乾隆时期(1736—1795),清朝达到最为鼎盛的发展时期。但史家也多认为,乾隆时期是清朝盛衰的转折点。其盛在何处又何以转露败象,史家亦多有论说。

透过种种纷繁景象,乾隆时期之盛,或可以乾隆皇帝自喻的"十全"作为视角来看。乾隆皇帝自喻"十全老人"①之所谓"十全",由其征西凯旋班师诗句"十全大武扬"而来,并由《十全记》"以纪武功";不过,后来在用和田玉镌刻其"十全老人之宝"时,乾隆皇帝又著文认为,所谓"十全"实际不惟记武功,武功只是为君之一事,而"未加一赋而赋乃蠲四,弗劳一民而民收无万(今收伊犁及回疆户口岂止数千万),只或免穷黩之讥耳"。②即,未加赋于民、新增人口不计算入赋,而蠲免百姓四成赋税之负担,才是可以称道的君职,也是其"宵衣旰食"、"敬天爱民"、"十全之尽君职"的体现。③

事实上,永不加赋是清朝入关后多尔衮时期即开始实行的政策定议④,康熙四十九年(1710),康熙皇帝又"特颁恩诏,自康熙五十年以后滋生人丁,永不加赋"⑤。清廷或许也被如此政策伟大到了,而称此"亘古未有"。⑥康熙五十年(1711)全国人丁户口数是二千四百六十二万一千三百二十四口⑦,这应是赋税丁口数。⑧清朝入关之初"制编置户口保甲之法。其法州县城乡十户立一牌头,十牌立一甲头,十甲立一保长,户给印牌书其姓名。

---

① (清)高宗:《十全老人之宝说》,《御制文集》三集卷四,文渊阁《四库全书》集部,别集类。

② (清)高宗:《十全老人之宝说》,《御制文集》三集卷四,文渊阁《四库全书》集部,别集类。

③ (清)高宗:《十全老人之宝说》,《御制文集》三集卷四,文渊阁《四库全书》集部,别集类。

④ 赵尔巽等:《清史稿》卷二三二,"列传"十九,"范文程",中华书局1977年版。其中有说,顺治初,范文程即进言:国家统一,"非乂安百姓不可"。诸建议中轻赋税即其一。明季赋额屡加,册又毁于战乱,惟万历旧籍存。有议制新册,文程曰:"即此为额。犹虑病民,其可更求乎?"遂以万历年间则例征收,除去天启、崇祯时加派,即此为定议。民获苏息。

⑤ 《皇朝文献通考》卷一九,文渊阁《四库全书》史部,政书类。

⑥ 《皇朝文献通考》卷一九,文渊阁《四库全书》史部,政书类。

⑦ 参见《皇朝通典》卷九,"食货九"、"户口丁中",文渊阁《四库全书》史部,政书类。

⑧ 关于清朝前期的人口问题,有研究认为,乾隆六年,前统计的人口数大致是人丁户口,即丁口数。据不同推算,至康熙三十年代至五十年代,人口数大致在七八千万至一亿五千万。

丁口出则注其所往、入则稽其所来。寺、观亦给印牌,以稽僧、道之出入"。①
顺治三年(1646)"诏天下编审人丁"。② 顺治十八年(1661)"总计直省人丁
二千一百六万八千六百口"。③ 如此看,顺治末至康熙五十年,丁口增长不过
几百万。但是,实际人口则可能已增加很多,尤其以乾隆时期中期的人口统
计比较看,不可能三十多年就骤增一亿多人。

　　如此,能否守住这个家法般的不增赋政策,在人口增加和战事频发
的情况下,确实不是件易事。及至雍正时期,又推行蠲赋新政,对于新增
人口只统计为人口数,而不编辑为赋税计算基础,实行摊丁入亩税制。无
论如何,清朝百姓得税赋蠲免之益仍相对为多,至于地方官贪腐加派则别
论。因而,乾隆时期虽然几乎是坐得蠲免赋税之功,不过,之所以仍然可以
炫耀成为尽了君责的业绩,其一,以其时黩武之多而不加赋,亦为谨守家法
之难得;其二,也尤为重要的是,乾隆时期人口激增,乾隆二十九年(1764)
已达二万五百五十九万一千一十七口④,至乾隆六十年(1795),又曾至
二万九千六百九十六万五百四十五口,已近三亿人口,虽已摊丁入亩,不加
赋仍十分之难得。所以,虽然乾隆皇帝终究还是以其定西藏、平定新疆之武
功而盖盛前代,而乾隆皇帝"未加一赋"之功,也确实是一项成全并显示了
清朝可称之为大清的王朝功绩和气量。

　　但是,乾隆皇帝"盈满之日好作粉饰","侈十全武功",亦为史家认为是
乾隆时期渐起"福过灾生"的征兆之一⑤,故而,乾隆时期之衰,亦或可以由
乾隆皇帝自喻之"十全"为视角来看。由此视角审视乾隆朝导引盛衰转折
的因由,大致可见,其虽有疆土观念而无世界视野,虽能营造升平景象而无
时代意识的盛危之忧,喜歌功颂德粉饰太平而助封闭自满及浮腐世风,这些
可能也都是导向由盛而衰的因由。不过,这个视角也只是乾隆时期之盛衰
之一角,却也几可谓,盛也在乾隆,衰也自乾隆。

　　即如魏源在《圣武记》评述康雍乾三朝之征西武功时的评论之所谓:
"圣祖垦之,世宗耨之,高宗获之。"⑥ 而此评论或也可作为对于康、雍、乾三
朝整体朝政的评论。

　　不过,即使如此,能够尽享太平之荣并得十全之功、十全之福的乾隆皇

①　《皇朝通典》卷九,"食货九"、"户口丁中",文渊阁《四库全书》史部,政书类。
②　《皇朝通典》卷九,"食货九"、"户口丁中",文渊阁《四库全书》史部,政书类。
③　《皇朝通典》卷九,"食货九"、"户口丁中",文渊阁《四库全书》史部,政书类。
④　《皇朝通典》卷九,"食货九"、"户口丁中",文渊阁《四库全书》史部,政书类。
⑤　孟森:《清史讲义》,中华书局 2010 年版,第 225 页。
⑥　(清)魏源:《圣武记》卷三,《续修四库全书》第 402 册。

帝,亦必有其能享盛世之能力及可享盛世之因由。乾隆皇帝可以"武以承庥"、"文而展义"地成就一番文治武功,也绝非是虚誉浮言的帝王业绩。而这样的帝王业绩也直接强有力地影响了乾隆时期的政治文化形势及环境。

第一节　乾隆皇帝的佛教认识以及相关佛教的政策原则

　　前文铺垫乾隆时期的一些时代背景,对于审视其时的佛教与政治文化的关系,还是非常有必要的。的确,乾隆时期在很多方面都是既承接又巩固或拓展了前三朝开垦和耕耘的大清基业。同样,乾隆时期的政治、经济、军事等方面的强盛,也直接影响到对待佛教问题的认识和相关政策原则。其时的佛教认识不惟更加成熟透彻,而且目的性也更强,措施也更加有针对性,甚至还更加强硬。有清一代的一些独具清朝特点的佛教政策,亦基本定制在乾隆时期。

一、乾隆时期对于康雍朝政的比较反思以及不以教害政的佛教政策原则

　　由前几章所述可见,清朝前期的朝政基本体现了政治理性的朝政原则,但清朝是传统帝王专制社会,帝王个人的宗教倾向仍有一定的影响力,如,顺治皇帝个人的情感好恶及宗教倾向,既使其玛法汤若望的天主教在顺治时期得到顺利发展,也使临济宗再得正宗及道场再获庄严。康熙皇帝的理学主张、雍正皇帝的佛学见地,实际上都对其时的意识形态倾向有导向性影响。但清前期几位帝王在社稷观、天下观方面的政治文化取向与王朝政治具有一致性,因而,体现在对待宗教的政策上,仍可概括为不以宗教妨害政治的政策原则,这也是清朝自关外至入关后越来越成熟的一种体现了清朝政治理性的宗教政策原则。

　　不过,清廷的不以教害政的原则,虽然即如雍正皇帝明确申明的那样,认为"佛老之为教乃独善其身之道,无关于治世之大经大法"①,但是,这种认识并不是基于政教关系的反思而产生的政教分离的理念,而是在所谓社稷为重的传统政治文化原则下的一种政治实用主义原则。亦如清廷自关外而关内,一直都倚重藏传佛教,但主要还是作为政治上的辅政手段,而且是敬喇嘛而不宠其教,是为了借教安民。康熙时期重视推行意识形态化理学,虽然态度上依然敬重佛教,但是,由于营造了强烈的崇尚理学的氛围,实际还是挤压了佛教的发展空间。所谓三教并垂,并非三教平均。自康熙时

---

① 《世宗宪皇帝上谕内阁》卷八二,文渊阁《四库全书》史部,诏令奏议类。

期所加强的清朝意识形态建构,推崇朱子学也尊重释道,即清楚和突出地表明,是对于以儒治世、释道辅助的中国政治文化传统和相应的政治理性的延续。而雍正时期则是将意识形态管制推向极端,虽然雍正是位居士皇帝,但也是一位特别刻意标榜不以教害政原则的皇帝,不惟以其政治文化态度批判佛教,同样也批判儒家,试图将整个社会的思想意识也像管理税赋那样整饬在一种管制模式中,但是,雍正时期似乎破斥有余,却没有建构思路或者方向。即如此:康熙皇帝、雍正皇帝都基于其认识水平和明确的政治文化原则,在思想文化领域采取了相应的意识形态导向性的干预,只是由于康雍两朝的朝政作风大有不同,康熙皇帝采取了树立和教化的方式,而雍正皇帝则采取了批判和严苛对待的方式。

因而,对于亲历过康雍两朝政治,并且已有临政经验的乾隆皇帝而言,尤其还是康熙皇帝曾朝夕亲教于宫中的最爱皇孙,其有自己的执政方针和态度也是其作为有见地和能力的皇帝的自然和必然的反应。

即位之初,乾隆皇帝的谕旨中即不断有对康雍两朝朝政的比较,可以说是反思,也可以说是在申明新皇帝的态度和看法。如其即位没多久尚在雍正十三年(1735)的十月间,在一则给王大臣的谕旨中即曰:"皇祖仁皇帝,深仁厚泽垂六十年,休养生息,民物恬熙,循是以往恐有过宽之弊;我皇考,绍承大统,振动纪纲,俾吏治澄清,庶事厘正,人知畏法,远罪不敢萌侥幸之心,此皇考之因时更化,所以导之于至中,而整肃官方无非惠爱斯民之至意也。"①

显然,乾隆皇帝深知康雍两朝宽严之因由,但却将康雍两朝之所以会宽严有过而致成弊的原因,解释为臣下错会人主之意。如其曰:"仁皇帝之时,久道化成,与民休息,而臣下奉行不善,多有宽纵之弊";"宪皇帝整顿积习,仁育而兼义正,臣下奉行不善,又多有严苛之弊"。② 所以,乾隆皇帝明示:"治天下之道,贵得其中。"③ 但是,"天下之事,有一利必有一害;凡人之情,有所矫必有所偏。是以,中道最难"④。

乾隆皇帝对于执政宽严的辩证关系也有一套明确认识,其曰:"先儒谓子莫所执,乃杨、墨之中,非义理之中也。必如古圣帝明王,随时随事以义理为权衡,而得其中。""宽非纵驰之谓,严非刻薄之谓。朕恶刻薄之有害于民

---

① 王先谦:《东华续录·乾隆一》,《续修四库全书》第371册。
② 王先谦:《东华续录·乾隆三》,《续修四库全书》第371册。
③ 王先谦:《东华续录·乾隆一》,《续修四库全书》第371册。
④ 王先谦:《东华续录·乾隆三》,《续修四库全书》第371册。

生,亦恶纵驰之有害于国事。"①"故,宽则斜之以猛,猛则济之以宽。而《记》称,一张一弛为文武之道。凡以求协乎中,非可以矫枉过正也。"②

显见,乾隆皇帝表示采取中道的执政原则及其相关认识,是在清楚总结和反思康雍两朝何以宽严及其弊端的基础上的一种政治理性的选择,也是历经前两朝帝王的实际培养和临政经验而得的切实认识。如其将宽严施政的原理分析给臣工时说:"皇考尝以朕为赋性宽缓,屡教之朕,仰承圣训,深用警惕,兹当御极之初,时时以皇考之心为心,即以皇考之政为政,惟思刚柔相济,不竞不绒,以臻平康正直之治,夫整饬之与严厉、宽大之与废弛相似,而实不同朕之所谓宽者。……朕观近日王大臣等所办事务颇有迟延疏纵之处,想以朕宽大居心,诸臣办理可以无事于整饬耶?此则不谅朕心,而与朕用宽之意相左矣。夫经世理物,贵乎君臣惟日孜孜交勉不逮。朕主于宽,而诸王大臣严明振作以辅朕之宽,夫然后政和事理,俾朕可以常用其宽而收宽之效,此则诸臣赞助之功也。倘不能如是,恐相习日久,必至人心玩惕事务废弛,激朕有不得不严之势。此不惟臣工之不幸,抑亦天下之不幸,更即朕之不幸矣。朕与王大臣同办国家政事,实为一体,爰开诚布公,将计虑所及特行晓谕,期于共相勉勖,以防将来之流弊。"③

由此可以看到,经过前几朝的调整,乾隆时期的执政理念和原则更为清晰和成熟,同时乾隆皇帝的相关见解也说明,清朝皇家的典学教育很成功,而乾隆皇帝个人经历康雍两朝所受的执政培养也极有成效。也正因如此,成熟的执政理念和手段,也突出地表现在乾隆时期对于佛教的认识和态度及政策的推出,尤其是导向性的影响等方面。

二、乾隆皇帝对于佛教及佛门现状的区别认识和既整饬又培护的中道原则

就在其初即位不久的雍正十三年秋九月,乾隆皇帝即已有谕旨表达了对于佛教的认识,同时也通过对行走内廷的僧人给予警示,来传达其对于佛教现状很不满意的态度。

其谕曰:"佛法以明心见性、兴善能仁、舍贪除欲、忍辱和光为本,而后世缁流竟借佛祖儿孙之名以为取利邀名之具,奸诈盗伪无所不为,以致宗风颓败,象教衰微,此皆不肖僧徒贻之咎也。我皇考聪明睿知,天纵多能,而于性宗之理洞晰精微,深通奥妙。万几余暇每召见僧衲,指示提撕,冀其勉

---

① 王先谦:《东华续录·乾隆三》,《续修四库全书》第371册。
② 王先谦:《东华续录·乾隆一》,《续修四库全书》第371册。
③ 王先谦:《东华续录·乾隆一》,《续修四库全书》第371册。

力参悟,俾佛教广有传人,以为劝善去恶之一助,此大慈悲父觉世之苦心也。乃数年以来,真能领会圣训者甚少,皇考尝为叹息。今陆续散出于外,其间品行不一,难保无借端生事之人。如昔年世祖章皇帝时,木陈忞大有名望,深被恩礼。而其所著《北游集》则狂悖乖谬之语甚多,至其夸张恩遇处尤为庸鄙。又玉琳国师弟子骨严行峰着《侍香纪略》一书更为诞妄荒唐,供人喷饭,已蒙皇考特降严旨查出销毁。此中外所共知者。前事可鉴,朕不得不留心申饬,着该部传旨通行晓谕,凡在内廷曾经行走之僧人,理应感戴皇考指迷接引之深恩,放倒身心,努力参究,方不负圣慈期望之至意。傥因偶见天颜,曾闻圣训,遂欲借端夸耀,或造作言辞,或招摇不法,此等之人在国典则为匪类,在佛教则为罪人,其过犯不与平人等。朕一经察出,必按国法、佛法加倍治罪,不稍宽贷者。"①

这则谕旨中颇值得注意的内容是,乾隆皇帝刚刚即位,就对曾经行走于顺治皇帝内廷的禅宗大佬木陈道忞的《北游集》,以及玉林门下随侍亦行走宫廷的行峰所著的《侍香纪略》大加指斥,一方面既是继续雍正皇帝对于禅宗的打压态度,另一方面似乎重点还是在于对当时行走内廷僧人的清理,并以此对其时傍权依势之僧进行警示。因为,虽不清楚促使乾隆皇帝出此谕旨的具体事由,但字里行间还是若隐若现地指向了雍正皇帝万机余暇召见的僧人,不过这些僧人在乾隆皇帝看来似乎都是不能领悟圣意的庸鄙之徒,于是举曾经被雍正皇帝已然斥责过的顺治年间旧事,来借题发挥,实际则是传达了其对于时下佛教的不满态度和执政原则的相关信息。

下达此条谕旨后不几月,又有谕旨开始关注佛教度牒问题时,即再次表达了对其时佛教状况的看法和不满态度。其曰:"近日缁流太众,品类混淆,各省僧众,真心出家修道者百无一二,而愚下无赖之人游手聚食,且有获罪逃匿者窜迹其中,是以佛门之人日众,而佛法日衰,不惟参求正觉克绍宗风者寥寥希觏,即严持戒律习学小乘之人亦不多见。蔑弃清规,徒增尘玷,此其流弊将不可胜言。"② 这一席对于佛教现状的概述,应是乾隆皇帝基于对于佛教现实真实状况的了解,有的放矢的指斥。

同时,乾隆皇帝也特别申明:"朕崇敬佛法,秉信夙深,参悟实功仰蒙皇考嘉奖,许以当今法会中契超无上者,朕为第一,则并无薄待释子之成见可知。特以护持正教之殷怀,不得不辨其熏莸,加之甄别。"③ 由此也见,乾隆

① 王先谦:《东华续录·乾隆一》,《续修四库全书》第371册。
② 王先谦:《东华续录·乾隆一》,《续修四库全书》第371册。
③ 王先谦:《东华续录·乾隆一》,《续修四库全书》第371册。

皇帝是将佛法与其时的佛教状况作了明确区别,认识也是理性清楚的,表明其基本态度是崇敬佛法,但对现实佛教状况甚为不满乃至不屑,因而,整饬和限制佛教泛滥的态度非常明确,相应的中道政策原则也是明确的。

透过乾隆皇帝的谕旨也可见,其时佛教发展现状似不甚好,尤其是元明以来一直备受朝廷清理却又屡禁不止的非僧非俗的火居道人及专门营办佛事的应赴僧,呈泛滥之势。在乾隆皇帝即位后即着手推进的政务中,清理僧道,就是一再审议实施的一项工作。在此不妨引述几则具体资料,从中不仅可详见乾隆皇帝的佛教认识以及政策倾向等,也是当时佛教状况的一种说明。

乾隆皇帝即位于雍正十三年秋,十一月即有谕旨,详述了其对于时下佛教状况的看法,其曰:"四民之中,惟农夫作苦,自食其力,最为无愧。饬庀八材,以利民用,非百工莫备。士则学大人之学,故禄其贤者、能者。至于商贾,阜通货贿,亦未尝无益于人,而古昔圣王尚虑逐末者多,令不得衣丝乘车,推择为吏,以重抑之。今僧之中有号为应付者,各分房头,世守田宅,饮酒食肉,并无顾忌,甚者且畜妻子。道士之火居者亦然。夫一夫不耕,或受之饥,一女不织,或受之寒。多一僧、道,则少一农民,乃若辈不惟不耕而食,且食必精良,不惟不织而衣,且衣必细美。室庐、器皿、玩好、百物,争取华靡,计上农夫三人肉袒深耕,尚不足以给僧、道一人,不亦悖乎!朕于二氏之学,皆洞悉其源流。今降此旨,并非博不尚佛老之名也。盖见今之学佛人岂独如佛祖者无有,即如近代高僧实能外形赅清静超悟者亦稀。今之道士岂独如老、庄者无有,即如前世山泽之癯实能凝神气养怡寿命者亦稀。然苟能遵守戒律焚修于山林寂寞之区,布衣粗食独善其身,犹于民无害也。今则不事作业,甘食美衣,十百为群,农工商贾终身竭蹶以奉之,而荡检逾闲,于其师之说亦毫不能守,是不独在国家为游民,即绳以佛老之教亦为败类,而可听其耗民财混民俗乎!"[①]

这则谕旨,毫不留情地指斥了其时佛门之不堪,且不惟对其时佛教状况大不以为然,即对于佛教出家众的社会作用也是视之为负面,即,如此僧徒,对于国家而言是游民,对于佛教而言是败类,因而不可任由其蠹耗民财。言辞不可谓不严厉,且深刻而不留余地。

颁谕旨的目的自然是有令待发。对此佛门流弊,乾隆皇帝出令曰:"直省督抚饬各州县按籍稽查,除名山古刹、收接十方丛林,及虽在城市而愿受度牒、遵守戒律、闭户清修者不问外,其余房头应赴僧、火居道士,皆集众面

---

① 《钦定大清会典则例》卷九二,文渊阁《四库全书》史部,政书类。

问,愿还俗者听之,愿守寺院者亦听之,但身领度牒,不得招受生徒;所有资产,如何量给还俗及守寺院者为衣食计,其余归公留为地方养济穷民之用;道士亦给度牒之法。该部详悉妥议具奏。"①

十二月又下谕旨:"朕之谕令清查僧、道者,并非博不尚佛老、屏斥异端之名也。盖僧、道之中有应付、火居二种,借二氏之名而作奸犯科,肆无忌惮,恐将来日流日下,更无所底止。是以酌复度牒之法,辨其熏莸,判其真伪,使有志焚修者永守清规,而市井无赖之徒不得窜入其中,为佛老之玷。此乃培护二氏法门之深意,望其肃清严整。若朕有沙汰僧、道之心,则何不降旨勒令伊等还俗,而乃酌复度牒之制,慎加甄别,有何为乎?"②

由这些旨意及解释内容看,一方面显示了乾隆皇帝对于佛门状况的了解至深,一方面又解释了所谓严整实为培护佛门的用意。非常娴熟地运用既严厉又安抚的行政手段来推行整饬佛教的政策。

乾隆元年(1736)二月,继续推出更加详细具体的对治措施,并提示避免政策在执行中走样和扩大化。其谕曰:"朕前以应赴僧、火居道士窃二氏之名,而无修持之实,甚且作奸犯科,难于稽察约束,是以酌复度牒之法,使有志者永守清规,而无赖之徒不得窜入其中,以为佛老之玷。其情愿还俗者,量给资产,其余归公,留为养济穷民之用。此亦专为应赴僧、火居道士而言也。名山古刹、闭户清修者,在所不问。前降谕旨甚明,现交与王大臣九卿会议。乃闻外省传述错误,一切僧、道皆有惶惑不安之意,恐将资产归公,遂尔弊端百出,有将已身田宅诡寄他人户下希图藏匿者,有谋嘱书吏,分立花户诡名以多报少者,有减债速求售卖变银入橐者,且有局外匪类从中借口索诈者。夫此僧、道既谋利恋财如是,揆之仙、佛之法,乃糠秕稂莠也,即取其私橐归公,以养济穷民,亦何不可之有? 天下后世自有公论。但朕之本意,原以天地好生之心为心,一物不得其所,如已推而纳之沟中,此庸愚无知之僧、道,亦天下之一物耳,朕何忍视同膜外? 况朕先所降旨甚明,原以护持僧、道,而非有意苛削僧、道。今观伊等情形,是愚昧无知、被人恐吓,而不知原降之谕旨也。着该部先行晓谕,去其迷惑。至于应赴僧、火居道士之资产,因无所归着,是以有养济穷民之说。究竟国家养济穷民,岂需此区区之财物,亦可不必稽察归公。"③

同时还特别提及:"又闻外间有尼僧一种,其中年老无依情愿削发者尚

---

① 《钦定大清会典则例》卷九二,文渊阁《四库全书》史部,政书类。
② 王先谦:《东华续录·乾隆二》,《续修四库全书》第 371 册。
③ 王先谦:《东华续录·乾隆三》,《续修四库全书》第 371 册。

无他故,其余年少出家之人,心志未定,而强令寂守空门,往往荡闲逾检,为人心风俗之害。且闻江浙地方竟有未削发而号称比邱者,尤可诧异,似亦应照僧、道之例,不许招受生徒,免致牵引日众。有情愿为尼者,必待年岁四十以上,其余概行禁止。着将此一并入,于会议中妥议具奏。"①

由此详尽的谕旨可见,乾隆皇帝对于度牒管理中的贪腐勾当也是非常了解的,因而,在旨意中既具体指斥又给出了实际治理的措施和建议。而整饬火居道人、应赴僧,实则是历代清理僧伽和清净佛门的大都要进行的一项重要措施,如在明初洪武时期即曾实行过极其严厉的清理政策,目的也是既整顿佛门,同时也给社会一种借清理佛门而连带清洁世风的示范效应。乾隆皇帝即位后如此出台具体措施整顿佛教,比之雍正时期以意识形态高压,来得更加实有力度。

乾隆皇帝即位后几个月的时间里,就连续有谕旨督促整饬佛门事宜,乾隆元年四月初,相关有司便遵旨议定了相应的章程,规定守清规而且有"保结"者,即有证明行为身份文书者,方可给牒。僧道清册由地方官直接监造,不由僧官假手索扰。应赴僧实心出家者给牒,不然令还俗为民。火居道士则勒令还俗,不许招徒。妇女年四十后方准出家。年少女尼除非无依,不得容留庵院,年少沙弥有能力者听其还俗。凡此等等。

虽然清朝的僧道衙门自天聪时期就已建立,康熙时期也有系统设置具体僧官名义等,但运行几十年至乾隆时期,朝廷推行相关佛教的政策却已不假手僧道录司,甚至连乾隆皇帝都知道假手僧官会徒增苛扰。而所谓僧官者大多也应是其时佛门有头脸者,由此一斑亦足见其时佛门境况不佳。因而,乾隆皇帝对于佛教现状的不满乃至不屑也应是实有因由。即位之初就连续督促清理佛教,也应是有不得不出手整饬佛教的原因。而这般严整秩序的政策,在以往宋明初立时期也都似曾相似地呈现过。由此也可见乾隆之初政即颇现蒸蒸日上的气象。

由以上几则谕旨所呈详细内容而见,乾隆皇帝不仅也是一位自恃佛学修养深以及实际参修方面已达高水平的皇帝,同时还是对于当时佛门的平庸水平以及积弊了如指掌的皇帝。虽然出身不同,但在这方面,乾隆皇帝则有点像明太祖之行事,明初即非常重视整饬佛门的教事乱象,并专门将佛教僧众划分为禅、讲、教三类,其中教,就是专门做佛事的,而且还规定应赴僧要专门学习三年,考试通过才能从事佛事活动,若是唱念不合格则不能通过考试,以所谓唱念不准不能人天交应之故。但是,佛事活动是佛教中盈利所

---

① 《钦定大清会典则例》卷九二,文渊阁《四库全书》史部,政书类。

在之一,引来各种借佛敛财或借此谋生者,明太祖甚至亲自制定过佛事价目表,试图限制佛事过分谋利而败坏佛门清誉。而且,尽管明太祖以锤死勿论的严旨整饬火居道人以及无执照的应赴僧,但一俟权力不及,这种以佛事大肆谋利的现象,就立刻泛滥。因为很多应赴僧,是专门从事佛事活动为生的,来源复杂,地位很低,但是,他们却是以佛教之名接触和影响社会的最广泛和深入的一类人。因而,从整饬佛门最混乱的法事从业者入手,整饬应赴僧,就是严整佛门最基本的清净形象,就是从最基础层面护持佛教,也是对于社会产生最大影响的方面,历来都是有上升气象的朝廷引为治理手段。因而,历史地看,乾隆皇帝由此入手整顿佛教泛滥,也是抓住了最能产生社会整顿效应的基本面问题和要害点。

在此后的多年,乾隆皇帝都在持续由度牒问题及清理应赴僧等基础问题为切入点整顿佛教,这件事在乾隆时期一直持续了几十年,成为乾隆时期佛教领域的一个重要看点,也是乾隆时期深刻影响佛教发展的一个政策方面。具体内容和分析将在下一节详述。

大致看,乾隆皇帝对于佛教的认识和对于现实佛教状况的态度却有清楚的区别。作为帝王,其不以教害政的原则也是十分明确。即便对于现实佛门十分不满意,也在政策制定中努力落实了其标榜的中道原则,一方面打击限制不手软,一方面也略施培护之意,而此般佛教政策原则也说明其时的行政手法已趋成熟老到。

如乾隆四年(1739)六月,乾隆皇帝有谕旨给军机大臣等,继续重复表达了对于僧道出家坐食耗民的不满,其曰:“往昔帝王之治天下,每有沙汰僧、道之令,诚以缁黄之流品类混杂,其间闭户潜修严持戒律者百无一二,而游手无藉之人借名出家以图衣食,且有作奸犯科之徒畏罪潜踪幸逃法网者,又不可以数计。夫一夫不耕,或受之饥;一女不织,或受之寒。天下多一僧、道,即少一力作之农民。若辈不耕而食,不织而衣,且甘食美衣,公然以为分所应得,不知愧耻……诚不可听其日引日多而无所底止也。惟是此教流传已久,人数繁众,一时难以禁革。”①

限制释道泛滥,是历代为中国之君者的自然选择,是所谓王道治世的政治文化传统。不过,乾隆皇帝尽管对于僧道坐食不无耿耿于怀,虽然也标榜既限制也培护的政策原则,但与明朝之初的利用与限制的政策原则还是有所不同,显示了乾隆皇帝对于其时汉地佛教之作为社会存在及其作用有较为实际的认识。如乾隆十年(1745),也是六月间的一则给军机大臣的谕

---

① 王先谦:《东华续录·乾隆九》,《续修四库全书》第 372 册。

旨中,即再次明白阐述了其对于佛教之于社会的认识,以及对待佛门的既打又护的政策原则和态度。

其谕曰:"朕前降旨,二氏之教由来已久,原难尽行沙汰,但游手之徒借名出家,耗民财而妨民俗,自不可听其任意去来,不为清厘,是以谕令该部颁发度牒,以凭查核。乃数年以来,各省所报册籍多寡不同,自因本地僧道多寡不同之故,但止有沙汰之数,而未有续收之数,是有裁而无收也,亦非朕当日办理此事之意。古圣人之严辟异端者,因其有害于政教,今之僧道不过乡里无依之贫民,窜入空门,以为糊口计,岂古昔异端之可比而能为政教之害耶。若果去一僧道,即多一力田之农民,则善政也;但朕复思之,彼游手坐食之人,既为僧道,习于安闲,若迫令改业,受手胼足胝之劳苦,其势有所不能,不过市井中添无数游惰生事之辈耳,转不若收之寺观中,尚有羁縻也。是以朕前原有渐次裁减之旨,不可听其引而日盛,若缁黄之属必应尽汰无遗,则朕从前又何难降旨全行禁革不事姑容乎!尔等可将朕意寄信与督抚,令其善为体会,转饬所属,从宽办理。若伊等错会朕意,以为崇高佛老,则又非矣。"①

去一僧道即多一农夫,多一僧道就少一农夫,在以农为本的社会,这是基本的经世理念。乾隆皇帝虽然没有落实沙汰释道之意于实际政策中,但也明确传达给臣工不"崇高佛老"之教的意思。所以,以渐次裁剪的方式限制僧道发展,既不因为裁剪僧道使之沦为游民而导致次生事端,也可用寺观来圈限之、羁縻之。乾隆皇帝所培护的是佛教,而维护僧道寺观,不过是为了保障支撑佛教的载体形式。

这样的对待佛教的态度和政策原则,说明乾隆皇帝在佛教认识方面,既区别了佛教与现实佛门状况,也清楚不以教害政原则的深刻意义,应该说是在帝王统治术基础上比较清醒务实的佛教认识;而且,其又于佛学及修行上自视甚高,也使之基本持否定其时佛门的态度和成见,因而,这样王权意志强烈的帝王,其佛教认识和态度很大程度地影响乃至决定了佛门僧寺在其时政治文化环境中的地位和境遇。虽然不能以佛教现状不好即否定佛教,但佛门的现实状况的差等,无论在什么政治文化环境下,都毕竟会影响佛教的存在境遇及发展空间,所以,佛门现实状况之不堪与维护佛教良性的呈现及发展,到乾隆时期实际已经成为一种困境。毕竟,流行中国千百年的佛教的社会角色和作用,不是应赴僧可代表的,也不是清理应赴僧而能改变的。因而,乾隆皇帝漫长的六十年在位执政期间,随着其时政治文化态势的

---

①　王先谦:《东华续录·乾隆二十一》,《续修四库全书》第 372 册。

变化调整,佛教也在尝试着新的发展突破,实际上这也确是清代佛教发展变化的重要时期,以及整合和建构清代佛教局面乃至发展方向的重要时期。

第二节　乾隆时期佛教政策的演进调整
与政治文化环境的变化

如前所述,乾隆皇帝自即位之初,整饬佛门秩序就是其重点着手推进的政务之一。由于乾隆皇帝在位时间久,其时不少政策的出台,多是讨论及试行经年之后,才最终形成定论并成为后世遵从的定式。其中,一些佛教政策也是如此。比如,关于度牒的问题,关于藏传佛教活佛转世制度等。由于乾隆时期的西部定取的大政中纠结着藏传佛教的重要因素,因而,乾隆朝的几十年里,藏传佛教政策都是被不断探讨调整的问题;同时,雍正时期对于汉地佛教的评判整饬的政策惯性亦遗留到乾隆朝,不过,与其说是政策惯性,倒不如说是问题背后其实关联着清朝统治下的政治文化调整,汉地佛教的境遇实际也纠结着清朝统治的延伸广度和纵深程度问题。因而,其时的佛教政策牵扯着颇多的错综因素,既是几经探讨试行的反复的政策推进过程,也一定程度折射着乾隆时期政治文化的深层调整及整合的趋势。

一、乾隆时期的度牒管理及停颁度牒的政策变化与社会环境的变化

乾隆时期的佛教政策中,一项在几十年中持续调整并一直推行的政策,就是关于度牒的管理。度牒是国家颁给获得正式出家人身份的僧人证明书。中国的僧人度牒起自何时尚无确考,大致因自南北朝时期的僧籍登记,正式成为国家的一项事务则大致在唐代,到宋代更为国家所重视。由于不少时期实行的是纳银给牒制度,以致度牒每每成为朝廷以各种公共名义,如战争等,募集资金的一种渠道。另外,度牒管理也是朝廷管理佛教事务以及借此利用或者限制佛教的一种政策调控的常用手段。宋以降的各代,度牒管理大多是朝廷,尤其是新朝伊始时期的一项重要政务。清朝亦不例外。关外崛起时期的政策中,就已有度牒管理政策。入关后自顺治初期就一再加强度牒管理。至乾隆时期,在清朝相关制度下积累的问题也突显出来。在乾隆朝伊始直到乾隆三十九年的几十年里,都在纠缠这个问题。所以,在此即不妨检索一下乾隆时期的度牒管理制度是如何调整变化的,同时,也审视一下相关佛教的政策调整与其时政治文化的调整倾向有怎样的关系。

清朝政权开始对于僧牒管理起自皇太极的天聪六年(1632),其时定僧录司道录司总领僧道,同时规定"凡通晓经义恪守清规者,给予度牒"。崇

德五年（1640）"提准，新收僧人纳银送户部核收，随给用印度牒，令僧纲司分发"。① 由此见，皇太极时期是纳银给牒。

进入顺治时期，政策则在不纳银给牒和纳银给牒之间反复变化。顺治二年（1645）四月，礼部有奏："故明时给僧、道度牒，俱纳银三两二钱。今应否纳银给牒，请旨定夺。得旨：俱着宽免。"② 此时顺治皇帝入住紫禁城不过半年，这也是清廷初步关注度牒问题。其中，应否纳银，自始就是有异议的问题，结果规定："内外僧、道均给度牒，以防奸伪，其纳银之例停止。"③ 顺治六年（1649）又"题准：内外僧、道必有度牒，方准住持焚修。该部刊刻度牒，印发各布政使及顺天府，查境内僧、道素无过犯者，每名纳银四两，给予度牒一纸"。而到顺治八年（1651），亲政不久的顺治皇帝有谕礼部："国家生财自有大道，僧、道纳银给牒，琐屑非体。且多有谕纳无措逃徙流离，殊为悯。以后僧、道永免纳银，有请给度牒者，该州县确查报司府申呈礼部，照例给发。"④ 但是，到顺治十五年（1658），又"题准：直省僧尼道士已经给过汉字度牒者，尽令缴出送部，照数换给清、汉字度牒，并确核先年已纳银者换给新牒，未纳银者纳银给牒"。顺治十七年（1660）再"议准：僧、道度牒免其纳银，令各该抚详开年貌籍贯及焚修寺庙，备造清册，并送纸张投部，印给度牒"。⑤ 顺治朝的十八年间，度牒或纳银或蠲免，至少凡经五变。

康熙时期，即有重视清理僧道人数的倾向。康熙四年（1665），即敕令盛京及北京内外寺庙核定人员，规定："前代敕建寺庙，应各设僧道十名，私建大寺庙各设八名，次等寺庙各设六名，小寺庙各设四名，最小寺庙各设二名。"其中，又特别题准："本户不及三丁及十六岁以上，不许出家，违例者治罪。僧道官及住持知而不举者，一并治罪，罢职还俗。"⑥ 一户不及三个劳动力即不能有出家者，而十六岁以上，若要婚娶也难出家了，这是保护劳动力而限制出家的政策。

康熙六年（1667），礼部统计出了一个全国佛寺道观及僧道人数的具体数目："敕建大寺庙共六千七十有三，小寺庙共六千四百有九，私建大寺庙共八千四百五十有八，小寺庙共五万八千六百八十有二。僧十有一万二百九十二名，道二万一千二百八十六名，尼八千六百十有五名。共计

---

① 《钦定大清会典则例》卷九二，文渊阁《四库全书》史部，政书类。
② 王先谦：《东华录·顺治四》，《续修四库全书》第369册。
③ 《钦定大清会典则例》卷九二，文渊阁《四库全书》史部，政书类。
④ 王先谦：《东华录·顺治十六》，《续修四库全书》第369册。
⑤ 《钦定大清会典则例》卷九二，文渊阁《四库全书》史部，政书类。
⑥ 《钦定大清会典则例》卷九二，文渊阁《四库全书》史部，政书类。

寺庙七万九千六百二十有二,僧尼道士十有四万一百九十三名。"①

这些数字意味着什么,不妨通过与其时的大致人口数的比较来看。若按《清史稿》《食货志》所记录的民数统计,顺治十八年(1661),"天下民数,千有九百二十万三千二百三十三口"②。但是,当今学者的研究则说明,清代的人口统计仍然不是很准确,乾隆六年(1741)之前统计的所谓民数实际上应是丁口数,因而,相关研究认为顺治后期真正的民数即人口数大约有七八千万。而僧道因为要颁发度牒,朝廷也许掌握相对准确的数目。十四万多僧道,占人口比例大约是百分之零点二。一般新朝伊始都会关注人丁问题,朝代更替的战争等会损失劳动力,而新朝建设也需要人丁兴旺。限制劳动力出家、限制生育年龄妇女出家,在明朝初期亦有严令。因而,自清初就加强僧道管理,即是国计民生政策的必然选择。

康熙十三年(1674),清廷系统设置了僧录司等僧官序列,同时规定:"京城内外寺院庵庙宫观祠宇,不许容留无度牒僧、道及闲杂人等居住歇宿。"十五年(1676)则又特别"题准:凡僧尼道士不领度牒私自出家者,杖八十,为民;有将逃亡事故度牒顶名冒替者,笞四十,度牒入官。该管僧、道官皆革职还俗。"又题准:"直省僧、道停止给予度牒。"③ 直到康熙二十二年(1683),"议准:盛京僧、道仍给予度牒"。④

可见,康熙时期采取了一方面清检度牒,一方面限制给牒的政策,至少从康熙十五到二十二年,有七年时间是停止给度的。而这个时期也是康熙时期平三藩及收台湾的紧要时期。

另外,康雍时期对于创建寺庙以及以佛教名义的聚众烧香等邪教活动也十分关注,康熙五十年(1711),即有敕令给直省官:"创建寺庙多占据百姓田庐,既成之后,愚民又为僧道日用纠集银钱、购买田地给与,以致民田渐少,且游民充为僧道,藏匿逃亡罪犯,行事不法,实扰乱地方。向原行禁止,因日久渐弛,着各督抚暨地方,除原有寺庙外其创建增造永行禁止。"⑤

雍正元年(1723),复准:"禁止妇女游山入寺。"二年(1724)再复准:"愚昧之徒纵令妇女成群聚会,往寺庙进香,有坏风俗。嗣后将寺庙进香起会之处,严行禁止。"⑥ 七年(1729)复准"游方僧道",也就是允许僧道外出

---

① 《钦定大清会典则例》卷九二,文渊阁《四库全书》史部,政书类。
② 赵尔巽等:《清史稿》卷一二○,志九十五,"食货一·户口",中华书局1977年版。
③ 《钦定大清会典则例》卷九二,文渊阁《四库全书》史部,政书类。
④ 《钦定大清会典则例》卷九二,文渊阁《四库全书》史部,政书类。
⑤ 《钦定大清会典则例》卷九二,文渊阁《四库全书》史部,政书类。
⑥ 《钦定大清会典则例》卷九二,文渊阁《四库全书》史部,政书类。

游方,且须"遴选恪守清规者,咨部照例给札"。①

可见,康、雍时期,清廷对于僧道的限制管理,一如明朝初期等,在于保护劳动力和田土等财力不多耗费于僧寺,同时避免逃匿不法等扰乱社会安全及风俗的问题。

进入乾隆朝,度牒问题成为整饬佛教乱象的着重切入点,并且是乾隆皇帝立即着手的政务之一。雍正十三年八月,乾隆皇帝即位,九月即有关于度牒问题的谕旨,其谕曰:"历代僧人披剃,有给与度牒之制,所以稽梵行重律仪也。我世祖章皇帝于顺治八年停其纳银,仍给度牒,迨圣祖仁皇帝康熙初年,并给发度牒亦经停止。盖其时僧徒尚未甚多。……着该部仍行颁发度牒给在京及各省僧纲司等,嗣后情愿出家之人必须给度牒方准披剃。仍饬府州县等衙门严查僧官,胥吏毋许借端需索,扰累僧徒,违者从重治罪。尔部郎遵谕行。"②

是年十二月,乾隆皇帝又谕:"礼部议覆,僧、道给与度牒一事,虚文多而实际少,与朕意尚不相符。"③并特别解说,整顿佛门积弊不是不敬重佛法,而恰恰是为了严肃佛门形象。从度牒入手进行整顿,就是由于营办佛事的应赴僧等,借佛教之名,实因利益驱动,成员复杂,作奸犯科,肆无忌惮,让佛教良莠混杂,所以,必须判别真伪,护持真正守清规有志修行者,而使市井无赖之徒不得混入佛门,玷污佛老。

乾隆皇帝甚至还在谕旨中特意指点相关有司,发放度牒之事不要假手僧录司等,以免盘剥。其谕旨明确指示曰:"至于给发度牒一事,若经由僧、道录司之手,势必又滋苛索之弊。且礼部议称,度牒一张交银三钱,夫交官者虽仅三钱,而本人之所费恐十倍于此矣。此等之人亦吾赤子,朕岂忍歧视而使之不得其所乎! 僧有宗门、教门、律门之分,皆遵守戒律清净焚修者,即应于此中选择僧录司,以为缁流之领袖,或亦可行。至于应赴僧徒皆令受戒给予度牒,若不愿受戒者勒令还俗,此事礼部所议多有未备。着总理事务王大臣会同九卿定议具奏,若有以此举为多事,无益僧、道而徒滋烦扰者,亦准奏闻请旨。"④

乾隆元年(1736),二月即有关于清理应赴僧等泛滥乱象的谕旨,紧接着在四月,又有关于度牒发放的谕旨,曰:"其现在受戒僧人……具有保结者,均应颁给度牒。若经僧、道等官之手,易滋需索扰累。应行令顺天府、奉

---

① 《钦定大清会典则例》卷九二,文渊阁《四库全书》史部,政书类。
② 王先谦:《东华录·乾隆一》,《续修四库全书》第371册。
③ 王先谦:《东华录·乾隆二》,《续修四库全书》第371册。
④ 王先谦:《东华录·乾隆二》,《续修四库全书》第371册。

天府、直省督抚转饬该地方官,将各僧、道年貌籍贯并焚修所在,缮造清册,取具互结,加具印结,申送该督抚汇齐报部,照册给发度牒。仍饬各地方官当堂给各僧、道收执,遇有事故,将原领度牒追缴,如有改名更替,或藉名影射,及私行出家者,皆照违制律治罪。"①乾隆皇帝对于僧录司僧官再次表示了不信任,乃至将发放度牒这种原本僧录司本位事务亦转给地方官。

谕旨还具体指示:"至于应赴僧人,令该地方官传集面询,果系实心出家情愿受戒者,给予度牒;不愿受戒者,即令还俗,编入里甲为民;若老迈残疾,既难受戒,又难还俗者,查实亦给予度牒,许其看守寺庙,以终天年。又如深山僻壤寺庙,僧人不能远出受戒,及俗家并无所归者,亦姑给予度牒,仍别注册,永不许招受生徒。至在京各省道士,果无家室实心住庙焚修者,给予部照,毋庸给牒;火居道士则勒还俗;如有年老别无营运者,亦暂给予部照,永不许招受生徒。其尼僧一项,亦照僧、道之例,愿还俗者听其还俗,无归者亦暂给予度牒,不得招受少年女徒;嗣后妇女有年未四十出家者,该地方官严行禁止。至各寺庙所有资产免其稽查,以省纷扰。颁发牒照所需纸板工价等项,均于户、工二部支取,岁终奏销。又覆准:年少沙弥、道童,察其果无父兄可依者,暂留寺观,造册备案,年至二十不愿受戒,及二十以内力能谋生愿还俗者听。至年少女尼不准暂留庵庙,惟四体偏废、五官阙陷、及实无所归者,照原题内僧、道残疾之例,暂行给牒,以瞻余生。"②

又:"从前部议给发僧、道度牒一事,每岁给发数目、作何题奏,未经议及,恐有司视为具文,无从稽考。着各省将给过实数,及事故开除者,每年详晰造册报部,该部于岁终汇题。今年初次奉行,其题奏之处,着于乾隆二年为始。至番僧给发度牒,亦照此例行。"③

在半年多时间里,乾隆朝审议推出了乾隆初期的一套详细系统的度牒制度,甚至具体到如何关注残疾僧道的奉养问题,的确去除了乾隆皇帝指斥的虚浮不实际的弊病。这几乎也是清朝建立以来最详细、系统的一套度牒制度。

但是,虽然出台了这般详细系统的度牒制度,推行起来却多生差池。清代的度牒制度,在顺治时期是于纳银或蠲免之间反复;而到乾隆时期,则是在给牒还是干脆不再给牒之间斟酌。

如乾隆二年(1737)三月,一则谕旨即曰:"给予僧、道度牒一事,朕前后

---

① 王先谦:《东华续录·乾隆三》,《续修四库全书》第 371 册。
② 《钦定大清会典则例》卷九二,文渊阁《四库全书》史部,政书类。
③ 《钦定大清会典则例》卷九二,文渊阁《四库全书》史部,政书类。

两颁谕旨,明切晓示,冀督抚有司办理妥协。昨问及安徽巡抚赵国麟,据伊奏称,有此一番澄汰,嗣后便可不必再给度牒等语。朕不知赵国麟之意,将以度牒为多事滋扰而不必给耶?抑谓释、道之教应行禁绝,而嗣后毋庸给发,遂永不许人为僧耶?恐直省督抚未必能如是精明强固,不动声色,遂使天下无一僧、道也。"①

由此可见,其时已有地方官认为,如此清理僧籍等,便是一种沙汰佛教之意,此后便不必再行滋扰地方行政,不再给牒为是。而乾隆皇帝认为这是地方官错会其意。谨慎度牒实际是为了培护释道,是为了清理不法而保护良善。这一方面显示乾隆皇帝检束佛门也实有护教认识,另一方面也可见官员对于处理释道等宗教问题的意义并不甚明晰,加之谕旨中也确实多有认为释道蠹耗民力的意思,以致实行下来有认识偏差。

于是,乾隆皇帝对于自元年即已推出的度牒政策再做了一次政策用意及内容的详解。其解释说:"夫朕之酌复度牒,本以僧、道徒众太繁,贤愚混杂,其中多童稚孤贫,父母亲戚主张出家而非其所愿者;亦有托迹缁黄利其财产,仍然荡检逾闲者;甚至匪类作奸犯科,不得已而剃发道妆以避逭诘。藏垢纳污,无所不至,是以给发度牒,令有所稽考。亦如民间之有保甲,不至藏奸;贡监之有执照,不容假冒。果能奉行尽善,则教律整饬,而间阎亦觉肃清,岂欲繁为法禁,苦累方外之民耶!"②

此外,还同时对其时的宗教现状有所评论,从中也可了解乾隆皇帝对于相关宗教的一般认识和态度。其曰:"夫释、道原为异端,然诵经书而罔顾行检者,其得罪圣贤,视异端尤甚焉。且如星相、杂流,及回回、天主等教,国家功令原未尝概行禁绝。彼为僧、为道,亦不过营生之一术耳,穷老孤独多赖以存活,其劝善戒恶化导愚顽,亦不无小补。帝王法天立道,博爱无私,将使天下含生之类无一不得其所,僧、道果能闭户焚修,亦如隐逸之士遁迹山林,于世教非有大害,岂必尽驱还俗,使失业无依,或致颠连以终世哉!至于少年为尼,恐心志未定,别生事端,故待年已老成,始许披剃,亦非尽绝其教也。若云僧、道多一人则尽力南亩少一人,恐目今为僧、道者,未必皆肯尽力南亩者也。"③

进而,则还有政策推进的具体指示:"朕令直省督抚年终汇题,即欲徐徐办理之意,亦并非为目下尽行禁绝人之为僧、道也。赵国麟此奏误会朕

---

① 王先谦:《东华续录·乾隆五》,《续修四库全书》第 371 册。
② 王先谦:《东华续录·乾隆五》,《续修四库全书》第 371 册。
③ 王先谦:《东华续录·乾隆五》,《续修四库全书》第 371 册。

意,他省督抚恐尚有似此者,故再行申谕,务体朕抚育群生物各得其所之意,详细妥议,徐徐办理。又前年以民间喜建寺庙,而旧时寺庙倾圮者多,特谕止许修葺旧寺庙。近闻旧址重修者绝少,间有新建寺庙者,地方官并不将朕谕旨宣布开导,此亦奉行不谨怠忽从事之一端。并谕令直省督抚知之。"①

乾隆三年(1738),又根据度牒制度实施中出现的具体的实际情况,再行议准:"直省僧尼道士颁发牒照,宜豫筹清厘之法,俾有成数可稽,现在应付、火居人等,止给本身牒照,不准招受生徒,庶牒照止有缴销而无续增。其合例应招生徒之道,亦必年逾四十始许招徒一人,所招之人即于其师原领牒照,由地方官注明所招者之年貌籍贯簪剃年月,用印钤盖,取具五人互结存案,师故,即为本人之牒照,次第相传,不必别给。该州县岁终录报该抚,该抚随五年审丁之期,别具清册报部。如所招之人身有过犯,应还俗问罪者,即于其师牒照内除名,亦不准其师续招。若招徒无过病故者,准其报明地方官,再行招受,即于牒照内注明,以防影射。因水火盗贼而遗失牒照,亦许呈明,咨部再给。若其师受徒之后犯罪,应追缴牒照者将牒照即行缴销,所招生徒愿还俗者听,愿出家者别听投师注明牒照。至已故牒照,不得行隐匿,现在之牒照,不得私相授受,均责成僧、道官实力稽查,地方官不时察核。如有隐匿、影射情弊,将僧尼道士勒令还俗,治以顶替假冒之罪;僧、道官容隐者,斥革还俗,仍照违令律笞责;地方官不行察核者,照失察例罚俸三月。僧、道等年未四十而招受生徒,或招受不止一人者,照违令律笞责;僧、道官容隐罪同;地方官失察夺俸。"②

这则谕旨,差不多是对乾隆元年以来已经比较详细的度牒管理措施的进一步补充,而且,针对的主要还是应赴僧及其度牒问题。由此也可见,对于历代朝廷,专做法事的所谓经忏僧或者应赴僧者,都是整顿佛教时主要的整顿对象。经忏佛事总是成为佛教泛滥问题之症结的因由,前文对此已有阐述。而由乾隆时期也注重治理应赴僧等乱象则再次说明,对于法事乱象治理的程度,也是体现其时社会秩序治理程度的一个方面。

乾隆四年(1739)奏准:"自乾隆元年起至四年止,共颁发过顺天、奉天、直隶各省度牒部照三十四万一百十有二纸,遵照原议,令其师徒次第相传,不必再行给发。各督抚仍于五年审丁之期,具清册报部。又覆准;应赴僧、火居道士内有老迈残疾,及深山僻壤、俗家无可归者,姑给印照,仍令该地方官查明此项牒照,即大书不许招受生徒字样,钤盖印信。其年终汇缴之牒

① 王先谦:《东华续录·乾隆五》,《续修四库全书》第371册。
② 《钦定大清会典则例》卷九二,文渊阁《四库全书》史部,政书类。

照，令该管僧、道官当堂面缴，即将销字印记牒照并截去一角，缴送督抚，报部核销。又议准：嗣后民间独子，概不许度为僧、道，严饬地方有司明张晓示，仍责令僧、道官时加查察，傥有故犯，本家家长及受徒之僧、道，均照违制律问拟；僧、道勒令还俗；僧、道官不行查出，一并斥革。其现在僧、道内如有独子出家宗祧绝继者，除老迈残疾不能还俗之独子外，其例应还俗者，诸地方官出示晓谕，听其自首还俗，将牒照缴销，违者照例治罪。"①

推行了四年的度牒清理及颁发治理的措施，是有比较明显的限制僧道人数泛滥的意图于其中的，而且，由于核验程序详细而严格，实际上也就一定程度地起到了限制僧道泛滥的作用。如此准议的规定还有："僧、道情愿投师者，该师将所招之人报地方官，查明年貌籍贯，并取具邻族地保并无过犯甘结存案。至远来投师之人，应令所居住持呈地方官，咨取原籍地方印甘各结到日，方准簪剃。"②

度牒其时已叫牒照，是有确定之名额的，而且，牒照一干文书有了才能剃度，而不是剃度了再申报牒照。虽然朝廷推出的度牒制度并没有明确直接地说限额出家，但这样要求有牒才能出家的措施，实际上也就是一种限额出家的政策。

同年六月，乾隆皇帝的一则谕旨，就将这种隐含的限额制度意向和原因再次讲解给相关臣工，其谕旨曰："是以朕令复行颁给度牒，使目前有所稽查，将来可以渐次减少，此朕经理之本意也。今礼部颁发各省度牒已三十余万张，此领度牒之本僧各准其招受生徒一人，合师徒计之，则六十余万人矣。目下亦止得照此办理。但朕查外省官员情形，不过循照部文，敷衍了事，盖未深知朕渐次裁减之本意。尔等可密寄信与各督抚，令其徐徐留心，使之日渐减少，需以岁月，不在取必于一时。若官吏奉行不善，致滋扰累，则又不可。"③

所以，乾隆皇帝明示，这种措施的本意就是希望僧道之徒渐次减少。但即使如此，到乾隆四年，以一师只能招一徒来合计，理论上的僧道数，也应是六十万，更不论私相招徒的情况，相比康熙六年的十四万僧道数已是增加很多，再以雍正十二年的近两千八百万人口为参照，出家人比率显然是增加了很多。这些数字仅是相关清史中所记，权且以为确实。而结合乾隆皇帝严紧限额出家的政策来看，的确有其推出限制僧道政策的实际原因。

---

① 《钦定大清会典则例》卷九二，文渊阁《四库全书》史部，政书类。
② 《钦定大清会典则例》卷九二，文渊阁《四库全书》史部，政书类。
③ 王先谦：《东华续录·乾隆九》，《续修四库全书》第372册。

不过,转年,乾隆五年(1739)又谕:"僧、道亦穷民之一,朕不忍概从沙汰,故复行颁给度牒,使有所核察。今礼部颁发牒照,已三十余万张,而各省缴到者尚少,是或仍事因循,仅奉行故事,则甚非朕所以禁游惰勤力作之本意矣。着该督抚留意善为经理,并着于岁终将所减实数具奏。"①

七年(1741)覆准:"直省僧、道由部于岁终将僧、道所减实数奏闻,业经令各该督抚缮黄册进呈,别造清册送部察核,逐年册籍井然可稽,所有随五年审丁之期造册报部之例,即行停止。"②

八年(1742)覆准:"直省有未曾领牒照之僧、道,游手托名,查明曾经过犯,即勒令还俗,编管为民;若素无过犯实心出家者,准令投师传牌别款附册,年终奏报。至于外来投歇验无牒照者,许令住持报地保邻甲,呈官驱逐回籍。若违例私自容留,犯案事发,将住持僧、道分别治罪,地方官徇隐者议处。"③

至此,乾隆朝的度牒制度基本是限额给牒的制度,但是,乾隆皇帝还要表现其对于佛教培护和宽仁的一面,又"不忍概从沙汰",照行颁给度牒,但要求地方官造册核查是否超额,所以,标榜不忍沙汰的谕旨,只是在广播其宽仁意向,而实际上还是推行自乾隆四年以来议定的核查牒照以减少出家人数的限额政策。

但是,实际推行十多年后,到乾隆十九年(1754)正月,这项政策又有了很大变化。其时有谕旨曰:"前经降旨礼部,颁发僧道牒照,复令各督抚岁终将所减实数具奏,此原欲驱游手为良农,略示沙汰之意耳。乃十余年来,各省奏报不过具文从事,且若辈即尽令归农,安得余田而与之,转不免无藉为匪耳。据实严查,或致滋扰,有名无实,此综理日久所悉,正不必袭复古辟异之迹也。着停止。"④

也就是说,这项限额措施公布十年来,地方官报奏的减少额数很可能多是虚文。至此,乾隆皇帝也清楚地告示臣工,这项政策只不过以此施加一个意向压力而已,是警示目的,以免僧道泛滥,而实际上并不希望真的清减下来,若是,也无田土给这些清减下的人,还可能使之成为无田游民而滋扰社会。可见,一项限额出家政策,背后实际牵扯着众多社会因素。至此,乾隆皇帝便挑开了逐渐成为名义上的限额出家政策的假相,即令停止再行清减出家人数额的政策。

① 《钦定大清会典则例》卷九二,文渊阁《四库全书》史部,政书类。
② 《钦定大清会典则例》卷九二,文渊阁《四库全书》史部,政书类。
③ 《钦定大清会典则例》卷九二,文渊阁《四库全书》史部,政书类。
④ 王先谦:《东华续录·乾隆三十九》,《续修四库全书》第 372 册。

　　不过，检索自雍正十三年乾隆皇帝即位后的政策进程，开头几年的限额政策并非只是警示作用的意向性政策，而是切实推行的实施政策，但施行多年后，现实情况发生了变化，才使得这项政策逐渐成为具文公事。而其中导致变化的重要因素，则是人口与田土，即，人口渐多，而土地有限，清减下来的僧人又是需要土地的。因此，在此后数十年里，度牒一事都不再是朝廷政务特要关注的问题了。直到乾隆三十九年（1774），早已形同虚设的度牒政策，终于还是发生了前所未有的根本性的重大变化，乾隆皇帝正式敕令，僧道的官颁度牒，"永停通颁"。①

　　此决定最终推出的经过大致如此：乾隆三十九年六月，有山西道御史戈源奏请停颁僧道度牒，其奏曰："近据礼部奏请，自乾隆四年以后僧、道未给度牒者，交地方官通查补给，以备僧纲、道纪等官之选。查乾隆元年至四年僧、道之无度牒者，已有三十四万余人；自四年迄今，其私自簪剃者恐不下数百万众。若纷纷查补，必多滋扰，请嗣后永停通颁。如遇选充僧、道等官，查其实在戒行严明者，具结咨部，给照充补。"②

　　乾隆皇帝遂降旨曰："所奏是。僧、道度牒本属无关紧要，而查办适以滋扰。所有礼部奏请给发牒照之处着永远停止，其选充僧、道官，令地方官查明具结办理，亦如该御史所请，行该部知道。"③

　　第二天，乾隆皇帝再下谕旨曰："昨据御史戈源奏请停查给僧、道度牒一折，已降旨允行矣。礼部前请将乾隆四年以后未给度牒僧、道交地方官通查补给一事，止以备僧纲、道纪等官之选。第度牒不过相沿旧例散给，仍属具文。而稽查实虞烦扰，自以不办为妥。若云防僧、道滋事而设，未必有牒照者悉能恪守清规，而犯法者皆系私自簪剃。方今法纪森严，有犯必惩，更无庸为此鳃鳃过虑。至遇僧纲、道纪需人，所在地方官原可查明僧、道中之实在焚修戒法严明者，具结呈报上司，咨部给照充补。何必因此一二人之补缺，而令各省寺观通查滋扰耶？所有礼部奏充补僧道官必须给有牒照之例，亦着停止。"④

　　若以唐代大致算起，度牒，这种已通行千余年的僧人护照，至乾隆三十九年，便停止颁行了，而且，还被视为"本属无关紧要"的事情。这样的政策起伏变化，的确是非常之大。即便是清代，顺、康、雍三朝即不必再细数，仅乾隆朝，从雍正十三年乾隆皇帝即位伊始至乾隆四年，一直是紧锣密

---

① 王先谦：《东华续录·乾隆七十九》，《续修四库全书》第 373 册。

② 王先谦：《东华续录·乾隆七十九》，《续修四库全书》第 373 册。

③ 王先谦：《东华续录·乾隆七十九》，《续修四库全书》第 373 册。

④ 王先谦：《东华续录·乾隆七十九》，《续修四库全书》第 373 册。

鼓地推进清理释道度牒,并实行实际的限额给度的政策,呈现的是对于度牒十分重视的政策态度;到乾隆十九年,则变化为停止削减度牒额数,实际是放宽度牒管理的政策和态度;再到三十九年,度牒不仅已然是无关紧要的事,还成为滋扰地方政务的多余的事,被着令停止。乾隆时期度牒政策变化之大,在中国佛教史上也是特例。

乾隆时期何以会有如此大的度牒政策变化,直接的社会基础原因,一方面可能是自乾隆初即推进的社会秩序整顿有了一定成效,西北叛乱此时也已平定,社会政治文化环境大大改观,承平景象更加丰满;另一方面,可能还是前面已提及的土地和人口等经济因素。乾隆二十九年(1764),按照朝廷统计的数字,人口已达二万五百五十九万一千一十七口,已经过两亿。虽然入关后的几代都一直重视土地问题,乾隆时期更是一再丈量土地、开垦荒地等,但乾隆皇帝仍然紧张于人口的增加,十九年谕旨中所谓的“安得余田”给还俗僧道的忧心,亦非言过其实的担忧。过去是希望渐次减少僧道,以保护劳动力,维护社会安定等,而今的情势则已然大变。在人口增加、土地紧张的情况下,僧道多少已于劳动力无关紧要了。至于社会安定问题,更是如乾隆皇帝所说,“方今法纪森严,又犯必惩”,更毋庸过虑。这也显示,一个社会呈现蒸蒸向上的气象时,即便是应赴僧等,整体败坏或影响社会风气的可能性也会相对降低,即所谓社会环境氛围的约束和自洁作用,这便如同机体强健时免疫力亦强是一样的道理。

不仅如此,乾隆时期还逐渐放手了对于僧道事务的直接管理。清廷的佛教事务向来多头甚至重叠管理,清初曾设“祠祭清吏司”,“凡术数医卜音乐及僧道并籍领之”①,康熙时期则交由内务府大臣,乾隆时期备咨礼部,而地方僧道事务自康熙到乾隆时期还由地方督抚兼管,番僧事务等虽然有理藩院,但乾隆时期相关藏地蒙地的事宜,包括佛教事务,则多是令出军机处,还有王大臣总领,凡此等等,也可视为多受重视。乾隆三十八年(1773)则有旨曰:“向来特派王大臣所管之僧、道事务,嗣后著归内务府衙门兼管,不必另派王大臣。”②接着乾隆皇帝又奏准:“前经军机处、礼部奏,请将直省各府州县僧道、阴阳、医学等等官印记撤回,停止铸给。但各职俱有专司之责,凡出结具领等事,亦宜官给信守,以昭慎重。嗣后照官刻佐杂钤记之式,长二寸四分、阔一寸三分五厘,由藩司用官铺内梨木照依各职官镌刻正字给发。”③

---

① 《皇朝文献通考》卷八一,文渊阁《四库全书》史部,政书类。
② (清)刘启端等:《大清会典事例》卷一二一九,《内务府·杂例》,《续修四库全书》第814册。
③ (清)刘启端等:《大清会典事例》卷一二一九,《内务府·杂例》,《续修四库全书》第814册。

官印换为佐杂钤记,铸印换为梨木印。所谓佐杂,即州县官署内助理官吏佐贰、首领、杂职的统称。虽然京城的僧录司仍然设官,但是否还能有八座用印的制式和权力,已难说了。僧官及衙署地位可见一斑。即便受乾隆皇帝赏识的华严宗僧通理(1701—1782),赐紫和委任掌僧录司印,但皇帝一时也只能封其为"圆明园佛楼行走",直到僧录司官去世,通理才由庄亲王正式授职升任僧录司正印,但通理却还是会自称"佛楼行走",文字间也见其不时要尽力装点皇家盛典。诸如此类,也见僧伽事务不为朝廷重视,僧官或是装点或可有可无。而且,除了远在藏区的达赖喇嘛和常在京城的章嘉活佛等,以及曾昙花一现于顺治朝、后又被雍正皇帝否定的几位禅僧,清前期少有被尊崇的高僧。加上第二年永停通颁度牒的政策出台,至此,乾隆时期的朝廷基本不再特别管理僧伽事务,实际是将其归之为社会一般事务,所谓"专司之责","官给信守"。由乾隆中后期对于佛教乃至藏地佛教的态度和处置方式看,基本上采取的是一种犯法有法纪管、叛乱有军队压、衣食有社会供的态度和行政原则。

不过,对此或许还是应有所分别认识,即,乾隆时期的相关佛教政策对应对治的应是其时的佛门现状问题,而非流行千百年的佛法。至于乾隆皇帝之所以会对度牒问题能如此看得开、放得手,应该还有一些不显见的政治文化因素。即如第一节所述,乾隆皇帝既是自恃佛学见地及修持道行都甚高的皇帝,也是对于佛门现状有甚深了解的皇帝,同时,在执政水平上更是集清朝前期几位有成就帝王之大成,因而,这种类似弃佛门于自生自灭境地的政策手法,或许还与乾隆皇帝在佛教发展及其社会作用等方面另有认识、另有推进方向有些关系。相关问题将在后面的第三节中进一步具体探讨。

二、乾隆时期的呼毕勒罕制及金瓶掣签制的确立与相关政策的演进

乾隆时期的度牒清理及其相关政策,虽然针对所谓番僧的度牒颁给及停颁事宜也是同步进行,但主要还是针对汉地佛教以及与此相关的社会秩序及风气的整顿问题,针对的也主要是汉地佛教中下层应赴僧以及民间非僧非道的借佛敛财等以经营佛事来谋生的各色人等。

对于藏传佛教,清廷主要是走上层路线,而且是通过支持黄教来安顿蒙藏事务,是借教安民的羁縻政策原则,所以,相关藏传佛教的政策,更关注上层大喇嘛们的合法性问题。

乾隆时期最为突出也是独特的有关藏传佛教的政策,就是由皇帝及其朝廷确定呼毕勒罕制及金瓶掣签制的合法性,以及由皇帝册封生效的政策。所谓呼毕勒罕制也就是藏传佛教大喇嘛的转世制度,支持呼毕勒罕制也就

是否定了世袭制的合法性。而金瓶掣签制,则是掣签确定转世人的程式。由乾隆皇帝颁置两尊金奔巴瓶,一置于雍和宫,一置于拉萨大昭寺。在需要确定转世人时,将所寻得的各灵童的姓名及出生年月日,用满、汉、藏文写于签上,置金瓶中,由理藩院尚书在雍和宫或由驻藏大臣在大昭寺监督抽签决定,也算是一种差额选择,之后奏请清朝皇帝最终册封赐印。其实,康熙时期即已有呼毕勒罕册封,经历了之前几代帝王在西藏事务上的几番推进积累,至乾隆时期,彻底否定了世袭制,再次确定呼毕勒罕制度的合法性,同时再加上金瓶掣签,以免拥立不一。这个将朝廷与藏传佛教关系制度化的政策,在乾隆晚期才最终成为制度定制,并为此后清朝历代遵循。

需要解释一二的是,这里探讨述说的并不是一般信仰层面的与藏传佛教的关系和相关政策,而是清朝政权与藏传佛教的关系及其政策。且由前面有关章节所述,也应已比较清楚,清廷实行的就是一种通过倚重藏传佛教来安顿众蒙古的政策。顺康雍三朝,在藏传佛教与朝廷政治文化之间的关系方面,不惟继续了清朝崛起以来的原则,还积累了更多的经验,尤其是康熙时期,更是切实地敲定了清朝与黄教间政教关系的基本模式。

在康熙时期,由于准噶尔部噶尔丹吞噬喀尔喀诸部,并纠结藏传佛教喇嘛及第巴等藏地上层反叛清廷,清廷与喀尔喀、准噶尔及藏区的关系变得更加错综复杂和不确定,安顿蒙藏相关的疆域,成为颇为严峻的要务,而藏传佛教随即也更加成为清廷联系蒙古诸部尤其漠北诸部的重要纽带。

清朝与蒙古诸部的会盟关系起自关外崛起时期,原本是联合起来对付明朝。清朝入主大统后,蒙古诸部或臣服,或名义上归附在被其尊称为"中华皇帝"①的清朝皇帝治下。到康熙时期,内蒙四十九扎萨克②是早已臣服的,相对安定;而喀尔喀等漠北诸部则仍有自恃帝族而桀骜不驯者。清廷除了以进贡而多给付等方式进行羁縻,藏传佛教也仍然是一条羁縻的重要途径,事实上,这也是所谓众蒙古归附清朝的一项重要因由。

康熙二十七年(1688)噶尔丹突袭喀尔喀得手,喀尔喀部在就近逃去俄罗斯还是继续归附清朝的选择间犹豫,其大喇嘛哲布尊丹巴发话说:"俄罗斯素不奉佛,俗尚不同我辈,异言异服,殊非久安之计。莫若全部内徙,投诚大皇帝,可邀万年之福。"③二十八年(1689)正月,康熙皇帝即降旨曰:"朕念土谢图汗向来职贡惟谨,久在属国之列是以受而纳之,留于边境矜其困穷给

---

① 见《平定朔漠方略》,文渊阁《四库全书》史部,纪事本末类。

② 《钦定大清会典则例》卷一四〇,文渊阁《四库全书》史部,政书类。

③ 孟森:《清史讲义》,中华书局 2010 年版,第 142 页。

以米粟。……朕收养伊等,中外一体,不忍令人失所之德意。并将土谢图汗等背盟兴戎之故,一一申明,遣使赍敕宣谕噶尔丹、达赖喇嘛。"① 同时遣官发仓粮及茶布牲畜等赡之,借牧科尔沁以安置其部两万余众。由此事件中可见,"奉佛",成为此部选择继续归附清廷的重要理由和双方的维系纽带。

康熙三十一年(1692),败走的噶尔丹又书札诸蒙古图谋联合,康熙皇帝即发敕谕给噶尔丹,申述怀柔民生之意以及与众蒙古依然关系密切的事实,其敕谕曰:"朕统御万邦,惟愿天下之民共享升平,无生事无作乱,兼容并包,诚心抚恤。残刻之事,素所不为。诸国远人诚能恭顺,职贡不改其常,朕益加爱惜,施恩不绝。若阳奉阴违狡诈百出者,朕未尝不知,亦不究竟,每从宽教戒,冀其改悔自新。是以中外之人无不归诚向化,虽极隐密之事必来奏闻,无敢欺蔽。今尔所遣奉贡使人持尔书来与朕,属下蒙古告以尔语,皆以奏闻于朕,朕尽知之矣。此等谲诈祗自欺取祸而已何能欺人,且朕属下蒙古皆世受豢养厚恩,岂能负朕而堕汝计乎。"②

康熙皇帝还特别申明,清朝是如何奉佛,以及如何与黄教之间有着长期的政教联盟关系,并明确告谕诸蒙古及相关藏区,尊奉同一个黄教,是满蒙藏借教而成政治一体的重要原因。

其谕曰:"据尔书云,为宗喀巴之法而行,朕不得不将护持宗喀巴之法为之宣布。本朝龙兴之际与达赖喇嘛道一风同,延召达赖喇嘛至京,此天下之所共知也。康熙八年达赖喇嘛疏称,前蒙皇上惠赐臣敕印,仗一统大君之仁慈,平治土伯特国三部落,而红帽帕克木取两族之人而去,请将伊等还归于噶尔马。朕即降旨特遣官取红帽帕克木发还。康熙十三年达赖喇嘛疏称,巴忒马三宝瓦巴克什之经,请敕谕中国僧俗勿得诵习,朕即降敕禁止僧俗概不许诵习。康熙十八年达赖喇嘛疏称,自圣主三朝以来道一风同,谨将平治汉人土伯特蒙古之要略奏请睿览,其奏尚在。累代以来,宗喀巴之法、达赖喇嘛之教,与朕相符。是以,朕此地所行,皆宗喀巴之法、达赖喇嘛之教;喇嘛班第所服,皆黄帽;所诵,皆达赖喇嘛之经。朕之敬礼若是,尔喀尔喀、厄鲁特未必如朕之敬礼宗喀巴之法与达赖喇嘛之教也。且达赖喇嘛洞见朕护持宗喀巴黄帽之法而深相信服,故凡事直陈无隐;朕亦以蒙古诸事与之共决,历年通使不绝于此。可以知朕与达赖喇嘛道法合一久矣。尔喀尔喀、厄鲁特之人,阳则诳言为宗喀巴之法达赖喇嘛之教,而行阴则违之。率土皆知尔前者败于乌兰布通之时,尔属下人皆惊惧而谤汝,俱请降朕。朕素

① 《平定朔漠方略》卷五,文渊阁《四库全书》史部,纪事本末类。
② 《平定朔漠方略》卷一二,文渊阁《四库全书》史部,纪事本末类。

无离间害人之意,是以准尔誓书,训尔等以依常安处,勿怀异心,此伊拉古克三库图克图所深知也。此即朕万邦一体之意。"①

这种"朕与达赖喇嘛"或者"中华皇帝与达赖喇嘛"如何如何的表达方式,在康熙"平定朔漠"时期的诸多谕旨中频频出现。同一宗教,成为将游移不定的漠北蒙古诸部会聚为同一阵线的重要纽带,既如同喀尔喀以俄罗斯不奉佛而未逃去一样,康熙皇帝这种与黄教绑定的政策原则,使黄教一再强化为清朝与众蒙古作为共同政治文化体系的一条纽带。

然而,奉佛及达赖喇嘛也是噶尔丹的政策方式,但是,噶尔丹势力中却不惟奉佛者,还有伊斯兰教于其中,即如康熙皇帝所揭露和指斥的那样:"尔外奉宗喀巴之法,而实入回回之教,不欲朕扶助宗喀巴并达赖喇嘛之法彰彰明矣。尔所行之事蒙古皆知之。"②

到康熙五十七年至六十年,清廷亦以护持达赖喇嘛之名,由皇十四子为抚远大将军,带兵西征,平定准噶尔叛乱。康熙五十九年(1720)二月新任第六世达赖喇嘛受康熙皇帝正式册封,九月在布达拉宫坐床。六十年(1721)康熙皇帝特作御制碑文以纪此功,碑文有曰:"……达赖喇嘛之殁,第巴隐匿不奏者十有六年,任意妄行,拉藏灭之,复兴其法,因而允从拉藏青海群众公同之请。中间策妄阿喇布坦妄生事端,动准噶尔之众肆行奸诈,灭坏达赖喇嘛,并废第五辈达赖之塔,辱蔑班禅,毁坏寺庙,杀戮喇嘛,名为兴法,而实灭之。且欲窃据土伯特国。朕以其所为非法,爰命皇子为大将军,又遣朕子孙等调发满洲蒙古绿旗兵各数万,历烟瘴之地,士马安然而至。贼众三次乘夜盗营,我兵奋力击杀,贼皆丧胆远遁。一矢不发,平定西藏,振兴法教。赐今瑚毕勒罕册印,封为第六辈达赖喇嘛,安置禅榻,抚绥土伯特僧俗人众,各复生业……"③此即为五世达赖喇嘛去世四十多年后正式确定"第六辈达赖喇嘛"。④ 只是此"第六辈达赖喇嘛",应是后来顺序的第七世达赖喇嘛。不过,无论如何,至此,康熙时期的六世达赖喇嘛真伪之争告一段落。而此一系列行动,亦即为康熙时期勘定西藏之功。

由此而见,标榜尊崇和护持黄教,成为清朝让众蒙古归附的一条与兵戈并重的途径。而康熙皇帝以达赖喇嘛仰仗皇帝护持而巩固地位的事实广布晓谕蒙古诸部,实际也是将达赖喇嘛的内附作为树立给众蒙古的一个榜样。

① 《平定朔漠方略》卷一二,文渊阁《四库全书》史部,纪事本末类。
② 王先谦:《东华录·康熙五十三》,《续修四库全书》第370册。
③ 《平定准噶尔方略》前编卷九,文渊阁《四库全书》史部,纪事本末类。
④ 王先谦:《东华录·康熙一百八》,《续修四库全书》第370册。

对于清朝而言，虽然众蒙古原本是其联合起来孤立汉人对付明朝的盟友，但时过境迁，满人做了中华皇帝，众蒙古却成为不时叛乱并需要花大力气稳固的疆域。从四川的藏区开始，西藏、青海、甘肃、新疆、蒙古，这大半圈疆域，直到乾隆朝，都是仍然不甚安定乃至没有彻底辖制的疆域。但是，随着清朝国力强大，疆域内尚有不安之邦，是皇帝及其朝廷越发不能漠视和容忍的问题。所以，康熙皇帝会亲征平定朔漠，乾隆皇帝也再次亲征平定新疆。但是，兵戈毕竟是不得已之手段。因此，护持黄教乃至掌控黄教，越来越成为清廷在军事之外安定这些地方的一个重要方式。在这些政教关系密切的地区，能够主导局势的上层僧人，自然也就是清廷佛教政策的主要对象。其中，在上层大喇嘛地位的合法性问题上，摒弃世袭，支持转世，便是既保持合法性又避免政教权势长期为某一势力集中盘踞的重要问题之所在。

因而，除了以保护黄教为由头而武力弹压和对付噶尔丹等相关不臣服势力，具体在达赖喇嘛、大活佛转世等问题上，顺、康、雍三朝时期多采取因循藏俗为主的政策原则。尤其五世达赖喇嘛与清朝三代帝王关系友好，一直受到清廷的尊崇。但是，到康熙时期这种友好通畅的情况发生变化，一个重要起因，便是前面所引述康熙皇帝定西藏碑文中提到的，五世达赖于康熙二十一年（1682）在西藏去世后，却被达赖政府代政官第巴长期隐瞒，其间仍然以达赖喇嘛名义与朝廷往来，直到康熙三十五年（1696）朝廷才确知，而康熙时期朝廷劲敌噶尔丹等则与第巴等勾结，并纠结着一些蒙古台吉的错综关系，清廷与达赖喇嘛以及与相应地区各种势力间关系的维系变得不真实、不通畅了。

对此，康熙皇帝颇为慨叹，四十五年（1706）一则谕旨即有曰："昔日达赖喇嘛存日，六十年来塞外不生一事，俱各安静，即此可知，其素行之不凡矣。后达赖喇嘛身故，第巴虽隐讳不言，然观其启奏之辞非昔日达赖喇嘛语气，朕是以知其已故，遣使细访乃尽得欺诈之状。自达赖喇嘛故后，第巴遂教噶尔丹各处妄行生事矣。"①

这里所说的昔日达赖喇嘛，指的应是五世达赖喇嘛，自皇太极时期与清朝结缘，顺治九年（1652）入京，在满蒙藏的政治联盟中起到了重要的维系作用，从喀尔喀到准噶尔等朔漠群雄都以敬此喇嘛为由而会聚为联盟。自五世达赖去世后，这个联盟便出现了问题，而如何建立清廷与黄教以及借黄教而羁縻蒙藏的新的顺畅关系，自康熙中后期起，就一直需要理顺，尤其成为需要建立制度性政策的一个大问题。

---

① 王先谦：《东华录·康熙七十八》，《续修四库全书》第 370 册。

即如上文所说,由于六世达赖喇嘛转世认定一直有纠纷,拉藏汗杀了第巴,废了以诗人闻名的六世达赖,确立了新任达赖喇嘛,但是,拉藏汉与青海蒙古众台吉等又意见不合,新任六世达赖喇嘛其实也不被认可。这也就意味着五世达赖喇嘛的转世实际上还是一直都没落实。而控制达赖喇嘛转世权,即成为藏地及蒙古各政治势力持续争斗的由头。而在藏蒙各势力鹬蚌相争的背后,真正的渔翁,实则是清廷。

康熙四十八年(1709),有廷臣向康熙皇帝建议:"青海众台吉等与拉藏不睦,西藏事务不必令拉藏独理,应遣官一员前往西藏,协同拉藏办理事务。得旨:依议,其管理事务着侍郎赫寿去。"① 此即是为清朝派遣驻藏大臣之始。此即是为清朝派遣驻藏大臣之始。其实,早在过问六世达赖喇嘛仓央嘉措认定之时,清廷实际上就开始了达赖喇嘛认定问题与藏地事务协同处理的政策措施。之后的突出事件,就是前文已述的康熙五十七年后的勘定西藏诸事。

但雍正初,青海又发生叛乱,黄教喇嘛亦多参与其中,如年羹尧奏折所报:"堪布诺门汗系边口内塔尔寺喇嘛,乃察罕丹津亲侄,唆令罗卜藏丹津叛逆,又令伊等喇嘛与我兵交战。虽势穷来投,情难姑恕。"② 对此,雍正皇帝也如康熙皇帝那样发了一番慨叹,并再次详述清廷在护持黄教方面的恩德,其曰:"喇嘛等理宜将叛乱之人善言开导,令其和辑,不致起事戕害生命,是为维持佛教。如其不能,亦应呈明该将军等,各自闭户安居。岂意反助西海背逆之人,竟纠合数千喇嘛手持兵刃,公然抗拒官兵。及至溃败犹不降顺,及庙固守,以致追杀覆灭,有玷佛教甚矣。钦惟太宗文皇帝时,第五辈达赖喇嘛遣使入觐,极为恭顺。及世祖章皇帝时,将第五辈达赖喇嘛延至京师封为瓦齐拉达喇达赖喇嘛,蒙被殊礼。百年以来法教兴隆,皆我朝之恩赐也。前者准噶尔寇犯招地,杀戮僧徒,拆毁寺庙,圣祖仁皇帝遣发大军,恢复招地,俾达赖喇嘛重安法座,佛教复兴。如此隆恩喇嘛并不感激,反助悖逆之人,凶恶已极。于佛门之教尚可谓遵受奉行者乎!将朕此旨遍谕各处寺庙喇嘛,并居住蒙古扎萨克处之大小喇嘛等知之。"③

雍正二年(1724)五月叛乱平定后,朝廷出台了"青海善后事宜十三条",处置参乱喇嘛,重新安排地方官辖制,以及重新规定诸种限制措施,比如,不得动辄几千人聚于寺院,"寺庙之房不得过二百间,喇嘛多者三百人,

---

① 王先谦:《东华录·康熙八十三》,《续修四库全书》第370册。

② 王先谦:《东华录·雍正三》,《续修四库全书》第371册。

③ 王先谦:《东华录·雍正四》,《续修四库全书》第371册。

少者十数人，仍每年稽察二次；令首领喇嘛出具甘结存档。至番民之粮应俱交地方官管理，每年量各庙用度给发，再加给喇嘛衣服、银两，庶可分别其贤否，地方官得以稽察"。"庙内不得妄聚议事。"① 所行处置，实际是以清理叛乱为准则，并不以是否喇嘛僧人而视之。雍正皇帝征讨青海叛乱迅猛而缜密，实定青海于一役，并使之成为乾隆时期彻底平定和辖制新疆及西藏的前沿基地。

但在西藏事务方面，仅凭驻藏大臣则不足以有力地掌控。乾隆十五年（1750），就发生了叛逆杀害驻藏大臣并抢掠驻藏衙署的事件。其时叛逆率众数千人围署，放枪放火，"达赖喇嘛遣众僧救护，不能得入"。驻藏大臣被伤害，"所有文武官各被难，粮务衙门被劫库银八万五千余两"②，乾隆皇帝遂即派兵进驻压制。

其时的善后事宜，是确立达赖喇嘛及其推荐之班第达等统筹政务，同时诏谕："达赖喇嘛、班第达知，朕之办事光明正大，以释其疑而安其心。如班第达能遵朕谕旨，奉我约束，是乃实心恭顺之人，仍可委办格隆事务，永远承受恩典；如其敢行违抗，则师出更为有名，乃至当不易之理。"③ 当时，除了八百官兵进藏，仍留一些官兵驻防于打箭炉，以示弹压。

不过，此事件，实际上也是激发乾隆皇帝思考寻求新的治理方式的一次事件。在嗣后达赖喇嘛请立政府代政官事宜时，乾隆皇帝就借此发表议论曰："据达赖喇嘛奏请立班第达为郡王，亦以藏众不可一日无人统率，为此权宜之计。若如所请，则数年之后未能保其不滋事端。朕意欲仿众建而分其势之意，另为筹画措置。""夫开边黩武，朕所不为；而祖宗所有疆宇，不敢少亏尺寸。此番办理实事势转关一大机会，不得不详慎筹画动以万全，以为边圉久远之计。将此并谕中外知之。""以藏地应多立头人，分杀其势，正当乘此机会通盘筹画，务彻始彻终，为万全之计。"④

乾隆皇帝此谕中所说要效仿的所谓众建分势之说，实际也就是元明以来帝王羁縻藏区的惯用手段。对此运用最为突出的是明初尤其明成祖朱棣时期，多封众建、分势而治，是其时行施于朵甘、乌斯藏的佛教政策，羁縻藏地，从而防范蒙藏联合。但多封众建也带来诸多纷争弊端，而为清初所谨慎避免。而清朝入关百年后，情势变换，经过康雍两朝西藏事务的相关政策推进，已然积累了许多经验，而到乾隆时期，也到了需要改进政策措施来施行

---

① 王先谦：《东华录·雍正四》，《续修四库全书》第 371 册。
② 王先谦：《东华续录·乾隆三十二》，《续修四库全书》第 372 册。
③ 王先谦：《东华续录·乾隆三十二》，《续修四库全书》第 372 册。
④ 王先谦：《东华续录·乾隆三十二》，《续修四库全书》第 372 册。

更深入有效治理政策的地步。所以,乾隆皇帝既"多立头人,分杀其势",又要"另为筹画措置",也应是时势之必然所致。而且,在此后几十年的乾隆皇帝执政期里,的确在这方面有所引导和实际构建,其中,通过强化抬高蒙古地区大喇嘛的影响和地位等策略,对于藏区喇嘛以及达赖喇嘛的影响即起到了分势的作用。

由理藩院的相关记录而见,自乾隆十六年(1751)起,清廷即时常册封及给玉印于各种名义的大喇嘛,不仅是达赖喇嘛、班禅喇嘛等,也不仅是章嘉呼图克图、哲布尊丹巴呼图克图,在藏地、蒙地,清廷还册封了一些有局部影响力的喇嘛,以示恩宠,并树立其威信以安顿相关地方。

如,"十六年议准:喀尔喀额尔德尼诺颜绰尔济罗卜藏诺尔布属下徒众甚多,照额尔德尼班第达呼图克图之例,给予印信。十八年(1753),封济隆呼图克图为慧通禅师,给予敕印。二十年(1755),封喀尔喀额尔德尼诺颜绰尔济罗卜藏诺尔布为素珠克图诺们汗,换给总管喀尔喀青素珠克图额尔德尼诺颜绰尔济徒众之印,分镌满洲、蒙古、唐古特三体字。又奏准:章嘉呼图克图属下徒众甚多,照喀尔喀多尔济旺舒克托音给以总管哲布尊丹巴呼图克图属下徒众额尔德尼商卓特巴印信之例,给予罗卜藏吹木丕勒总管章嘉呼图克图属下徒众扎萨克喇嘛商卓特巴印信。二十一年(1756),加封喀尔喀哲布尊丹巴呼图克图为隆教安生哲布尊丹巴呼图克图,给予册印。又议奏:雍正元年甘珠尔巴噶卜楚封为述教甘珠尔巴墨尔根诺们汗,给予敕印。后经圆寂,交伊徒大喇嘛额尔克绰尔济阿旺颜品尔收存,至乾隆五年呼毕勒罕出世,经院奏明,令其师徒见面。今甘珠尔巴墨尔根诺们汗之呼毕勒罕现年二十三岁,前给敕印应否仍行赏给?奉旨:准给。"① 这只是相关册封中的一则准议了的名单资料。

乾隆二十二年(1757),康熙朝最后几年新册封的六世达赖喇嘛,即按顺序的七世达赖喇嘛② 去世,乾隆皇帝并没有急于推进新达赖喇嘛转世事宜,而是先另外确定人选代为执政西藏。其谕旨奏准:"给青索珠克图诺们汗敕一道。"接着又旨曰:"达赖喇嘛圆寂,令第穆呼图克图管理达赖喇嘛商上僧俗事务。"二十三年(1758),"赏给第穆呼图克图管理黄教巴勒丹诺们汗名号。又赏给济隆呼图克图扎萨克名号,给予印信"。二十四年(1759)有奏:"达赖喇嘛圆寂之后,西藏事务不可无总办之人。奉旨:第穆呼图

---

① 《钦定大清会典则例》卷一四二,文渊阁《四库全书》史部,政书类。

② 《钦定外藩蒙古回部王公表传》卷九一:"二十二年,七世达赖喇嘛示寂,上轸悼之。"见文渊阁《四库全书》史部,传记类。

克图封为秉持黄教大德诺们汗,管理西藏事务,钦此! 旋给册一道、银印一颗。"

乾隆二十七年(1762)有奏:"达赖喇嘛之呼毕勒罕转世,所有达赖喇嘛册印或即行换给,或俟数年后再行换给?""奉旨:再待数年。"[1]

直到乾隆四十八年(1783),才"赐达赖喇嘛玉册、玉宝"。[2] 二十七年,还准议奏:"按康熙五十九年西宁衮布庙阿旺喇嘛奏请封号,授为'扶佑黄教额尔德尼诺们汗',给以敕印;今章嘉胡图克图呈报,阿旺喇嘛之胡毕尔汗来历甚明,在西藏学习经典甚好,各蒙古吁请将前给'扶佑黄教额尔德尼诺们汗'敕印仍行换给,奉旨,仍赏给。"[3]

由此可见,乾隆皇帝确实按照其"另为筹画"的策略在处理关系蒙藏安定的藏传佛教事宜,多年实施下来,已有了可以掌控局面的效果,甚至可以用控制印信给予的手段来调控政策节奏,其效仿以往多树众建来分势羁縻蒙藏的政策理念,在实践中亦得到具体实施。

其时的册封及给印,有的甚至还给了关防印信,也再次显示,清廷的藏传佛教政策主要是安顿相关地方的政策。如二十七年即有议奏:"慧通禅师济隆呼图克圆寂,所有敕印交伊徒收存,其所属噶木巴庙宇徒众甚多,且唐古特人等亦其所辖,现今虽系济隆呼图克图之弟阿旺诺尔布暂行管理,未经奏明,不足以资弹压。奉旨:济隆呼图克图之弟阿旺诺尔布着赏给关防,钦此! 遵旨议给统辖济隆呼图克图属下巴克硕特等十八庙宇生徒唐古特等扎萨克喇嘛之关防。又奏准:喀尔喀诺彦呼图克图罗卜藏札木杨丹津属下徒众,别编一佐领,令其管辖,仍附入本部落当差,并给予总管喀尔喀诺彦呼图克图之印,分镌满洲、蒙古、西番三体字。"[4] 此后的几则册封也都有类似"给予印信,以资弹压"[5] 的意图。

不仅用封树蒙地大喇嘛来分势藏地大喇嘛的影响,在藏地内也推行分势调控政策,不使教权和连带的事权过于集中。四十五年(1780),赏班禅额尔德尼玉册、玉印,四十九年(1784)给新晋达赖喇嘛以册封,五十一年(1786)又特谕:"诺们汗阿旺楚勒提木人谨慎,勤于经卷,于藏内噶勒丹锡呼图坐床时,帮助达赖喇嘛办事,广敷黄教,多历年所,着管理扎萨克达赖喇嘛印务,封为敷教萨玛第巴克什。所有应给敕印,交理藩院照例给予,钦

① 《钦定大清会典则例》卷一四二,文渊阁《四库全书》史部,政书类。
② 王先谦:《东华续录·乾隆九十八》,《续修四库全书》第372册。
③ 《钦定大清会典则例》卷一四二,文渊阁《四库全书》史部,政书类。
④ 《钦定大清会典则例》卷一四二,文渊阁《四库全书》史部,政书类。
⑤ 《钦定大清会典则例》卷一四二,文渊阁《四库全书》史部,政书类。

此！旋赏给'衍宗禅师'名号，给予敕书、银印。"①

　　乾隆皇帝的分势策略不仅在维系与众蒙古关系方面产生一定效果，同时，在藏区也是一边拥立达赖喇嘛及封树其他大喇嘛和其推重的地方政治势力，一边则兵驻打箭炉、西宁等地方以示弹压，以如此方式维持了几十年的相对安定。直到乾隆五十年之后，西藏教派间竞争激化而促发事端，使得朝廷有了再度处理和深入推进借教以安民靖边政策的机会。

　　乾隆五十三年（1788），西藏佛教红帽系与黄帽系，也即红教与黄教，矛盾激化，致使与红教有关系的巴勒布侵扰黄教地域，朝廷"特调内地兵丁严行剿办"。乾隆皇帝还为防止因有影响力的红教大喇嘛的议和而渐至"红教侵夺黄教之权"，而"西宁所属蒙古人等亦系素奉黄教"，"关系颇为紧要"，"自应一体晓谕"。②

　　此时的乾隆朝，已进入乾隆皇帝文治武功"十全"时期，也更有余力再度深入关注藏地问题。五十四年（1789）正月，乾隆皇帝就谕旨军机大臣等："红帽萨嘉呼图克图于巴勒布之事，先行构衅，后复议和，自不免有侵夺黄教之意。但红教相沿已久，传习亦众，未便遽行更张。着传谕巴忠止须密为留心防范藏众渐归红教，不可稍露声色，俾各相安无事。"③并晓谕入藏供佛的红帽系僧："尔系红教，与黄教不同，当各奉教律，毋相参越。"④

　　乾隆五十五年（1790），恰值乾隆皇帝八旬大庆，乾隆皇帝在感谢达赖及班禅贺寿时，顺将红教方面侵扰黄教的诸种事端一一数落，可见其对于藏地红黄两派的争斗细节多有了解，并明示，"达赖喇嘛乃朕所立"，"其僧俗人众亦皆明白宣谕，以示朕保护黄教、惠爱全藏之至意"。⑤

　　乾隆五十六年（1791），报奏弄清楚侵扰藏地的是红教支持的廓尔喀人，清廷决定派福康安统兵进藏清理入侵者。对此，乾隆皇帝一再解释何以动用大兵对付一边外小番的用意，五十七年（1792）一谕旨即有解释说，令福康安等统兵前往声罪致讨，"无非绥靖边圉，保护卫藏起见。……为天下臣民所共谅。"⑥

　　似乎，乾隆皇帝担心世人以此为穷兵黩武，而成其满盈之累，但却仍然要抓住这次机会，将自康熙时期就欲推进的通过黄教将蒙藏事权统辖于朝

---

① 《钦定大清会典则例》卷一四二，文渊阁《四库全书》史部，政书类。
② 王先谦：《东华续录·乾隆一百八》，《续修四库全书》第374册。
③ 王先谦：《东华续录·乾隆一百九》，《续修四库全书》第374册。
④ 王先谦：《东华续录·乾隆一百九》，《续修四库全书》第374册。
⑤ 王先谦：《东华续录·乾隆一百十二》，《续修四库全书》第374册。
⑥ 王先谦：《东华续录·乾隆一百十五》，《续修四库全书》第374册。

廷,以安边隅的愿望实现。所以,不久即又有谕旨特作解释曰:"廓尔喀系边外荒徼小部落,从前未列职方。……又有前辈班禅之弟红帽喇嘛沙玛尔巴与伊兄仲巴不和,廓尔喀听其唆使,致滋生事端。……第以卫藏为皇祖、皇考戡定之地,僧俗之众沾濡醲化百有余年,讵容小鬼侵扰置之不问?此朕不得已用兵之苦心,当为天下臣民所共知共见者。"①

的确,对于一个不入职方辖制的一小撮入侵者,何以动用福康安这样的朝廷重臣率军剿灭,其中的意义当然远远不是清剿小毛贼。乾隆皇帝此次大举出手,除了继续康熙、雍正以来的护持黄教以绥靖边圉的政策原则,也是自乾隆二十七年以来,在对于转世制度实行"再待数年",实际是数十年后的策略后,到了要在相关政策方面有所突破,以便能够形成长久制度化的定制和模式的时候了。

在福康安平乱之后,五十七年八月,即令福康安等另定善后章程,谕曰:"将善后各条令公同详酌妥办矣。但撤兵后该处应行另定章程,前旨尚有未经详尽之处,今思虑所及,再为逐条开示……务期经久无弊。"②是年十一月,乾隆皇帝告知军机大臣等,福康安已抵达前藏,"将'善后章程'大意告诉达赖喇嘛,察看达赖喇嘛感戴出于至诚,一切惟命是听,断不敢稍形格碍等语。"③

进而,乾隆皇帝又详解其政策目的曰:"朕节次所示条款,内如严禁达赖喇嘛左右近侍族亲及噶布伦等干与滋事,并发去金奔巴瓶签掣呼毕勒罕,各款皆系保护黄教,去彼世袭嘱托私弊。达赖喇嘛自当一一遵奉。此系极好机会……将藏中积习涤除,一切事权俱归驻藏大臣管理。俾经久无弊,永靖边隅,方为妥善。"④可见,边圉小番的叛乱,为乾隆皇帝制造了极好机会。至此,清廷借护持黄教,不仅特制金奔巴瓶勘定活佛转世的制度,而且最终将藏区教权及一切事权俱归朝廷。这应是乾隆皇帝此次用兵的真正目的。

乾隆五十八年(1793)正月,福康安奏请议定《藏内善后章程》。此章程详定内容如下。

前后藏为达赖喇嘛等驻锡之地,各蒙古及番众等前往皈依、瞻拜,必其化身确实,方定宏衍禅宗。查藏内达赖喇嘛、班禅额尔德尼等呼毕勒罕示寂后,令拉穆吹忠作法降神,俟神附伊体指明呼毕勒罕所在。

① 王先谦:《东华续录·乾隆一百十六》,《续修四库全书》第374册。
② 王先谦:《东华续录·乾隆一百十六》,《续修四库全书》第374册。
③ 王先谦:《东华续录·乾隆一百十六》,《续修四库全书》第374册。
④ 王先谦:《东华续录·乾隆一百十六》,《续修四库全书》第374册。

乃拉穆吹忠往往受属任意妄指,以致达赖喇嘛、班禅额尔德尼等亲族姻娅递相传袭,总出一家,与蒙古世职无异。甚至丹津班珠尔之子亦出有呼图克图之呼毕勒罕者,即仲巴与沙玛尔巴同为前辈班禅弟兄,仲巴系扎什伦布商卓特巴,坐享丰厚;沙玛尔巴居住廓尔喀,未能分润,唆使贼人抢掠,此呼毕勒罕不真及族属传袭之流弊也。

嗣后,应令拉穆吹忠四人认真作法降神,指出实在根基呼毕勒罕若干,将生年月日各书一签贮金奔巴瓶内,令达赖喇嘛等会同驻藏大臣对众掣定作为呼毕勒罕,不得仍前妄指、私相传袭。

前后藏租赋向归达赖喇嘛、班禅收贮,又众蒙古平时皈依喜舍,是以布达拉、扎什伦布两处商上,蓄积饶多,驻藏大臣向不过问,其商卓特巴、噶布伦等任意侵蚀,各拥厚赀。嗣后,商卓特巴、噶布伦等缺,应听驻藏大臣秉公拣选,其收支一切亦令驻藏大臣综核。凡换班官兵及驻藏大臣公用,俱不得于商上出息,除养赡喇嘛番众或有羡余,即为添补唐古特兵丁养赡之用。

派往驻藏办事之员多系中材,谨饬伊等前往居住,止图班满回京,于藏中诸事并不与闻,听达赖喇嘛等率意径行,是驻藏大臣竟成虚设。嗣后藏中诸事责成驻藏大臣管理,遇有噶布伦、商卓特巴、第巴、戴绷等缺,秉公拣选奏补,不得仍前任听达赖喇嘛等专擅,致滋弊端。傥原设章京、笔帖式等员数不敷,酌量添设以资差委。

查系藏内边地,一一设立鄂博,毋许越界。驻藏大臣按季轮往稽查,并将各该处驻兵勤加操练。廓尔喀抢掠扎什伦布物件,傥送出时即稍有短绌,不必过于查究,仍将物件给还该喇嘛,不必入官。

布达拉、扎什伦布两处商上改隶,驻藏大臣综理,止须代为稽核,不可过于严切,其达赖喇嘛、班禅额尔德尼自用及公用各项,仍听其便,无庸管束太过,以示体恤。①

可见,这项善后章程所议也是既体现原则又有具体规定,并一再嘱咐具体经办的朝廷官员不要越界、不要过于严苛,其中显然还是多存遵循习俗及敬重佛教的原则。

而且,这个制度也一并推行到蒙古、青海等地区,同样用于活佛转世及确认。乾隆皇帝谕旨曰:"蒙古地方旧有各旗部落供奉之呼图克图甚多,此内大小不等,如概令赴藏交达赖喇嘛会同驻藏大臣掣签,不免烦扰。且路

① 王先谦:《东华续录·乾隆一百十六》,《续修四库全书》第374册。

途遥远,轸念众蒙古力量维艰,因于京城雍和宫内亦设一金奔巴瓶,如蒙古地方出呼毕勒罕,即报明理藩院,将年月名姓缮写签上入于瓶内,交掌印扎萨克达赖喇嘛呼图克图等在佛前念经,并交理藩院堂官公同掣签。其从前王公子弟内私自作为呼毕勒罕之陋习,永行停止。"① 同时,乾隆皇帝又一再解释,其推行此法到蒙古诸部,也是既为了护持佛法又为了护佑臣民,其谕曰:"朕之此旨原为近来蒙古、番民等失其旧时醇朴之风,不思佛法但知图利,必致谋夺财产,求为呼毕勒罕,久之亦如沙玛尔巴唆讼肇衅滋事,朕甚悯焉。是以如此扫除积弊,潜移默化,各蒙古自当共知感激,副朕护卫黄教至意。"② 五十九年(1794)又谕:"青海之察汉诺们汗系一扎萨克,有管理游牧之责。伊之呼毕勒罕必须伊属下心服,方于事有益。嗣后察汉诺们汗圆寂后拟呼毕勒罕时,无论伊族人、亲戚,按伊属下人等众情帖服者,入于奔巴金瓶掣定,毋庸固执新例。"③

对于设置金奔巴瓶掣签确定活佛转世,虽然其早有成熟看法,但是,乾隆皇帝还是多有解释,以便行之有理有据,且深入彻底。五十八年正月福康安上呈"藏内善后章程"时,恰值喀尔喀有呼图克图圆寂,相关权势者入藏请教于达赖喇嘛等,而其中有贿赂以求自家子弟被指认为呼毕勒罕的问题,此事又为乾隆皇帝提供了一次极好机会,在"降旨立法之初",既解释新制度,又实际地行施一下对于教权和相关事权的指示与裁定的权威性。

其三月的一谕旨即曰:"达赖喇嘛、班禅额尔德尼系宗喀巴大弟子,世为黄教宗主,众蒙古番民素相崇奉。近年因指认呼毕勒罕之古尔登巴等法术无灵,不能降神;且徇情妄指,或出自族属姻娅,或出自蒙古汗王、公等家,竟与蒙古王公、八旗世职官袭替相似。论以佛法,必无此理。甚且至噶布伦丹津班珠尔之子亦出有呼毕勒罕,以致众心不服,沙玛尔巴遂乘机起意谋占班禅遗产,唆使廓尔喀抢掠扎什伦布,远烦大兵声罪致讨。朕护卫黄教,欲整饬流弊,因制一金奔巴瓶,派员赍往,设于前藏大昭。仍从其俗,俟将来藏内或出达赖喇嘛、班禅额尔德尼及大呼图克图等呼毕勒罕时,将报出幼孩内择选数名,将其生年月日名字为各写一签入于瓶内,交达赖喇嘛念经,会同驻藏大臣在众前签掣,以昭公当。"④

乾隆皇帝直接指出,不仅指认转世的吹忠古尔登巴等法术不灵,还徇情妄指,以致引出一系列事端,而且,达赖喇嘛等也不具先知,所以,朝廷才

---

① 王先谦:《东华续录·乾隆一百十七》,《续修四库全书》第374册。
② 王先谦:《东华续录·乾隆一百十七》,《续修四库全书》第374册。
③ 王先谦:《东华续录·乾隆一百十七》,《续修四库全书》第374册。
④ 王先谦:《东华续录·乾隆一百十七》,《续修四库全书》第374册。

会出兵护卫黄教，并设置金奔巴瓶，为的是让转世确认之事进行得公当。并再举现下贿选事例，再加说明："喀尔喀赛因诺颜部落额尔德尼班第达呼图克图圆寂后，其商卓特巴那旺达什寻觅呼毕勒罕，赴藏恳达赖喇嘛、班禅额尔德尼、拉穆吹忠指示。讵达赖喇嘛等原不能具先知确切指认，反向商卓特巴询问名字，而商卓特巴遂私指出土谢图汗之子呈报理藩院具奏。朕以此事可疑，其中必有弊窦。"①

经过查询，结果其中确实存在不同权势者欲贿赂达赖喇嘛及班禅喇嘛使自家子弟被指为呼毕勒罕，乾隆皇帝遂斥责曰："岂能逃朕洞鉴乎！车登多尔济意欲伊子为呼毕勒罕，而商卓特巴亦欲得一汗王子弟为呼毕勒罕，特未知伊二人内究系何人主见……此事适当朕降旨立法之初……若各蒙古相率效尤，成何政体！此端渐不可长。"②

借此事件，乾隆皇帝进一步否定了达赖喇嘛及班禅喇嘛有资质定夺转世的权威性，其详细剖析说："从前五辈达赖喇嘛及来京之前辈班禅额尔德尼谙习经典，或尚能具有真慧；见在达赖喇嘛年纪尚轻，资质诚朴，甫学经卷，岂能真参上乘先知一切？凡有求其指示呼毕勒罕者，惟凭拉穆吹忠之降神定夺。而吹忠不过如内地师巫之类，且内地师巫尚有用刀自扎及舐刀吞剑掩人耳目法术，今吹忠经和琳等面加演试授以刀剑，俱各恐惧战栗，并师巫之不如。是其所指呼毕勒罕，荒唐更属显然。乃番众人等崇信已久，以其妄言休咎小有效验，遂传为神奇，一时竟有牢不可破之势。此亦习俗使然，自不必急于禁止。前已颁发金奔巴瓶于大昭，供奉之宗喀巴前掣签。所有找寻呼毕勒罕一事，永远不准吹忠指认；其番民推问吉凶等事，暂听仍旧。日久吹忠法术不行，亦将自败。总之大端既得，默化潜移，一切积弊亦无难逐渐革除。"③

对于喇嘛们权威性因此有失，是否会致使藏地喇嘛获得的布施减少，乾隆皇帝也有具体的分析和指示，其曰："至藏地出产较少，布达拉商上给与众喇嘛等养瞻及番兵口粮等项需用繁多，所入不敷支给，向赖各蒙古、番众布施以资用度。嗣后惟不准私指呼毕勒罕，其余熬茶瞻礼皆在所不禁。朕方鼓励蒙古等使之布施，但不可如那旺达什之用财营求，将汗王之子附会妄指作为呼毕勒罕；并如前年噶尔丹锡勒图呼图克图之私遣徒弟到土尔扈特地方向人索取耳。"④

① 王先谦：《东华续录·乾隆一百十七》，《续修四库全书》第 374 册。
② 王先谦：《东华续录·乾隆一百十七》，《续修四库全书》第 374 册。
③ 王先谦：《东华续录·乾隆一百十七》，《续修四库全书》第 374 册。
④ 王先谦：《东华续录·乾隆一百十七》，《续修四库全书》第 374 册。

　　熬茶是因信奉黄教而入藏敬奉喇嘛及忏悔的敬佛行为，"蒙古以诣西藏熬茶为要务"①。在清廷与准噶尔关系紧张中，恩准熬茶以及进藏人数等事宜也是朝廷特别关注的一项措施。至乾隆末《藏内善后章程》后，又出台如此知根知底地具体对治措施，其实已基本掀掉了藏传佛教达赖喇嘛等所持教权的神圣性，使其更无从权威性了。不过，乾隆皇帝还是一再解释说，这不是让人不尊信佛教和达赖喇嘛等，而是整顿教内歪风。其申述道："从此各蒙古、番众等益当恍然于朕之扫除积弊，无非欲力挽颓风振兴黄教，保全伊等俾安乐利，永息争端，并非不令其尊崇佛教、不许布施达赖喇嘛、班禅额尔德尼也。所有办理此事缘由，着再通行晓谕各处蒙古、番众等，咸使闻知，共喻朕意。"②

　　继而，乾隆皇帝趁机又对所谓转世之事特发议论曰："佛法以虚寂为宗，无来无去，故释迦涅槃后并未出世。即宗喀巴阐演黄教，亦未出呼毕勒罕。"而"达赖喇嘛、班禅额尔德尼系宗喀巴之二大弟子，始世世出有呼毕勒罕转世，共掌黄教有年。从前指认呼毕勒罕尚无情弊，但藏内亦必须统摄之人，是以循照旧例相沿办理"。③

　　这是说，释迦牟尼作为佛祖涅槃后都没有转世，即便是黄教创始者宗喀巴亦未转世，达赖喇嘛、班禅额尔德尼始有转世，是藏内事务需要有人统摄，是可以循照旧例来办理的。终究，还是以佛祖和黄教之祖宗喀巴并不转世的历史而否定了达赖喇嘛等转世的神圣性，仅仅视之为可依旧例续行的事务，并申明如此行事不过是"本朝维持黄教，原因众蒙古素所尊崇，为从宜从俗之计"④。

　　不仅如此，乾隆皇帝还翻出康熙年间的一则旧事，来一再否定这种转世的神圣性及可靠性。其曰："即如康熙年间有一丹巴呼图克图呼毕勒罕，出世时能自述前世之事，故封以清修禅师，后复授为五台山扎萨克喇嘛，乃竟因贪酒渔色滋事妄为，即行革退。似此能言前事之真呼毕勒罕尚不免改弦易辙，况拉穆吹忠行私所指涉疑似之呼毕勒罕，转可信以为实乎！且佛经秘密戒内能先知一切者，必须能定心运气观想正法直参上乘者，方能梦中豫知是非空色。今之达赖喇嘛甫学经卷，并未克造极诣，岂能有此法力？况为吹忠之古尔登巴又不能降神，用言试探所指更属荒唐，又焉能知真呼毕勒

---

①　（清）圣祖：《宴土尔扈特使臣》，《御制诗集》二集卷六五，文渊阁《四库全书》集部，别集类。
②　王先谦：《东华续录·乾隆一百十七》，《续修四库全书》第 374 册。
③　王先谦：《东华续录·乾隆一百十七》，《续修四库全书》第 374 册。
④　王先谦：《东华续录·乾隆一百十七》，《续修四库全书》第 374 册。

罕哉。"①

　　进而,乾隆皇帝还将彼等所图谋的利益一一揭露,并着令严惩。其谕旨曰:"在伊等私认呼毕勒罕之意,不过欲使一子袭爵,又使一子为呼毕勒罕,可得喇嘛财产,遂不问真伪妄相攀引,殊属见小,可谓知有利而不知有义,实可笑矣!商卓特巴有意营谋汗王子弟为呼毕勒罕,代求达赖喇嘛、拉穆吹忠,附会妄指,其罪甚重,着剥去黄衣发往河南地方安置。萨木丕尔多尔济等不审是非,辄行瞻徇情面转为咨报,俱属非是,着交理藩院严加议处。"②

　　由这些谕旨也一再可见,在乾隆皇帝这样自恃洞鉴力甚高的帝王眼中,不惟汉地僧徒的利益图谋昭然若揭,即使被倚重的藏传佛教僧徒,无论是修行还是道德方面,也都受到质疑。佛教的佛法僧三宝,即如乾隆皇帝即位之初就申明的,尊崇佛、法是无疑的,但尊僧,礼仪之外的尊重则是成问题的,更何谈神圣性了。在乾隆皇帝的洞鉴之下,那些招摇于市的名僧活佛,大概确实是"真心出家修道者百无一二"的状况。

　　此事在乾隆五十八年的三四月间,成为一再反复议论的朝务。而究其实质,则无非是在立法之初即夯实"藏内善后章程"所定议的政策在西藏和蒙古诸部中的执行力度,使蒙藏相关地区切实知晓此是皇权立法,有不容含混的权威性。

　　紧接着,四月间,乾隆皇帝即发表了其著名的《喇嘛说》。③ 透彻地将清朝几代帝王经营的倚重藏传佛教以安蒙古的政策的来龙去脉及政策原理等明白详说,并镌刻于石碑,至今仍然伫立于雍和宫中。

　　经此反复推进,清廷最终彻底地将关于达赖喇嘛、班禅额尔德尼的呼毕勒罕转世并金瓶掣签制推行为通行定制,一并将西藏、青海、蒙古黄教所有教权事宜统摄到一个统一制度下,而这个制度同时也是将西藏的与教权相应的事权统摄于朝廷的一项一体章程和制度,所以,这也就意味着西藏、青海、蒙古的相关教权及事权便统统地统辖于清廷权力管理之下了。而这个局面的形成,则是与乾隆晚期整个国家的政治文化局面的发展相一致的。

　　其中一个重要方面,就是与疆域空前辽阔的发展现状相应的政治文化局面。经过康、雍、乾三朝对于朔漠及西北疆域的开拓和平整,清朝时期中国疆域之广袤和政权实际之所及乃前所未有。诚如史家所论:"康熙时则

---

① 王先谦:《东华续录·乾隆一百十七》,《续修四库全书》第 374 册。
② 王先谦:《东华续录·乾隆一百十七》,《续修四库全书》第 374 册。
③ 参见王先谦:《东华续录·乾隆一百十七》,《续修四库全书》第 374 册。

为中国所拓之藩篱,较汉唐、盛时已驾而上之,更无论宋、明两代矣。"① 而至乾隆时期,又彻底平定新疆,驻八旗兵于伊犁,其政权实际边际也已超越元朝。但是同时,自西南到东北大半圈的边围安定,也成为不可放松的当务。即如乾隆皇帝之慨叹:"皇祖、皇考戡定之地,僧俗之众沾濡酝化百有余年,讵容小鬼侵扰置之不问?"乾隆时期清剿廓尔喀侵扰,实际即如乾隆皇帝所认识到的是个"极好机会",而护持黄教则是清廷一直使用的堂皇的、名正言顺的出师之名,而借此清剿机会切实落实对于相关的大半圈疆域的政教统摄目的,才是其出师要达到的真正目的。

终于,清廷通过平定西藏而将黄教教权的册封权以及相应的政教关系密切社会中与教权所绑定的事权一并统摄在了朝廷权力之下,进一步则又切实地实现了对于所有黄教流行区域实施统辖的提纲挈领的管理。而黄教就是这个纲,黄教的发源地藏区及其作为首领的达赖喇嘛、班禅喇嘛等即是这个纲上的关键。而这一切,经此一系列行动,即尽入乾隆皇帝所设的金奔巴瓶中了。

自皇太极时期与达赖喇嘛建立联系,实行尊黄教联蒙古对付明朝的政策,进而到顺康雍三朝的尊喇嘛而借教安蒙古的政策,再到乾隆时期终将藏区及相关地区的教权事权切实统辖于朝廷而落实借教靖边的政策,历经了一个半世纪。即如乾隆皇帝初即位时所说,"皇考阐扬黄教休息生灵之意","朕深体皇考之心,兴教安民"。② 所以,随着清朝入关后政治文化局势的演进,清廷借教联合蒙古进而安蒙古的政策,至乾隆晚期,也随之演化成为借教靖边安邦的整体国策,并成为嗣后清朝各代尊奉的定制。

第三节 乾隆时期佛教的政治谱系建构及格局调整与佛教发展空间及趋势

由前面所述而见,作为入主大统而为中华皇帝的清朝统治者,其政治文化理念全然继承了千百年来中国之传统,仅仅由佛教的角度即见,其王权至上、君主专制、伦理价值准则乃至小农社会的视野局限等政治文化理念传统,不一而足,也都不同程度地体现在清朝前几任帝王确立的佛教政策上。

在治世御民的统治理念下,满清统治者们虽然认识到佛教可以为"独善其身"、"明心见性"的修养功夫,亦可以有"兴善能仁、舍贪除欲、忍辱和

---

① 孟森:《清史讲义》,中华书局 2010 年版,第 151 页。
② 王先谦:《东华续录·乾隆三》,《续修四库全书》第 371 册。

光"①的作用,但更看重佛教作为一种社会势力和可以左右人心的一种影响
力,是可资利用服务于统治的工具。仅以前面一节所述,乾隆时期即是通过
整饬度牒和深入运用及定制度牒制度,亦通过对于藏传佛教活佛转世及确
认教权的辖制制度,实现对于佛教现实教权的辖制和调控,来落实相应的事
权和统治效应,而且相关佛教政策的变化与其时政治文化形势的变化也是
顺势的和协调一致的。显示了入关百余年后的清朝统治者治国理念的丰富
和成熟,以及对于其时政治文化形势有行之有效的掌控及影响力。因而,相
关佛教的政策理念等,实际也是乾隆时期政治文化成熟度的又一种具体反
映罢了。

　　由前一节所述可见,度牒政策其实主要针对的是汉地佛教的治理,虽
然也有保护生产力方面的考虑,但主要还是对于佛教泛滥而影响社会风气
的现象的治理,同时也是对于汉地佛教的限制和一定程度的沙汰,是社会秩
序治理政策下一个层面和方面的相应政策。而对于教权的政治文化容纳力
和影响力巨大的藏传佛教,则是通过辖制教权而落实事权。不过,这些重点
在具体事务管理方面出台的政策,并不能掩盖乾隆时期同样在思想及意识
形态方面亦多有调控,这些显示了其时成熟的认识和实效的政策,也同样落
实在佛教政策方面。在推行具体事务整饬政策的同时,乾隆时期在佛教信
仰倾向乃至发展格局等方面也都有所引导和建构。

一、乾隆时期的佛教政治谱系化建构以及相关政治文化效应

　　乾隆时期来自政权方面对于佛教的深度影响,不仅是前文所及的政策
层面的强势作用,还有在信仰层面及其发展趋势方面的影响,这些影响表面
上看似乎不是很直接,实际效应上看却是更加深刻。虽然清代汉地佛教自
身势力不大,但是佛教的社会影响力却是不言而喻的。因而,佛教发展趋势
的导向,既是清代政治文化发展趋势作用的结果,也是从一个方面影响和构
成着清代政治文化的一种因素。而乾隆时期能够实现这些深度的影响,则
是在之前几代经营基础上的整合。发生于佛教方面的效应,只不过是清代
政治文化调试至整合结果的一种折射。

　　而佛教方面折射出的境况,则是一种渐趋平庸的发展状态,所谓平庸,
主要是指佛学思想宗派主张方面不再呈现生机勃勃的发展态势,并不是说
佛门中全然没了有思想、有文化的僧人。经过康熙时期推崇理学而对于意
识形态学术的建构和雍正时期对于汉地佛教佛学的批判,汉地佛教一如儒

---

① 　王先谦:《东华续录·乾隆三》,《续修四库全书》第 371 册。

家等思想文化领域,都受到了来自政治权力的强势影响乃至塑造,这既显示出清朝统治者对于思想意识形态领域的敏感和重视,同时也暴露出清朝统治者对于佛教的认识及其相关政策更多地是出于将佛教作为统治辅助工具的政治意识。

不惟如此,对于清代佛门在清初尚存晚明佛学复兴余热后便渐入平庸之态,史家亦有究其因由之论,如有论曰:"按明制,凡给度牒,先令考试,于经、律、论中命题,取者得给,不取者停其剃度,故僧多有学问。国初免试僧之制,研究三藏者鲜矣。"①僧人不需要应试了,也就没有了基本的文化门槛,此确当是一种因由,但是,导致清代佛门之义学渐趋凋敝的原因,应不止如此。

即如前面章节已论述,康熙时期理学意识形态化对于佛教发展空间的挤压,雍正时期批判禅宗而致使佛门丧失最后的优势,也都是致使清代佛学不振的不可忽视的因素。即如史家所论,雍正皇帝"晚乃遁入于禅,亦与世祖之学佛不同。自命为已经成佛作祖,无所于让。其对儒宗,则敬仰备至,不敢予圣,盖知机锋可以袭取,理道不能伪为也"②。此可谓对于雍正皇帝批判佛教的中的之论。雍正时期以王权生杀予夺之威势加密文网,大兴欲加之罪般的文字狱,是导致清朝思想文化界进入万马齐喑状态的重要一环。而对于佛教而言,雍正皇帝对于晚明备受学人学僧推崇的三峰派的批判和断绝流传的制裁,不惟是对于一个佛学流派的打击,更是对于有志于学问和思想的僧俗的警告,佛学凋敝似乎也势在必然了。

虽然,在统治术的层面上基本原则大致一致,但乾隆之前的顺、康、雍三朝的帝王对于佛教的态度也确如史家所论,还是有些区别的,在不以教害政的原则下,在政务之外对待佛教,顺治皇帝是学佛的态度,康熙皇帝是尊佛的态度,而雍正皇帝则有成佛作祖的态度。这些不同的佛教态度,也一定程度地影响到佛教发展的境遇。有史家对顺、康、雍三帝作用于佛教发展的影响即有论曰:"世祖皈依禅宗,召对不令称臣,致拜都门,宗风自此大振。""圣祖巡幸所至寺院各有题词,遇山林学道之士优礼有加。……圣祖整理儒学不遗余力,而其尊崇佛教犹先代之遗风也。""世宗喜研禅理又极提倡净土……于净土祖师中特提莲池大师为模范,采其要语别作一卷,御制序文云:'朕欲表净土一门,使学人宴坐水月道场,不欲歧而视之,误谤般若。故则其言之融会贯通者刊为外集,以示后世。盖鉴于禅宗空洞之弊,而欲矫正

---

① 刘锦藻:《皇朝续文献通考》卷八九,"宗教",《续修四库全书》第817册。

② 孟森:《清史讲义》,中华书局2010年版,第248页。

之,示学人以脚踏实地也'。"① 清代前期这些强势帝王对于佛教的这些不同取向,也实在地影响到了相应时期的佛教的发展。

至于乾隆皇帝,则似乎显现了集转轮王与法王于其一的掌控意志,且既要以事功为标榜,也有暗自攀比其皇祖、皇考之帝王功绩之嫌。由前文所述也可见,在对待佛教方面,乾隆时期的佛教政策功利性更强,更是以达到统治的有效性为目的,且策略上更加娴熟和缜密,手法上也更加多样化。不仅如此,在利用佛教的信仰层面的作用方面,乾隆时期更是多所创建,尤其在建构清代佛教信仰结构乃至引导佛教发展倾向上,则是突出地有特点。

乾隆皇帝对于佛教发展倾向方面的影响,则与其对于佛教的认识和对佛教现状的了解和态度直接有关。即如乾隆皇帝标榜的,其"崇敬佛法",但对于佛教现状,尤其是汉地佛教的状况却基本持否定态度,认为"真心出家修道者百无一二,而愚下无赖之人游手聚食,且有获罪逃匿者窜迹其中。是以佛门之人日众,而佛法日衰,不惟参求正觉克绍宗风者寥寥希觏,即严持戒律习学小乘之人亦不多见。蔑弃清规,徒增尘玷,此其流弊将不可胜言"②。甚至对于游手之僧作出了"在国家为游民,即绳以佛老之教,亦为败类"③ 的否定评价。所以,乾隆初期对于佛教的度牒清理和限牒出家措施,几乎也可以看作是一种变相的沙汰之举。但这只是直接现象层面的整饬。对于汉地佛教发展趋势的深度影响,还表现在对于佛教信仰趋势等深层方面的影响。

清朝自关外即已接受了佛教,尤其是与藏传佛教建立了政教联盟,同时还建构了一种佛教菩萨名头的宗教政治谱系,即,达赖喇嘛班禅喇嘛称满洲皇帝为曼珠师利大皇帝,而清朝皇帝称达赖喇嘛为金刚大士。皇太极崇德七年(1642),"达赖喇嘛、班禅喇嘛偕藏巴及厄鲁特顾实汗,遣使贡方物达盛京。表称'曼珠师利大皇帝'。义取文殊佛号,且切音与满洲近也"。④ 崇德八年(1643)皇太极则"遣使存问达赖喇嘛,称'金刚大士'"。⑤ 如此一来,清朝皇帝与黄教领袖以佛菩萨之号互称,在一般信仰层面尤其是转世观念盛行的藏传佛教流行区域,也就是建立起了一种现世的佛教谱系,这样的谱系,实际上也就将清朝与达赖喇嘛建立的政教联盟亦树立成为具有教权

① 刘锦藻:《续文献通考》卷八九,"宗教",《续修四库全书》第817册。
② 王先谦:《东华续录·乾隆一》,《续修四库全书》第371册。
③ 《钦定大清会典则例》卷九二,文渊阁《四库全书》史部,政书类。
④ 《钦定外藩蒙古回部王公表传》卷九一,文渊阁《四库全书》史部,传记类。
⑤ 《钦定外藩蒙古回部王公表传》卷九一,文渊阁《四库全书》史部,传记类。

权威的关系。

显然,这样的佛教菩萨名头的宗教政治谱系的作用,清朝统治者还是颇为受用的。利用佛菩萨的信仰层面意义和效应,也成为清朝皇帝不断深化引导的一种信仰倾向。不仅皇帝们欣然接受了将自己的画像画成佛菩萨像的方式,而且,像雍正皇帝、乾隆皇帝也都有通过炫耀修行功夫乃"当今法会中契超无上者"之"第一"的资本,实际上隐喻地表达了已然成佛作祖的意思,而以得道者的权威姿态指点佛门。乾隆时期准噶尔奏章中即称乾隆皇帝为"成佛大皇帝",虽是恭维,但在兴黄教以安众蒙古的策略中,这种政治化的佛教谱系,却几乎成为一种局部意识形态,既扭结着复杂利益关系各方,也有着一种相互利用的自欺欺人的影响力,同时也助长了帝王对于佛教发展的干预之势。

自康熙皇帝开始,就特别重视通过巡幸佛教名山,尤其是五台山,来树立以名山为表征的佛菩萨信仰倾向。雍正皇帝在位时间短且缠于吏治及经济改革等朝政,但也力倡净土信仰。到乾隆皇帝,则在经营名山以突出菩萨道场的信仰效应方面,下了不少功夫。

康熙时期五次巡幸五台山,第一次巡幸已是康熙二十二年,其时三藩平定,台湾收复,五台之行,除了实现太皇太后"积诚瞻礼五台"①的愿望,更是康熙皇帝作给众蒙古看的姿态,因为随后几年都在酝酿征讨噶尔丹,而当时的五台山则是离京城最近的藏传佛教道场。

此外,五台山是文殊菩萨示现道场,而清朝皇帝之为曼珠师利大皇帝,即为藏传佛教奉为文殊菩萨化身,五台山更是为清代帝王所重。乾隆皇帝有六次巡幸五台山的记录。借名山而推崇菩萨信仰,帝王的示范效应是巨大的。

康雍乾时期,中国佛教四大名山,也备受推崇。康熙时期的五台、峨嵋、普陀三大佛教灵山说②,见于康熙皇帝给《清凉山志》也即五台山志写的御制序文碑文中,此书校刊于康熙四十年(1701),其序文中有曰:"朕惟清凉山古称文殊大士演教之区也……是以自汉迄今,历代皆有崇建古刹精蓝遍满岩岫。宇内称灵山佛土最著者有三,峨嵋、普陀、而五台为尤盛焉。"③又,《中台演教寺碑》也曰:"五台之山高出云代,然不与岳镇之列……盖自

---

① 王先谦:《东华录·康熙二十二》,《续修四库全书》第370册。

② 万历时期也是"三大道场"说,(明)明河所著《补续高僧传》卷二二,"真融传"说:"万历二年,出山……天下三大道场,五台、峨眉,已获朝参。独普陀山,乃观世音示化之地,可弗至乎?"参见《卍续藏经》第77册,第514页。

③ (清)《清凉山新志序》,《圣祖仁皇帝御制文集》卷二一,文渊阁《四库全书》集部,别集类。

昔为释子所栖,故与峨嵋、普陀号三灵山,之三山者或在海上,或当巴蜀险远之区。惟兹山峙神京之右千里而近,宜登陟者较多焉。"①

到乾隆时期,则加上九华山,是四大名山并提。乾隆皇帝《普陀宗乘之庙碑文》的偈颂即曰:"我闻赡部洲,古德有道场。天龙各护持,名四大结聚。九华及二峨,五台亦初地。普陀南海南,观自在所住。"②

虽然,这几座佛教名山早就各自有对应的菩萨示现故事而闻名,但是,由帝王将这四座名山提出来作为佛教名山代表,在推动菩萨信仰方面则无疑会有更大的影响效应。

在借营建名山名寺而在信仰层面发挥影响力,并由此落实借教来安顿蒙藏的政治目的方面,在热河行宫营造的外八庙,则是清廷特别体现导向意义的举措。所谓外八庙,是清朝热河行宫所在的承德的东面、北面散落建造的八座藏传佛教寺院。自康熙五十二年(1713)至乾隆四十五年(1780)间,陆续兴建完成。

其中,溥仁寺,溥善寺,建于康熙五十二年(1713),是蒙古诸王为庆祝康熙皇帝六十圣寿而建,有汉、满、蒙三种文字的寺额等。

其他六座寺庙则皆建于乾隆时期。不仅规模多宏大,而且,每座寺院之建也多负载着特别的政治意义。

普宁寺,建于乾隆二十年(1755),因平定准噶尔,乾隆皇帝效仿康熙时期"定喀尔喀也建彙宗寺于多伦诺尔,以一众志"③的模式,仿照西藏第一座佛教寺院桑耶寺而建,其意义是:"蒙古向敬佛,兴黄教故寺之式","名之曰普宁者,盖自是,而雪山葱岭以逮西海,恒河沙数臣庶咸愿安其居,乐其业,永永普宁云尔。复依普贤世界品而述偈言……"④

安远庙,又称伊犁庙,建于乾隆二十九年(1764)。起因则是乾隆二十年,漠西蒙古辉特部叛变,焚毁伊梨固尔札庙。叛乱平息后,降清而有功于平准噶尔的蒙古达什达瓦部特准迁居热河东北山下,遂敕谕仿固尔札庙兴建安远庙。乾隆皇帝御制碑文中有曰:"余之所以为此者非惟阐黄教之谓,盖以绥靖荒服,柔怀远人,俾之长享乐利,永永无极,云。"⑤有满、汉、蒙、藏四种文字的御碑等。

普佑寺,乾隆二十五年(1760)敕建,塑西藏式佛像,是外八庙中最幽胜

① (清)《圣祖仁皇帝御制文集》卷二二,文渊阁《四库全书》集部,别集类。
② (清)高宗:《御制文集》二集卷二七,文渊阁《四库全书》集部,别集类。
③ 《钦定热河志》卷七九,《普宁寺御制碑文》,文渊阁《四库全书》史部,地理类。
④ 《钦定热河志》卷七九,《普宁寺御制碑文》,文渊阁《四库全书》史部,地理类。
⑤ 《钦定热河志》卷七九,《安远寺御制碑文》,文渊阁《四库全书》史部,地理类。

的"何当长夏此习静,儒书释典随意读"①的去处。

普乐寺,乾隆三十一年(1766),为新归附之都尔伯特、左右哈萨克、东西布鲁特等而建。御制碑文还细数几座寺庙建寺因由,其曰:"乾隆乙亥西陲大功告成,卫拉特各部长来会时事,尝肖西域三摩耶,建寺曰普宁;嗣是达什达瓦属人内徙,即次旅居环匝山麓……仿伊犁固尔扎都纲,建庙曰安远……惟大蒙之俗素崇黄教,将欲因其教不易其俗,……每岁山庄秋巡,内外扎萨克觐光以来者,肩摩踵接。而新附之都尔伯特及左右哈萨克、东西布鲁特,亦宜有以遂其仰瞻,兴其肃恭,俾满所欲无二心焉。咨之章嘉国师云,大藏所载有上药王佛乃持轮王佛化身,居常东向洪济群品……置龛正与峰对者,则人天咸遂皈仰……继普宁、安远,而命之为普乐者,既以自慰,且重以自励。"②

普陀宗乘庙,始建于乾隆三十二年(1767),至三十六年(1771)讫工。仿照西藏拉萨布达拉宫样式而建,故又称布达拉庙,小布达拉宫,是外八庙中规制最胜者。此庙之建,一是因为乾隆皇帝六十庆辰及太后八旬万寿,用以接待蒙古王公青海台吉等而建。一是适逢明末西迁的土尔扈特蒙古部落,数万人转战万千里,历尽艰辛,终于脱离俄罗斯,重返新疆,回归中国。乾隆皇帝甚为欢喜,"诗以志事"曰:"终焉怀故土,遂尔弃殊伦。""从今蒙古类,无一不王臣。"③诗句注释说,因"俄罗斯素不奉佛,土尔扈特在彼俗尚不同,知伊犁黄教振兴,因思还归故土,且闻从前投诚之都尔伯特部在此得膺封爵,乐业安居,遂弃其现居之额济勒游牧,率属内附。"④又御制《土尔扈特全部归顺记》,刻碑立于普陀宗乘庙。幸逢国之大庆的"倾心归顺"之举,让乾隆皇帝大发感慨曰:"善因福果,诚有不可思议者! 是则山庄之普陀与西藏之普陀一如,与印度之普陀亦一如,与南海之普陀亦何必不一如。然一推溯夫建庙所由来而如不如又均可毋论,即如如之本义,岂外是乎!"⑤其时会聚于此的蒙藏新疆前来贺寿的新老王臣们,在此庙万法归一殿举盛大法会。

从喀尔喀,到土尔扈特,"奉佛"是其对于清廷做向背选择的终极原则。在奉佛的宗旨下,所谓万法归一,实际达到的则是"无一不王臣"的万邦归

---

① (清)高宗:《普佑寺》,《御制诗集》卷一五,文渊阁《四库全书》集部,别集类。

② 《钦定热河志》卷七九,《普乐寺御制碑文》,文渊阁《四库全书》史部,地理类。

③ (清)高宗:《伊犁将军奏土尔扈特汗渥巴锡率全部归顺》,《御制诗集》卷九九,文渊阁《四库全书》集部,别集类。

④ (清)高宗:《伊犁将军奏土尔扈特汗渥巴锡率全部归顺》,《御制诗集》卷九九,文渊阁《四库全书》集部,别集类。

⑤ 《钦定热河志》卷八〇,《普陀宗乘之庙碑文》,文渊阁《四库全书》史部,地理类。

一的一统局面。

须弥福寿庙,乾隆四十五年(1780)建,一是为乾隆皇帝七旬庆寿,一是为第六世班禅喇嘛额尔德尼自后藏入觐贺寿而筑的行宫。此庙仿照班禅驻锡地日喀则的札什伦布寺形制,所谓"达赖喇嘛居布达拉,译华言为普陀宗乘之庙;班禅额尔德尼居扎什伦布,译华言为须弥福寿之庙。是前卫后藏所由分也。"① 由此而名此庙,不惟"以资安禅。亦时到布达拉庙讲经放参",更是为了方便"诸番膜拜"。②

自顺治九年(1652)、十年(1653)五世达赖喇嘛进京,班禅额尔德尼此次前来则是西藏黄教领袖第二次东来。即如乾隆皇帝的御制庙记所说:"自昔达赖喇嘛之来,至今亦百余年矣。且昔为开创之初,如喀尔喀、厄鲁特,尚有梗化者。今则重熙休和,喀尔喀久为世臣,厄鲁特亦无不归顺。而一闻班禅额尔德尼之来,其欢欣舞蹈,欲执役供奉,出于至诚,有不待教而然者。则此须弥福寿之庙之建,上以扬历代致治保邦之谟烈,下以答列藩倾心向化之悃忱,庸可已乎?"③ 较十年前普陀宗乘庙万法归一殿上的万邦归一盛会,这次班禅喇嘛的到来,无疑成为"列藩倾心向化"一统盛世的又一次展示。

故而,为班禅喇嘛敕建行宫,意义自然大不一般。此庙"碑记"的偈颂即曰:"宗乘向东昌,诚如佛所记。卫藏虽徼外,实在震旦中。达赖及班禅,宗喀巴高第。""蒙古众林林,莫不倾心向。皈依三宝门,神道易设教。兹闻班禅来,如婴儿遇母。观化阐宗风,诚为吉祥事。布达拉既建,伦布不可少。"④ 此庙占地规模仅次于普陀宗乘庙。

由此而见,外八庙之建,基本是为辖制蒙古诸部及西藏和新疆而建,通过尊奉佛教,利用信仰层面的一致性来构建万邦一统,政策原则和目的也是十分明确甚至直白的。但是,这类过于置政治功利目的于信仰层面的作为,实质上鼓励的是政治佛教,参与者难说没有怀着政治实用功利目的而心照不宣地进行信仰表演的成分。

其实,对于黄教现状,乾隆皇帝也表示了不满,其有申斥曰:"近因黄教之习愈趋愈下,蒙古、番民等失其旧时淳朴之风,惟知牟利,罔识佛教正宗,不得不亟加整顿。"⑤ 但是,若反而观之,清廷百余年来利用黄教、将宗教操

---

① 《钦定热河志》卷八〇,《须弥福寿之庙碑记》,文渊阁《四库全书》史部,地理类。

② 《钦定热河志》卷八〇,《须弥福寿之庙碑记》,文渊阁《四库全书》史部,地理类。

③ 《钦定热河志》卷八〇,《须弥福寿之庙碑记》,文渊阁《四库全书》史部,地理类。

④ 《钦定热河志》卷八〇,《须弥福寿之庙碑记》,文渊阁《四库全书》史部,地理类。

⑤ 王先谦:《东华续录·乾隆一百十七》,《续修四库全书》第 374 册。

纵于政治权力的股掌之间的政策,其用心亦不过是服务于统治的实用功利目的,本亦无淳朴可言,而强权治下,更会形成上行下效的效应。即使逻辑地看,淳朴之地失其淳朴风尚,也应与清朝统治者多行政治功利目的的政策的影响不无关系。

因而,清朝统治者以政治功利目的在信仰层面进行的佛教谱系建构和功利化的信仰倾向,在信仰意识上,实际则是对佛教信仰功利化的一种强力推进,并且会对社会不同阶层产生不同的导向,但总的向度就是强化了功利信仰倾向,导致信仰层面的失真效应。

虽然不能说清代佛教之佛学不昌而佛事盛行皆因于此,但统治者的刻意经营建构的功利化的神佛信仰,应有重要导向性。尤其,这样的信仰失真的功利化倾向,势必也会反馈于整个社会的政治文化倾向上。康熙时期用"理学真伪论"来考问天下学人,反对曲学阿世之风,但是,清朝统治者却似乎从来没有反思朝廷的统治功利政策倾向实际也助长了此风,乾隆时期更是受用于万法归一的统治影响力,佛教政策亦不免会有类似的负面效应。

而这样的政策倾向,亦不外是中国传统政治文化背景下一些统治者对待佛教的一种传统模式,比如明太祖朱元璋就明示,佛教的因果报应说最能起到"导民善世,莫盛乎教"的作用。因为,"动以果报因缘","举以鬼神,云以宿世,以及将来,其应莫知,所以幽远不测。""使暴强闻之,赤颈汗背,逡巡畏缩,虽蝼蚁不敢践履。岂不有补治化之不足?"① 佛教在中国得到帝王的护持流行千百年,大多以为佛教"阴翊王度"②。相比较而言,到乾隆时期,则不过是积累的经验更多,相关认识更成熟,手段更老道罢了。

不过,由明清两代这种过于政治功利目的地利用佛教的后果看,即便在政权强势、国势上升时期,这种政策虽然不失为有利于统治的辅助手段,但却无益于社会风尚,长期看则更是无益于思想文化的发展,亦无益于佛教自身的发展,自然也谈不上对于信仰的尊重,因而,并不是一种对于社会长期良性发展有益的良策模式。

二、乾隆时期的佛教信仰倾向及发展空间与政治文化趋势

至乾隆时期,清朝入关已经一个世纪,如果说清初佛教仍然不免晚明以来的发展惯性,而到乾隆时期,则早已完全是清代佛教的态势了。在前文所述说的诸多不同话题中,实际也从不同方面显示了清代佛教的一些侧

---

① (明)朱元璋:《宦释论》,《全明文》第 1 册,第 153 页。

② (明)朱元璋:《宦释论》,《全明文》第 1 册,第 154 页。

面,也大致能拼凑出到乾隆时期佛教的一般面貌。而且,由于文中讨论清代佛教政策比较多,不仅能较多了解到佛教政策对于清代佛教发展的影响,也可了解到清前期几位强势帝王的佛教认识及执政理念对于佛教的强势影响。

大致而言,清代佛教无论是藏传佛教还是汉地佛教,到乾隆时期,在很多方面都经历了较重的政策洗礼和政治文化塑造。而就汉地佛教而言,晚明时期佛学复兴、思潮活跃的局面则早已不见,即便清初的宗风不振景象也已不再,前文引述乾隆皇帝所申斥的佛教不堪现状,应该就是当时佛教颓势的一种侧影。

但是,历史的逻辑也提示,既然清朝统治者那么重视利用佛教的社会效应,那么,佛教就必然有值得被重视的价值和意义。佛教流行中国千百年的历史事实,一方面足以说明佛教的存在价值,另一方面也显示其中不乏政治强权让佛教一时衰败而不绝如缕的时期。

虽然,一般而言,清代是崇尚佛教的一个朝代,但是,事实上,清代佛教流行的情况则是既有受到重视的一面,也有受到政治强权挤压和控制的一面,甚至还有受到统治者施加的影响力而在发展方向及空间上发生变化的一面。

至少在清朝国势上升时期的政治文化调试中,佛教的政治文化容纳力受到重视,佛教作为传统宗教受到尊敬,佛教的修身养性和使人知畏的宗教功能也多受推崇。不仅藏传佛教的政治文化容纳力备受倚重,即便汉地佛教在朝代更替中可以发挥缓冲社会矛盾激化方面的作用,也是有佛教受到尊重的政治条件为前提的。可是,当晚明佛学复兴之势渐渐远去,清代佛教宗派不兴、佛学不昌的发展状态就越来越突出了。即如前文已经多有引述,乾隆皇帝对于佛教现状的否定,亦否定在"真心出家修道者百无一二","参求正觉克绍宗风者寥寥","即严持戒律习学小乘之人亦不多见"① 的方面,遂视借教坐食为"败类"。虽然,乾隆皇帝的这类指斥及否定,主要针对的是当时重点清理的应赴僧等以营办佛事谋生者,但是,佛教的境遇不佳,应该也是事实。

反思之,清代佛教呈现这种颓败或者平庸的状况,实际上与清朝统治者推行的以意识形态挤压学术及控制思想的政策,乃至兴文字之狱的文教政策、及其导致的政治文化氛围直接有关,同时,也与雍正皇帝批判禅宗,以及清廷一直采取功利化的佛教具体政策有关。但是,这也恰恰是政策推出

---

① 王先谦:《东华续录·乾隆一》,《续修四库全书》第 371 册。

者们不可能反思的悖论。即如儒家学术之转向经学考据、不谈义理、不治史学的发展趋势,所以,佛教义理之学不发达也就在情理之中了。

但是,佛教既然存在着就总是要发展的,而且,标榜崇敬佛法的清朝统治者也基于其立场和相应的认识水平,施加了对于佛教发展方向及空间的影响和引导。雍正皇帝虽然标榜自己参禅得以透三关而悟,对外则极力提倡净土法门,所为以纠正禅宗空洞之弊和倡导脚踏实地的风气;而乾隆皇帝自己内里的佛学倾向是"笃嗜藏经"①;对外行使帝王职责,则是更具政治目的地利用佛教的政治文化容纳力及影响力,在建构清代佛教的政治谱系、营造佛教名山的佛菩萨信仰的表征意义,及引导佛菩萨崇拜方面还多所推动。对于宗派理论等方面发展空间有限的佛教而言,乾隆时期外八庙、四大名山等佛教名色营造造成的效应,一方面显示着统治者在信仰层面进行的信仰取向的示范和施加的政治驱动力,一方面也给佛教提供了就势发展的渠道。既然真修行的僧宝难觅,名山象征的菩萨却是永恒的。此难说对日渐浓厚的崇教气氛没有影响。而宗派义理不昌的情况下,净土法门突显了既可依凭,又不冲突于意识形态的特点,不失为一条精神出路,在清代佛教中,几乎独领风骚。

事实上,净土信仰历来不绝,虽然在精神压迫严重时期或者社会动乱时期更为突出,但在通常社会环境下,净土也始终是佛教信仰的基础法门,且一向多受推崇,并多有以此闻名的著名僧人及文人。不大一样的是,清代佛教的局面,除了藏传佛教即所谓密教外,汉地佛教中的其他诸法门则几近淹没,唯净土一门大昌,而且,清代净土信仰的发达,还不免政治文化氛围背景等因素的影响。仅以检索藏经中清代乾隆时期的佛教著述,也是净土一类最为突出,即从一个角度反映了乾隆时期净土信仰的发展程度。

而且,其时信奉并极力弘扬净土法门的推动者,多是居士。其中,彭际清及其同修们是影响较大者。而由彭际清所编纂的《居士传》及其从子彭希涑等编成的《净土圣贤录》中,也可以看到很多时人乃至名儒的净信故事。因而,不妨通过彭际清的相关事迹,来看看其时净土信仰的状况。

彭际清(1740—1796),名绍升,字允初,号尺木,又号知归子及二林居士。际清,是其受菩萨戒之法名。其乃苏州长洲人,其曾祖彭定求,是康熙十五年会试、殿试皆第一者,授翰林院修撰,历官国子监司业、翰林院侍讲,充日讲起居注官。但彭定求在翰林院仅四年,即归里不复出。作《高望吟》

---

① 刘锦藻:《皇朝续文献通考》卷八九,"宗教",《续修四库全书》第817册。

等。其父彭启丰,雍正五年会试第一,殿试置一甲第三,世宗亲拔第一。官兵部尚书等职。其兄亦"以文学官于朝"。① 可见彭际清出身于康雍乾三朝高官及两代状元之家。其年十六为诸生,翌年即举于乡,乾隆三十四年(1769)进士及第。不受官,"以名进士终于家"。"初不信佛,好世间文字。志存利济,忽自省曰:'吾未明吾心奈何?'或告以道家修炼法,习之三年不效。后读佛书,爽然曰:'道之所归在是矣。'始信向佛乘。慕梁溪高忠宪、庐山刘遗民之为人。故又号曰二林。以两公修学地同名东林也。"② 其父母殁后,更加"专心竺教"。在佛学倾向上,"好方山(李通玄)、永明(延寿)之书,尤推莲池(袾宏)、憨山(德清)为净土之前导。年二十九,断肉食。又五年。从闻学定公,受菩萨戒。自是不复近妇人。以知归子自称。尝言志在西方,行在梵网。"③

并作有闭关诗十首,"凡四易稿,阅半载乃成"。其自题偈中有曰:"我读华严偈,信入净土门。"其著述亦着重在华严及净土法门。其佛教著述有《一乘决疑论》一卷,重点在通儒释之阂。《华严念佛三昧论》一卷,以释禅净之净。《无量寿经起信论》三卷、《观无量寿佛经约论》一卷、《阿弥陀经约论》一卷,是三部净土新论,以畅莲宗未竟之旨。《居士传》五十六卷、《善女人传》二卷,则是搜罗整理历代净信居士事迹的传记书。《居士传》仅限优婆塞即男居士,《善女人传》顾名思义就是专门述说优婆夷即女居士故事的传记书。乾隆五十年(1758),其屏居苏州文星阁,专修一行三昧,颜住处为"一行居",将所作愿文、叙、题记、铭传等相关佛教的杂着集为《一行居集》八卷,此外还有《二林居集》二十四卷、《二林唱和诗》、《体仁要术》等,其从子彭希涑等编成的有《净土圣贤录》九卷,世多传而诵之。另外还重刊了《念佛警策》、《西方公据》等净土书籍。

彭际清的净土修行不仅是个人及亲近者同修,而且,还有一番颇具特色的落实及推广经营,如其"尝醵金万两,权入出息。以创佛宫、刊教典、饭僧众"④。还开办了一些不同主题的居士会活动,如"开'近取堂'以周穷乏,

① (清)彭际清:《知归子传》,《居士传》卷五六,《卍续藏经》第 88 册,日本京都藏经书院,第290 页。

② (清)彭希涑等:《净土圣贤录续编》卷二,"彭绍升",《卍续藏经》第 78 册,日本京都藏经书院,第 330 页。

③ (清)彭希涑等:《净土圣贤录续编》卷二,"彭绍升",《卍续藏经》第 78 册,日本京都藏经书院,第 330 页。

④ (清)彭希涑等:《净土圣贤录续编》卷二,"彭绍升",《卍续藏经》第 78 册,日本京都藏经书院,第 330 页。

置'润族田'以赡贫族,举'恤厘会'以济孀居,立'放生会'以全物命"①。组织这些居士会开展活动时也都"各有发愿文回向净土"。"有僧真清问曾见瑞应否,绍升曰:有何瑞应。我大事在来年开印日耳。"②嘉庆元年(1796)正月二十日,其作辞世偈,"西向趺坐,念佛而脱。时果为署中开印日"。其年五十七岁。

彭际清大半生都致力于居士佛教的推广,加之其家世背景,也使其对于士人的佛教信仰层面的影响很大,而其亲密的法侣罗有高、汪缙也都是一时名士。《清史稿》还有说,"启丰、绍升颇入于禅,休宁戴震移书绍升辨之"。③这是说,由于彭际清和其做兵部尚书的父亲都好禅,以致引来其时大儒戴震的辩难。可能凡近佛者大都被称之为好禅,其实彭际清所好的是净土及华严。而且,彭际清特别提倡"佛言孔言,异口同音","孔心佛心","是对治法"。④对于彭际清这类本为儒者而近佛的现象,史家也评论说:"尊孔子而游乎二氏。此后江南理学微矣。"⑤

虽然,江南理学衰微与否及其状况乃至原因都得另当别论,但彭际清一门的儒家居士佛教,在江南的影响则还是能由此而见一斑。尤其是既尊孔又信佛,颇引为一时风气。例如,其有《体仁要术》一卷,由题目看,颇似儒书,但实际上,则是一卷关于其家族发起放生会的几篇文书。也就是说,秉承佛之不杀之戒而生生,即是体怀儒家之仁人。这是自南北朝时期,如颜之推等,到北宋契嵩以及仁宗等都一再认同和提倡的儒释调和论的主张,即,所谓佛之"五戒"即同于儒之"五常"。

《体仁要术》首篇就是《文星阁重整放生会引》,其文有说:"文星阁放生会,肇自我先曾祖南畇府君,迄今数十年矣。乾隆三十九年,始辟放生池于南园木杏桥,畜生鱼为独盛。而阁中别藩隙地,养羊豕鸡鹜之属,满则送之云栖。顷四五年间,岁靡食料钱至六七十缗,而与会者落落不过数人,罄所入犹不能足,则鱼鸟之得蒙其利者少矣。今拟重整前会,纠司月十二人,人持簿一本,岁募人出钱三百六十,十之得三千六百,为一股。积十二股,得钱四十千有奇。随时买放生物,有余则以充食料。阙则募人为代。如是渐增

① (清)彭希涑等:《净土圣贤录续编》卷二,"彭绍升",《卍续藏经》第78册,日本京都藏经书院,第330页。
② (清)彭希涑等:《净土圣贤录续编》卷二,"彭绍升",《卍续藏经》第78册,日本京都藏经书院,第330页。
③ 赵尔巽等:《清史稿》卷四八〇,列传二百六十七,"儒林一","彭定求",中华书局1977年版。
④ (清)彭际清:《体仁要术》,《卍续藏经》第60册,日本京都藏经书院,第823页。
⑤ 赵尔巽等:《清史稿》卷四八〇,列传二百六十七,"儒林一","彭定求",中华书局1977年版。

倍屣无算。其有田之家,量捐食料,便可抵钱。岁以二月三日,通名于桂香殿。冬尽则倩僧诵经,回向西方净土。俾施者受者,作长寿因,种菩提果,但能尽寿为期。勤行匪懈,其为福德不可思议。第恐诸仁者偶发善心,旋复退堕。察其根原,不无蔽障。约举大概,厘为八条。勿谓迁谈,幸垂听览。"①彭家的放生池始于乾隆十七年(1752),其立碑曰:"池鱼索索,彭氏落落。池鱼烝烝,彭氏绳绳。"放生池既是为彭氏一族信佛兴旺的象征,也是其由此聚放生会而弘扬净信的凭借。同时,也从中看到其组织方式,以及这种类似历史上佛教邑社的佛教修会,在清代的运行方式。

事实上,其时净土法门大昌,并不止是彭际清的影响,也是其时佛教的时势。比如《安士全书》的周安士,也是深信净土的居士,以众生造无量罪,"淫杀二业实居其半"②,遂极力劝勉世人戒杀戒淫。彭际清在传后语中说:"安士通世务,习知吴中田赋水利原委得失。着书甚具。康熙三十八年仁皇帝南巡,安士迎驾扬州九龙桥。上疏请减苏松浮赋事。虽未遽行,然安士之心至今犹可见也。其后应巡抚张公聘校录宋元明先儒书,老于家。其大概如此。""予访之昆山。人无知者。"③这是其时克己修行的一类净土信仰者。

又如明崇祯廷臣熊开元,在权臣争斗中又遭多疑的皇帝投入锦衣卫,在狱年余,亦不忘"以佛法摄狱中人","受杖时惟默诵观世音号,自一至百,血肉糜烂弗觉也"。清军入关后,熊开元在南明朝廷又"累官东阁大学士,以病乞休,寓汀州。城破遂为僧,更名正志,号蘗庵。得法于灵岩继起禅师,隐莲华峯翠岩寺,老于虞山"。④这是明清朝代更替时期逃禅的又一个例子。

彭际清的佛学倾向,除了坚信净土,兼及华严等,同时也特别强调"儒释实相表里"⑤的调和主张。如其论曰:"藩篱既撤,华梵交宣。观弥陀于数仞墙中,谒庖牺于菩提树下,大同之化于是为昭然。或徒尚空言,终乖实相。长颟顸之习,开闪烁之风,亦识法者所深惧也。予录自宋以来诸先生。其一意宗儒者不敢旁滥,若出入二教,信向悫诚,践履笃实者。采其议论以导将

① (清)彭绍升:《文星阁重整放生会引》,《体仁要术》一卷,《卍续藏经》第60册,日本京都藏经书院,第822页。

② (清)彭际清:《周安士传》,《居士传》卷五五,《卍续藏经》第88册,日本京都藏经书院,第289页。

③ (清)彭际清:《周安士传》,《居士传》卷五五,《卍续藏经》第88册,日本京都藏经书院,第290页。

④ (清)彭际清:《熊鱼山传》,《居士传》卷五二,《卍续藏经》第88册,日本京都藏经书院,第284页。

⑤ (清)彭际清:《管、扬、陶、焦、唐、瞿传》,《居士传》卷四四,《卍续藏经》第88册,日本京都藏经书院,第266页。

来。如管杨以下诸公其尤著者也。子思曰:道并行而不相悖。孟子曰:夫道一而已矣。非忘言之伦,奚足以语于斯哉。"①

时人的评议也说:"儒佛之道,泥其迹若东西之相反,然循其本则一已矣。知归子之学,出入儒佛间。初未尝强而同之,而卒不见其有异,所谓知本者非耶。"②

彭际清的居士佛教事业,有清中期著名文人龚自珍是其再传者。龚自珍有作《知归子赞》,其曰:"怀归子③曰:震旦之学于佛者,未有全于我知归子者。佛之徒吾能言之,大都凤生所造⋯⋯其学于佛也,又以其十之四习密部,以祈其灾澹其忧,其为第一大事谋,十之六耳。惟知归子不然,初亦不然,中亦不然,终乃愈全,岂非大菩萨度世示现者哉?⋯⋯示来震旦往净域,眷属如意闻名昌,众生大福一身当。"④

的确,由于彭际清这样一些出入儒释的居士佛教徒的积极推广及笃实践履,西方净土信仰兴盛于清朝。不过,在清前期兴盛成势的净土信仰中,不止是阿弥陀西方净土信仰受推崇,弥勒净土信仰也受到一部分信众的弘扬和敬信。对此,可以广东佛门中鼎湖山在参弘赞禅师的相关事迹等为典型事例,来略窥其时弥勒净土信仰的状况。

在参弘赞(1611—1685),明末清初禅宗曹洞宗僧。广东新会人,俗姓朱,字在参,号木人,有说其乃明朝藩王后裔。早岁学儒典,博雅能文,弱冠补县学生员。清入主后,乃遁走为僧,研习禅法,于肇庆鼎湖山参谒离际道丘,而得印可,初住广州之宝象林,后则继席鼎湖。可见弘赞也是一位明清交替时期的逃禅者。弘赞禅师特重实践笃履,虽精于禅,但极其痛心于丛林中浮夸不实之风气,绝口不言禅道,仅弘律仪,倡导戒行,以此为本职事。于康熙二十四年(1685)示寂,世寿七十五。《鼎湖山志》记其撰有《鼎湖山木人居在参禅师剩稿》五卷、《七俱胝佛母所说准提陀罗尼经会释》三卷、《心经论》、《四分戒本如释》十二卷、《归戒要集》三卷、《八关斋法》、《礼佛仪式》等数十种。其中,有《兜率龟镜集》三卷,可以说是一部关于弥勒净土信仰者的往生集及传记书。历史上,一直以弥陀净土信仰的传记为多,而此集专

① (清)彭际清:《管、扬、陶、焦、唐、瞿传》,《居士传》卷四四,《卍续藏经》第 88 册,日本京都藏经书院,第 266 页。

② (清)王廷言:《居士传跋》,《居士传》卷五五,《卍续藏经》第 88 册,日本京都藏经书院,第291 页。

③ 龚自珍受佛学于江沅,江沅受佛学于彭绍升。彭绍升号知归子,龚自珍遂号怀归子。参见《龚自珍全集》第六辑,上海人民出版社 1975 年版,第 396—367 页。

④ (清)龚自珍:《知归子赞》,《龚自珍全集》第六辑,上海人民出版社 1975 年版,第 396—397 页。

为弥勒净土信仰者而结集,无疑是十分难得的。

《兜率龟镜集》直接的编辑缘起,由"缘起"序文看,就是与当时实际的弥勒信仰需要有关。的确与弥陀信仰多有注疏、著述,尤其是还辑录有往生集相比,有关弥勒信仰者比较系统的传记则少见。其时就有清士咨问弘赞法师:尝闻信仰西方弥陀者"有往生集行于世,而兜率上生古今不乏名贤,何独无乎"?① 此疑问得到弘赞的响应,于是"检诸经论传记并所见闻者,录编成帙"。② 此一书编纂成集,不仅为信仰者提供了资粮,也为后世了解弥勒净土信仰的历史流行及清前期相关信仰情况提供了资料。

《兜率龟镜集》所收集的事迹传记中,僧俗信众人物大致有六七十位,并且根据特点分别在"初集应化垂迹"和"中集上生内院"中加以叙述。其中,有著名的傅大士、契此和尚、道安、玄奘、窥基、道宣、玄朗等历代崇信弥勒的中土佛门人物。从其收集的事迹倾向看,大致属于崇信上升兜率天的弥勒信仰。录入的相关事迹也多选自僧传等书,虽然其中不乏一些在今天看似荒诞的神异描述,很难说有十分的可靠性,但也正是这些叙说,包括那些神异描述,提供给我们可作分析参照的线索,可以使我们透过现象概括地把握到弥勒信仰的基本态势及发展变化。

若将《兜率龟镜集》汇集的弥勒信仰事迹所突出的主要目的取向等进行归类分析,则可见教内弥勒净土信仰大致有几种类型:一种是为了希望上生兜率天请求弥勒解决疑难而发愿往生弥勒内院净土的;一种是由于神异之渲染,或梦感不可思议情境深受触动而作决定信的;再就是由于认定通过一些比较极端的布施行为可以使其上生兜率天,以便如同弥勒菩萨"为供养一生补处菩萨"③,希求再过一生即可得不退转法成就佛果而坚定信心的,事实上这也是弥勒信仰者的共同心愿。

由于弥勒信仰历来纠缠着民间借弥勒菩萨为未来佛的由头而造反的一些历史事件,在明清时期一些被朝廷辟之为邪教的民间宗教者也多有号称信奉弥勒者,清前期的广东佛门既是逃禅重地,也是暗藏不臣之心者的避居处,虽然没有证据说其时的弥勒净土信仰与这些令朝廷担忧的不安定因素有关,但是,《兜率龟镜集》所汇集弥勒净土信仰的内容,无疑还是体现了

---

① (清)弘赞:《兜率龟镜集》,"缘起",《明版嘉兴大藏经》卷三三一,(台湾)新文丰出版有限公司1987年版。

② (清)弘赞:《兜率龟镜集》,"缘起",《明版嘉兴大藏经》卷三三一,(台湾)新文丰出版有限公司1987年版。

③ (刘宋)居士沮渠京声译:《佛说观弥勒菩萨上生兜率天经》,《大正新修大藏经》第14册,第418页。

其时信仰倾向所隐喻的一些模糊的希冀和无望的寄怀。

由以上所述相关净土信仰的事例,可见清前期士人中的居士佛教倾向及净土信仰倾向,一方面是晚明以来佛教发展态势的延续,一方面也反映了进入清朝后佛教发展空间的调整变化,以及人们在当时政治文化氛围中寻求精神挂搭处的可行性的选择取向。

而事实上,不惟士人要调整选择和寻求的方向及空间,即便是最有能力左右时局的统治者皇帝,其自身事实上也是在时局中,也是在相应的政治文化氛围环境中,亦同样需要调试及选择。

不同于其祖父辈的佛教偏好,乾隆皇帝"笃嗜藏经,尽力于剞劂与翻译"[1]。清代以朝廷之力刊刻藏经,在乾隆时期尤盛。"明万历中所刊大藏六千七百七十一卷,乾隆三年敕选后世大德著述,增为七千二百四十七卷,从事雕刻,是为《龙藏》。先是,圣祖曾刊刻《圆觉》、《金刚》等二十二经,为国朝刊经之始。《龙藏》则经始于世宗,而高宗完成之者也。二十四年,敕和硕庄亲王允录选择通习梵音之人,详译全藏经中诸咒,编为《满汉蒙古西番合璧大藏全咒》,计八十八卷,附《同文韵统》六卷、《字母读法》一卷、《读咒法》一卷,共九十六卷,颁发中外各大丛林。三十八年,又敕以国书翻译藏经,五十五年告成,计二千四百六十六卷。"[2]乾隆皇帝之笃嗜藏经,在刊刻藏经以及重视咒语方面可见一斑。

而乾隆时期相关刊刻藏经的事宜,在乾隆三十八年(1773)达到隆盛。是年二月,有谕旨曰:"大藏经中咒语乃诸佛秘密心印,非可以文义强求,是以概不翻译。惟是咒中字样,当时译经者仅依中华字母约略对音,与竺干梵韵不啻毫厘千里之谬,甚至同一汉字亦彼此参差。即如纳摩,本音上为诺呀切、下为模倭切,而旧咒或作曩谟,或作奈麻,且借用南无者,尤多皆不能合于正,其他牵附乖离类此者难以缕数。尝命庄亲王选择通习梵音之人,将全藏诸咒详加订译,就正于章嘉国师。凡一句一字悉以西番本音为准,参之蒙古字以谐其声,证之国书以正其韵,兼用汉字期各通晓,编为《四体合璧大藏全咒》,使呗唱流传唇齿喉舌之间无爽铢黍,而于咒语原文一无增省,按全藏诸经卷帙编次字样并为标注,以备检查。书既成,序而寿之,剞劂列为八函,兹装潢藏工,着交该处查明京城及直省寺院向曾颁过藏经者,俱各给发一部,俾缁流人众展卷研求,了然于印度正音本来如是,不致为五方声韵所淆,庶大慈氏微妙真言阐扬弗失,不可谓非震旦沙门之幸。若僧徒等因

①　刘锦藻:《皇朝续文献通考》卷八九,"宗教",《续修四库全书》第817册。

②　刘锦藻:《皇朝续文献通考》卷八九,"宗教",《续修四库全书》第817册。

传习已久，持诵难以遽调，惮于改易字音者，亦听其便。将此传令各僧众等知之。"①

不几日，乾隆皇帝又敕谕，"特开清字经馆"译大藏经。其谕旨曰："大藏汉字经函刊行已久，而蒙古字经亦俱翻译付镌。惟清字经文尚未办定，揆之阐教同文之义，审为阙略。因特开清字经馆，简派皇子大臣于满洲蒙古人员内，择其通晓翻译者，将藏经所有蒙古字汉字两种悉心校核，按部翻作清文。并命章嘉国师董其事。每得一卷，即令审正进呈，候朕裁定。""甘珠尔经……丹珠尔经……全行列入。"②

不过，其时刊印藏经、大藏全咒、开清字经馆等谕旨之所出，其实也是有原因的。同在乾隆三十八年二月，就在开清字经馆的这道谕旨之前，先有地方学政上书建议搜集古典遗书，乾隆皇帝遂敕谕博采遗书，开始"编录《四库全书》"③。这是乾隆朝时期文化事业上的一件大事，而且反映的应该是一种盛世修书的意识形态背景。在回复军机大臣复议的谕旨中，乾隆皇帝认为于"儒典之外阑入释典道经"并不妥，若说这样做有"守先待后之义，尤为凿枘"，却"不合朕意"。其认为"从来四库书目以经史子集为纲领，裒辑分储实古今不易之法"。④大概也正是这样的背景和编书原则下，佛教经藏即另行编辑刊印，并特别开清字经馆，以实现满、汉、蒙、藏四种文字佛教藏经的所谓四体合璧地刊出。即如同外八庙的寺额要用满、汉、蒙、藏四种文字一样，将不同的文字框定在一种模式中表达同一内容，既表征着不同，也表征着"万法归一"，其用意是意味深长的，也是简单明了的。

其中，乾隆皇帝则尤其重视经咒的翻译问题，同年十月，又谕军机大臣等："即如喇嘛所念之经传自西竺，而内地僧人俱以汉音传习，不无舛误。朕节次将大藏咒俱令照西番译出，不过欲厘正伪舛，亦非有意崇尚喇嘛而废绌僧人也。"⑤虽然乾隆皇帝每每注意不比较藏汉地佛教的高下，但是，其对于汉地佛教现状的不满和否定还是不时地流露和反映出来。

而且，自恃参究甚深的乾隆皇帝，在其晚年对于藏地佛教的状况也不甚满意，尤其在其借戡乱之机设置金奔巴瓶等统揽黄教教权的过程中，不仅显示着身居权力顶端的居高临下的统治者姿态，在教法上也有颇多当仁不让之意。比如，前文有述，乾隆五十八年《藏内善后章程》出台后，恰值喀尔

① 王先谦：《东华续录·乾隆七十七》，《续修四库全书》第372册。
② 王先谦：《东华续录·乾隆七十七》，《续修四库全书》第372册。
③ 王先谦：《东华续录·乾隆七十七》，《续修四库全书》第372册。
④ 王先谦：《东华续录·乾隆七十七》，《续修四库全书》第372册。
⑤ 王先谦：《东华续录·乾隆一百十》，《续修四库全书》第374册。

喀有呼图克图圆寂，因为相关权势者在入藏请教于达赖喇嘛时有行贿以求自家子弟被指认为呼毕勒罕的事件，乾隆皇帝又抓住机会将参与其事的喇嘛们要么法术不灵要么贪财枉法等状况一一揭露评析。并且，在处理此事的相关谕旨中，乾隆皇帝还特别说道："朕自乾隆八年以后即诵习蒙古及西番字经典，于今五十余年。几欲究心讨论，深识真诠。"①这样说的目的无非就是告之黄教的领袖们及众蒙古，其作为皇帝几十年来也在学习蒙藏语言文字，不仅已然达到很高的水平，且在教法方面颇有深入的领悟，一方面，这无疑是对蒙藏民族文化极其尊重的态度，也表明其在崇敬佛法而维系蒙古方面极尽努力，另一方面也是说，即使是在佛教领域，其也是有资格而具有权威性的，即便达赖喇嘛、班禅喇嘛不能看清的问题，其也看得清清楚楚。由是，乾隆皇帝也警告蒙藏政教方面的诸权势者，即使是在佛法最深奥的方面，也不要心存侥幸"能逃朕洞鉴"②。

对于编辑藏经，乾隆皇帝也有具体的原则指示，其谕旨曰："昔我皇考曾命朕于刊刻全藏时，将续藏中所载丛杂者量为删订。嗣朕即位后，又令大臣等复加校核，撤去《开元释教录》、《略出辨伪录》、《永乐序赞文》等；钱谦益所著《楞严蒙钞》一种，亦据奏请毁撤。所有经板书篇，均经一体芟汰，期于澄阐宗门。兹清字经馆正当发凡起例之始，如不立定规条，致禅和唾余，剽窃亦得，因缘贝夹，淆乱经函，转乖敷扬内典之指。可将章嘉国师奏定条例清单交馆详晰办理，并传谕京城直隶各寺院，除见在刊定藏经毋庸再为删削外，嗣后凡别种语录著述，止许自行存留，倘有无识僧徒妄思裒辑汇录，诡称续藏名目，觊欲窜淆正典，日后一概永行禁止，庶几梵文严净，可以讨真源而明正见。但此事关系专在释教，毋庸内阁特颁谕旨。着交与该管僧道处，行知各处僧纲司，令其通饬僧众人等，永远遵行。"③

以澄阐宗门等为由，严设文网，芟汰异议，这类意识形态的管控原则，在佛教藏经编辑与《四库全书》的编辑中是一样要执行的。一方面"重佛阐教"，一方面也"限制綦严"④，这也是乾隆时期政治文化趋势下佛教发展所要面对的现实际遇及有限空间。

三、乾隆时期对于其时藏地汉地佛教的政治文化格式化

概观乾隆时期朝廷作用于佛教的政策及实际措施，可见其时佛教受到

---

① 王先谦：《东华续录·乾隆一百十七》，《续修四库全书》第374册。
② 王先谦：《东华续录·乾隆一百十七》，《续修四库全书》第374册。
③ 王先谦：《东华续录·乾隆七十七》，《续修四库全书》第373册。
④ 刘锦藻：《皇朝续文献通考》卷八九，"宗教"，《续修四库全书》第817册。

来自政治权力方面的实际影响非常深刻并且具体。虽然其中帝王个人的佛教态度和好恶的影响也是重要的,但归结看,主要的影响,仍然是清朝统治前提下对于佛教的利用与限制,而这类出于政治功利实用的摆置产生的影响,甚至使得佛教的组织层面及信仰层面都有与以往颇不一样的新情况。

首先,是佛门僧人的度牒管理发生重大变化。乾隆朝伊始,就开始有力持久地推行度牒及僧籍的清理,同时,度牒清理实际上还是伴随着一定程度沙汰意向的限额出家措施,这样的政策持续到乾隆三十九年,朝廷彻底放弃度牒管理,僧人从此不再有度牒。这是佛教传入中国以来僧人首次无需度牒,这样一项政策不仅能看出推行者有政策战略眼光和气魄,也说明乾隆时期国家政权运行到了极其强势和相对可控的程度。由于永停通颁度牒政策还伴随着朝廷也放手了对于僧伽事务的直接管理,不仅不再有王大臣兼管佛教事务,甚至连地方府州县僧道录司也收回了铸印,由官给信守。有这样的政策,对于佛教而言,似乎应是出家为僧及僧众活动获得了更多自由,但,事实上则不一定如此。且不说社会环境及政权体制并没有改变,朝廷放手释教事务,并不等于不会将释教事务作为一般社会事务来管理。而且,汉地佛教宗派松散,更没有象征教权的组织,僧录司本就是朝廷设置的,且已基本是摆设或者装点,因而,当社会发展到已无虑于僧徒违法泛滥的程度,度牒自然也就成为"本属无关紧要"且滋扰衙署的事而停颁,僧众实际是被彻底推向了世俗。乾隆皇帝对于佛门现状的不满乃至否定,也最终落实在了政策上。这样的结果,隐含的意味则是使得佛门的神圣性帷幕再一次被扯下。

而且,如此这般政治力量及统治者对于教权作用的统辖,在乾隆皇帝晚年也最终落实到清廷一向倚重的藏传佛教方面,在接近乾隆六十年的几年里,借平定西藏动乱之机,乾隆皇帝终将教权的勘定权统辖到清朝政权之下,虽然,仍然强调尊黄教以安众蒙古的政策十分重要,但是,黄教的最高权威者无论是在政治权力上还是教务权力上都不再是能与清朝皇帝平座的政治联盟者,当初的满蒙藏联盟时期那种"金刚大士"达赖喇嘛与"曼珠师利大皇帝"的宗教政治谱系已经发生了质的变化,清朝皇帝已经是"成佛大皇帝"了。

乾隆时期这些对于汉地佛教以及藏传佛教的佛门权威地位的政治统辖,虽然在其统治者的立场上无疑是出于其统治力度及秩序的考虑,但在佛教方面看,却是对于佛教自身社会政治作用的一种世俗政治文化模式的格式化。

其次,便是乾隆时期对佛教的认识及相关政治影响对于佛教信仰层面的作用。乾隆时期的社会整体继续呈现着清朝入关以来强势的发展态势并达到鼎盛,而且,颇具统治韬略的乾隆皇帝在位时间实际超过六十年,因而,在乾隆时期社会政治文化的调试整合的背景下,不仅政治权力一方施加于佛教的措施及影响,有较长时间的相对稳定的社会环境,可以有切实的力度来落实相关政策,即便是佛教自身寻求发展,也有长稳的环境条件使其能持续地探寻发展出路。乾隆时期基本上也是经历了朝代更替的动荡后,佛教进入相对稳定发展状态的一个重要时期。但是,也就是在这样社会整体平稳的环境中,佛教发展呈现的却是一种颇为不协调的状态,即,虽然自统治阶层到平民百姓,佛教基本是受尊崇的,从乾隆时期僧众人数大增、庙宇修缮情况来看也是貌似繁荣的,而且,个别宗派如华严宗有续法、通理等弘扬,禅宗也依然宗门大开,乃至法相宗的书也有人在讲、在研究,但是,这些多是局部小景观,而且终究少有新见解、难见新思想,其时的佛教实际上呈现的仍是宗派不振、学说不兴的相对不活跃的整体平庸状态。

对于佛教呈现的这种状况,前文章节中已多有分析,一方面原因,主要与清朝统治者意识形态化学术,进而统一意志地管控思想的文化统治术不无关系。雍正时期的文教严苛倾向,虽然时间相对短,但却延续到乾隆时期,而且,也并没有因为社会经济的繁荣发展而使思想文化有更宽松的发展空间。清朝统治者不仅继承了中国历史上王权之上的极权政治传统,还因为其强烈的民族意识也加诸于政治强势的行政原则及具体措施中,从而更加强化了其过多地通过政治极权力量来左右社会发展秩序的统治模式。

另一方面原因,则是统治者将政治统治模式加诸在佛教信仰层面,到乾隆时期进一步落实,也一定程度地导致了清代佛教学术整体不振的后果。佛门僧人以及宗派在信仰层面的权威性,不仅一再被统治者不认可,还因政治实用政策一再被稀释,但是,佛教信仰却是当时社会的客观宗教需求。因而,寻求信仰层面的补充出路,便成为一种自觉不自觉的潜在探寻。

自康熙时期至乾隆时期,表征菩萨信仰的名山佛教一直都受到帝王的推崇以及积极的塑造。康熙皇帝、乾隆皇帝都是多次朝礼五台山,虽然,其中原因有五台山不仅是文殊菩萨道场,还是与蒙古诸地较近的一个藏传佛教的重要道场,但是,皇帝的重视,依然使得这种名山佛教表征的菩萨信仰备受推崇。康熙时期三大佛教圣山为尊,到乾隆时期则流行为四大佛教圣山。不惟如此,乾隆时期加大承德避暑山庄营建寺庙的规模,更是将政治意义加诸佛教的直接范例,不仅是将佛教信仰进一步政治工具化的又一种推进方式,而且,也是用名山象征的佛菩萨信仰来满足社会上佛教信仰需求的一种方式。此外,乾隆时期菩萨画像也大盛于宫廷,乃至将乾隆皇帝画作佛菩萨的佛装像也多种多样,将"成佛大皇帝"之尊容形象地表现了出来。

　　虽然,乾隆时期对于佛教信仰的利用,其政治意图更在于以"万法归一"的教权意义来维系和展示"万邦归一"的一统局面,不过,在清朝统治者的认识角度,也不失为在信仰层面上以相对纯粹的神圣的佛菩萨信仰内容来填充现实佛门神圣性之不足的一种自觉不自觉的探寻,但是,这类相关政策的推进也是有对于汉地乃至藏地佛教现状不甚认可或否定的认识前提,因而,在信仰层面的相应建树也就仍然一定程度地意味着是对佛教进行了由世俗政治力量推进的格式化影响。

　　正因如此,在乾隆时期社会繁荣景象下,实际留给佛教自身发展的空间是相对有限的。其时佛教净土法门流行,笃行践履的居士佛教也成为一种比较显著的佛教发展趋势,鉴于其时有意识形态挤压思想学说自由空间的政治文化背景,或可推论,居士佛教及净土信仰也是一种寻求精神自由的宗教方式,但这毕竟是逻辑推论,而类似的推论或许还可说,对于信众尤其是知识阶层的信众而言,净土信仰还是不易触碰文网的一种信仰寄托或者出路,甚至,一定程度上也是佛教在可能的发展空间里以实践理性为进路的一种发展探寻。而这样的取向,既是其时佛教寻求发展空间的体现,也是其时政治文化环境中佛教发展际遇的一种写照。

第八章 清初儒释之辨及儒学反思
之于清代佛教的文化环境

在儒释道业已形成协同发展之势的传统王权社会，佛教在不同时期的发展与相应时期的三教认识倾向，尤其是统治阶层的相关认识影响是密切相关的。一个时期在具体落实其文治政策原则时，重要的决策因素也有来自于其所在时代或者其政权需要而对儒释道三教关系所作出的认识选择，不惟明确其治下在三教关系认识上的一般原则，特别还在于明确儒释道三教与统治政权之利害关系的认识等。这实际上也是在于确立其统治政权的意识形态的理论基础和政权运行的原则模式。因而，清初统治阶层对于儒释道三教关系的认识及其强调，直接影响到清初政治文化环境的变化与营造，相关联地，亦即直接关系到清朝佛教的现实生存空间和发展前景。如前面述及的，康熙时期帝王主导的朱王学术的讨论，即对于理学的意识形态化趋向有决定性影响。

不过，清前期有关三教关系方面的认识倾向，还受明清政权更迭之巨变而引发的一些知识分子的反思因素的深刻影响。清朝取代大汉族的明朝政权统治，在士人中产生了极大的文化情感和心理的冲击。复明无望的明遗民中的不少士人也投入了很大心思去反思，审视自认为文化发达的大明朝被文化落后的清朝短期内即行取代的因由，其中也不乏对于儒释道社会作用的反思。虽然，在王权强势的清代前期，士人的儒学反思和其中关涉的儒释之辨，对于统治者的政策决策的影响或许并不具决定性，但无疑地，仍然会影响到社会文化氛围及精神取向，甚至具体到士人对于佛教的一般认识倾向。这类文化氛围及佛教认识，不仅会实际地影响佛教的境遇和地位，也会影响佛教的发展趋向。

虽然这只是一种基于一般历史现象而作的笼统的逻辑推导，但在清初相关三教的认识调整中，士人在儒学反思中如何辨析儒释关系，如何看待佛教的社会作用，以及儒学反思对于佛教的发展有何影响，也应是清代佛教与清代政治文化关系的系列问题中值得考察的一个重要方面。

第一节　清初儒门的理学反思及其相应的佛教认识倾向

对于清初社会而言,其之前的漫长中国历史,虽然有太多历史经验可寻,同时也有太悠久的历史传统要背负,不过,事实上,其现实面对和直接延承的则是晚明以来的政治文化环境和清初改朝换代后的政治文化的调整时局。由于清朝统治者以入主中华大统为任,并继承了中国传统政治文化,因而,在文教政策上,也继续着以往的传统,这在第一部分诸章节中多有述说。因而,整体的思想文化背景中,在儒释道三教关系方面,儒家一家独大的局面,在清初没有任何改变。儒家一以贯之发展形成的所谓道统,直至清朝亦一直得以延续。

但是,由于儒家学说在不同的历史时期发展有不同的思潮或学派,乃至形成不同的支脉,尤其是宋代理学及明代心学的形成与发展,则对清初的思想文化的发展取向上有着极大的影响。不仅在朝廷有康熙皇帝主导的意识形态上的朱王学术选择,而且,在知识分子界,尤其是遭遇明清朝代更替的文化心理冲击后,也有不同程度的对于作为思想资源的朱王学术的反思,其中就涉及了对佛教社会作用和儒释关系的再认识。因而,清初思想界的思想反思即主要表现为对于宋明学术的反思,同时,其还影响到对于佛教的认识倾向。

一、明清更迭与理学反思之于清初佛教认识的影响

虽然说,儒家标榜秉承的是孔孟的思想传统,但对于清初儒家有甚深影响的学说和思潮,无疑应是宋明大儒们对于孔孟以来的儒家思想再诠释之后的理学,且主要是程、朱与陆、王两大学派的理论。这两派的思想进路的差异,在南宋时定格在朱熹与陆九渊的学说上。进入元朝,统治者亦推崇儒家,虽然蒙元统治者似乎顾不上对儒家学说有精到的研究,但朱子学受到特别的推崇,使其在元朝得到尊重和推广。明朝开国之后,明初儒家亦积极树立朱子学的权威性,并且得到统治者的支持,推明朱子学成为一时之显学,所谓"明初诸儒,皆朱子门人之支流余裔"[①]。但在明朝专制进而腐败畸形政治背景下的社会环境中,学术流于平庸,朱子学亦陷入因循僵局,直到陈献章等发表了与朱学不同的"孤行独诣"[②],并有湛若水、王阳明发

---

① (清)张廷玉等:《明史》卷二八二,《儒林一》,中华书局 1974 年版。

② (清)张廷玉等:《明史》卷二八二,《儒林一》,中华书局 1974 年版。

扬"心学",儒门又别开生机。尤其阳明学"别立宗旨"①,形成影响极大的学派。以至南宋以来的朱、陆之争在明晚时期遂又演进到朱学与王学之别的异议。② 不过,在晚明王学引领心学思潮成一时之风,而程朱之学受到冷落的同时,即已有反对援释入儒者,如东林党的领袖之一高攀龙就有《崇正学辟异说疏》,认为"自穆庙以来,率多玲珑虚幻之谈,而弊不知所终。笑宋儒之拙,而规矩绳墨脱落无存;以顿悟为工,而巧变圆融不可方物。故,今高明之士半已为佛老之徒。然犹知儒之为尊,必藉假儒文释。援释入儒者,内有秉彝之良,外有惟皇之制也。而其隐衷真志则皆借孔孟为文饰,与程朱为仇敌矣。故今日对病之药,正在扶持程朱之学,深严二氏之防,而后孔孟之学明"③。流于禅学乃至狂禅之儒,遂招致越来越多的批判。朱子学在明末又为一些儒者追捧和提倡。清初所承接的就是这样一种或是朱子学抑或是阳明学的整体一致而略有纷争的局面。

当然,明末清初思想文化界的实际状况远不这样简单。明朝后期的社会样貌极其复杂,即便大致看,也可见其极具反差的社会景观状况。一方面,是政治极度腐败、国势衰败不堪、社会矛盾尖锐并呈现有各种朽暗面。另一方面,则是社会经济、文化等方面的极大繁荣。尤其是思想界也极其活跃,不仅传统理学继续发展,出现了不同于朱子学之问学取向的阳明心学的大行其道,亦有以批判论学空疏而注重经世致用的思想及其实学的兴起,同时还伴随着关注现实政治的党社运动思潮,等等。特别是,经历了长久的沉寂,晚明时期的佛教也在义学研究及宗派繁荣方面都出现了颇为显著的欣欣发展的复兴局面。由这些文化景象看,整个社会似乎也呈现着一种生机无限、蒸蒸向荣的状态,大厦将倾的危机似乎并不十分迫切。大概也正是有晚明这样一些文化繁荣的景况,以致明朝大厦的坍塌,及清军铁骑突入进关并很快入主大统,在士人心中造成了比较大的文化心理落差;加之清初清朝政权实行野蛮的圈地和残酷的剃发政策,极其剧烈地戳伤了民心,而接下来日益加强的意识形态钳制乃至文字之狱等,则再进一步地重创了士人之心。诸如此类的原因,使得明清的朝代更替也似乎比任何一次异族掌权和改朝换代在知识分子中引起的反应都更加强烈。反思历史教训和寻求解决当世之务的思考,不仅表现在经世致用思想的继续发展,它还促使了到古代经学中溯求思想本原意义的考据学的发展等,当然这些思考也特别表现在对于

---

① (清)张廷玉等:《明史》卷二八二,《儒林一》,中华书局 1974 年版。
② 王学主张"心即理",强调"知行合一"的"致良知"论等,亦被指斥为"阳儒阴释"跻入禅学。
③ (明)高攀龙:《崇正学辟异说疏》,《高子遗书》卷七,文渊阁《四库全书》集部,别集类。

理学的反思方面。因而,即便是一般地概观清初的学术环境,亦可见其实际状况是头绪多端的。

不过,就所引起的思想反思的内容看,清初一些重要思想家的理论,大都要对朱王学术有所认识,乃至其学术取向及思想见解的高度深度等亦可以由其对于朱王学术的认识和反思评价的程度上反映出来。这不仅说明,理学实际乃宋明以来的哲学主导,同时也说明,理学之所以为其时之哲学主导,即因其关乎社会人生之生存方式和思维模式,亦即世界观等相关根本性问题的认识,尤其对于以伦理哲学发达之儒家学说,此方面的意义更为突出。因而,学说取向问题既成为清初儒门中的重要学术问题,又一定程度地反映着士人的世界观、价值观乃至政治态度等具有典型意义的倾向性,而这些因素即一定程度地影响了清初的政治文化趋势和倾向,亦即营造了清初的政治文化环境。

明末清初的社会巨大动荡,到康熙时期平定三番后渐趋平复,清朝政权之稳固性即已无可动摇。但思想文化领域则难说平复,明清更迭形成的文化冲击未平,又叠加了清朝统治者步步趋紧的民族压迫和文化管控政策。虽然,士人在清初对待清朝政权的态度各有不同,有死节者,有投靠者,有抵抗者,有逃禅者,为隐居逸民者,等等,但社会剧变也促使了普遍的、历史的和思想的反思。其中作为认识模式和行为方式之哲学主导的理学即成为主要的反思对象,乃至成为受抨击的对象。尤其是明末流行的王学,在清初则变为首当其冲地被批判和受怪罪的对象。其主要的批判倾向即纠结在对于晚明学术中空谈心性、无裨实用倾向而至清谈误国的责怪,而对于王学的这类指责,又牵扯到是由于佛教对于王学及其后学的影响,这样的逻辑推导,最终使得佛教被指为空谈误国的风气的一个重要原由。

对理学持批评态度的士人中也多是曾参与反清但失败,且复明无望又不愿为清廷所用而甘为遗民者。这些人多隐居乡里,或教书或著书,但国变之痛仍然时时地跃然于其反思的议论中。

顾炎武(1613—1682),是对清初思想发展趋势极有影响的思想家,不仅也高调提倡经学即理学的主张,开创了有清一代学术的新路径,而且,还是在批评理学方面态度特别激烈者,乃至愤然将理学,尤其王学指斥为误国之清谈者流。顾炎武曾参与抗清,复明无望后,加之家族变故,遂北上周游于燕赵关陕之所谓豪侠之地。期间拒绝了清廷的博学鸿儒之选,也拒绝了修史之请;孑然游行,踪迹不定,然著述不断,思想观点在清初学术界产生很大导向性影响。尤其在理学反思方面的激昂议论中,不仅反映了其时一些士人的一般儒释观,其实也透露了对儒释社会作用的一种潜在的政治价值评价。

虽然,指斥理学尤其王学空言心性而无补治世的言论自明末即不绝于耳,但是,将理学在明清之交的社会作用以历史上清谈误国之例相提并论,顾炎武的议论言辞不惟极其突出,而且,还直接地评议了一种思想的社会实际影响问题。其典型的议论,如,"刘石乱华,本于清谈之流祸,人人知之。孰知今日之清谈,有甚于前代者。昔之清谈谈老庄,今之清谈谈孔孟,未得其精而已遗其粗,未究其本而先辞其末。……以明心见性之空言,代修己治人之实学。股肱惰而万事荒,爪牙亡而四国乱。神州荡覆,宗社丘虚"。①进而又曰:"以一人而易天下,其风流至于百年之久,古有之矣。王夷甫之清谈,王介甫之新说。其在于今,则王伯安之良知是也。"② 这些慷慨激昂的言辞,是以西晋亡于异族之乱华乃清谈之过的例证,来指斥宋明以来之理学亦流于清谈,且尤以王阳明之致良知说并论之,其已直接将王学指斥为空谈心性之清谈者流中的典型,实际是否定了这种学说思想有益于社会的价值意义。

如果顾炎武仅仅是以古喻今地发一通激昂议论,那么也不过是一般书生之意气之论,但是顾炎武的激昂之后有着深刻的思想,不仅指出其弊,还有要进一步地发掘导致儒学流于空疏之思想根源的哲学思考,以及图谋摆脱困境之途径和要有所创建的现实关怀。顾炎武认为,心学乃至理学之所以会流于空疏,实与佛学的影响有关。所谓"孔门未有专心于内之说"③,而且,"古有好学,不闻好心。心学二字,六经、孔孟所不道"④。其认为,"近世喜言心学……直谓即心是道,盖陷于禅学而不自知,其去尧舜禹授受天下之本旨远矣"⑤。顾炎武指责那些"聚宾客门人数十百人,与之言心性……置四海困穷不言,而讲危言精一"⑥ 的理学家,"是以终日言性与天道,而不自知其堕于禅学也"⑦。而"今之所谓内学,则又不在图谶之书,而移之释氏矣"⑧。

顾炎武这些议论的论理逻辑,表明佛教禅学被指责为导致理学之空疏的背后原因。而这个论理逻辑所反映的理学反思意义上对于禅学的批判,实际也显示了其所根据的价值观及其政治态度立场,因为其观点是将佛教

① (清) 顾炎武:《日知录》卷七,《夫子之言性与天道》,文渊阁《四库全书》子部,杂集类。
② (清) 顾炎武:《日知录》卷七,《朱子晚年定论》,文渊阁《四库全书》子部,杂集类。
③ (清) 顾炎武:《日知录》卷一八,《内典》,文渊阁《四库全书》子部,杂集类。
④ (清) 顾炎武:《日知录》卷一八,《心学》,文渊阁《四库全书》子部,杂集类。
⑤ (清) 顾炎武:《日知录》卷一八,《心学》,文渊阁《四库全书》子部,杂集类。
⑥ (清) 顾炎武:《日知录》卷一八,《心学》,文渊阁《四库全书》子部,杂集类。
⑦ (清) 顾炎武:《日知录》卷七,《夫子之言性与天道》,文渊阁《四库全书》子部,杂集类。
⑧ (清) 顾炎武:《日知录》卷七,《夫子之言性与天道》,文渊阁《四库全书》子部,杂集类。

早就放在了被否定者和对立面的位置,佛教明心见性之理及其无益于经世致用的结论是已经前置了的。因而,只要将理学的某一家比之为释氏之教或堕于禅学,那就意味着某一家就是疏离或背弃了儒家本旨,进而也就意味着成为要严加痛斥的对象了。所以,是否流于释氏,不仅是辨别是否真儒的学术标准,而且是辨别是否是"置四海困穷不言"而无益于世的终日言心性等空疏之论的政治价值标准。由此见,如顾炎武这般之批评理学,尤其批评王学,并且倾向于实学和经世致用思想的理学反思者,对于佛教佛学基本是持否定态度的。而这样的认识,其实也是坚定儒家立场者的一贯主张,在时局变换之际,顾炎武再行议论,即不惟是其个人的时局反思,也是一种有代表性的佛教认识倾向。

二、申明理学之道统与严紧儒释之辨的倾向

在清初理学反思中比较典型的认识倾向,还表现在对于理学发展渊源脉络的系统整理方面的反思。比如孙奇逢及其《理学宗传》,著作《明儒学案》、《宋元学案》的黄宗羲一门所展示的观点等。在这些著述中,也有比较突出地反映清初理学反思中所涉及的对于佛教及儒释关系的看法。尤其孙奇逢、黄宗羲都是先为抗清之节侠,其后终生为隐居不仕之著名理学家,这类学者的学术取向与国变而反思的因由不无关系。

孙奇逢(1584—1675),其生半数在明朝,但成就在清朝。其学术由陆王之学进学,"其后一变而为理学","北方之学者,大概出于其门"[1]。孙奇逢于清初亦曾参与抗清,而且有"燕赵悲歌慷慨之风……人谓自先生而再现"之誉。[2] 清朝入关后其家园被圈入旗,不得已由河北迁徙河南辉县苏门山,卜居友人所奉夏峰田庐,讲学著书,而且"绝意仕进……两朝征聘十一次……坚卧不起"[3],时称夏峰先生。其有《夏峰集》等语录传世。并集《理学宗传》,此尤能反映其在理学反思方面的观点。虽然孙奇逢被视为北方之别派,但孙奇逢之朴实为学,谦诚之为人,实成一方风气之引领者。梁启超先生有评论说,如孙奇逢那样,"一面修饰武备抵抗寇难,一面从容讲学,养成很健全的风俗。在中国历史上,三国时代田春子以后,夏峰算是第二个人了"[4]。可以推想,如孙奇逢这样的理学家,其在北方学者中的影响,使其思

① (清)黄宗羲:《明儒学案》卷五七,《诸儒学案下五》,中华书局1985年版,第1371页。
② (清)黄宗羲:《明儒学案》卷五七,《诸儒学案下五》,中华书局1985年版,第1371页。
③ (清)汤斌:《征君孙钟元先生墓志铭》,《汤子遗书》卷七,文渊阁《四库全书》集部,别集类。
④ 梁启超:《阳明学派之余波及其修正》,《中国近三百年学术史》,东方出版社1996年版,第48页。

想见解既具典型性,也具有一定的代表性。

孙奇逢之代表作《理学宗传》,乃其三十年研究之功的成果。此著作认为理学自北宋始,遂"于宋得七,于明得四,其余有汉、隋、唐儒考,宋先儒考,明儒考,若干人",① 标的了周敦颐、程颢、张载、邵雍、朱熹、陆九渊、薛瑄、王守仁、罗洪先、顾宪成十一家为理学正宗。并"由濂、洛、关、闽以上达孔颜曾孟"②,即,将宋儒直嗣于孟子之后,是为自北宋至明末的理学宗派的道统。黄宗羲与孙奇逢友好,对其《理学宗传》的评价是直率地既有褒也有贬,认为"钟元(孙奇逢字钟元)杂收,不复甄别,其批注所及,未必得其要领,而其闻见亦犹之海门也"③。但黄宗羲同时也认为,《理学宗传》特表周敦颐至顾宪成十一子为正宗嗣孟子后,其他诸儒则别以为考,"可谓别出手眼者矣"④。如此也说明孙奇逢之理学渊脉梳理有新意向而反思终究不很深入。

《理学宗传》的长处是有意于梳理理学脉络,若参考孙奇逢所经历的清初惨烈的国变之痛,其没有效仿其友人们之慷慨赴死或追随南明朝廷挣扎于维持复明之望,而是"一变而为理学"的选择,当有其思想深意,梳理理学脉络或则有其理学反思意义的考虑。因而,孙奇逢对于理学家的思想和理学宗派的梳理,特别是于其中所表述的对朱王学术的态度和评议,即可部分地反映其所进行的相关反思和认识。

孙奇逢之学术出身于王门的罗洪先,然"宗旨出于姚江,而变以笃实,化以和平,兼采程朱之旨,以弥其缺失"⑤。虽然孙奇逢以王门子嗣立场对于朱子学多有批评,但也确实更注意辨析朱王学术之差别及可能过犹不及之处而折中之。如其认为:"使人知反而求之事物之际,晦庵之功也,然晦翁殁而天下之实病不可不泻;词章繁兴,使人知反而求心性之中,阳明之功也,然阳明殁而天下之虚病不得不补。"⑥ "朱则成其为朱,陆则成其为陆。圣贤

① (清)孙奇逢:《理学宗传·自叙》,《续修四库全书》第514册,第208页。

② (清)汤斌:《理学宗传·序》,《续修四库全书》第514册,第200页。

③ (明)周海门(汝登)于明万历中著有《圣学宗传》。黄宗羲在其《明儒学案》(中华书局1985年版),"发凡"有谓:"从来理学之书,前有周海门《圣学宗传》,近有孙钟元《理学宗传》,诸儒之说颇备。然陶石篑'与焦弱侯书'云:'海门意谓身居山泽,闻狭陋,常愿博求文献,广所未备,非敢便称定本也。'且各家自有宗旨,而海门主张禅学,扰金银铜铁为一器,是海门一人之宗旨,非各家之宗旨也。"

④ (清)黄宗羲:《明儒学案》卷五七,《诸儒学案下五》,《征君孙钟元先生奇逢》,中华书局1985年版,第1372页。

⑤ 《文渊阁四库全书总目》卷九七,《理学传心纂要》,文渊阁《四库全书》总目。

⑥ 《文渊阁四库全书总目》卷一七,《理学传心纂要》,文渊阁《四库全书》总目。

豪杰,豪杰圣贤。即有不同,亦不失建安姚江面目,又何病焉?……学人不宜有心立异,亦不必著意求同。若先儒无同异,后儒何处著眼。……固不敢含糊一家之言,亦不敢调停两是之念。……南北之异,远近之殊,要以同归为止。"①

所以,孙奇逢的结论是:"儒者谈学不啻数百家,争虚争实,争同争异,是非邪正,儒释真伪,雄辩不已。余谓:一折中于孔子之道,则诸家之伎俩立见矣。"②"朱陆异同,数百年聚讼,文成效净于紫阳,至今功之者不遗余力。……此不明于无字理,各伸所见。""前贤议《论语》,语当活看,稍一执著,便成滞碍。所读有字书,要识无字理。"③但其立场终究还是偏向在王学一边。所以,其所谓"无字理",仍是要由"尽心知性以知天"得之,而由"圣人之能事毕矣"④为归宿。

虽然孙奇逢在朱王学术的辨析方面基本还是归于立场于王学的折中,但其梳理理学宗传的原则却是界定清楚并不模糊。即如其弟子所概括的,其《理学宗传》之目的,"大意在明天人之归,严儒释之辨"⑤。

"严儒释之辨",就是其皓首穷经地著述皇皇巨著的鲜明的理学反思态度和主要观点。其所谓"明天人之归",是以"本天"还是"本心"为辨析标准的,而这个标准就是以"严儒释之辨"的立论为基础。对此,孙奇逢有明确的说法,其曰:"或疑,予叙内本天、本心之说。……虞廷之人心、道心,非心乎? 孔子之从心所欲,非心乎? 何独禅学本心也? 曰:正谓心有人心、道心,人心危而道心微,必精以一之,乃能执中。中,即所谓天也。人心有欲,必不逾矩。矩,即所谓天也。释氏宗旨,于中于矩,相去只是千里。"⑥而且特别强调说,"论学之宗传而不本诸天,其非善学者也"⑦;"诸不本天之学者,区区较量于字句口耳之习,此学也腐;而以顿悟为得道之捷者,儒释未清,学术日晦,究不知何所底极也。"⑧

由此议论而见,要明晰天人之归之所为者,首要的却是要辨别儒释,因为"儒释未清,学术日晦",不如此,即"究不知何所底极",又何谈"明天人之

①　(清)孙奇逢:《夏峰集》卷七,《寄张莲轩》,《四库禁毁书丛刊》第118册,北京出版社1998年版。

②　(清)孙奇逢:《夏峰集》卷一,《语录》,《四库禁毁书丛刊》第118册,北京出版社1998年版。

③　(清)孙奇逢:《夏峰集》卷七,《答赵宽夫》,《四库禁毁书丛刊》第118册,北京出版社1998年版。

④　(清)孙奇逢:《夏峰集》卷四,《四书近指序》,《四库禁毁书丛刊》第118册,北京出版社1998年版。

⑤　(清)汤斌:《理学宗传序》,《续修四库全书》第514册。

⑥　(清)孙奇逢:《理学宗传》,《义例》,《续修四库全书》第514册。

⑦　(清)孙奇逢:《理学宗传》,《自叙》,《续修四库全书》第514册。

⑧　(清)孙奇逢:《理学宗传》,《自叙》,《续修四库全书》第514册。

归"呢,这便是《理学宗传》要严儒释之辨的认识逻辑。所以,其不仅在基本的原则上辨析儒释之根本之别是在于本心或本天,即宋儒明确界定的所谓释氏本心、儒家本天,表明儒家即便讲心,儒与释之所本之心的根本要义也是不同的,乃是能允执厥中之即理之心;而且,对于在具体思想方面被指斥为与禅宗交涉不清的王学,其亦辩解说,王学与禅学实际是根本上不同的,其于《理学宗传》的"义例"中还特别解释了这一点。其曰:"或问,告子性无善无不善,此禅宗也? 阳明大儒,其教旨无善无恶心之体,得无疑于禅乎? 曰:阳明谓无善无恶是无善之名,正是至善,心有人心、道心,而意未动处,浑然至善,何尝于性善相悖?"①

孙奇逢之学术虽然出身王门之学,但是显然不同于一些王门后学之流于禅学,而是刻意地辨析儒释之不同,其在《理学宗传》中所表现的对于儒家的反思更突出为正本清源的特点,而其正本清源的一个基本目的似乎就是在于划清与佛教的界线,是否佛学者流即是否儒家正宗的基本判别标准。这实际上则说明,理学与佛学实在是纠葛不清。但以正统儒家者居的儒者,则无不要严守和强调这个界线。

孙奇逢大弟子汤斌作《理学宗传》序,即谓,孙先生之集理学宗传,是由宋儒直续孔孟,而由孔孟"证诸尧舜汤文得其所同者"。此意即谓,"所同者"即为得儒家正宗而能"明天人之归"者。而"明天人之归"的并列一句实际也是其前提的则是"严儒释之辨",此意即应理解为,能严儒释之辨者乃明天人之归之儒家正宗。何以是这样的判别逻辑呢? 汤序曰:"近世学者……又有言儒佛合一说者,不知佛之言心言性,似与吾儒相近,而外人伦、遗事物,其心起于自私自利,而其道不可以治天下国家。吾儒之道,本格、致、诚、正以为修,而合家国天下以为学,自复其性谓之圣学,使天下其复其性谓之王道,体用一原,显微无间,岂佛氏所可以比而同之乎?"② 应该说汤序将孙奇逢之集理学宗传的目的讲得更清楚了。

而所谓"儒释之辨"说,是为强调辟佛的宋儒,尤其为朱熹一门所提倡的主张和立场,以为此"正所当极论明辨处"③。甚至认为在此方面若"小有依违,便是阴有党助之意"④,是"利害不小"的大是大非问题。朱子对此有明确的告诫,其曰:"学者若于此处见得不分明,便使忠诚孝友有大过","其

---

① (清)孙奇逢:《理学宗传》,《义例》,《续修四库全书》第514册。
② (清)汤斌:《理学宗传·序》,《续修四库全书》第514册。
③ (宋)朱熹:《答吕伯恭》,《晦庵先生朱文公文集》卷三三,《四部丛刊》初编,集部。
④ (宋)朱熹:《答吕伯恭》,《晦庵先生朱文公文集》卷三三,《四部丛刊》初编,集部。

为正道之害益深,正当共推血诚,力救此弊,乃是吾党之责耳"①。朱熹所指责的主要对象就是陆九渊等儒者之近禅。而陆九渊对此似乎不急欲辩言,但终究还是有所解释,认为,儒家当以"宏阔"之心看待释氏之学,不必"介然自守",最好能了解佛说而知"其高明之度"。②况且,谁又敢担保有的儒者不是由于"读《华严》自省,发后始得"③的呢? 这似乎是不直接点名地暗指朱熹的一些思想是受了佛教华严学说的启发而发意的。陆九渊还反驳辟佛说,既然"吾儒之道乃天下之常道",那么,"今之为释氏者又岂能尽舍吾道?"④进而还指出,在公私义利之辨方面,其实儒释之别还是"判然截然,有不可同之矣"⑤。

　　虽然宋明以来,儒释调和论与严儒释之辩论,一直是消长共存的不同观点和取向。无论是主张调和还是坚守规避,但儒释融通显然是不可避免更是不可阻挡的趋势。事实上,即使有所交融,儒仍然是儒,释依然是释,儒释从未合一。虽然明晚期以来对于理学,特别是朱王学术的反思及批判即已展开,但是,清初"国变"之故,至少又是个强烈的刺激因素,使得对于理学的梳理和反思更加急切地成为摆在士子学人面前的大问题。其中,又尤以将释氏之学与儒家学派之空谈心性而误国的关系联系在一个逻辑连锁上,从而更加强了这时期的儒家强调辟佛的切实的理由。

　　由孙奇逢及其弟子汤斌的议论即可见,虽然,汤序将儒释辨析归结在人伦、王道等义利之辨的政治伦理意义上的分别,而孙奇逢则一定程度地着眼于哲学本体论意义高度的儒释辨析,这表明了其各自理学反思的学术侧重及深度不同。严儒释之辨的主张不仅是朱子学者所坚持的门风,王门后学中如孙奇逢这样的学者也在反思中刻意严实儒释之壁垒。而导致其重视儒释之辨的原因,除了国变的直接因素,其实也是儒学发展到理学阶段,杂糅其他达一定程度后,需要图谋发展和突破,而正本清源既是前提也是必然选择,必要遵循着根源性溯源的理论发展逻辑。而《理学宗传》即是其中一个实际的个案表现,其将理学正宗直续于孔孟,就是通过根源性追求以明确梳理标准的权威性,并以此校准和标志儒家的所谓正统路线,这实际上也与顾炎武等提倡回归原始、纯正儒学的意趣相一致,虽然表述方式上不像顾炎武那么直接地提倡务本原之学,但,同样反映了其时思想界对于学说本源的

---

① (宋)朱熹:《与吕伯恭书》,《晦庵先生朱文公文集》卷二五,《四部丛刊》初编,集部。
② (宋)陆象山:《与王顺伯》,《象山先生全集》卷二,《四部丛刊》初编,集部。
③ (宋)陆象山:《与王顺伯》,《象山先生全集》卷二,《四部丛刊》初编,集部。
④ (宋)陆象山:《与王顺伯》,《象山先生全集》卷二,《四部丛刊》初编,集部。
⑤ (宋)陆象山:《与王顺伯》,《象山先生全集》卷二,《四部丛刊》初编,集部。

回溯思潮。这种正本清源的理性批判,自然就要清理所谓不纯的外来影响,而其中对儒学特别是理学影响最大的,则莫过于佛学,因而,在理学理论线索这条逻辑链上,佛学自然是首当其冲要被排斥的对象。所以,无论是国变的政治原因引起的价值判断意义的反思,还是理论发展之根源性溯源的理性批判的反思,佛教及佛学都是儒家反思过程中必要批判和划清立场边界的主要对象。

第二节　清初学术的纷争环境与佛教的不同际遇

概观清初的学术环境,可以说主要是被两种弥漫于整个学术界的余波之势所笼罩和影响,这两种余波,一是明末以来的思想繁荣掀起的学术高潮的余波,一是明清朝代更迭之社会巨大政局变换的余波。而这两种余波实际一方面是清初社会所接续的学术思潮的流行趋势和现实政治的运行态势,影响着相关士人的学术思想倾向和价值取向;另一方面,期间的学说思潮及价值取向由波动而至平复的沉积,又营造了清初的政治文化的新气氛,并奠基和影响了有清一代的政治文化趋势。

国变余波的影响中,又因清廷政策变化,特别是在思想文化方面管控程度的加深和文治政策的逐步确定,而不断增添着新的刺激因素;晚明学术的余波,则具体表现为对朱王学术纷争的继续,以及因反对空疏论学而提倡经学和实学的风气抬头。但是,这两种态势的作用,尤其外部社会环境由大动荡而逐渐平复,使得复明无望的一些士人也逐渐平复下来而继续学问之道或同时深入进行对于儒学的反思。不过,无论是从哪个角度的反思,佛教似乎都是被认定在要否定的一方。

一、出入朱王学术亦兼及释老之流的辨析与反思

在注重道统的传统社会,通常师承或派别是其学术及思想之所属的标志,但如前文所论及的孙奇逢,虽为王门后学亦有王门立场,但已多有折中,并有其特点而为所谓北方别派;顾炎武则特立独行,乃标榜不守宗派之别者,是为不同类型之儒者思想家的代表者。而黄宗羲虽然也是有宗派之属者,但其思想也显示出了自己的特点,加之其学术影响,因而,黄宗羲之反思王学及批判王学后学之流于禅宗的立场及议论,亦成为清初思想反思中典型的和代表性的例子。

黄宗羲(1610—1695)的学术出刘宗周。刘讲学蕺山,称蕺山先生,黄宗羲明儒学案立蕺山学案。明清更迭后,刘宗周绝食绝水为明朝殉节。虽

如此,乾隆《四库全书》仍收其诸论,以其为真儒。"提要"论曰:"明之末年,人人讲学,日久论定,真儒不过数人,宗周其一也。"① 刘宗周的学说虽受王阳明和湛若水心学影响很大,但一己见地则一波三折。即如黄宗羲所概说:"先生于新建之学凡三变,始而疑,中而信,终而辩难不遗余力。"② 蕺山之子刘汋所作"年谱"亦说,刘宗周"蚤年不喜象山、阳明之学"③,大抵是对于动辄言本心以证圣人之道,而轻克己及问学的进学路径不满意。中年则因世道没落的刺激,使之对于唤起人心本然之善的致良知之学寄予希望,而倾向心学,倡"慎独"说④,推崇阳明之学,谓"孔、孟既没,周、程、张、朱起而承之,又三百年而得阳明子,其杰然者"⑤。但是,晚年则又认为,"良知之说,鲜有不流于禅者"⑥,遂由"主静"⑦而"主敬"⑧,特欲摆脱王学色彩并极力辟佛。传统儒家者之学术亦是安身立命之价值观,刘宗周的学术变化是颇为典型的例子,亦见明清鼎革,对抱定遗民心之诸儒的文化心理冲击之大。在其绝食临终时还嘱咐门生:"学问未成,全赖诸子。"⑨ 黄宗羲即为刘氏门人,不仅年轻时曾凭仗一时气盛,邀请同道与流于禅学或几与禅宗无异之儒者激昂辩论,而且也是立场于儒家,对于佛教持批评态度的。

　　同样,也是抗清无望,黄宗羲亦走了退隐著书之路。其学既从刘宗周,以阳明心学为学术之源。虽然,有说黄宗羲评议诸儒时"独于阳明先生不敢少有微辞"⑩,此大半是"盖生于其乡者,多推尊前辈,理固然也"⑪。这固然

① (明) 刘宗周:《人谱》,"提要",文渊阁《四库全书》子部,儒家类。
② (清) 黄宗羲:《子刘子行状》下,《南雷集》,《四部丛刊》初编,集部。
③ (清) 刘汋:《蕺山刘子年谱》,《刘宗周全集》第6册,附录二,浙江古籍出版社2007年版,第62页。
④ (清) 刘汋:《蕺山刘子年谱》,《刘宗周全集》第6册,附录二,浙江古籍出版社2007年版,第104页。
⑤ (清) 刘汋:《蕺山刘子年谱》,《刘宗周全集》第6册,附录二,浙江古籍出版社2007年版,第106页。
⑥ (清) 刘汋:《蕺山刘子年谱》,《刘宗周全集》第6册,附录二,浙江古籍出版社2007年版,第170页。
⑦ (清) 刘汋:《蕺山刘子年谱》,《刘宗周全集》第6册,附录二,浙江古籍出版社2007年版,第106页。
⑧ (清) 刘汋:《蕺山刘子年谱》,《刘宗周全集》第6册,附录二,浙江古籍出版社2007年版,第170页。
⑨ (清) 刘汋:《蕺山刘子年谱》,《刘宗周全集》第6册,附录二,浙江古籍出版社2007年版,第171页。
⑩ (清) 仇兆鳌:《明儒学案序》,中华书局1985年版,第5页。
⑪ (清) 仇兆鳌:《明儒学案序》,中华书局1985年版,第6页。

是个原因,更主要的,可能还是由于黄宗羲在思想认识上是倾向心学,或者说是在主体意识自觉的意义趋向上与心学道同。但是,其学风则不同于流于禅学的阳明后学者,黄宗羲在这方面更显示了其的确是秉承蕺山之学风,虽尊王学前辈,但却坚决地坚持辟佛主张。刘宗周对于晚明时期学者动辄谈虚说空流于禅学的状况极其不满,且态度强烈,指斥"佛氏止言一心,心外无法,万法归空,依空立世界,何等说地高妙。乃其教门则忍情割爱,逃亲弃君……则佛氏之言心,可谓丧心之极"①。而且认为佛氏以"了生死为第一义,故自私自利留住灵明不还造化","看得一身生死事极大,将天地万物都置之膜外……其工夫专究到无生一路,只流个觉性不坏,再做后来人,依旧只是贪生怕死而已";"其意主于了生死,其要归之自私自利。"②诸如此类言论,对于其时王门后学之流于禅学的倾向已大加批判。

　　黄宗羲对于当时的情况也是有所记述和评议的,其曰:"当是时……新建一传而为王龙溪,再传而为周海门,陶文简,则湛然澄之禅入之;三传而为陶石梁,辅之以姚江之沈国谟……而密云悟之禅又入之。会稽诸生王朝式者,又以捭阖之术,鼓动以行其教。证人之会(刘之证人书院),石梁(陶奭龄)与先生(刘宗周)分席而讲,而又为会于白马山,杂以因果僻经妄说,而新建之传扫地矣。"③由此亦见,黄宗羲对于王学的反思批判,则是将误导从学之士"借途释氏"之责,推到了王学后学对于阳明学的失传,归结为对王门后学之"援释入儒"的责难。

　　其实,晚明以来对于阳明学说的追捧,当有其理论发展逻辑的必然性,即阳明之学是因其对于程朱理学有所批判,不仅在于所谓弃支离而就简约的取舍,还主要在于王学对于主体自觉意识的特别提倡,这种提倡合乎明后期主体觉醒思潮中知识分子思想发展的取向。即如黄宗羲所评议的,阳明之心学发端于其"龙场悟道",即:"忽悟格物致知之旨,圣人之道,吾性自足,不假外求。"④然王阳明之为学亦"凡三变而使得其门。自此之后,尽去枝叶,一意本原,以默坐澄心为学的"⑤。这实际是说,阳明之学的进路是先对程朱格物穷理之扬弃,继而归趣于内向心性而探究心与理之关系的陆九

---

① (明)刘宗周:《刘子遗书》卷三,《学言》二,文渊阁《四库全书》子部,儒家类。

② (清)黄宗羲:《明儒学案》卷六二,《忠端刘念台先生宗周》,文渊阁《四库全书》史部,传记类。

③ (清)黄宗羲:《子刘子行状》下,《南雷集》,《四部丛刊》初编,集部。

④ (清)黄宗羲:《明儒学案》卷十,《姚江学案·文成王阳明先生守仁》,中华书局1985年版,第181页。

⑤ (清)黄宗羲:《明儒学案》卷十,《姚江学案·文成王阳明先生守仁》,中华书局1985年版,第181页。

渊心学,最终则是别立宗旨。不过,这也就表明,阳明学之最后一变则是出入佛老的结果,而这一结果在王阳明那里是成功地别立了宗旨,但在其后学则不免发展出有与禅宗无异者。即如黄宗羲《明儒学案》"胡瀚传"中选引其论所曰:"先师标'致良知'三字,于支离汩没之后指点圣真,真所谓滴骨血也。吾党,慧者论证悟;深者,研归寂;达者,乐高旷;精者,穷主宰流行。俱得其说之一偏。……宋儒学尚分别,故勤注疏;明儒学尚浑成,故立宗旨。然明儒厌训诂支离,而必标宗旨以为的,其弊不减于训诂。道也者,天下之公道;学也者,天下之公学也。何必列标宗旨哉。"①

　　不过,学之为公学的立场似乎仅限于儒家范围,对于佛老是否通用,答案显然在黄宗羲那里是有所折扣的。所以,黄宗羲不仅在还负党人习气时与禅宗者流的王门后学作过争辩,即使在思想比较成熟后,依然继续了蕺山先生的辟佛论。更何况眼见"而年来方袍圆领丛林","以张皇其教"②,儒家之士人已为"释氏强分其半",黄宗羲更是不免大发"余其能无慨也夫"③的慨叹。释氏之道似是不在其所谓公道之内的,非但如此,其不仅有对释氏与儒家竞争的慨叹,还有诸多对于儒释的比较和批驳释氏之教的议论,尤其将王学走入末流不仅归咎于王学后学对于程朱陆王之学不得其精要之故,更是归咎为王门后学们引入禅学之故。

二、严儒释之别的氛围与所谓好释之儒的特点

　　黄宗羲对于朱王学术与释老关系的议论很多,散见在其文论以及《明儒学案》等处,不过,亦可透过其一篇《与友人论学书》的文章,比较集中地见其基本观点。在此文中,黄宗羲即借批驳"诋毁先贤"之"矫诬先儒之意而就己议论"④,极尽辨析儒释道三教的差别,尤以儒释之辨为重。

　　黄宗羲激烈指斥此一种诋毁先儒之议论,其曰:"言程朱以心属气,是本乎老。……陆王之虚灵知觉,是本乎佛。……言为程朱之学者,据性理以诋陆王,是以老攻佛;为陆王学者,据灵知以诋程朱,是以佛攻老。自周、程、朱、陆、杨、陈、王、罗之说,渐染斯民之耳目,而后圣学失传。"实"可不为病狂丧心之言与"? 而且,不过是"兼费隐(通容)而为言也"⑤。并指出如

---

① (清) 黄宗羲:《明儒学案》卷一五,《浙中王门学案五·胡今山先生瀚》,中华书局 1985 年版,第330 页。
② (清) 黄宗羲:《恽仲升文集序》,《南雷集》卷一,《四部丛刊》初编,集部。
③ (清) 黄宗羲:《称心寺志序》,《南雷集》卷一,《四部丛刊》初编,集部。
④ (清) 黄宗羲:《与友人论学书》,《南雷集》卷三,《四部丛刊》初编,集部。
⑤ (清) 黄宗羲:《与友人论学书》,《南雷集》卷三,《四部丛刊》初编,集部。

此议论实际是"盖微学佛氏之学,既借之以攻儒,久假而不归,忘其所由来,遂即借之以攻佛。自有攻佛之名,而攻儒之说益坚"①。就是说,这样的儒佛相攻,其实已成怪圈。以至于本即在儒佛间首鼠两端者,则"口口辟佛,口口自言圣学……以为释氏言空,彼言实事;释氏外人伦,彼言孝弟;释氏言明心见性,彼扫除心性;释氏独善其身,彼言家国天下。决然谓非禅学。反以诸儒字脚间,有出入于二氏者,不可分别,宁不增一鹘突乎"?② 如此类儒者由祖师禅公案入道,遂"疑一阴一阳非道之所在,凡有灵明知觉,皆凝滞不能真空,属之识神用事。以此裁量先儒,程朱则落于阴阳,陆王则堕于识神"③。甚至以为"三代以后,圣人之道几绝,佛虽异端,其为神人钦仰有故也"④。黄宗羲指斥此等学说不过是为佛门代言人,而且所引述的诸如此类的议论也是与禅宗几乎无异之儒者的见识。

对于同门中有儒释不清之认识者,黄宗羲亦颇费笔墨地为坚持严儒释之别的原则而详加辨析。如有人认为,"周子(周敦颐)无欲之教,不禅而禅,吾儒只言寡欲耳。人心本无所谓天理,天理正从人欲中见,人欲恰好处即天理。向无人欲,则亦无天理之可言矣"⑤。黄宗羲则分析道:"此言从先师道心即人心之本心,义理之性即气质之本性,离气质无所谓性而来。然以之言气质、言人心则可,以之言人欲则不可。气质人心是浑然流行之体,公共之物也。人欲是落在方所,一人之私也。天理人欲正是相反,此盈则彼绌,彼盈则此绌,故寡之又寡,至于无欲,而后纯乎天理。若人心气质恶可言寡耶?……无欲故静,孔安国注《论语》仁者静句,不自濂溪始也,以此禅濂溪,濂溪不受也。必从人欲恰好处求天理,则终身扰扰,不出世情,所见为天理者,恐是人欲之改头换面耳。"而若认为"朱子初由察识端倪入,久之无所得,终归涵养一路,以证察识端倪之非",其实也是"自相矛盾"的曲解。"居敬存养,正是朱子之察识端倪也",而"一切从事为立脚者,反是佛家作用见性之旨也"⑥。

不过,就这些论析看,很难评说黄宗羲反驳的说服力。仅就人欲言,也有其所谓"公"的意义上的普遍性,即人欲有共性,因而逻辑地看,又怎只是禅家可讲无欲,而其他者若讲无欲便就是禅学呢? 对于普遍性意义的问题

① (清)黄宗羲:《与友人论学书》,《南雷集》卷三,《四部丛刊》初编,集部。
② (清)黄宗羲:《与友人论学书》,《南雷集》卷三,《四部丛刊》初编,集部。
③ (清)黄宗羲:《与友人论学书》,《南雷集》卷三,《四部丛刊》初编,集部。
④ (清)黄宗羲:《与友人论学书》,《南雷集》卷三,《四部丛刊》初编,集部。
⑤ (清)黄宗羲:《与陈乾初论学书》,《南雷集》卷三,《四部丛刊》初编,集部。
⑥ (清)黄宗羲:《与陈乾初论学书》,《南雷集》卷三,《四部丛刊》初编,集部。

不同观点的评议,即在于看其如何解释意义,而其刻意撇清干系的方式则论理力度有限。事实上,不惟禅宗本即是佛教中国特点的发展结果,宋儒受佛学影响更是难脱干系,黄宗羲的辨析便难免多少有为贤者讳的意味,而强行理论辨析自然难以得力。

　　但无论如何,对于儒释之辨,黄宗羲确实是有着特别敏感的态度。即便在明史编纂的议论中,亦颇为在意儒释错综关系,并间或提醒其所相识的有关编修者,注意辨析儒释的边际。编修明史是清初即开始的文治大事,顺治二年(1645)便始议其事并立署开馆,但没几年即遭变故,先是顺治皇帝英年早逝,接着康熙初期在辅政四大臣主事时出了庄廷鑨明史案,文字之狱随之而起,明史编修遂叫停。直至康熙十八年再开明史馆,清代的明史编纂才算走上正途。其时官家亦一如征召博学鸿儒那样一再礼聘黄宗羲参与明史编纂,但黄宗羲依旧力辞不就。不过明史馆中则多有其故旧门生,不仅多所就教于黄宗羲,黄宗羲亦在背后多所裁定。如,黄宗羲不主张于明史中"立理学传书",其认为,所谓"圣学之难,不特造之者难,知之者亦难"。而"诸儒之言,有自得者,有传授者,有剽窃者,有浅而实深者,有深而实浅者。今以场屋时文之学,处诸儒于堂下,据聚讼成言、门户意见,而考其优劣,其能无失乎"?① 并列举即使是在公认的朱子学者中,也有儒释不清者,即难以分别派系。若"以程朱一派为正统"②,所罗列此一派系诸公之中,如魏庄渠者即有论曰:"象山天资高,论学甚正,凡所指示,坦然由大道而行。昔疑其近于禅学,此某之陋也。"黄宗羲即评说道:"若使朱陆有异同,则庄渠亦非朱派。"③ 其又举例,如"(顾)泾阳谓之曰,夫学言致知,文成(王阳明)恐人认识谓知,走入支离,故就中间点出一良字;孟子言良知,文成恐将此知作光景玩弄,走入玄虚,故就上面点出一致字。其意最为精密"④。黄宗羲对此亦评说:"若使阳明之学可疑,则泾阳皆可疑矣。"⑤ 此即是说,标榜本尊程朱之学之顾宪成,却也在为王阳明撇清与禅学之瓜葛。黄宗羲还指出,即

① (清)黄宗羲:《移史馆论不宜立理学传书》,徐世昌等:《清儒学案》二,《南雷学案》,中华书局2008年版,第100页。

② (清)黄宗羲:《移史馆论不宜立理学传书》,徐世昌等:《清儒学案》二,《南雷学案》,中华书局2008年版,第100页。

③ (清)黄宗羲:《移史馆论不宜立理学传书》,徐世昌等:《清儒学案》二,《南雷学案》,中华书局2008年版,第100页。

④ (清)黄宗羲:《移史馆论不宜立理学传书》,徐世昌等:《清儒学案》二,《南雷学案》,中华书局2008年版,第100页。

⑤ (清)黄宗羲:《移史馆论不宜立理学传书》,徐世昌等:《清儒学案》二,《南雷学案》,中华书局2008年版,第100页。

如有所谓"阳明之后,流弊甚多,程朱门人必不至此"①。此类说法其实不尽然。"朱子云:'游、杨、谢三君子初皆学禅,后来余禅犹在,故学之者多流于禅。'游先生大是禅学,必是程先生说得太高,故流弊至此。"② 所以,黄宗羲坚决地认为:"某窃谓,'道学'一门,所当去也。一切总归'儒林',则学术之异同,皆可无论,以待后之学者择而取之。……诸公所修者明史也……而有所去取,其间犹如明朝阁部其位已定,今以阁部不当从,而颠倒其位,可乎?……圣学不求人知,优之劣之,于诸儒无所损益,而诸儒之著撰,明眼深造,岂繁无人! 窃恐有丝毫之议,上玷高明。"③

对于黄宗羲如此之论,或许也可以看作是坚实儒家的阵地,而不至自家门内划分楚汉的一种学术思想的取向。不过,由此亦见,其时有将道学或理学立传的倾向,大致当是由于其时儒者浸染于佛教者很普遍,因而需要标的坚定的儒者,以崇尚所谓儒家之正学。这也是晚明清初以来儒门中的一种取向。但黄宗羲则采取了内部调和的态度和维护儒家基本立场的原则。

虽然,严儒释之辨,是为清初儒学反思的一个重要方面,甚至也成为一种取向,但是,清初的文治政策,尤其是日益强化的思想管控,挤压了宗派佛学思想等的发展空间的同时,也同样挤压着儒家思想的发展余地,而其中的科举诱控作用,也使得本即深受政治及民族压迫的士人遂蹈入应试和仕途窠臼不能拔。在黄宗羲举目所见所及范围,不惟同儒门者尽为举业之名缰利锁所缚,即释氏之徒,亦尽乎庸妄之辈,更无可与之辩论者。清朝于顺治元年即广诏天下继续科举制度,以往汉人政权的这项文治政策,被清朝统治者毫不迟疑地继承了,所为不惟取士,也以此羁绊天下读书人。但是由科举而及仕途的艰难,甚至也是一些儒者流连于释氏之教的一个原因,即便丛林陵夷,僧徒庸碌,佛教仍然大有市场。

黄宗羲在"前乡进士泽望黄君圹志"中,记述了其友黄泽望由儒转而深入学佛的事例,也表述了黄宗羲自己几番出入释教后对于儒释同异的看法。其述曰:"自濂洛至今日,儒者百十家,余与泽望皆能知其宗旨、离合、是非之故。而泽望忽折而入于佛。初于学佛者概而信之,凡吃菜、合眼、躲闪、篱

① (清)黄宗羲:《移史馆论不宜立理学传书》,徐世昌等:《清儒学案》二,《南雷学案》,中华书局2008年版,第102页。

② (清)黄宗羲:《移史馆论不宜立理学传书》,徐世昌等:《清儒学案》二,《南雷学案》,中华书局2008年版,第102页。

③ (清)黄宗羲:《移史馆论不宜立理学传书》,徐世昌等:《清儒学案》二,《南雷学案》,中华书局2008年版,第103页。

落之徒,便降心与之交。"① 黄宗羲亦曾于佛教有所研究,但其"于释氏之教疑而信,信而疑,久之知其与儒者愈深而愈不相似。乃为泽望反复之,盖十年终不契,终于不可同而止"②。黄宗羲始终未能对佛教有所喜好,而黄泽望则一如既往"穿剥三藏,穷岁累月"。不仅如此,学佛的黄泽望在明清交替之时的表现亦黄宗羲所不以为然,其记曰,泽望"乙酉以后,未尝一渡钱塘山奥江屯,枯槁憔悴,呼天抢地,竟损其身。是岂学佛者宜有?然则泽望之学佛,将无愤憾之气无所于寄。气亦如屈原之于骚……乃其所谓愤憾甚者邪?"此黄泽望君著有"瑜伽师地论注"若干卷,"成唯识论注"若干卷。黄宗羲叹曰:"若泽望者以读书而言,亦可谓之好学也已,又不幸以愤憾损其天年。"③ 因此黄宗羲最终还是认为黄泽望之学佛并不成功,亦不过跟其一样实际上还是"根尘洗涤未净"④。其实,明末清初诸逃禅者是因为佛门可以洗涤根尘而逃禅吗,逃禅又果能洗涤根尘吗?实际情况似乎并不那么单纯,也难以单纯。

在黄宗羲这般以儒家积极入世的态度和立场看,儒者之流的逃禅可谓是极其不合儒者之道的事情。即如前文所引,对此类现象,黄宗羲即义愤地将士人逃禅列为"七怪"之首,并将士人之逃禅不仅比之为逃避和自保,更直比之为欺世盗名的行为。

在黄宗羲为数不多的直接与佛教沾边的文章中,如《阿育王寺舍利记》、《明州香山寺志序》等,虽然多为受人嘱托而作,但也都有直白坦率地表示其不在佛教立场上的态度。不过,唯有在《三峰禅师塔铭》中,却独独对三峰汉月禅师多有褒奖。而这位三峰禅师,却正是日后为雍正皇帝极其严厉地加以批驳,冠以欺师背祖、邀宠士人等罪名的晚明僧人。对此事件前文已有专门详述。作为儒家立场思想家的黄宗羲,对于汉月禅师的看法,显然会不同于雍正皇帝。以黄宗羲认为:"释氏之学,南岳一下几十几世,青原一下几十几世,临济、云门、沩仰、法眼、曹洞,五家皆系经语纬,奔蜂而化藿烛,越鸡而伏鹄卵,以大道为私门。"⑤ 其对于佛家之宗门壁垒门户观念大不以为然。其所见者,"豪杰之士生于其间,附不附,皆不可擎拳撑脚。独往独来于人世,则指为无父之零丁,不然道既通而后求师,何关于学?为师者又不曰弟子之学于吾无与,而必欲其舍吾未及之学。若是乎师之,为害

---

① (清) 黄宗羲:《前乡进士泽望黄君圹志》,《南雷集》卷六,《四部丛刊》初编,集部。
② (清) 黄宗羲:《前乡进士泽望黄君圹志》,《南雷集》卷六,《四部丛刊》初编,集部。
③ (清) 黄宗羲:《前乡进士泽望黄君圹志》,《南雷集》卷六,《四部丛刊》初编,集部。
④ (清) 黄宗羲:《前乡进士泽望黄君圹志》,《南雷集》卷六,《四部丛刊》初编,集部。
⑤ (清) 黄宗羲:《苏州三峰汉月藏禅师塔铭》,《南雷集》卷六,《四部丛刊》初编,集部。

于学甚大也"①。像紫柏、憨山那样别树法幢的,往往被人过而唾之。这是紫柏、憨山,其实还有后来的蕅益智旭,都因未归附法嗣而被抹杀,这是不附法之害。但是,若三峰禅师不满胡喝乱棒煽动声威的门风,起而救宗旨,却引来弟子间争讼至今,而且,人们对此还半信半疑,则是附法之害。可见,黄宗羲着眼乃至褒奖的是紫柏、憨山及汉月这样的僧人的思想倾向。

以黄宗羲所说,汉月之附密云,实乃"徘徊而就之"②。而对于汉月之归附,密云则"大喜,上堂告众曰:汉公悟处真实,出世先我,所以屈身来此者,为临济源流耳"③。但是师徒间则有诸多认识不同,以黄宗羲所述,则汉月与密云机峰不甚投机,汉月往住北禅,虽然密云"有憾于师(汉月),心服其英伟,辨博非及门所及,姑且牢笼之,及门者则恶其张皇,逶撄间作,于是有《辟妄》七书,天下视其师弟子间若水火焉"④。但"今之议新会者,谓其从聘君无所得,独坐十余年,恍然觉如马之有勒,其不从聘吾明甚"⑤。黄宗羲对于密云等对汉月等若水火的方式颇不以为然,其论说:"儒释同例,师之龃龉于师门又何害也。"⑥

由黄宗羲所议又可见,汉月和尚儒释贯通,常与一班逃禅文人"相与钳锤评唱,危言深论,不隐国是,直欲篆向鞭背,身出其间其在安隐,龙象蹴踏,号一时之盛。……法弟子……今再传者亦皆世之津梁"。"师仪观甚伟……文字之交逐队见之,说论语、周易,鉴空别出新意,每听至夜分"⑦。汉月等有如此言行,也难怪后来的雍正皇帝反感汉月了,在专制帝王的观念立场上,大概都不喜百姓能有"不隐国是"的"危言深论",更何况一个出世的和尚,居然与那些有别样心思的士人交结为朋,还每每谈论至夜分,自然为雍正皇帝那样极其重视君主极权意识形态及严整统治秩序的帝王所不取,以致在汉月往生近百年后仍然被挑出来大加批判一番,的确是事出有因。但汉月却为黄宗羲这般辟佛的士人所赞佩。因而,由黄宗羲对于汉月所褒扬之因由,也大略可见其儒释反思之因由及其立场之所在了。

① (清)黄宗羲:《苏州三峰汉月藏禅师塔铭》,《南雷集》卷六,《四部丛刊》初编,集部。
② (清)黄宗羲:《苏州三峰汉月藏禅师塔铭》,《南雷集》卷六,《四部丛刊》初编,集部。
③ (清)黄宗羲:《苏州三峰汉月藏禅师塔铭》,《南雷集》卷六,《四部丛刊》初编,集部。
④ (清)黄宗羲:《苏州三峰汉月藏禅师塔铭》,《南雷集》卷六,《四部丛刊》初编,集部。
⑤ (清)黄宗羲:《苏州三峰汉月藏禅师塔铭》,《南雷集》卷六,《四部丛刊》初编,集部。
⑥ (清)黄宗羲:《苏州三峰汉月藏禅师塔铭》,《南雷集》卷六,《四部丛刊》初编,集部。
⑦ (清)黄宗羲:《苏州三峰汉月藏禅师塔铭》,《南雷集》卷六,《四部丛刊》初编,集部。

第三节　批辟佛教却兼容佛教哲学的倾向及其反思意义

判别宋明以来传统儒家知识分子对于佛教的态度,往往会以信奉程朱理学还是陆王心学之分野来分别,朱子学者一般辟佛,而阳明学者则可能崇佛。这确是个一般的评判准则,但却不能一言以蔽之。即便程、朱亦不可简单而论,又何况后来者。同样,学脉和思想来源也不可简单而论,前文所述之黄宗羲,以阳明学为学术法脉,但却秉承其中主张辟佛论的刘宗周一系,认为王学后学过于借途于释氏,不仅使得儒家士子被释门强分其半,关键还在于"矫诬先儒之意"①。而对于儒学不纯的后果,更因明清交替之巨变而愈发引起重视,并且将空谈误国的因由直接怪责于佛教的影响,有顾炎武否定释氏并通过强调务本原之学而别开路径者,有孙奇逢那样通过梳理理学渊源而严儒释之别的,也有黄宗羲既批判释氏又看到相互攻讦之弊而试图折中者,也有明确辟佛立场但也汲取释氏思想资源者,后者的认识及表现,则以王夫之为典型,其对于儒释关系的认识,也是一种极具代表性的看法。

一、以王夫之为例看学术立场及佛教认识的矛盾因由

相较于清初有深刻思想反思的思想家,王夫之的学术及思想的影响,由于其所处之实际环境的局限,传播得大致不如顾炎武、黄宗羲以及孙奇逢等声高响远,其思想的深刻性也是在二百多年后才被发掘和推崇。不过,王夫之在当时也并非隐匿得全无声名和影响,虽然其未开门讲学,著作于其时也未广泛流行,但仍然"以文章、志节,重于时"②。

观王夫之波折的人生经历以及后人的一些评议,足可见在明清动荡之际的一代哲人所出之不易。王夫之(1619—1692),字而农,号薑斋,别号一壶道人、夕堂、梼杌外史、船山老人、船山遗老等,学者多称之船山先生。其乃湖南衡阳人。受学于家学,"少负隽才,读书十行俱下。年二十四岁,与兄同举崇祯壬午乡试,因道梗不赴会试"③。其学"以汉儒为门户,以宋五子为堂奥"。④ 不惟刻苦读书,王夫之亦多于时势有所关注,"崇祯初,文士类以文社相标榜,夫之兄弟亦稍与生气中人往还"⑤,结"匡社"。明末清初兵

① (清) 黄宗羲:《与友人论学书》,《南雷集》卷三,《四部丛刊》初编,集部。
② 《嘉庆重修一统志》第2356册,"王夫之",《四部丛刊》续编,史部。
③ 徐世昌等:《清儒学案》卷八,《船山学案》,中华书局2008年版。
④ 赵尔巽等:《清史稿》卷四八〇,列传二百六十七,"儒林一","王夫之",中华书局1977年版。
⑤ (清) 王夫之:《家世节录》,《薑斋诗文集》卷十,《四部丛刊》初编,集部。

乱以来,王夫之即连连被缠其中,命运多舛。先是张献忠南窜时期,欲索用之,王夫之藏匿躲避,其父遭累,王夫之遂自伤肢体以求换父,以计得脱逃;明清交接时则奋起抗清,发动衡山起义与清军战斗,并追随南明王朝,又不幸被同朝党争谗害几被死,加之其已明白起事反清已无望,遂潜归故里;吴三桂反清后,亦欲搜用之,王夫之遂又藏匿深山。

对于王夫之的遭际,嘉道间为王夫之著述作录的邓显鹤有段深刻的评论,其论曰:"先生生当鼎革,窃自维先世为明世臣,存亡与共。甲申后崎岖岭表,备尝险阻。既知事不可为,乃退而著书,窜伏……山中,流离困苦,一岁数徙其处。最后乃定居……石船山。……故国之戚,生死不忘。……当是时,当世儒硕,北有容城,西有盩庢,东南则有昆山、余姚。而亭林先世则为之魁。先生刻苦似二曲(李颙),贞晦过夏峰(孙奇逢),多闻博学,志节皎然,不愧顾(顾炎武)、黄(黄宗羲)两先生。"[1] 而且,有同样的志节,"虽隐逸之荐,鸿博之征,皆以死拒"[2]。所不同者,"顾诸君子肥遁自甘,声名亦炳……公卿交口,天子动容,其志易白,其书易行"[3]。而王夫之则"窜身瑶峒,绝迹人间,席棘饴荼,声影不出林莽。门人故旧又无一有气力者为之推挽"[4]。然而,王夫之的非凡之处也即在于身处极端困境之中而不失其心志。甚至是在颠沛之中,用捡得的纸张坚持不懈地著述。此一代哲人之成,不但庸碌之辈不可及,一般意志者亦难望项背。而其"殁后遗书散失,后生小子至不能举其名姓,可哀也已"[5]。梁启超慨叹,邓显鹤此评,"可谓极肃括,极沉痛。读之可以想见船山为人"[6]。

不幸之万幸,王夫之去世四十年后,"其子敔抱遗书上之督学宜兴潘宗洛,因缘得入《四库》,上史馆,立传儒林,而其书仍不传。同治二年,曾国荃刻于江南,海内学者始得见其全书焉"[7]。且由于曾国荃、曾国藩等的推崇,王夫之著说又为晚清民国以来一些有思想抱负者多所推广。正所谓:"其志洁而芳,其言哀以思。百世下犹将闻风兴起"[8]。

王夫之之家学有源,被传以"宗濂、洛正传"之学[9],并且,忒尚践履,其

---

[1] (清) 邓显鹤:《船山著述目录》,《船山全书》第 16 册,"杂录",岳麓书社 1993 年版,第 411 页。

[2] (清) 邓显鹤:《船山著述目录》,《船山全书》第 16 册,"杂录",岳麓书社 1993 年版,第 411 页。

[3] (清) 邓显鹤:《船山著述目录》,《船山全书》第 16 册,"杂录",岳麓书社 1993 年版,第 411 页。

[4] (清) 邓显鹤:《船山著述目录》,《船山全书》第 16 册,"杂录",岳麓书社 1993 年版,第 411 页。

[5] (清) 邓显鹤:《船山著述目录》,《船山全书》第 16 册,"杂录",岳麓书社 1993 年版,第 411 页。

[6] 梁启超:《中国近三百年学术史》第七讲,《两畸儒》,东方出版社 1996 年版,第 93 页。

[7] 赵尔巽等:《清史稿》卷四八〇,列传二百六十七,"儒林一","王夫之",中华书局 1977 年版。

[8] (清) 邓显鹤:《船山著述目录》,《船山全书》第 16 册,"杂录",岳麓书社 1993 年版,第 411 页。

[9] (清) 王夫之:《家世节录》,《薑斋诗文集》卷十,《四部丛刊》初编,集部。

父"以真知实践为学"①而授之。之所以如此授学，据王夫之说，是因万历间"新建学者甚盛，淫于浮屠，先君敦尚践履，不误顽空"②故。这就是说，王夫之之所以在家读书，是因为教学者多受佛教浸淫，为崇儒家正传、尚笃实践履的其父所不取。如此家学原则，对王夫之的学术立场必有深刻影响。而王夫之个人，尤其是经历诸多磨难后，则自认为更加神契于张载《正蒙》之说。如其自己预撰的墓志铭所谓："抱刘越石之孤愤而命无从致，希张横渠之正学而力不能企。"而其以张载之学为正学，也是对其时之学术有所反思而使然。如其标榜的一种进学原则是："入其垒，袭其辎，暴其恃，而见其瑕矣。见其瑕而后道可使复也。"③发现悖论，不拘于权威，所谓"察其悖者"，"废诸家，以衍其意"④，通过深入反思及批判，而发其己论。对于佛教亦然，其不仅往来于缁素，也作有相关佛教相宗的书，但却明确不崇信佛教，仍俨然一位严儒释之辨的儒者。

其学术立场亦可由其相关议论而见，如其曰："学之兴于宋也，周子得二程子而道著。程子之道广，而一时之英才辐辏于其门；张子敩学于关中，其门人未有殆庶者，而当时巨公耆儒如富、文、司马诸公，张子皆以素位隐居，而未由相未羽翼，是以其道……世之信从者寡。故，道之诚然者不著，贞邪相竞而互为畸胜。是以，不百年而陆子敬之异说兴，又二百年而王伯安之邪说熹，其以朱子格物、道问学之教争贞胜者，犹水之胜火，一盈一虚，而莫适有定。使张子之学晓然大明，以正童蒙之志于始，则浮屠生死之狂惑，不折而自摧；陆子敬、王伯安之蕞然者，亦恶能傲君子以所独知，而为浮屠作率兽食人之伥乎！"⑤

在王夫之看来，因为像张子这样的正学未能广为流行之故，而有陆象山、王阳明等学说出，但却非正学之属，是因为陆王之学实是为佛教作伥故，这似乎也是王夫之特别不满陆王之学的焦点所在。

张载之《太和篇》有曰："贞生死以尽人道，乃张子之绝学，发前圣之蕴，以辟佛、老者而正人心者也。"⑥由此见，心契张载之学的王夫之，将佛教看作是狂惑人心者，当是其基于学术立场的自然之论。而由其对于陆王及佛教的言辞激烈的指责，不惟可见其内心之激昂情绪，还见其是把释氏之言心

① （清）王夫之：《家世节录》，《薑斋诗文集》卷十，《四部丛刊》初编，集部。
② （清）王夫之：《家世节录》，《薑斋诗文集》卷十，《四部丛刊》初编，集部。
③ （清）王夫之：《老子衍·序》，《船山全书》第13册，岳麓书社1993年版，第15页。
④ （清）王夫之：《老子衍·序》，《船山全书》第13册，岳麓书社1993年版，第15页。
⑤ （清）王夫之：《张子正蒙注·序论》，《船山全书》第12册，岳麓书社1993年版，第12页。
⑥ （清）王夫之：《张子正蒙注》卷一，《太和篇》，《船山全书》第12册，岳麓书社1993年版，第21页。

与陆王之讲心,都看作是"贞生死"、"尽人道"之正学的反动,这显然不仅是其所学重视践履之所致,还与其所经历之社会变故和人生磨难密切相关,应该也有反思成分糅合其中,而不仅仅是学术归宿之不同而导致的激昂情绪。

二、批辟佛教却著作唯识学书的背景与哲学意义

王夫之的思想倾向更留意于哲学层面的思考,而其哲学思考也表现在对待佛教的认识上。以王夫之的儒家立场和言论见,其可谓主张辟佛者,但其又有关于佛教的作品,一是《相宗络索》,一是《三藏法师八十规矩论赞》,这不仅是其他几位清初著名思想家所无,而且其所关注的还是佛学中最具唯心论哲学特点的内容,这是否与其对待佛教的批判思想相矛盾呢?答案应是否定的。诚如梁启超先生比较顾炎武与王夫之所说:"亭林之建设方向近于'科学的',船山建设方向近于'哲学的'。"① 这种评价还是大致精练概括了王夫之学术的特点,也揭示了王夫之关注佛学的哲学深意。其实这一点也由王夫之所关注之佛书乃相宗之著作上透露出来。

王夫之的《相宗络索》,实际是其读法相宗著作后对于相宗重要概念的理解和笔录,基本上只可算作一个名相小解,并没有作注疏或对佛教相宗学说有所议论。其著录的重要概念,如,八识、十二支、三量、三性、五位唯识、六位心所、缘、熏习等名相,几乎囊括了唯识学所有重要概念,不仅有所概括,而且还勾勒图表,以示相互关系及其理论系统。显示其不仅对于唯识学极尽详细研磨之功,并且,对法相宗的理路架构和思辨机关也颇得要领。王夫之批判佛教愚惑人心的社会作用,但是,至少并不否定佛教的哲学思辨的价值。

由王夫之对于相宗著作的关注,也说明,明末以来士人重视唯识学的余温还有些许。比如,黄宗羲《称心寺志序》有述说,此寺"朝则挝鼓聚众……上堂讲'相宗';暮则挝鼓聚众……上堂讲'四书'、'周易'。一时龙象贴贴坐位下,恐不卒得闻"② 。这既说明一些读书人对于佛学极感兴趣,而且说明法相宗学说是为讲座内容,至少显示当时还有一种佛学时尚倾向。

参考晚明以来士人及学问僧对于唯识学的关注和研究,原因大概不能一言以蔽之,但基本的关注倾向,是在于唯识学提供了一种比较缜密的逻辑思辨的理论系统,以及对于认识的分析方式,相对于其他学说理论,佛教唯识学是义学中比较精密的部分,为一些读书人所重视。

---

① 梁启超:《中国近三百年学术史》第七讲,《两畸儒》,东方出版社 1996 年版,第 93 页。

② (清)黄宗羲:《称心寺志序》,《南雷集》卷一,《四部丛刊》初编,集部。

　　对于晚明唯识学之兴起，晚明时期积极推动相关研究事业的有识之士王肯堂有比较深刻的认识，如其论曰："宋南渡后，禅宗盛极，空谈者多，实践者少。"①"故学道者，不明唯识之宗旨，虽聪明辩才笼盖一世，终不免为优恒真如，颠顸佛性。今谈道者满天下，见道者绝无一人，非此之故哉？"②而唯识学诸论之所以被束之高阁，"非失传之患，患不深思博究耳。"③在晚明佛学复兴的那波思潮中，唯识学甚至是较早兴起的学问之一，且具有较深的思想发展的时代起因，这个问题可作别论。④单就佛学自身发展看，也是颇有深意的。对此王肯堂也有论曰："所谓一代时教，虽逗机不同，户牖各别，要其所归，性相二字。……古尊宿见性……莫不皆从相中打出，识里透来。故全相是性，全识是智，方得真实受用……谁谓相宗非要哉？是知性之不明者，相之不彻者。故欲明性，先须彻相，相彻而后性自明矣。"⑤但是，"枯坐默照为邪禅，非深泛教海不可"。而"若欲深泛教海，则此其舟航维楫"⑥。

　　唯识学、因明逻辑等研究，在唐代经过玄奘、窥基师徒推到高潮后，即很快流向低潮，至元明时，更是不绝如缕，但晚明以来则又被重视，并成一时之崇尚。由那些推动者所言看，其中一种比较重要的内部原因，是看似一逞天下的禅宗，实际已然没落，真正得悟的大德难觅，其修证体系出现问题；加之教理亦趋淡泊，修行无所依傍，于是，对于一些有学识的修行者而言，虽然知道"见性虽不在相"，但也可以通过研习唯识，而知道如何由"彻相"而"性自明"，于是，这样的修行目的也成为关注唯识学的一种原因。"是则，相宗为见性之明灯，亦是欲到菩提法性城中一本路程图也。"⑦不过，可能还有当时的另一重要的外部促因，即，天主教与佛教论辩的刺激。由基督教方面说⑧，论辩由耶稣会士传教士利玛窦一方占优势，佛教方面则处于下风，以致"云栖（袾宏）被驳而理屈，三槐（雪浪洪恩）受难而词穷"⑨。《四库全书》对佛耶之辩有评论曰："佛教可辟，非天主教所可辟；天主教可辟，又非佛教

① （明）王肯堂：《成唯识论俗诠序》，《卍续藏经》第50册，日本京都藏经书院，第503页。
② （明）王肯堂：《成唯识论证义自序》，《卍续藏经》第50册，日本京都藏经书院，第829页。
③ （明）王肯堂：《因明入正理论集解自序》，《卍续藏经》第53册，日本京都藏经书院，第917页。
④ 参见周齐：《明代中后期唯识学的流行及其特点分析》，《玄奘精神学术研讨会论文集》，三秦出版社2000年版。
⑤ （明）通润：《唯识集解自序》，《卍续藏经》第50册，日本京都藏经书院，第658页。
⑥ （明）王肯堂：《因明入正理论集解自序》，《卍续藏经》第53册，日本京都藏经书院，第917页。
⑦ （明）通润：《唯识集解自序》，《卍续藏经》第50册，日本京都藏经书院，第658页。
⑧ 参见（明）利玛窦：《利玛窦中国札记》卷四第七章，中华书局1983年版，第362—369页。
⑨ （明）黄贞：《不忍不言》，载于（明）徐昌治：《圣朝破邪集》，郑安德：《明末清初耶稣会思想文献汇编》第五卷第57册，未刊本。

所可辟。均同浴而讥裸裎耳。"① 陈垣先生也有评说："袾宏先轻慢后戒严，实因利说日炽，以至所谓名公皆为所惑，乃有四《天说》之作也，不然，既以利说为渔牧蚊蛙不足辩矣，胡又至再至三而辩之？然自吾人观之，辩学固美事也。"② 基督宗教继承有西方哲学资源中的论理逻辑，注重论理技巧，时人也认为利玛窦"其言宏肆博辩，颇足动听"。③ 而利玛窦则认为，中国"唯一较高深的哲理科学就是道德哲学"，"没有逻辑规则的概念"，是"一系列混乱的格言和推理"的伦理学④，至少其有这样的印象。因而，论辩很可能刺激了相关论理逻辑知识的需求，而颇具分析逻辑的唯识学、因明学会受到知识阶层佛教徒的重视，此或也是一促因。其实，王肯堂与利玛窦亦好友，甚至，利玛窦的《交友论》还由王肯堂润色。⑤ 晚明中外文化的交流激荡，对促进其时佛学发展应有潜在影响。虽然，参与者皆不曾明言于此一因由，但显然已认识到"枯坐默照"之禅不得力，迫切地需要"深泛教海"。而晚明唯识学的首要推手，就是曾与利玛窦可能进行过论辩的雪浪洪恩。

因而，晚明以来唯识学等相宗著作再次受到关注，背后因由并不简单。而这种学说倾向延续至清初，不惟大的文化背景依然相似，学术需要依然存在。而且，如王夫之这样长于哲学思辨者，其搜寻研习佛教相宗著作，用意似是在于唯识学名相分析和论理逻辑的相关理论意义方面，至少表面看来并不涉及佛教的政治伦理评价或者其个人的政治哲学主张。

三、道统内的反思与王统外的关怀之于佛教的实践理性取向的影响

由以上所举儒家思想家对于佛教的认识和态度，以及涉及的佛教现象，可见在清初的学术环境中，虽然有道统内的儒学反思而排斥佛教的影响，也有统治者推动的崇尚理学的意识形态氛围，士人中依然有对佛教和佛学抱有很大热情者。不仅在有名的高僧如玉林通琇、木陈道忞乃至憨璞性聪、苕溪行森等大和尚名僧身边有向佛的名儒士绅相围绕，也有如黄宗羲的《称心寺志序》里所说的崇尚唯识的士人，更有彭际清那样在官僚知识界颇

① 《文渊阁四库全书总目》卷一二五。
② 陈垣：《重刊辨学遗牍序》，朱维铮等：《利玛窦中文著译集》，复旦大学出版社2001年版，第686页。
③ 《文渊阁四库全书总目》卷一二五。
④ （明）利玛窦：《利玛窦中国札记》卷一第五章，中华书局1983年版，第31页。
⑤ 《钦定四库全书总目》卷一二五，《交友论》"提要"载："王肯堂《鬱冈斋笔麈》曰：'利君遗余《交友论》一编，有味哉其言也。使其素熟于中土语言文字，当不止是。乃稍删润着于篇。'则此书为肯堂所点窜矣。"

具影响的尊孔更崇佛的世族,尤其在江南,自晚明以来,如此这般儒释兼及的士绅即大有人在。不过,同时也见,与晚明比较,清前期更多重名之下的儒者则大多不崇佛,并以宋学朱子学为标榜,在道统的立场上,而多有主张严儒释之辨或辟佛者。至于因国变而痛定思痛地进行历史反思并对明儒学术进行具体深入反思者,几可谓是一致地深恶空谈心性的学说,并且,以佛教为空谈渊薮的认识逻辑推导下,佛教也几乎就成为导致晚明以来儒家空谈心性学风的根本原由,进而也就是空谈误国的最终根由,佛教即更加成为标榜正统的儒家的批判对象。

仅由例举的几位儒家对于佛教的批判以及概略述及的观点主张,也可见,清初的儒学反思,虽然并没有形成突破性的新的成熟理论,但却在对佛教的批判中呈现出比较明显的倾向性,即比较多地注重在实践理性层面的反思,结合其各自的学说主张来看,虽然尝试突破的路径不尽相同,却都不约而同地趋向于道问学方向,务本求实,敦笃躬行;在这个向度上,实际上也与康熙时期统治者推进的重务实的所谓真理学的意识形态方向相一致。因而,也说明清前期的政治文化局势下的思想取向及新晋的清王朝的政治文化调试趋势,实际上是一种虽然殊途却大势一致的趋向同构的整合态势。这样的趋势,或许也从另一个角度反映了清朝前期复杂社会状况下国家发展仍然呈现蒸蒸日上趋势的一种内在原由。

明清交替,固然对于汉地知识分子的文化心理冲击巨大,也使他们多方面尝试反思寻求思想理论的出路,但是,清初的儒学反思实际是通过清理思想观点以接续宋儒以来的道统来调试儒家的发展方向,自然不免为道统所束。如孙奇逢溯理学之源以严儒释之辨而明道统,却不免"杂收,不复甄别","未必得其要领";顾炎武务本原之学的主张还会令人联想到欧阳修的《本论》诸说,而其坚持不能离经讲道的务本原之学,并不比欧阳修欲寻求心中之所守的本原之道之本原更进一步,仍然是道统内的翻寻,并没有增添新资源。黄宗羲的《明夷待访录》、王夫之《读通鉴论》等,虽然也试图在政治体制的方向进行反思而有所根本之论,且反思不乏深切,对一些事件的评论亦不无透彻,但也依然没有在究天人之际、通古今之变的层面上有所提炼,形不成系统的反思结果,终究不过是王统治下的王道希冀,也只能是迂回的对现实王统所谓王道政治的关怀。

即便如此,清初儒释之辨的文化氛围,对于佛教则形成了实际的现实际遇和所处的文化环境,其直接的影响,大概就是基本导致了对于佛教和佛学所得意的心性论以及佛教可能发挥的所谓以佛治心的社会作用的贬低。而自晚明以来掀起的佛教义理,尤其是禅学参究的高潮业已大势不在,且很快走入低潮状态,这可由雍正皇帝、乾隆皇帝对于其时僧人们的学问水平低劣程度的嘲讽以及指斥等而略见一斑。不过,清代佛教义学的衰败原因显然不能只轻松地归咎于所谓王权专制社会,如前文曾述及清代取消出家得度牒的考试制度也使僧人队伍无学问者多进而导致义学衰落的因素,佛教发展的内部因由,实际上也是需要深入探讨的问题,此则留待别论。

　　在本主题下看,清代前期已然呈现的愈来愈倾向经学和实学的学术氛围的形成,对于佛教发展的影响,一方面可能来自对于禅学参究之空泛的否定,如顾炎武等所认为的那样,其时的禅学即如所谓意识形态化的理学,不过是一种说道而已;但另一方面,强势意识形态下的笃实之风,对于佛教的发展方向也会有所影响,较少思想议论而注重净土信仰及修行实践,是较为突出的发展趋势。前一章中已有所述说,清代佛教在信仰实践方面的发展比较而言最为突出,甚至还结集出不少净土信仰方面的著述,表面看这些著述似未体现多少理论自觉,但是,换个角度看,或许也可看作是佛教在实践理性方向上寻求其存在价值定位和发展空间的一种努力,尤其是在清前期政治文化的强势调试的社会条件下,佛教及佛学的这种发展,或也可以说是与时代趋势相一致的一种具有发展选择可能性的发展趋势。

引用及参考书目

藏 经 类

1.《乾隆大藏经》,(台湾)新文丰出版公司精缩新版。

2.《明版嘉兴大藏经》,(台湾)新文丰出版有限公司 1987 年版。

3.《大正新修大藏经》,日本大正一切经刊行会。

4.《卍新纂大日本续藏经》,日本京都藏经书院。

5. 蓝吉富主编:《大藏经补编》,台湾华宇出版社 1986 年版。

6. 喻谦等:《新续高僧传》,《大藏经补编》第 27 册。

7.《清凉山志》,《大藏经补编》第 30 册。

8.《天童寺志》,《中国佛寺志》第 13、14 册,(台湾)明文书局 1980 年版。

9. 玉琳通琇:《大觉普济能仁玉琳琇国师语录》,《大藏经补编》第 27 册。

10. 木陈道忞:《天童弘觉忞禅师语录》,《明版嘉兴大藏经》第 26 卷。

11. 木陈道忞:《天童弘觉禅师北游集》,《明版嘉兴大藏经》第 26 卷。

12. 木陈道忞:《奏对机缘》,《明版嘉兴大藏经》第 26 卷。

13. 明觉性聪:《明觉聪禅师语录》,《明版嘉兴大藏经》第 32 册。

14. 行森:《明道正觉森禅师语录》,《乾隆大藏经》第 158 册。

15. 天然函昰:《庐山天然和尚语录》,《明版嘉兴大藏经》第 38 册。

16. 天然函昰:《瞎堂诗集》,《四库禁毁书丛刊》第 116 册。

17. 汪宗衍:《明末天然和尚年谱》,《大藏经补编》第 22 册。

18. 今辩:《丹霞澹归释禅师行状》,《明版嘉兴大藏经》第 34 册。

19. 澹归今释:《遍行堂集》,《四库禁毁书丛刊》第 128 册,北京出版社 1998 年版。

20. 继起弘储:《三峰和尚年谱》,《明版嘉兴大藏经》第 34 册。

21. 汉月法藏:《三峰和尚语录》,《明版嘉兴大藏经》第 34 册。

22. 汉月法藏:《五宗原》,《卍续藏经》第 65 册。

23. 密云圆悟:《辟妄救略说》,《卍续藏经》第 65 册。

24. 密云圆悟:《辩天初说》、《辩天二说》、《辩天三说》。

25. 潭吉弘忍:《五宗救》,《禅宗全书》第 33 册。

26. 纪荫:《宗统编年》,《卍续藏经》第 86 册。

27. 钱伊庵:《宗范》,《卍续藏经》第 65 册。

28. 世宗:《御选语录》,《卍续藏经》第 68 册。

29. 王肯堂：《成唯识论证义自序》，《卍续藏经》第 50 册。

30. 王肯堂：《因明入正理论集解自序》，《卍续藏经》第 53 册。

31. 王肯堂：《成唯识论俗诠序》，《卍续藏经》第 50 册。

32. 通润：《唯识集解自序》，《卍续藏经》第 50 册。

33. 世宗：《御制拣魔辨异录》，《卍续藏经》第 65 册。

34. 彭际清：《居士传》，《卍续藏经》第 88 册。

35. 彭际清：《知归子传》，《卍续藏经》第 88 册。

36. 彭希涑等：《净土圣贤录续编》，《卍续藏经》第 78 册。

37. 弘赞：《兜率龟镜集》，《明版嘉兴大藏经》第 331 卷。

史 籍 类

1.《皇朝文献通考》，文渊阁《四库全书》史部，政书类。

2.《皇清开国方略》，文渊阁《四库全书》史部，编年类。

3.《平定朔漠方略》，文渊阁《四库全书》史部，纪事本末类。

4.《平定准噶尔方略》，文渊阁《四库全书》史部，纪事本末类。

5.《钦定大清会典则例》，文渊阁《四库全书》史部，政书类。

6.《钦定礼记义疏》，文渊阁《四库全书》经部，礼记类。

7.《钦定满洲祭神祭天典礼》，文渊阁《四库全书》史部，政书类。

8.《钦定盘山志》，文渊阁《四库全书》史部，地理类。

9.《钦定热河志》，文渊阁《四库全书》史部，地理类。

10.《钦定外藩蒙古回部王公表传》，文渊阁《四库全书》史部，传记类。

11.《钦定续文献通考》，文渊阁《四库全书》史部，政书类。

12.《圣祖仁皇帝御制文集》，文渊阁《四库全书》史部，诏令奏议类。

13.《世宗宪皇帝上谕内阁》，文渊阁《四库全书》史部，诏令奏议类。

14.《世祖章皇帝圣训》，文渊阁《四库全书》史部，诏令奏议类。

15.《太宗文皇帝圣训》，文渊阁《四库全书》史部，诏令奏议类。

16.《太祖高皇帝圣训》，文渊阁《四库全书》史部，诏令奏议类。

17. 董仲舒：《春秋繁露》，文渊阁《四库全书》经部，春秋类。

18. 杜甫：《杜工部诗集》，文渊阁《四库全书》集部，别集类。

19. 韩愈：《送李愿归盘谷序》，《四部丛刊》初编，集部。

20. 欧阳修：《文忠集》，文渊阁《四库全书》集部，别集类。

21. 高攀龙：《高子遗书》，文渊阁《四库全书》集部，别集类。

22. 高宗：《喇嘛说》，《御制文集》三集卷四，文渊阁《四库全书》集部，别集类。

23. 高宗：《御制文集》，文渊阁《四库全书》集部，别集类。

24. 高士奇：《金鳌退食笔记》，文渊阁《四库全书》史部，地理类。

25. 顾炎武:《日知录》,文渊阁《四库全书》子部,杂集类。

26. 胡鸣玉:《订伪杂录》,文渊阁《四库全书》子部,杂家类。

27. 刘宗周:《刘子遗书》,文渊阁《四库全书》子部,儒家类。

28. 汤斌:《汤子遗书》,文渊阁《四库全书》集部,别集类。

29. 杨万里:《诚斋集》,文渊阁《四库全书》集部,别集类。

30. 朱轼:《史传三编》,文渊阁《四库全书》史部,传记类。

31. 朱熹纂集:《宋名臣言行录》,文渊阁《四库全书》史部,诏令奏议类。

32. 朱彝尊:《钦定日下旧闻考》,文渊阁《四库全书》史部,地理类。

33. 洪亮吉:《洪北江诗文集》,《四部丛刊》初集,集部。

34. 黄宗羲:《南雷集》,《四部丛刊》初编,集部。

35. 黄宗羲:《苏州三峰汉月藏禅师塔铭》,《南雷集》,《四部丛刊》初编,集部。

36. 陆象山:《象山先生全集》,《四部丛刊》初编,集部。

37. 彭孙贻:《茗斋集》,《四部丛刊》续编,集部。

38. 钱谦益:《牧斋有学集》,《四部丛刊》初编,集部。

39. 全祖望:《鲒埼亭诗集》,《四部丛刊》初编,集部。

40. 吴伟业:《梅村家藏藁》,《四部丛刊》初编,集部。

41. 朱熹:《晦庵先生朱文公文集》,《四部丛刊》初编,集部。

42. 朱彝尊:《曝书亭集》,《四部丛刊》初编,集部。

43. 刘宗周《刘宗周全集》,浙江古籍出版社 2007 年版。

44. 王夫之:《船山全书》,岳麓书社 1993 年版。

45. 沈德符:《万历野获编》,中华书局 1980 年版。

46.《大清会典事例》,《续修四库全书》史部,编年类,影印光绪石印本。

47. 蒋良骐:《东华录》卷三二,《续修四库全书》史部,编年类,影印上海古籍出版社藏清乾隆刻本。

48. 王先谦:《东华录》卷一九四、《东华续录》卷二三〇等,《续修四库全书》史部,编年类,影印上海古籍出版社藏光绪十年长沙王氏刻本等。

49. 刘锦藻:《皇朝续文献通考》,《续修四库全书》史部,政书类。

50. 邵廷采:《西南纪事》,《续修四库全书》史部,别史类。

51. 屈大均:《翁山文外》,《续修四库全书》集部,别集类。

52. 屈大均:《翁山诗外》,《续修四库全书》集部,别集类。

53. 魏源:《圣武记》,《续修四库全书》史部,纪事本末类。

54. 孙奇逢:《理学宗传》,《续修四库全书》史部,传记类。

55. 孙奇逢:《夏峰集》,《四库禁毁书丛刊》第 118 册,北京出版社 1998 年版。

56. 黄宗羲:《明儒学案》,中华书局 1985 年版。

57. 徐世昌等:《清儒学案》,中华书局 2008 年版。

58. 孙静庵:《明遗民录》,浙江古籍出版社 1985 年版。

59. 龚自珍:《龚自珍全集》,上海人民出版社 1975 年版。

60. 脱脱等:《宋史》,中华书局 1985 年版。

61.《全明文》,上海古籍出版社 1992 年版。

62. 张廷玉等:《明史》,中华书局 1974 年版。

63. 留云居士辑:《明季稗史初编》,上海书店 1988 年版。

64.《清实录》,中华书局 1985 年版。

65. 赵尔巽等:《清史稿》,中华书局 1977 年版。

66. 中国第一历史档案馆整理:《康熙起居注》,中华书局 1984 年版。

67. 徐珂:《清稗类钞》,中华书局 2010 年版。

著　述　类

1. 黄秀瑞:《政治文化:过去　现在　未来》,(台湾)《东吴政治学报》1997 年第 8 期。

2. 余英时:《宋明理学与政治文化》,吉林出版集团有限责任公司 2004 年版。

3. 张曼涛:《现代佛教学术丛刊》,(台湾)大乘文化出版社 1977 年版。

4. 札奇斯钦:《满清对蒙古的宗教政策》,张曼涛主编:《现代佛教学术丛刊》第 15 册,大乘文化出版社 1977 年版。

5. 陈垣:《陈垣学术论文集》,中华书局 1982 年版。

6. 陈垣:《中国史学论著选》,上海人民出版社 1981 年版。

7. 陈垣:《清初僧诤记》,中华书局 1962 年版。

8. 陈垣:《释氏疑年录》,中华书局 1964 年版。

9. 梁启超:《中国近三百年学术史》,东方出版社 1996 年版。

10. 陈寅恪:《柳如是别传》,生活·读书·新知三联书店 2001 年版。

11. 孟森:《清史讲义》,中华书局 2010 年版。

12. 郑天挺:《探微集》,中华书局 1980 年版。

13. 吕澂:《吕澂佛学论着选集》,齐鲁书社 1991 年版。

14. 周叔迦等:《清代佛教史料辑稿》,(台湾)新文丰出版公司 2000 年版。

15. 长谷部幽溪:《明清佛教研究资料》文献之部,作者赠送未刊本。

16. 钱穆:《国史大纲》,商务印书馆 1996 年版。

17. 钱穆:《中国历代政治得失》,生活·读书·新知三联书店 2001 年版。

18. 钱穆:《中国学术通义》,(台湾)学生书局 1984 年版。

19. [德]魏特(Alfons Vath)著,杨丙辰译:《汤若望传》,商务印书馆 1949 年版。

20. [法]费赖之著,冯承均译:《入华耶稣会士列传》,(台湾)商务印书馆 1950 年版。

21. 岸本美绪:《日本清史研究述评》,网络版。

22. 陈鼓应等:《明清实学简史》,社会科学文献出版社 1994 年版。

23. 陈庆英:《活佛转世及其历史定制》,中国藏学出版社 2010 年版。

24. 陈祖武等:《乾嘉学派研究》,河北人民出版社 2005 年版。

25. 戴逸:《乾隆帝及其时代》,中国人民大学出版社 2008 年版。

26. 冯尔康:《清史史料学》,故宫出版社 2014 年版。

27. 冯贤亮:《明清江南地区的环境变动与社会控制》,上海人民出版社 2002 年版。

28. 冯友兰:《中国哲学史新编》第五、六册,人民出版社 2007 年版。

29. 沟口雄三:《中国前近代思想的演变》,中华书局 2005 年版。

30. 沟口雄三:《中国思想史》,生活·读书·新知三联书店 2014 年版。

31. 何平:《清代赋税政策研究:1644—1840 年》,中国社会科学出版社 1998 年版。

32. 胡成:《礼教下渗与乡村社会的接受和回应:对清中期江南农村地区的观察》,(台湾)《"中央"研究院近代史研究所集刊》,2003 年第 39 期。

33. 荒木见悟:《明末清初的思想与佛教》,上海古籍出版社 2010 年版。

34. 劳思光:《明末清初哲学思想》,广西师范大学出版社 2005 年版。

35. 李明军:《文统与正统之间:康雍乾时期的文化政策和文学精神》,齐鲁书社 2008 年版。

36. 李燕光等:《满族通史》,辽宁民族出版社 2003 年版。

37. 刘凤云等:《清代政治与国家认同》,社会科学文献出版社 2012 年版。

38. 马宗霍:《清史稿点勘札记》,中华书局 2012 年版。

39. 欧立德:《乾隆帝》,社会科学文献出版社 2014 年版。

40. 潘桂明:《中国居士佛教史》,中国社会科学出版社 2000 年版。

41. 史景迁:《康熙:重构一位中国皇帝的内心世界》,广西师范大学出版社 2011 年版。

42. 史景迁:《雍正王朝之大义觉迷》,广西师范大学出版社 2011 年版。

43. 佟佳江:《清史稿订误》,中华书局 2013 年版。

44. 王德昭:《清代科举制度研究》,中华书局 1984 年版。

45. 王乐理:《政治文化导论》,中国人民大学出版社 2000 年版。

46. 萧放等:《中国民俗史》(明清卷),人民出版社 2008 年版。

47. 杨念群:《何处是江南:清朝正统观的确立与士林精神世界的变异》,生活·读书·新知三联书店 2010 年版。

48. 于本源:《清王朝的宗教政策》,中国社会科学出版社 1999 年版。

49. 杨健:《清王朝佛教事务管理》,社会科学文献出版社 2008 年版。

50. 王俊义:《二十世纪清代学术思想史研究之回顾》,《中国社会科学院研究生院学报》1997 年第 3 期。

51. 高翔:《五十年来的清史研究——庆祝中华人民共和国成立五十周年》,《清史论丛》1999 年。

52. 何龄修:《清史研究的世纪回顾与展望》,《中国史研究动态》2002 年第 1 期。

53. 张婷:《漫谈美国新清史研究》,《满学论丛》第一辑,辽宁民族出版社 2011 年版。

54. 朱政惠:《美国清史资料及其研究情况述略》,《中国史研究动态》2004 年第 1—2 期。

索　引

后 语

本书没请人写序言,实因"不忍"。举目环顾,似乎只看到一个字:"忙"!将心比心,不忍……

既如此,那就直接开门见山。

不过,不麻烦别人写"序言",自己却有"后语"要说。因为,本书可以出版,有必须要感谢的善缘。

首先,要感谢人民出版社和哲学与社会编辑部方国根主任,让此课题可以有机会申报国家社科后期资助项目,并能够在该社出版。这样一来,本书《清代佛教与政治文化》与之前也在该社出版的《明代佛教与政治文化》,即构成了一个小小的系列。在学术著作出版并不容易的情况下,如此善缘,实属难得,深表感谢。同时,还应感谢人民出版社哲学与社会编辑部的编辑郭彦辰博士,其认真负责的精神令人欣慰。自然,也要感谢社科基金,为学术出版提供了一种保障。

其次,则要感谢一些天赐般的相助善缘。其中,一是要特别感谢南京大学的洪修平先生。于我而言,洪先生是佛教研究的先进,不仅给予本课题至关重要的赏识,还提出很多实在具体的改进建议。虽然洪先生家与我父母家恰巧同在南京秦淮河畔的南大宿舍楼,只是,即使探亲回家也不过是与洪先生偶遇宿舍院中,但是,所谓君子之交淡若水,便是说如此这般的善缘吧。还有故宫博物院的清代佛教专家王家鹏先生,不辞老友之情,拨冗慧鉴书稿,且难能可贵地依然保持严谨认真态度,提出问题并给出极其中肯的修改意见。敬谢之意无以言表。此外,政法大学刘震先生的帮助,亦是善缘难得。

当然,还应该感谢同事朋友们。社科院及宗教所良好的工作条件、科研保障,自不待言。即所在的佛教研究室,也以特别方式,使我游离于当下方阵般的大课题之外。心存善念,感到的亦是值得感谢的善缘。而能侥幸于这样独立的小课题,也要特别感谢我当前挂单所在的宗教理论室的同事们,赵广明等,使我得以有落脚处可以继续自由理性的学术探讨。还有,即将"退食"和已然"退食"在家的同事朋友,陈平等。简单的友谊,是让人即便透视了诸种人情也依然愿意崇尚单纯、拒绝世故的一种因由。

尤其,是深感幸运和幸福地感激上天,在自己也步入老年时,仍有爹娘的慈爱在身边,有姨舅等长辈的关爱,有弟妹们的关心,有老友们的友情,为自己不断增添着保持积极乐观的生活和工作态度的热度。

而从事研究工作的幸运与充实,不仅让人能够保有真善美的丰富滋养,还让人能够懂得品赏因有所持守而可能遭际的清冷,同时,更让人有信心和责任,继续坚持做有独立之人格、自由之精神的现代学者。

借本书出版之际,谨记于此。

2015 年 5 月 4 日